语文教育与文学素养

YUWEN JIAOYU YU WENXUE SUYANG

（修订本）

方智范⊙著

广东高等教育出版社
Guangdong Higher Education Press
·广州·

图书在版编目（CIP）数据

语文教育与文学素养（修订本）. 方智范著. —广州：广东高等教育出版社，2018. 2

ISBN 978 – 7 – 5361 – 6118 – 4

Ⅰ. ①语…　Ⅱ. ①方…　Ⅲ. ①语文课 – 教学研究 – 中小学　Ⅳ. ①G633. 302

中国版本图书馆 CIP 数据核字（2018）第 033933 号

出版发行	广东高等教育出版社
	地址：广州市天河区林和西横路
	邮政编码：510500　电话：（020）87553335
	http://www. gdgjs. com. cn
印　　刷	广东省教育厅教育印刷厂
开　　本	787 毫米 ×1 092 毫米　1/16
印　　张	26. 75
字　　数	321 千
版　　次	2018 年 2 月第 1 版
印　　次	2018 年 2 月第 1 次印刷
定　　价	58. 00 元

卷首语

近代著名文艺理论家刘熙载曾经提出过“文，心学也”这样一个重要命题，并说：“可知言语亦心学也，况文之为物，尤言语之精者乎！”此言深得我心。

言语作品是生命活体，其基本特性是有机整一性。它的肢体是词句段落，它的骨骼筋络是结构，它的血脉是感情，它的灵魂，就是作者的主体精神。它们有机整合在一起，就产生了活力和生机，成了“生命的形式”。正如狄德罗所说：“任何东西假使不是一个整体就不会美。”

那么，语文课的言语作品教学，理应是活泼的生命活动，文学鉴赏也必须着眼于生命整体的美；无论是教师还是学生，必得把自己的整个心灵，包括我们的生活和经验、思想和感情、感觉能力和思维能力，集中灌注到作品中去，与之契合，与之拥抱，在阅读和鉴赏中，激发起我们相应的情绪体验，在心灵与心灵的沟通交感中，获得思维的磨砺、精神的启悟、审美的愉悦。我的教学信条是：让学生、教师和作者三颗心一起跳动，形成心灵的“谐振”！

目录

课程改革篇

专业素养篇

文学探究篇

课程改革篇

一、关于《义务教育语文课程标准》(2011 年版)课程目标的对话

(一)课程指导思想和总体目标

1. 语文课程目标

(1)什么是课程目标

问:我们在学习新发布的《义务教育语文课程标准》(2011 年版)(以下简称“标准”)时,看到整个第二部分是“课程目标与内容”,在标准文本中占了很大篇幅。请问什么是课程目标?

答:课程目标是按照国家的教育方针,根据学生的身心发展规律,通过完成规定的教育任务和学科内容,使学生达到的培养目标。它受国家为基础教育规定的教育目的制约,是总的人才培养目标的具体体现;课程目标是课程编制、课程实施和课程评价的准则和指南,在课程标准中属于主体部分。语文课程目标,则是从语文学科的角度规定人才培养的具体规格和质量要求。在我国历年公布的课程教学大纲中,没有“课程目标”这一项,所以大家可能对此有些陌生。如果要做比较,那么课程目标大致与教学大纲中“教学目的”和“教学总要求”相对应,这样说大家会容易理解一些。

(2)制定语文课程目标的出发点

问:在制定语文课程目标时,有哪些基本的出发点?

答：要说制定语文课程目标的出发点，首先得从理解语文课程关于语文素养的总要求入手。课程标准对义务教育阶段要达到的语文素养的认识是：

语文课程应激发和培育学生热爱祖国语文的思想感情，引导学生丰富语言积累，培养语感，发展思维，初步掌握学习语文的基本方法，养成良好的学习习惯，具有适应实际生活需要的识字写字能力、阅读能力、写作能力、口语交际能力，正确运用祖国语言文字。语文课程还应通过优秀文化的熏陶感染，促进学生和谐发展，使他们提高思想道德修养和审美情趣，逐步形成良好的个性和健全的人格。

基于这样一种总的认识，标准确定的一些出发点是：

首先，从全面提高学生语文素养的理念出发，加强了课程目标中“情感态度与价值观”这一重要维度。也就是说，培养学生高尚的思想道德情操和健康的审美情趣，形成正确的价值观和积极的人生态度，是语文课程的重要内容，而不是一种外在的附加任务。当然，语文教学中的思想教育，应该符合语文教育的特点，注重熏陶感染，潜移默化，把“情感态度与价值观”的要求渗透于教学过程之中。在语文学习中，孔子所强调的“知之者不如好之者，好之者不如乐之者”（《论语·雍也》）的原则还是适用于今天的。

其次，从语文课程的性质和特点出发，应突出课程目标的实践性，将“过程与方法”这一维度也作为目标的组成部分，在目标表述时对学生学习过程和学习策略的选择有所展开，体现出提高语文能力的主要途径是语文实践、学生是语文学习的主体，改变过去重知识传授和被动接受的倾向。这也是顺应让学生“学会学习”的世界性潮流的需要。

最后，从现代社会对未来公民素质的要求出发，对语文的“知识与能力”这一维度也有新的理解。当今已是信息化时代，信息的多样性和信息传播的多渠道是明显特点，人际交往不仅普遍，而且日益重要，对人的实践能力和创新能力要求也越来越高，现代公民所应具备的语文能力就不能仅仅局限于过去所理解的相对狭隘的听说读写能力，而有了新的含义。比如捕捉信息的能力、对文化的选择能力、口头交际能力以及想象联想能力等，都应包括在现代人的语文能力的范围之内。

(3) 语文课程目标的设计

问：在课程目标的设计思路和呈现方式方面，是如何构想的?

答：课程目标的设计思路是九年一贯，整体设计，尽可能体现语文课程的整体性和阶段性，所以标准把整个目标系统分为总体目标和阶段目标两部分。就目标设计的结构框架来说，纵向是“情感态度与价值观”“过程与方法”“知识与能力”这三个维度，但这是隐性的线索；横向则是识字与写字、阅读、写作、口语交际、综合性学习五个方面，这是显性的呈现。其中综合性学习属于学习方式，与上述四个方面内容不在一个层面，因此在现阶段需要特别予以重视、加以强调，故专门列出。在阶段目标的表述方面，只要是比较具体明确、便于操作和评价的目标，尽可能采用行为目标（以事先规定的行为期望为中心）来表述；某些目标的实现，难有达成度，往往体现在学习的过程与方法之中，采取描述性的表述较好，于是呈现为展开性目标（以学习过程为中心）和表现性目标（以学生在学习中的表现为中心）。有的目标是九年一以贯之的，可能前后重复提到；有的目标是在不同学段之间前后衔接，形成一定梯度，但又不能截然分割。在课程标准研制过程中，我们曾尝试按照“情感态度与价值观”“过程与方法”“知识与能力”这三个维度来设计课程目标的呈现方式，后来否定了这个方案，因为我们的课程改革既然要体现以人为本的精神，而人的语文素养是一个整体，那就应该整体地而不是分割地纳入课程目标，三个维度是相互交融、渗透的关系，且贯串于具体的阶段目标之中。

语文课程目标的设计，还要考虑这样一种因素：课程是一个动态发展的过程，而不只是学科知识的载体；所以课程目标不完全是预定的，而应该是开放灵活的，有的目标可以是清晰的，甚至是精确的，有的目标只能是比较模糊的、不确定的。

（4）语文课程目标的前瞻性与适应性

问：我们国家那么大，各地区经济文化教育发展十分不平衡，怎样面向全国的学校和学生来设定课程目标呢?

答：这确实是设定目标的一大难题。在征求各地各类学校有关方面人士的意见时，发现他们对目标高低意见不一，有的甚至相当悬殊，还有应试教育带来的习惯性思维的干扰。前瞻性与适应性确是一对矛盾，要考虑前瞻性、适应性和包容性，还有可操作性。但我们认为，课程目标的设定，为体现课程改革以发展为本（社会的发展和人的终身发展）的精神，前瞻性应该是放在首位的。课程目标应立足于当代，把握并适应时代和社会的发展趋势，将现时的教育与未来社会的发展联系起来，适度地超越现实，而不能只考虑适应现时的教育水平，尤其不能让我们的课程目标去迁就当前的考试制度和应试需要，迁就落后的教育观念。当然，我们必须考虑目标具有一定的适应性和包容性，在今后几年内经过努力是可行的，考虑实际存在的发展不平衡性，以及目前的师资水平，注意目标设定的开放性和弹性，在这方面也做了一定的努力。

2. 语文课程总体目标与内容

(1) 总体目标各条的内在逻辑

问: 课程目标中的总体目标一共十条，是分别表述的，请问这十条之间有没有逻辑关系？

答: 根据对语文课程性质与地位的理解，以及课程改革的新理念，经综合、梳理，我们把总体目标归纳为十条，这十条并不是随意排列的。大致而言，前五条目标从语文素养的宏观方面着眼，在“情感态度与价值观”和“过程与方法”两个维度上有所侧重：第1条是关于道德情操、文化品位、审美情趣等方面的要求，第2条是关于对待古今中外不同文化的要求，第3条是关于语文学习的态度方法等方面的要求，第4条是关于思维品质和科学精神方面的要求，第5条说的是学习语文重在探究、重在实践。后五条目标从具体的语文能力培养方面着眼，侧重在“知识与能力”这个维度：第6条关于汉语拼音、识字写字能力，第7条关于阅读能力，第8条关于写作能力，第9条关于口语交际能力，第10条关于使用工具书和搜集处理信息的能力。

但这种侧重不是绝对的，三个维度还是相互交融、渗透的关系。如第1条的表述强调“在语文学习过程中”就涉及过程与方法；第2条既是对各种文化构成的态度，也可理解为是学习内容和能力要求；第3条侧重语文学习习惯和方法，但“热爱祖国语言文字的情感”和“学习语文的自信心”又属于情感态度要求；第4条既讲能力，又讲态度，也讲方法，等等。后面的五条虽侧重于语文知识与能力，但阅读方面提出“注重情感体验”“丰富自己的精神世界”“学会运用多种阅读方法”就属于情感态度和过程方法方面的要求；口语交际方面提出“文明地进行人际沟通和社会交往”又属于情感态度方面的要求。所以希望大家对这十条总体目标的内容要有辩证灵活的理解，努力把握其中的基本精神。

（2）总体目标的基本精神

问：那么，总体目标的基本精神是什么呢？与过去的语文教学大纲相比，有哪些值得注意的地方？

答：总体目标是基于人的终身需要以及和谐发展所必须具备的基本语文素养而提出的，所以它的基本精神体现了人文性与工具性的统一，思想性与审美性的统一。具体说来，其中突出了这样一些思想：

一是突出了学生在语文学习中的主体地位。总体目标关于学习语文的情感态度与价值观的表述，是从学生主体发展的内在需要出发的，不是外加的灌输，所以特别注意不脱离语文学科的特点，将价值观的引导和提高文化品位、审美情趣联系起来考虑，将学习语文的自信心作为养成良好学习习惯的先决条件。在学习方式方面，强调“能主动进行探究性学习”，也是为了突出学生在语文学习中的主体性。在能力培养方面，如第2条关于阅读能力，强调“具有独立阅读的能力”，也就是把每一个在阅读中的学生都视为一个独特的自我，这样才能做到目标中所说的在阅读中“注重情感体验”“丰富自己的精神世界”等要求。如果是以落实所谓的“知识点”为前提，以单纯的接受性学习为过程，以知识技能的熟练为目的，就无法真正实现学生的主体地位。

现代多元智能理论认为，应该着重关注学生的智能类型，而不是智力的优劣、高下，在教育面前没有“差生”。例如语言智能、数理逻辑智能、音乐智能、人际交往智能等，不同的学生自有其潜能或优势，教育就是要激发和发展其潜能，使学生获得有个性的发展。古希腊有一个传说：铁床大盗达马斯忒斯常将行人请到家里，招待他们吃喝，然后请客人上床休息。他的床有长、短两张，他强迫高者睡短床，截去其长出的部分，矮者睡长床，拉长其身体，让他们都与床一样长短。我们的教育可不能做铁床大盗干的事。

二是突出了现代社会对语文能力的新要求。如考虑信息社会特点，加上“初步具备搜集和处理信息的能力”一条；着眼于现代社会人际交往频繁的要求，口语交际方面提出“具有日常口语交际的基本能力”，强调文明交往和合作精神，改变了过去大纲将听的能力与说的能力分开，且未重视双向交流的表述。为了注重提高学生的思维品质和创造精神这些现代公民的重要素质，特加上“在发展语言能力的同时，发展思维能力”“激发想象力和创造潜能”等目标要求，突破原来只强调听说读写能力的局限性。思维与语言关系密切，过去谈到思维能力，比较偏重于逻辑思维，什么划分段落、概括段落大意、归纳中心思想等分析套路，都属逻辑思维训练。语文课程应使学生的形象思维和逻辑思维得到均衡发展，而义务教育阶段，是学生的想象力和形象思维发展的重要时期。让学生学会学习，很大程度上依赖于思维品质的提高，依赖于学生本就具有的创造潜能的激发，这有利于学生的终身发展。爱因斯坦说过：“想象力比知识本身更重要，因为知识是有限的，而想象力概括着世界上的一切，推动着进步，并且是知识进化的源泉。”他又说：“我相信直觉和灵感。”如有的学者通过研究，发现形象思维与自然科学家成才有密切的关系。此外，有鉴于语文不仅是文化的载体，而且其本身就是文化的重要组成部分，专加“认识中华文化的丰厚博大，汲取民族文化智慧。关心当代文化生活，尊重多样文化，吸收人类优秀文化的营养”一条，体现了继承中华优秀文化传统、具有全球性的文化视野以及语文学习与当代文化密不可分的联系。

三是突出了语文课程的实践性本质。这次对标准实验稿进行修订时，特别加上了对语文课程性质的明确表述：“语文课程是一门学习语言文字运用的综合性、实践性课程。”在标准“前言”部分，又具体说明了：“语言文字的运用，包括生活、工作和学习中的听说读写活动以及文学活动”。语文课程的基本目标是培养学生运用语文的实践能力，而提高语文能力的主要途径是语文实践。总体目标的第5条对此做了总的表述：“能主动进行探究性学习，激发想象力和创造潜能，在实践中学习和运用语文。”同时，让这一精神贯串于汉语拼音、识字写字、阅读、写作、口语交际的诸方面能力的要求中，大大淡化了对系统的语文知识传授的要求。如关于识字写字和汉语拼音学习，强调能识、能写、能说，不提知识要求；关于阅读，强调丰富积累，形成语感，学会运用多种阅读方法；关于写作，也注重实际的表达和交流能力，不提写作知识的要求；关于口语交际，强调在人际沟通和社会交往的背景下，通过各种交际活动来培养。即使涉及必要的语文知识，也尽可能将它转化为能力要求来表述，注重知识在实际运用中的价值。总之，重要的不是让学生在语文课堂上接受教师给予的一个个答案，而是让学生在与教师的交流中经历一次次言语实践的过程。

（二）识字写字和阅读目标

1. 识字与写字目标

（1）识字写字的情感态度目标

问：语文课程目标在“总体目标”之下是“阶段目标”，即把义务教育的九年划分为四个学段：小学三个学段，每两年为一个学段；初中三年就是一个学段。然后按照四个学段分别提出阶段目标。我们觉得这样的安排比较符合教学实际，也便于操作。我们希望能按照识字与写字、阅读、写作、口语交际、综合性学习五个方面，给我们谈谈阶段目标设定的根据，以及你们的思考，当然也希望能突出一下不同学段目标各自侧重的方面，以便实施。

第一方面的教学内容是识字与写字。学习识字写字，就是为了掌握一种工具，请问这方面也有情感态度方面的要求吗?

答：识字写字是阅读和写作的基础，这是一个基本认识。表面看来，学生学习识字写字就是为了掌握交际工具，落实了语文的工具性。但我们认为，工具是被人所使用的，使用工具的人就有一个情感态度的问题；而语言文字本身就是一种文化，尤其是我们的汉字，其中蕴含着丰富的文化信息，所以在识字写字方面，同样应体现语文的工具性与人文性的统一。有的国家的实验教材致力于把识字写字这样的工具性目标人文化，调动他们的识字兴趣。有鉴于此，标准首先加强了在情感态度方面的要求，重视识字写字的兴趣和良好习惯的培养，第一学段提出“喜欢学习汉字，有主动识字、写字的愿望”，“努力养成良好的写字习惯，写字姿势正确”；第二学段提出“对学习汉字有浓厚的兴趣，养成主动识字的习惯”，以此为前提，强调逐步培养独立识字的能力；到第四学段实现“能熟练地使用字典、词典独立识字，会用多种检字方法”。其次，为了落实总体目标关于美育方面的要求，注意通过识字写字提高学生的审美情趣，在第一学段提出“初步感受汉字的形体美”，但仅限于朦胧的感受，从第二学段开始要求“用毛笔临摹正楷字帖”，通过书法练习，要求“在书写中体会汉字的优美”（第三学段），“体会书法的审美价值”（第四学段）。

(2) 识字写字能力目标的重点

问：那么在识字写字能力方面，有没有强调的重点呢?

答：有的。考虑到低年级学生的身心特点，设定目标的一个重要指导思想是多识字、少写字，这是十分必要的。强调多识字，是为了让孩子尽早进入阅读，给他们打开一个生活经验世界之外丰富多彩的文本世界，这对发展孩子的情感和思维大有益处，当然识字也不是多多益善，要掌握好一个适当的量。强调少写字，则是考虑到孩子的手指肌肉还没有长好，过度写字对正常发育不利。简言之，就是识、写分开。还有，过去对低年级孩子写字的要求偏于知识性，要求掌握汉字的基本笔画、笔顺规则、间架结构和常用的偏旁部首，现简化为掌握汉字的基本笔画和常用的偏旁部首即可，更重视写字的学习过程，要求“能按笔顺规则用硬笔写字”，间架结构则只需“注意”即可。这样是试图降低难度，适当减轻低年级孩子的负担。

（3）汉语拼音目标

问：汉语拼音一直是初入小学的孩子学习的难点，课程目标在这方面有什么新的考虑？

答：汉语拼音学起来比较枯燥，罗马字母对中国孩子来说也显得陌生，不易掌握，确实是学习的难点。所以第一学段提出的目标，只限于“读准”声母、韵母、声调和整体认读音节，“准确”拼读音节，“正确”书写，“熟记”《汉语拼音字母表》这些最基本的要求。这样设定要求的考虑是，只把汉语拼音作为认读汉字字音和学习普通话的工具，立足于用，起一个“拐杖”的作用。除此以外，不要再有烦琐的知识要求。有教材尝试编排了“语境歌”和“情境图”，即让学生借助有韵的儿歌和有形象的图画学习汉语拼音，取得了很好的效果。其实这也是一种将工具性目标“人文化”的努力。

2. 阅读目标

（1）关于阅读新理念——阅读是对话

问：这样一说，我们对这方面目标的理解就更明确了。下面我们把话题转向阅读方面，课程标准关于阅读的理念与过去有什么不一样?

答: 阅读可说是语文课程中极其重要的学习内容，课程标准关于阅读的目标，在理念上有较大的变化。这一理念是如此表述的:

阅读是运用语言文字获取信息、认识世界、发展思维、获得审美体验的重要途径。阅读教学是学生、教师、教科书编者、文本之间对话的过程。

问: 这样的表述确实比较新。但这里所说的“对话”应该怎样理解?

答: 这一阅读理念，是以现代哲学的对话理论作为基础的。对话理论认为，作者与读者的关系，就其本质而言，体现了人与人之间的精神联系，阅读行为也就意味着在人与人之间确立了一种对话和交流的关系。这种对话和交流是双向的、互动的，互为依存条件的，是主体与主体之间的关系。读者的阅读，尤其是阅读文学作品的过程，正是一种共同参与以至共同创造的过程。所以读者绝对不是消极被动的，读者也是文学活动的主体。那么，阅读教学也应该是思维碰撞和心灵交流的动态过程。

现代对话理论已被许多国家的教育家认同，并吸收到政府制定的母语教育的相关文件中。例如美国宾夕法尼亚州阅读能力评估咨询委员会给阅读所下的定义是:“阅读是一个读者与文本相互作用、构建意义的动态过程。构建意义的实质是读者激活原有的知识，运用阅读策略适应阅读条件的能力。”英国的语文课程大纲关于阅读的表述是:“应鼓励学生做充满热情的、独立的、反思的阅读者。”“应指导学生具体深入地思考读物的质量和深度，鼓励他们运用自己的想象力对作品的情节、人物、思想、词汇和结构做出反应。”加拿大语文课程标准认为："应该着重强调阅读活动并非仅仅为了获取信息、汲取知识。编排周详的阅读课程，会为学生们提供许多旨在为了愉悦、为了自我发现、自我充实的阅读机会。"因此，我们的课程标准在设定目标的时候，也要充分顾及学生阅读态度的主动性、阅读需求的多样性、阅读心理的独特性。

（2）阅读作为对话的要义

问：这个问题我们很感兴趣，能不能对此再进一步做点具体的说明？

答：好的。我认为，第一，要重视学生在阅读过程中的主体地位。在阅读教学中，存在着多重对话关系，如学生与作者（文本）的对话，教师与学生的对话，学生与学生的对话，教师与作者的对话，这些都为学生的个体阅读提供了良好的环境和条件，但对话的中心是每一个学生个人。也就是说，课堂上的群体阅读活动应该尽可能指向每个学生的个体阅读活动。必须强调学生阅读的自主性和独立性，文本的意义是学生在阅读过程中自行发现、自行建构起来的，要让学生自己阅读、自己学会阅读。从这层意思说，我们的语文课本首先不是教本，而是学本。

第二，要重视学生的独特感受和体验。既然每个学生的生活经验和个性气质都不一样，就应鼓励学生对阅读内容做出有个性的反应，如对文本中自己特别喜爱的部分做出反应，确认自己认为特别重要的问题，做出富有想象力的反应甚至是"突发奇想"，将自己的阅读感受与作者的意图进行比较，为文本的内容和表达另做设计，等等。在文学作品阅读教学中，不要去追求"标准答案"。萨特说："阅读是一种被引导的创造。"学生在阅读中，并不是消极地接受、索取意义，而是积极主动地发现、建构意义，甚至创造意义，所以有"一千个读者就有一千个哈姆雷特”的说法。

过去的语文大纲常用的关键词是“概括”，标准常用的关键词则是“体验”。两者比较，“概括”较重视阅读的结果，“体验”较重视阅读的过程；“概括”较重视阅读中的理性因素，“体验”较重视感性因素；“概括”较重视结论的唯一性，“体验”较重视结论的多样性。这两者对发展学生的思维都很重要，但在语文阅读教学过于僵化的当前，适当地强调独特感受和体验是合适的。

第三，教师是课堂阅读活动的组织者、学生阅读的促进者，也是阅读中的对话者之一。一般来说，教师作为文本与学生的中介，他们的思想深度、文化水准、人生经验、审美水平要高于学生，他们可以起到向导的作用，但绝不能取代学生在阅读中的主体地位。过去流行一种“谈话法”教学，是先由教师预设好结论，然后千方百计引导学生猜测，这其实仍是一方强行灌输、一方被动接受的方式，与阅读作为一种对话的本质是背道而驰的。此外，课堂阅读教学在一个集体中实施，与完全个人化的阅读毕竟不同，这里还有学生与学生之间的对话，因此营造良好的课堂氛围也十分重要。在一个刻板呆滞的课堂氛围中，富有活力和创意的对话是难以实现的，而轻松、活跃、和谐的环境气氛确实有利于激活学生的思维和想象力。

(3) 阅读中的情感态度价值观目标

问：这样一解释，我们对现代的阅读理念好像理解得比较清楚了。下面就给我们介绍一下阅读方面的阶段目标吧。我们首先应该关注什么？

答：在阅读目标方面，我认为第一个要关注的问题是阅读中积极健康的情感、态度和正确的价值观导向，使德育目标、智育目标和美育目标能够得到综合的体现。

在情感态度方面，我们还是强调养成阅读的兴趣和习惯，在低年级尤其重要。所以第一学段的第一个阅读目标，就是“喜欢阅读，感受阅读的乐趣”，最后一个阅读目标是“养成爱护图书的习惯”；到第二学段则要求“养成读书看报的习惯”。

现在有一种误解：现代社会传播媒体已经多样化了，文字阅读还像历来认为的那么重要、那么必不可少吗？我们认为，文字阅读在人们获取知识和信息、认识世界和自我、发展情感和思维、得到审美体验和享受等方面的功能，是其他媒体不可替代的。即使在西方发达国家，科技高度发展，现代传媒无孔不入，人们主要还是从文字阅读中获得自身的提高和发展。作为一个现代公民，从小养成阅读的兴趣和习惯，这一要求绝不过时。

问：课程目标除了强调阅读兴趣和习惯这些主观方面的因素外，怎样让情感态度与价值观要求渗透到阅读的内容和方法中去呢？

答：这个问题提得好，因为三个维度的交融，正是我们想努力追求、尽量体现的。在这方面课程标准做了有意识的设计，不知大家在学习标准时有否注意。在第一学段的阅读目标中，第 4 条提出“阅读浅近的童话、寓言、故事，向往美好的情境，关心自然和生命”；第二学段提出“关心作品中人物的命运和喜怒哀乐”；第三学段提出“说出自己的喜爱、憎恶、崇敬、向往、同情等感受”，“受到优秀作品的感染和激励，向往和追求美好的理想”；第四学段则从欣赏文学作品的角度，要求“有自己的情感体验，初步领悟作品的内涵，从中获得对自然、社会、人生的有益启示”。这些都试图体现阅读中主体情感的投入，以及正确的价值观导向，比过去的大纲要求显然大大地具体化了，也是对阅读中情感态度目标表述的初步尝试。有这样一个生动的例子：某种实验教材有一篇课文《在大海中永生》，其中写到邓小平同志的骨灰被亲友们撒向大海，用了“花瓣拌着骨灰”这样一个句子。但在教学中有学生提出不同意见：这里的动词“拌”用得不好，应该改成“伴”字，花瓣是陪伴着小平爷爷撒向大海的。这一字之改，不是表达了学生的深刻情感体验，融进了他对小平同志的敬爱之情吗？

（4）阅读中的过程与方法目标

问：这些表述，过去的大纲似乎很少提到，确实有新意。但这种要求怎样落实到操作层面呢？

答：这就是我们接下来要谈的第二个问题，涉及“过程与方法”这个维度。在阅读的过程方法方面，标准特别强调要加强朗读，而且贯串于各学段的目标之中，即要求用普通话正确、流利、有感情地朗读。我们有这样一种认识，只听教师滔滔不绝、不闻学生书声琅琅的语文阅读课，不是好的语文课。“正确、流利、有感情”这三方面要求，不能互相分割、分别要求，应该一以贯之、密不可分，但在不同阶段可以有所侧重，体现循序渐进。

阅读方法当然不只是朗读，默读、精读、略读、浏览等方法都很重要。不过，我们强调阅读方法，归根到底是为了突出学生阅读行为的自主性，重在感受体验，整体把握，而不是纯理性的、机械的分析。长期以来，我们的阅读教学在总体上存在着重认知轻情感、重理性轻感性、重分析轻综合的倾向，实际反映了以学科知识为本位而非以人的发展为本位的课程观。在阅读目标上强化感受性、体验性，就是为了与长期流行的理性化阅读分析相抗衡。试想，如果没有了感性因素，哪来丰富多彩的人性表现，哪还有情感和形象，语文还是语文吗？例如，有实验教材为于漪老师写的课文《往事依依》设计了这样的思考题：“你觉得课文中哪些语句最精彩，最能打动你的心，最能引起你的联想？”也有教材为巴金散文《繁星》设计了一道思考题：“你一定也观察过天上的繁星，你有哪些感受？与作者的感受有什么不同？”就较好地体现了标准的导向。

有鉴于此，第一学段目标提出“对感兴趣的人物和事件有自己的感受和想法”，读诗歌要“展开想象，获得初步的情感体验，感受语言的优美”；第二学段提出“初步感受作品中生动的形象和优美的语言”；第三学段阅读叙事性作品要求“能简单描述自己印象最深的场景、人物、细节”，阅读诗歌要求“想象诗歌描述的情境，体会作品的情感”；到第四学段，则提出了综合性的要求：“对作品中感人的情境和形象，能说出自己的体验；品味作品中富于表现力的语言。”同时从这种感受性阅读出发，逐步加强理性成分，更强调探究性阅读，如第三学段要求“在交流和讨论中，敢于提出看法，做出自己的判断”，第四学段要求“对课文的内容和表达有自己的心得，能提出自己的看法，并能运用合作的方式，共同探讨、分析、解决疑难问题”。有的实验教材设计了阅读专题，要求学生进行多角度的、有创意的阅读，有的还倡导比较阅读，都是在这方面做积极的尝试。

（5）阅读教学如何对待知识

问：听了上面这些意见，我们对课程标准在阅读目标上的导向更明确了。还想请教一个问题：过去的语文教学大纲，比较重视语文的知识传授，诸如标点符号、语法修辞、表达方式、文体知识等，新的课程标准在阅读目标中如何对待知识的问题？

答：在语文知识的要求和表述方面，新的标准确有较大变化。我们的指导思想是，学习语文知识是为了运用，应该促使知识向能力方面转化，在义务教育阶段，特别要重视培养学生的语感能力，即语言直觉能力，而语感能力只有在大量的阅读中才可能获得提高，这就是我们在总体目标中提出“形成良好的语感”的初衷。因此课程阶段目标尽可能将知识要求转换成能力要求来表述。

问：能不能给我们具体地梳理一下？

答：好的。如关于标点符号，第一学段提“在阅读中体会句号、问号、感叹号所表达的不同语气”，第二学段提“在理解语句的过程中，体会句号与逗号的不同用法，了解冒号、引号的一般用法”，第三学段提“在理解课文的过程中，体会顿号与逗号、分号与句号的不同用法”，这与过去大纲笼统提“认识常用的标点符号”这样的认知性目标是有区别的。如理解词句，注重不脱离语境，在各学段目标中分别提了“结合上下文和生活实际了解课文中词句的意思”，“能联系上下文，理解词句的意思，体会课文中关键词句表达情意的作用”，“能联系上下文和自己的积累，推想课文中有关词句的意思，辨别词语的感情色彩，体会其表达效果”，“体味和推敲重要词句在语言环境中的意义和作用”等。如关于表达方面，从第三学段开始，提出“在阅读中了解文章的表达顺序，体会作者的思想感情，初步领悟文章的基本表达方法”，第四学段要求“在阅读中了解叙述、描写、说明、议论、抒情等表达方式”，将有关知识与阅读过程的展开和阅读能力的培养紧紧联系起来。关于不同文体的不同阅读要求，也是从第三学段开始才有所区分。

有关语法修辞知识和文学知识，课程标准不主张有系统地讲授，所以在各学段都未提出具体的目标要求，这与过去的大纲相比有很大的差异。在第四学段，提出一条总括性的目标：“随文学习基本的词汇、语法知识，用来帮助理解课文中的语言难点；了解常用的修辞方法，体会它们在课文中的表达效果。了解课文涉及的重要作家作品知识和文化常识。”细心的读者定会发现，关于语法修辞知识的要求，仅限于帮助解读课文，这也就是标准在第三部分教学实施建议中强调的：

“在阅读教学中，为了帮助理解课文，可以引导学生随文学习必要的语文知识，但不能脱离语文运用的实际去进行‘系统’的讲授和操练，更不应要求学生死记硬背概念、定义。”与此意图相配套，标准在评价建议中特意规定：“词法、句法等方面的概念不作为考试内容。”请大家一定要领会标准所说的“随文学习”四字的含义。

（6）重视语感和积累

问：以上这些规定看来主要是有利于培养语感。与培养语感相关，课程标准好像还特别重视加强积累？

答：完全正确。课程标准在基本理念部分就强调“丰富语言积累”，在总体目标中又要求在阅读方面注意“有较丰富的积累”，然后在各阶段目标中再对此加以具体化，导向是很明确的。没有积累，谈不上培养良好的语感，也绝不可能有真正的听说读写能力，当然学不好语文。

问：课程标准是如何来落实这一重点的？

答：首先从阅读的数量着手。这包括两方面要求：一是提倡扩大阅读面，要求“养成读书看报的习惯，收藏图书资料”“扩展阅读面”“广泛阅读各种类型的读物”；二是规定课外阅读量，第一学段课外阅读总量不少于 5 万字，以后逐渐增加，第二学段不少于 40 万字，第三学段不少于 100 万字，第四学段不少于 260 万字，九年相加，应达 400 万字以上。这一数量，是在做了一些调查研究后确定的，大多数老师反映能够达到。我们还提倡读整本书，在第四学段要求“每学年阅读两三部名著”，并在附录中提出了“关于课外读物的建议”。新教材多设计了名著推荐和导读之类的专题，相信会有利于学生的课外阅读。

其次提出积累各种素材、加强背诵的要求。要求“在阅读中积累词语”，“积累自己喜欢的成语和格言警句”，“积累课文中的优美词语、精彩句段，以及在课外阅读和生活中获得的语言材料”。积累语言材料，其实是感性的语言模块的整体储存，它可以看作是生活经验材料，也可以看作是形象材料，或者是思维材料、情感材料，这些材料储存于大脑，将成为学生的终身营养，也就是语文素养的重要构成，一旦被激活，就会产生综合效应，极有利于接受和表达能力的整体提高。基于此，我们认为加强背诵是一种积累的好方法，四个学段总共要求背诵优秀诗文 240 篇（段），并在附录中开列了古诗文篇目 120 篇，其余部分包括中国现当代和外国诗文由教材编者和任课教师补充推荐。

问：我们注意到，课程目标特意提出了诵读方法，而且在这方面规定得很具体，这是为什么？

答：诵读是我国语文教育优秀传统中一种有益于积累、有效提高语文能力的好方法，应该适当提倡。所以标准在教学实施建议中指出：“有些诗文应要求学生诵读，以利于丰富积累，增强体验，培养语感”。在阶段目标中再从具体操作层面给予保证，第一学段要求“诵读儿歌、儿童诗和浅近的古诗，展开想象，获得初步的情感体验，感受语言的优美”，第二学段要求“诵读优秀诗文，注意在诵读过程中体验情感，展开想象，领悟诗文大意”，第三学段再加上“注意通过语调、韵律、节奏等体味作品的内容和情感”，第四学段提出更高要求：“诵读古代诗词……注重积累、感悟和运用，提高自己的欣赏品位。”在已编成的几种实验教材中，都有“读读背背”“诵读欣赏”等相关设计，应该予以肯定。

（三）写作、口语交际、综合性学习目标

1. 写作目标

（1）不同学段的写作要求

问：我们在学习《义务教育语文课程标准》（2011 年版）时，明确了写作的总体目标是："能具体明确、文从字顺地表达自己的见闻、体验和想法。能根据需要，运用常见的表达方式写作。"但我们发现在阶段目标部分，第一学段称为"写话"，第二、第三学段都称为"习作"，到第四学段才称为"写作"，这是为什么？

答：这里没有什么深意，无非是为了体现降低义务教育阶段写作的难度而已。古人有一种很好的写作理念，认为写作应该从写"放胆文"起步，逐渐过渡到写"小心文"，即在学习写作的初始阶段，不必强调种种规矩，应让孩子放胆去写，就像初学走路的婴儿，首先是让他有迈开步子自己走路、不要人扶的勇气，这时候什么走路的规矩和技巧对他来说毫无用处。因此，在低年级不必过于强调口头表达与书面表达的差异，而可以致力于从口头语向书面语的转化，应鼓励学生把心中所想、口中要说的话用文字写下来，消解写作的神秘感，让学生处于一种放松的心态，这就是人们常说的"我手写我口"。我们认为，在低年级，学生即使没有"作文"的意识也不要紧，要紧的是让学生敢于写。强调这一点，在中小学生普遍存在写作恐惧心理的今天，更具有现实意义。所以我们在低年级用"写话"来淡化作文意识，在中高年级用"习作"来体现初步具有作文意识，到初中阶段才称为"写作"。

（2）写作的情感态度目标

问：请具体说说阶段目标是如何体现这一点的。

答：为体现以上意图，在写作初始阶段的目标设定，特别强调情感态度方面的因素，把重点放在培养写作的兴趣和自信上，让孩子愿意写作、热爱写作，变“要我写”为“我要写”。第一学段的相关表述是“对写话有兴趣”；第二学段的相关表述是“乐于书面表达，增强习作的自信心”；第三学段，才过渡到要求具有初步的写作意识，“懂得写作是为了自我表达和与人交流”；第四学段则提出“写作时考虑不同的目的和对象”，要求具有比较自觉的写作目的。同时，写作的兴趣和自信，作为一种内驱力，还来源于在写作的合作和交流中所产生的成就感，而这一点是过去被忽略的，标准对此有意做了强化，在不同学段分别提出“愿意与他人分享习作的快乐”（第二学段）、“能与他人交流写作心得，互相评改作文，以分享感受，沟通见解”（第四学段）等要求。

（3）写作能力目标的重点

问：从目前中小学写作教学的实际来看，标准在情感态度方面做这样的引导是十分必要的。除此以外，标准对写作能力的培养还有哪些重要构想？

答：首先，标准特别重视鼓励自由表达，放开种种束缚，在写作中培养学生的创新精神。标准关于写作的基本理念是：“写作是运用语言文字进行表达和交流的重要方式，是认识世界、认识自我、创造性表述的过程。”过去的历年大纲关于写作教学，提出了选择表达方式、安排详略、条理清楚等技术性要求，在初学写作时过多强调这些写作规范，反而冲淡了有创意的表达这一根本性要求。本着“我手写我口”的精神，标准在第一学段的目标中提出“写自己想说的话”，第二学段提出“能不拘形式地写下自己的见闻、感受和想象”，就隐含着自由表达的意思。需要指出的是，有创意不等于胡思乱想，其前提是生活本身的丰富性，以及观察的多角度，所以第三、第四学段分别做了这样的表述：“养成留心观察周围事物的习惯，有意识地丰富自己的见闻”，“多角度观察生活，发现生活的丰富多彩，能抓住事物特征，有自己的感受和认识，表达力求有创意”。

其次，标准还贯彻了这样的思想：只有为学生提供广阔的写作空间，减少对写作的束缚，才能实现写作的个性化，使学生表达出自己的主观感受。如在第二学段强调“注意把自己觉得新奇有趣或印象最深、最受感动的内容写清楚”，在第三学段提出“珍视个人的独特感受”，第四学段提出“写作要有真情实感，力求表达自己对自然、社会、人生的感受、体验和思考”，这相对于过去大纲仅提“能把自己的见闻、感受和想象写出来”，“感情真实，内容具体，中心明确”等笼统提法，其重在从学生的生活视野和感性经验中取题立意、引发真情实感，以求得写作的个性化和独特性的导向更为鲜明突出。有一个小学生在写以《春天》为题的作文时，写了对春天的种种不好的感受，教师就批了“胡思乱想”四个字，这就扼杀了学生个性化表达的积极性。我们认为，强调这些方面，极有利于克服学生中普遍存在的作文“假、大、空”的毛病，说得重一点，这种毛病不是一个作文的问题，而实质上是对青少年人格的扭曲，对其个性的健康发展是极其有害的。有人过于强调写作要完全按照事物的本来面貌，做如实的反映，却忽视了“情动于中”方能“形于言”，没有个人的主观感受就谈不上写作的个性化；也有人片面地强调写作就是自我表现，事实上切断了自我与生活的联系：这两种倾向我们都是不能苟同的。

（4）关于写作知识

问：标准好像很少提写作知识方面的要求？

答：是的。标准把注意力放在写作的实践上，主张多写、多改，在实践中提高写作能力，因而在各学段提出了写作次数、字数的量化要求；同时就写作实践本身，提出一系列能力要求，如第一学段要求“写想象中的事物”，第三学段要求“能写简单的记实作文和想象作文，内容具体，感情真实”，第四学段要求“写作要有真情实感，力求表达自己对自然、社会、人生的感受、体验和思考”。标准在小学阶段有意淡化文体，只在第三学段提“能写简单的记实作文和想象作文”，到初中方才据文体的分类提出要求：“写记叙性文章，表达意图明确，内容具体充实；写简单的说明性文章，做到明白清楚；写简单的议论性文章，做到观点明确，有理有据；根据生活需要，写常见应用文。”但主要也是从写作的实践角度出发，而非传授写作知识。在写作规范方面也适当降低要求，小学在第三学段只提“能根据内容表达的需要，分段表述”，到初中阶段，才提出具有实践性的综合要求：“根据表达的需要，围绕表达中心，选择恰当的表达方式。合理安排内容的先后和详略，条理清楚地表达自己的意思。运用联想和想象，丰富表达的内容。”大家可以看出，标准在写作方面重视的是过程与方法、知识与能力之间的融合。我们注意到，有的初中实验教材以写作实践为核心来设计写作专题，如写作动机的产生（有感而发）—写作文风的培养（说真话，抒真情）—写作材料的收集（从生活中找“米”）—写作体验和发现（观察和描写景物的特点）—写作方法的掌握（简单地说明小制作）—写作思路的展开（想象），较好地改变了过去教材以传授写作理论知识为主的格局。

(5) 写作教学的实践性要求

问：为切实提高学生的写作水平，标准有没有设想一些具有可操作性的环节？

答：我想是有的。一是重视修改，以及修改中的合作。在我看来，文章修改是一个重新认识、重新发现，甚至是重新创造的过程，它的重要性绝不亚于写作本身。也有人把收集素材和酝酿构思称为前写作阶段，把修改润饰称为后写作阶段。标准在第二学段目标中要求“学习修改习作中有明显错误的词句”，第三学段要求“修改自己的习作，并主动与他人交换修改”，第四学段要求“修改自己的作文，做到文从字顺。能与他人交流写作心得，互相评改作文，以分享感受，沟通见解”。二是重视在写作中运用已积累的语言材料，使课内外阅读与写作相联系，学与用相结合，第一学段只要求“在写话中乐于运用阅读和生活中学到的词语”，第二学段则提出“尝试在习作中运用自己平时积累的语言材料，特别是有新鲜感的词句”，第三学段进而要求“积累习作素材”。三是有具体写作过程与方法的指导，这主要体现在第四学段的要求中：“注重写作过程中搜集素材、构思立意、列纲起草、修改加工等环节。”“能从文章中提取主要信息，进行缩写；能根据文章的基本内容和自己的合理想象，进行扩写；能变换文章的文体或表达方式等，进行改写。”

总之，标准关于写作教学的要求，体现了淡化文体意识、注重语言运用能力，淡化理论讲解、注重实际操作，淡化名词术语、注重实例比较启发的精神。

2. 口语交际目标

(1) “听”“说”与“口语交际”

问：下面是否转换一个话题，谈谈关于口语交际的问题？过去的大纲都是将听和说分开的，标准为什么要改成“口语交际”呢?

答: 这个问题提得好。关于口语交际，我们的认识有一个变化过程。过去的大纲，是把听和说分开的，所以才有“听说读写”的提法，即认为语文能力中包括听的能力和说的能力，听是输入、接受，说是输出、表达。在2000年公布的修订大纲中，虽然根据现代社会口语交际能力日益显得重要的认识，已将听和说合成“口语交际”，但在表述时仍是将听和说分开的。在制订课程标准时，我们关于口语交际的理念更为明确了，这就是:“口语交际能力是现代公民的必备能力。应培养学生倾听、表达和应对的能力，使学生具有文明和谐地进行人际交流的素养。”

(2) 核心在“交际”二字

问: 这一理念包含着怎样的要义?

答: 其中核心的意思是“交际”二字，即必须重视口语交际的人际交往功能。口语交际是人与人之间的交流和沟通，它是一个听方与说方双向互动的过程，不是听和说的简单相加。所以双方在应对中的情感态度十分重要，表现为人际交往的文明态度和语言修养，如自信心、勇气、诚恳、尊重对方、有主见、谈吐文雅等。标准的口语交际阶段目标，第一学段要求“有表达的自信心”，“与别人交谈，态度自然大方，有礼貌”；第二学段要求“学会认真倾听，能就不理解的地方向人请教，就不同的意见与人商讨”；第三学段要求“与人交流能尊重和理解对方”，“注意语言美，抵制不文明的语言”；第四学段要求“注意对象和场合，学习文明得体地交流”，这体现了情感态度方面的导向。

第二个要义是重在实践，在交际中学会交际。标准中强调以贴近生活的话题或情境来展开口语交际活动，重视日常生活中口语交际能力的培养，而不是传授口语交际知识。标准在小学阶段关于听人讲话、听故事、复述、讲述、转述等要求，初中阶段关于即席讲话和主题演讲、课堂讨论、应对能力等要求，都是重在交际过程中的实践能力培养。

还有就是重在参与，第一学段目标“积极参加讨论，敢于发表自己的意见”，第三学段目标“乐于参与讨论，敢于发表自己的意见”，第四学段“讨论问题，能积极发表自己的看法”，就分别体现了这样的要求。

只有在以上这些前提之下，标准中关于口语交际的技能要求，如“听人说话能把握主要内容”、“能清楚明白地讲述见闻”、“讲述故事力求具体生动”（第二学段），“听人说话……能抓住要点”、“表达有条理，语气、语调适当”（第三学段），“能根据对方的话语、表情、手势等，理解对方的观点和意图”、说话“清楚、连贯、不偏离话题”、“注意表情和语气……不断提高应对能力，增强感染力和说服力”、讨论发言“有中心、有根据、有条理”（第四学段）等，才有了意义。

3. 综合性学习目标

（1）综合性学习目标的现实针对性

问：学习了以上关于识字写字、阅读、写作、口语交际四方面阶段目标的解读，我们对标准将情感态度与价值观、过程与方法、知识与能力三个维度交相融合所构成的语文课程目标，有了整体的、连贯的，同时也是富有层次感的理解把握。那么，为什么阶段目标还要专列“综合性学习”的目标呢？

答：前面我们说过，综合性学习与上述四个方面不在一个层面，因为在当前的课程改革中应该特别重视，所以专门列出，加以强调。

问：这样强调的现实针对性是什么？

答：众所周知，长期以来，由于种种原因，我们的语文教学处于一种相对封闭的状态，“语文的外延与生活的外延相等”，很大程度上仍停留在口头上。具体说来，课本是唯一的信息源，教师是唯一的信息传递者，教室是唯一的信息交流场所。在全球都在呼唤“让学生学会学习”的当今时代，语文教学的这种封闭状态再也不能继续下去了，综合性学习这种学习方式，必然要进入我们的视野，进而运用到语文教学中来。这次课程改革的实质，从某种意义上说，是一次学习方式的革命。课程标准对目标的设定，在三个维度中非常重视“过程与方法”这一维度，同时专列“综合性学习”的目标，就是在这样的背景下考虑的。

问：综合性学习的价值何在？

答：教育部发布的《基础教育课程改革纲要（试行）》指出：“倡导学生主动参与、乐于探究、勤于动手，培养学生搜集和处理信息的能力、获取新知识的能力、分析和解决问题的能力以及交流与合作的能力。”这里旨在倡导一种新型的学习方式，对于培养学生的创新精神和实践能力，具有终身学习的愿望和能力，意义深远。综合性学习正是这样一种自主、探究、合作的学习方式。它重在学习过程，注重激发学生的创造潜能，能较好地整合知识与能力，尤其有利于在实践中培养学生的观察感受能力、综合表达能力、人际交往能力、搜集信息能力、组织策划能力、互助合作和团队精神等等。所以我们要充分利用现实生活中的语文教育资源，优化语文学习环境，努力构建课内外联系、校内外沟通、学科间融合的语文教育体系。引导学生开展丰富多彩的语文实践活动，拓宽语文学习的内容、形式和渠道，使他们在广阔的空间里学语文、用语文，拓宽视野，丰富知识，砥砺能力。新实验教材有意设计了一些综合性学习专题，如“狼辨”“荷花”“月辨”“人类起源”等，努力做到多学科之间的沟通，拓展学生多向思维，注重听说读写能力的综合运用，这成了新教材不同于过去的一个亮点。当然，在尝试综合性学习的同时，如何突出语文学科的自身特点，这还是一个需要不断探索的课题。

（2）综合性学习的要义

问：对于综合性学习的这一认识，是如何贯彻在阶段目标中的？

答：这一原则要求，在标准中具体化为阶段目标，其要素大致有四：

一是乐于探究。培养学生对世界事物的好奇心，产生强烈的探究兴趣，具有问题意识，这是综合性学习的前提。所以在第一学段要求“对周围事物有好奇心，能就感兴趣的内容提出问题”；第二学段要求“能提出学习和生活中的问题”；第三学段要求“为解决与学习和生活相关的问题”，或“对自己身边的、大家共同关注的问题”进行探究；第四学段要求“能提出学习和生活中感兴趣的问题”，“关心学校、本地区和国内外大事，就共同关注的热点问题”进行研究。

二是自主学习。综合性学习应突出自主性，主要由学生自行设计和组织活动，特别注重探索和研究的过程。强调观察周围事物，亲身体验，包括自然、生活、社会等各个方面，做到有所感受、有所发现，这是综合性学习的基础。所以在第一学段要求“结合语文学习，观察大自然”，第二学段进而要求“观察大自然，观察社会”，第四学段要求“自主组织文学活动”等。

三是主动参与。要有强烈的参与意识和合作意识，要求学生人人主动积极地投身其中，善于与他人合作，这是综合性学习的保证。所以在第一学段要求对提出的问题“共同讨论”，“热心参加校园、社区活动”;第二学段要求“在活动中学习语文,学会合作”;第四学段进一步提出“体验合作与成功的喜悦”。

四是勤于动手。综合性学习主要体现为语文知识的综合运用、听说读写能力的整体发展、语文课程与其他课程的沟通、书本学习与实践活动的紧密结合,因此实践是第一位的。能在多学科的交叉中体现语文知识与能力的实际运用,促进学生素质的全面提高,这是综合性学习的目的。所以第一学段要求在活动中“用口头或图文等方式表达自己的观察所得”;第二学段要求“在家庭生活、学校生活中,尝试运用语文知识和能力解决简单问题”;第三学段要求“利用图书馆、网络等信息渠道获取资料,尝试写简单的研究报告”,“策划简单的校园活动和社会活动,对所策划的主题进行讨论和分析,学写活动计划和活动总结”;第四学段要求在选出研究主题、制订简单的研究计划后,“能从书刊或其他媒体中获取有关资料,讨论分析问题,独立或合作写出简单的研究报告”,还有“搜集资料,调查访问,相互讨论,能用文字、图表、图画、照片等展示学习成果”,无不意在培养学生的实际综合运用能力。

当然,综合性学习的内容和形式是多样的,标准只是根据不同年龄阶段提出了一些建议,带有举例性质,不必也不能遍举,阶段目标中的设定具有开放性,给学校、教材编写者和学生留下了很大的创造空间。

在我们关于课程目标的对话即将结束之际,需要说明的是,课程目标的设定是否科学,只有在语文教学的反复实验中才能加以验证,我们热切期盼着各种实验教材编写者和广大实验区师生,用自己的实践来丰富、发展、补充、修正《全日制义务教育语文课程标准(实验稿)》中初步设定的课程目标!

二、关于《普通高中语文课程标准（实验）》课程目标的对话

（一）必修课“阅读与鉴赏”目标

1. 阅读与鉴赏的总要求

（1）阅读与鉴赏的根本目的是“立人”

问：《普通高中语文课程标准（实验）》（以下简称“标准”）中高中语文必修课分为两个方面的目标，就是“阅读与鉴赏”“表达与交流”。关于“阅读与鉴赏”的目标共有12条，首先涉及的一个问题是：高中课程标准好像提出了关于阅读与鉴赏的一些总体性的目标要求，能否就此做些说明？

答：好的。从学生的全面发展和终身发展的角度，以立人为本来提出阅读鉴赏目标，从教育的本质上来理解阅读鉴赏活动，侧重情感态度与价值观这一维度，这是标准关于阅读与鉴赏目标中带有根本性的要求：“在阅读与鉴赏活动中，不断充实精神生活，完善自我人格，提升人生境界，逐步加深对个人与国家、个人与社会、个人与自然关系的思考和认识。”

问：为什么我们的教育要致力于培养学生在阅读与鉴赏方面具有较高的素养？

答：这不是一个简单的语文阅读能力和审美能力的问题，而是关

系到人的全面发展和终身发展，培养“整体的人”这个根本问题。在当代我们面临的一个很大的危险，就是人被科学技术、被机器异化。现代工业过分强调经济效益，采用的是整齐划一的流水线生产方式，这在一定程度上导致了人的片面发展，使人成为所谓“单向度的人”。技术主义思潮也渗透到教育领域，造成科学化教育的倾向，已经产生了种种不良后果。教育绝对不仅仅是教给学生从事某种职业的技能。所以当代世界各国教育改革的一个共同趋向，就是呼唤人文精神的回归，强调教育应以人为本，一切着眼于人的发展，反对科技至上。20 世纪初提出对话理论的德国哲学家马丁·布伯说：“教育的目的并非是告知后人存在什么或必会存在什么，而是晓谕他们如何让精神充盈人生，如何与‘你’相遇。”这与鲁迅说的“立人”教育是精神相通的。有的中国学者把人文精神定位在人的精神家园的营造，其要旨是对民族、对人的关怀，对人的生存意义、价值的追求和确认，这一理解获得了人们的广泛认同。

每个社会都有这一时代关于人的理想模式。今天的教育提倡全面发展、有个性的发展，就给学生提供了自由发展的机会、个人选择的权利。全面和谐的发展，即人的身体、知识、情感、意志和心理都能得到健康的发展，培养“整体的人”，这是当代教育追求的目标。

问：那么，标准如何突出语文阅读与鉴赏在人的精神发展方面的作用？

答：要使人获得全面和谐、有个性的发展，其中十分重要的，也是由教育担当的任务，是提升人的文化品位，构建人的精神世界。在基础教育各门课程中，语文课在情感培养方面似乎更具优势，理应承担责任。标准关于阅读与鉴赏的第 1 条目标，就是站在这样的高度提出来的，它在 12 条阅读鉴赏目标要求中起着统领的作用。这强烈地体现了课程改革对人的尊重，张扬了语文阅读教学中的人文精神，也标示着我们对语文学科的认识达到的一种新高度、新境界。目标指出要在阅读鉴赏活动中“逐步加深对个人与国家、个人与社会、个人与自然关系的思考和认识”，这种思考和认识，当然具有理性认知的成分，但在语文课程中却在很大程度上是伴随着情感活动而取得的，在文学鉴赏中更是如此。正是通过语言文字，学生与他人、与社会、与人类、与自然建立起了联系，这种联系常常是从直观、感性、情感的层次，进入到理性和审美的境界，学生在情感丰富性和思想深刻性方面的素养便在阅读鉴赏活动中得到了发展和提升。

（2）现代阅读理念——阅读是对话

问：标准在阅读与鉴赏“教学建议”中特别指出：“阅读是搜集处理信息、认识世界、发展思维、获得审美体验的重要途径。阅读教学是学生、教师、教科书编者、文本之间的多重对话，是思想碰撞和心灵交流的动态过程。”如何理解阅读是一种对话？

答：与对阅读鉴赏教学目的的这一本质性理解直接相关的，是关于阅读的现代理念的建立。对话既是一种哲学思想，也是一种教学策略。作为对人和人际关系之本质认识的对话理论，我们在义务教育课程标准的解读中曾经进行过介绍。就阅读与鉴赏而言，法国文学家左拉所说的一段话是令人深思的：“在读者面前的不是一束印着黑字的白纸，而是一个人，一个读者可以听到他的头脑和心灵在字里行间跳跃着的人。”

对话作为一种教学策略，还可以在此再做些申述。古希腊哲学家、教育家苏格拉底说：“没有一种方式，比师生之间的对话更能提高沟通能力，更能启发思维技能。”对话方法最有利于发展学生真正意义上的思维，而不是仅仅靠复述书本答案或教师的讲解内容可以完成学习任务；教师和学生一起进入思维，就为学生树立了一种典范，对学生提高思维品质会起到促进作用。有论者指出，对话式教学，不是对概念或观点的认同，而是一种开放的、发展的教学佳境，它需要问题和干扰的出现，通过学生、教师、文本之间多重观点及解释的碰撞、消解、转化，走向融合和升华，在探究的过程中激发生命智慧和创造潜能。在这里，问题和干扰不但不是教学中消极的因素，恰恰相反，它是对话得以发生和进行的必要条件。所以在阅读教学的实施中应注意避免几种情况：一是设法回避问题和干扰的发生，让学生被动接受预设的对课文的确定解释；二是不能容忍学生对课文产生看来荒唐，其实是富有想象力的想法；三是离开对课文的整体感知，概念化地解释课文，而不是引导学生通过感悟、体验、品味对课文进行阅读和鉴赏。

问：在阅读是一种对话的背景之下，教师如何进行角色定位？

答：提倡对话策略，教师非但不能不充分备课，反而要求教师准备丰富的学科知识，必须认真考虑要向学生提出哪些问题，以及学生可能会提出哪些问题。教师组织学生讨论的手段也要十分高明。对话策略要建立在新型的师生关系基础之上，鼓励教师与学生以及学生之间的平等交流。通常提出的问题没有固定的正确答案，反馈也不是简单的对或错。教师更像向导或协助者，而不是传统教育模式中扮演的绝对权威角色。有的教师谈到自己运用对话策略的体会说，教师要为对话创设一种氛围，使学生亲近文本，产生对话的欲望，在学生与文本对话过程中随时提供可能的帮助，使对话顺利进行；也有教师归纳出若干可操作的对话式教学实施模式，如“参与—体验—分享”“合作—交流—评价”“涵泳—熟读—玩味”以及问题式阅读、批注式阅读等，可供参考。

2. 培养独立阅读能力

问：我们注意到，标准第2条目标，重点在发展学生独立阅读能力，这是阅读活动的共性要求。之所以要用“发展”一词，我们理解是因为义务教育阶段的阅读目标已经提出了这方面的基本要求，到高中阶段，不仅应该坚持，而且还要发展。这条目标有哪些要点？

答：这条目标包括三层意思，下面我们分而述之。

（1）阅读的整体性

答：第一层意思，是阅读能力的基础性要求，就是“从整体上把握文本内容，理清思路，概括要点，理解文本所表达的思想、观点和感情”。这一目标大致是按“综合—分析—综合”这一文本阅读的基本思路进行表述的。

学生对文本的解读具有整体性特点。从阅读的对象看，学生面对的文本，是一个内容与形式相统一的整体；从阅读的动力看，阅读文本是一种全身心的投入，学生的情感与理智在阅读过程中始终与文本融会交流，以至产生碰撞或共鸣；从阅读的基础看，学生在阅读中必然会调动自己的全部知识积累、人生经验、思想认识，因而阅读是一种整体性的主体参与。语文阅读教学中流行的重分析、轻综合的模式，往往离开了学生对文本的整体感受，进行抽象的概括和分析，学生得到的只是干巴巴的几条筋，那是一无所用的东西。叶圣陶先生说：“临时搬出些知识来，阅读应该怎么样，写作应该怎么样，岂不要把饱满的整段兴致割裂得支离破碎？所以阅读和写作的知识必须化为习惯，在不知不觉之间受用它，那才是真正的受用。”梁启超的“三步读书法”，也体现了这一读书精髓：“第一步是鸟瞰。把文章浏览一遍，了解文章写些什么，并把文章的重点、难点找出来。第二步是解剖。揣摩文章是怎样写的，尤其是对文章的重点、难点细细探究，由表及里，抓住精髓。第三步是会通。就是把全文综合起来，融会贯通，并根据文章的背景和作者情况探究文章的成因，以便对文章有更透彻的把握。”

（2）阅读的主体性和多元化

问：对阅读的整体性，刚才说得比较清楚。标准对阅读能力的进一步要求是：“善于发现问题、提出问题，对文本能做出自己的分析判断，努力从不同的角度和层面进行阐发、评价和质疑。”请问这强调的是什么？

答：这里强调的是第二层意思，就是阅读的主体性和多元化。对高中生而言，这是至关重要的。美国人本主义心理学家卡尔·罗杰斯在《课堂教学怎样才能影响人的行为》一文中指出：“凡是可以教给别人的东西，相对地，都是无用的，对于他的行为影响很少，或根本没有影响。……能够影响一个人的行为的知识，只能是他自己的发现并转化为已有的知识。”阅读与鉴赏的教学同样如此，没有学生积极主动的参与，单纯传授式的课文分析基本上是无用的知识，它不能真正培养起学生的独立阅读能力。

如何培养学生具有真正的独立阅读能力？从思维的角度看，长期以来，与科学主义思潮的影响相关联，我们的阅读教学基本上尊奉的是同一性思维的原则。我们在课文分析中热衷于使用概念、判断和推理，习惯于概括和归纳，而概念的运用就是一种规定，一旦界定便构成了肯定和否定；判断则必然要求得出此是彼非、非此即彼的结论。英国社会学家鲍曼指出同一性思维的特征是：“每一种定义都把一个领域劈成两半：彼与此，内与外，我们与他们。每一种定义都最终宣告了一种对立，这种对立的标志就是：在界限的这边所存在的某一种特征，恰为界限之另一边所缺乏。”同一性思维使我们对一篇课文得出若干共同性的认识，具有确定性、明确性和总体性，这还是需要的；问题在于，文本本身是一个极其丰富复杂的世界，有的文本特别是文学作品，更具有开放性，不是几个简单的概括性结论就可以包容所有的内涵，应该以多元思维来进行解读。多元思维强调异质胜于同质，差异优于同一，主张真理、价值、社会应该是多元和开放的，而不是定于一尊。对差异的宽容是这种思维方式最显著的特征。对各种不同答案的宽容，指向多个不确定的结果或结论。

语文是一门最富有开放性的课程，对文本的阅读和理解，常常存在着诸多可能性，高中生的独立阅读能力，更应反映在对文本的多元解读方面。当学生凭借自己的经验积累和知识结构进行阅读时，实际上是在进行文本意义的再一次建构，就会发现问题，提出疑问，会对文本做出自己特有的分析和判断。在一种群体的对话进程中，各种意见会相互碰撞、交流，学生的提问、质疑、反驳或批判，必然会形成对同一文本从不同的角度和层面进行理解，而这些理解往往从对文本的整体性透视而言具有不同层次的合理性。尤其对文学作品的解读，多元的理解也体现了文本自身具有的结构的开放性和意蕴的丰富性及不确定性。

问：标准的提法似乎有针对性？

答：是的。阅读教学的现状常常是，教师和学生的注意力都集中在问题的结论上，而这些问题又不是学生在阅读过程中发现的，不是自己思考的结果，学生只关心教师是什么样的结论，教师的结论又大多来自现成的结论，有的学生就提出了“我怎样才能跟上老师的思路”这样的困惑。长期习惯了接受“标准答案”的人（包括学生和教师），渐渐就会失去求异思维的能力，创造潜能就会慢慢被扼杀，何来学生的独立阅读能力？有的教师深有体会地说，宁愿学生对课文做出幼稚、浅薄但却是鲜活的富有原创性的解读，也不愿学生接受先验的、貌似深刻却是“克隆”来的结论。所以，在当前，我们特别要提倡在阅读教学中通过多重对话，尤其是师生之间平等的、互动的对话，对文本进行多元解读。

当然，一元与多元应该互补。我们目前流行的一元思维，容易导向线性因果关系和思想上的霸权主义。多元思维虽然对差异保持宽容态度，但也容易滑向相对主义，这是应该加以防止的。有的论者就正确地提出“一元与多元理解同存共荣”的观点，作为基础教育教材中的经典文本或一般文本的解读，应该有相对确定的解释，但同时又要承认阅读作为一种体验，各人的感受和结论也就不会完全相同。

问：与培养独立阅读能力相关的另一个问题是，在阅读教学实施中，教师的作用何在？

答：标准在“教学建议”中指出：“阅读中的对话和交流，应指向每一个学生的个体阅读。教师既是与学生平等的对话者之一，又是课堂阅读活动的组织者、学生阅读的促进者。”“教师的点拨是必要的，但不能以自己的分析讲解代替学生的独立阅读。”我们必须明白，教师不是“全知全能”者，更不是真理的化身，那种习惯于教师对文本做理性俯视和机械解析的阅读教学，其实师生都缺乏阅读的原创性。而如果我们的教师也在教学中充分发挥自己的主体性，做精当的讲述、巧妙的引导，则能帮助学生对自己的阅读感受和见解做出补充，或者进行调整和修正，提高阅读水平。独立阅读决不等于放任自流，这是我们必须注意的。

(3) 阅读要落实到语言层面

问：请再说一说关于独立阅读能力的第三层意思。

答：为了防止离开具体文本进行所谓的分析，课程标准尤为关注阅读活动应该要落实语言层面，所以从语感与语识结合的角度进一步提出："根据语境揣摩语句含义，运用所学的语文知识，帮助理解结构复杂、含义丰富的语句，体会精彩语句的表现力。"

课文阅读离不开对字词句的理解揣摩，对字词句的理解揣摩又不能脱离语境孤立地进行。对语境的重视是十分必要的。但现实状况却如有人所说，我们是以语言的抽象性牺牲了言语的具体性，以语言的普遍性牺牲了言语的特殊性，以语言的公众化牺牲了言语的私人性。课文阅读就是要关注文本在言语方面的具体性、特殊性和私人性。但在具体的阅读教学中，脱离语境架空分析的倾向还是存在的。

例如在此次课改中，人们开始重视跨学科的学习，教材也相应地选入科普文章，这本来是值得肯定的。但有的教师却在教学过程中花了大量时间介绍科学术语和相关知识，并采用了许多教学手段，离开文本，脱离对文本语言的探究，把语文课上成了科学课。还有一种情况在课改中也时有出现，在学习文学文本时，实施研究性学习，师生往往热衷于对一些思想观念的话题的讨论，也就是集中于文本内容和精神的层面，却始终徘徊于文本语言之外。语文姓"语"，文本的任何价值均应通过语言得以实现，文学作品阅读鉴赏更其如此。正如著名作家汪曾祺所说："语言不只是技巧，不只是形式。小说的语言不是纯粹外部的东西。语言和内容是同时存在的，不可剥离的。"文学是语言艺术，作家将自己创造的形象转化为文学语言，读者再将文学语言转化为具体可感的形象，这一转化过程，应该让学生自己来完成。要让学生感性地接触作品，这里十分关键的是对语境的重视，以及语感的培养，培养学生对文本的亲近感、认同感。那种由教师讲解来代替学生阅读的做法，从以文本为本体的角度而言也是不可取的。

3. 关于个性化阅读

问：第3条目标指出：“注重个性化的阅读，充分调动自己的生活经验和知识积累，在主动积极的思维和情感活动中，获得独特的感受和体验。学习探究性阅读和创造性阅读，发展想象能力、思辨能力和批判能力。”关于个性化阅读，应该怎样理解？

（1）阅读的个体差异

答：这条目标首先强调阅读活动中的个体差异。生活经验、知识积累、个人的独特感受和体验肯定是因人而异的。如何提高学生阅读的兴趣？关键是不仅要重视阅读技能的训练和指导，更要重视对学生阅读心理的引导。文学阅读更具内省性，即重在体验，要重视学生作为阅读主体的“前结构”“前理解”，读者对文本也总有自己的期待，教师就应该设法调动学生已有的知识、经验、人生体验和生活理想，进而使学生得出自己的答案。让预测和期待始终伴随整个阅读过程。由阅读视界的期待，再到引起视界的变化，最终达到视界的融合。

学生面对教材文本，就会接触到题目、作者、题材、体裁等，对文本展现的情节、场景、人物性格和命运、社会生活、思想和感情产生迫切求知的心理，这就是常有的阅读期待。当学生的期待视界与文本之间产生背离时，文本会产生更强的吸引力，引起学生浓厚的阅读兴趣。当学生不满足于一般的理解性阅读，就会对自己的阅读过程和自己的理解进行再思考，这就进入了阅读反思阶段；更高的阅读境界，自然是探究性阅读和创造性阅读。当然，这里所说的“创造性”，不一定是首创，但必是学生自己以前所未曾有过的感受和理解。

（2）培养创造性思维

问：阅读的个性化与培养创造性思维有什么关系？

答：目标又从个性化阅读指向创造性思维的培养："学习探究性阅读和创造性阅读，发展想象能力、思辨能力和批判能力。"

探究性阅读和创造性阅读，必须以理解性阅读为基础。这里的关键是，探究的问题是从既定文本出发，有所发现，有所质疑，还是从某些原则或公式出发？探究性阅读应以细读文本的功夫为前提。此外，如果把创造性阅读理解成不顾作品的基本意义而随心所欲地进行解读，这是一种要不得的"过度阐释"。但如学生能联系自己的生活经验、思想情感，或者已经积累的阅读体验，从文本中激发出新的想象和联想，对文本的意义加以适当地引申，进而赋予其新的意义，这应该说是符合创造性阅读的要义的。所以课程标准在"教学建议"部分提出："教师要为学生的阅读实践创设良好环境，提供有利条件，充分关注学生阅读态度的主动性、阅读需求的多样性、阅读心理的独特性，尊重学生个人的见解，应鼓励学生批判质疑，发表不同意见。"

4. 不同类型文本的阅读和阅读方法

问：这次标准在阅读材料的文体方面，提法与过去似乎不同？

答：标准第4条："能阅读论述类、实用类、文学类等多种文本，根据不同的阅读目的，针对不同的阅读材料，灵活运用精读、略读、浏览、速读等阅读方法，提高阅读效率。"这是具体提出了三种类型文本的区分，以及阅读方法的运用。

（1）阅读文本的类别

关于阅读文本的类别，过去的各个大纲提法不一。20世纪50年代汉语、文学分科，文学教材注重文学体裁，即使是议论文，也侧重"富有文学风趣的论文"。分科教学废除之后，记叙文、说明文、议论文三大文体教学取而代之，延续至今。三大文体分类固有其历史的合理性，但毋庸讳言，它也造成了阅读教学的固定套路，甚至达到僵化的地步。其实，关于文体，前人早已发表过通达明智的意见。金代文学批评家王若虚《滹南诗话》认为文体“定体则无，大体则有”，著名学者钱锺书先生在《管锥编》中也提出“盖文章之体可辨别而不堪执著”。义务教育标准并不完全否定这一分类，但已适当淡化，在初中阶段比较突出“在阅读中了解叙述、描写、说明、议论、抒情等表达方式”的目标要求，重视的是文本的表达方式，而不是文体格式。这样的处理，有利于开放而多样化的阅读教学。

高中语文阅读教学在文体问题上，过去是沿袭三大文体而略有改动，如1995年高中大纲提“比较复杂的”记叙文、说明文、议论文，以及文学作品，至于什么是“比较复杂的”，未做任何解释，恐怕也很难解释。2000年高中大纲进行较大修订，取消了这一颇为勉强的提法。

问：文本类型的这种分类，有什么科学依据？

答：高中课程标准考虑到，现代思维科学理论把人的思维大致分成三个基本层面，即分析性思维、创造性思维、实用性思维，具有一定的合理性，与之基本对应的语文能力，应该是探究能力、审美能力、应用能力，那么在阅读中，根据文本涉及的思维特征进行分类，不妨分为论述类文本、文学类文本和实用类文本三类。这是从能力层面和思维特征的角度对文本进行的综合性分类，我们认为比较符合高中阶段阅读鉴赏能力培养的要求。

基于建构主义学习理论而提出的思维科学理论认为，人的智力是分析的、创造的、实用的信息加工过程三者的平衡，它揭示了智力的用途（或曰功能）。“批判—分析性思维”是一种分析、批判、评价和判断的思维方式，涉及分析、判断、评价、比较、对比和检验等能力；“创造—综合性思维”是一种新异的、符合任务要求的和高品质的思维方式，包含创造、发现、生成、想象和揭示等能力；“实用—情境性思维”涵盖实践、使用、运用和实现等能力。论述类文本侧重于培养分析性思维能力，文学类文本侧重于培养创造性思维能力，实用类文本侧重于培养实用性思维能力，这就在阅读教学中落实了关于注重培养语文应用、审美、探究能力的课程理念。当然，三类文本与三种思维能力不能机械地加以对应，三类文本只是一个大致的分类，三种思维能力在实践中也绝不是截然分离的，例如文学类文本的阅读鉴赏主要体现为审美能力，但其中的分析评价等思维活动又属于批判分析性思维，是探究能力的体现，所以只能说各有所侧重而已。

（2）阅读不同类型文本的重点

问：那么，不同类型文本的阅读，应该有不同的教学重点?

答：对。不同类型文本的教学内容，应该各有重点。这在“教学建议”部分有相关表述：

阅读论述类文本，教师应引导学生把握观点与材料之间的联系，着重关注思想的深刻性、观点的科学性、逻辑的严密性、语言的准确性，着重培养学生的概括、提炼、分析、判断、综合等抽象思维能力。

阅读实用类文本中的新闻，应引导学生注意材料的来源与真实性、事实与观点的关系、基本事件与典型细节、文本的价值取向与实用效果等；常用应用文教学，应主要借助文本示例来了解其功能和基本格式，以学生自学为主，不必做过多分析。对文本内容的准确解读和对文本信息的筛选处理能力显得尤为重要。

阅读文学类文本的要求，我们将在谈下一个问题时重点展开。

5. 文学作品的阅读和鉴赏

（1）鉴赏目的、态度与鉴赏能力的培养

问：标准对文学作品的阅读鉴赏，好像给予了特别的关注？

答：文学教育是高中阶段语文学习的重要任务，文学审美是体现语文学科区别于自然科学学科的一个重要领域。文学教育应该有其独立的目标、内容，有具有个性特色的教学方法、过程，其核心是文学鉴赏能力的培养。

但由于语文教育中长期以技术性训练为主导，师生均面对应试的压力，文学教育的任务并没有很好得到落实，出现了把文学作品也当成实用文体来教的倾向，语文课越上越“偏枯”，这恐怕已经不是个别现象。面对这种令人担忧的现状，著名语文教育家张志公先生在晚年痛心疾首地指出：“目前的语文教材里有比例很不小的文学作品，但并不是用来进行文学教育，而是用来‘读写训练’的，连古典文学作品也不例外。这样的语文教学、语文教材，实际上是一种互相掣肘，两败俱伤的做法。”为此，张志公先生强调“应当向儿童、少年、青年进行文学教育”，并指出文学教育的任务是：“指导学生阅读丰富的、优秀的文学作品，获得必要的文学知识，培养和提高文学修养，同时寓思想教育于其中，培养远大的理想抱负，高尚的趣味情操，并寓智力开发的目标于其中，培养活跃的逻辑思维能力和联想、想象等思维能力以至创造思维的能力。”因此，高中语文课程标准适当强化了文学作品阅读与鉴赏的目标要求，专列了三条进行具体表述。

问：看来加强对当代学生的文学教育确实十分重要。标准在这方面做了哪些强调？

答：首先关于鉴赏目的和态度，第 6 条目标中提出“学习鉴赏中

外文学作品，具有积极的鉴赏态度，注重审美体验，陶冶性情，涵养心灵”，这是侧重于情感态度和价值观方面的目标。鉴赏文学作品是一种积极的审美活动，主体精神的投入、情感的活跃是根本的要求，不能只有理性的分析而没有审美的体验，而审美活动的目的，是陶冶性情，涵养心灵，提升学生的文化品位和审美情趣。作家赋予其作品以丰富的人文精神和文化内涵，这可以大大拓展学生的精神领域，滋润他们的心灵世界，在情感熏陶中体验并提升人生境界，从而使他们构建起健康个性和健全人格。我们过去的语文教育，常常讲思想教育，分析作品，也强调分析思想性，这并不错，但过于狭隘，而且忽视了文学的根本特性。从作品中理性概括出来的“主题思想”“中心思想”，不等于主体心灵，不等于作家的精神活动，不等于作家深广的情感世界，更不等于审美情感。语文教育是人文教育，语文教育的过程就是把人文精神内化为学生个人的人格构成。文学在培养青少年健全人格方面具有不可替代的作用。

（2）鉴赏能力的重点要求

问：除了鉴赏目的和态度，在能力培养方面有什么重点要求？

答：鉴赏能力的重点要求，是感受、品味、领悟、体验、思考：“能感受形象，品味语言，领悟作品的丰富内涵，体会其艺术表现力，有自己的情感体验和思考。”在能力目标中渗透着过程与方法的维度，要求感性与理性的统一，主观与客观的统一，情感与思想的统一，内容与形式的统一。审美能力就是在这样的过程中逐步提高的。学生通过感受形象、品味语言，对作品的丰富内涵和艺术表现力就会有自己的体验和思考。有教师在教学《林黛玉进贾府》时，引导学生对小说中王夫人“一笑，点头不语”的描写反复品味，使学生对王熙凤的内心世界和性格特征有了深入的领悟，为作者的传神之妙击节叹赏。有人指出，文学作品阅读教学中知性分析仍十分流行，“生理解剖”式和“信息处理”式成为主要的文学教学方法，在这样的背景下，上述教学案例所体现的教学理念就显得更加珍贵。

鉴赏能力目标要求，是由关于文学鉴赏的科学理念支撑的。标准在“教学建议”中有一段相关阐释：“阅读文学作品的过程，是发现和建构作品意义的过程。作品的文学价值，是由读者在阅读鉴赏过程中得以实现的。文学作品的阅读鉴赏，往往带有更多的主观性和个人色彩。应引导学生设身处地去感受体验，重视对作品中形象和情感的整体感知与把握，注意作品内涵的多义性和模糊性，鼓励学生积极地、富有创意地建构文本意义。”

问：对此能否再做些说明？

答：因为一方面，从鉴赏主体而言，学生阅读文学作品，既有“共同视域”，也有个人的“期待视野”，对后者特别应该珍惜，应该鼓励学生用自己的情感、经验、眼光、角度去体验作品；要重视学生在阅读中的非理性特点，尤其是瞬间或偶然迸发出的、“灵光乍现”式的创造性思维活动，这就要尊重学生新鲜的阅读感受，尊重学生对作品的初始反应，珍爱学生富有个性的理解；有意识地激发学生的想象、联想能力和发散性思维，甚至允许学生“突发奇想”，只要能自圆其说即可。另一方面，从作品文本而言，本是具有很多“不定点”和“意义空白”的召唤结构，开放性、模糊性是其特征，对文学作品意蕴的把握，就应允许有多种视角。过去我们习惯于运用社会历史视角，其实还可有文化视角、心理视角、人类学视角、形式视角（如叙事视角）等。视角的转换，往往可以发现作品的新意蕴。有一位教师在教学传统篇目《我的叔叔于勒》时，就巧妙地要求学生为作品重拟标题并陈述理由，于是学生从各种角度拟出了新的题目，如“于勒的变化”“家里人与于勒叔叔”“可悲的于勒”“变色的世界”“贫穷与宽绰”等，在我们看来，一个新拟的标题，就意味着获得了一个新的视角、一种新的解读角度，对作品的某一方面意蕴的发现。

（3）文学鉴赏的更高要求

问：标准还要求：“努力探索作品中蕴涵的民族心理和时代精神，了解人类丰富的社会生活和情感世界。”对高中生这样提是否太高了？

答：这里提出的实际上是一种研究性的鉴赏，加上“努力”二字，只是体现一种导向，当然也难有达成度。古今中外的优秀文学作品特别是文学经典，往往既是民族的，又是世界的，需要进行超越性的、深层次的解读，文学作品中所表现的作家的情感，不是纯粹个人化的情感，它往往是时代精神的折射，甚至是通向一个民族的民族精神，通向全人类的普遍文化心理。文学作品所隐含的作家博大深沉的心灵世界，非常值得引导学生去加以探索。

（4）文学知识与鉴赏能力的关系

问：新标准重视能力培养，是否不要文学知识了？

答：不能这样理解。事实上，第 7 条目标要求：“在阅读鉴赏中，了解诗歌、散文、小说、戏剧等文学体裁的基本特征及主要表现手法。了解作品所涉及的有关背景材料，用于分析和理解作品。”是对上一条的补充，提出具体的知识要求，体现文学知识（包括文体知识、表现手法和背景材料）与鉴赏能力的关系，指向于“用于分析和理解作品”，是理性知识的运用。

正如有的同志所指出的，对文学作品的解读，不是乱读，不能脱离作品中心，不能“越界”，不确定性不能理解为任意性。“一千个读者就有一千个哈姆雷特”，这种观念对于解构作者中心论和意义的专制确有合理性；但是，不管是一千个还是多少个，总还是哈姆雷特，而不会是麦克白斯或李尔王。很重要的阅读“桥梁”，一是文学体裁的相关知识，二是关于作品的背景材料。对作品的种种解读，如是诗歌和散文，应该符合意境的完整和谐，符合其情感或事理逻辑；如是小说和戏剧，应该与情节和人物性格的自身逻辑不相背离，这样的解读才合情合理。不同的文学体裁，其艺术表现的规律和特点是不一样的，因此学生掌握一些基本的文学体裁知识还是必要的、有用的。至于作品背景材料，有时对深入解读作品、消释一些疑惑，甚至体会作品艺术上的精妙，都会起到关键的作用。如朱自清《背影》，一般的解读都围绕着“父子情深”的主题进行，好像很纯净化，但不免使人感到平面化。有论者引证了有关传记材料中记载的朱自清与父亲的龃龉和不欢后，指出了这篇回忆性散文中十分复杂的情感内涵，有作者关于家庭、人生的厚重体验，这样的理解就大大深入和丰富了。由“已知”引向“未知”，这是文本解读的必由之路。因此标准在“教学建议”中指出：“应引导学生在阅读文学作品时努力做到知人论世，通过查阅有关资料，了解与作品相关的作家经历、时代背景、创作动机以及作品的社会影响等，加深对作家作品的理解。”

6. 中国古代文学作品的阅读鉴赏

（1）弘扬和培育民族精神

问：关于中国古代文学作品的阅读鉴赏，标准中专列一条，即第8条目标，可见对它特别重视？

答：是这样。标准首先突出了弘扬和培育民族精神的重要性：“学习中国古代优秀作品，体会其中蕴涵的中华民族精神，为形成一定的传统文化底蕴奠定基础。”基础教育的根本任务，是培养具有中国根的中华民族优秀后代，正是基于此，党的十六大政治报告在论述当代文化教育问题时指出："民族精神是一个民族赖以生存和发展的精神支撑。一个民族，没有振奋的精神和高尚的品格，不可能自立于世界民族之林。""面对世界范围各种思想文化的相互激荡，必须把弘扬和培育民族精神作为文化建设极为重要的任务，纳入国民教育全过程。"民族精神必以民族文化为载体，民族文化又以中国历史上优秀的语言文学作品最为精粹，学习古代文学作品，其根本意义在此。有人说古诗文是已经死去的东西，应该逐出中小学课堂，这是无知的表现。但如说学习古诗文仅仅是为了掌握古汉语这种工具，便于阅读古代典籍，如有的同志批评的文言文教学有"言"无"文"，这也是不够的。我们这里所说的古代优秀作品，当然是古汉语学习的语言材料，但它们首先是文学作品，应该从文学鉴赏的角度提出目标要求。"腹有诗书气自华"，通过学习古代作品，使学生受到优秀文化的熏陶，塑造热爱祖国和中华文明、献身人类进步事业的精神品格，形成健康美好的情感和奋发向上的人生态度，奠定精神的底子，这才是学习古代作品的真正意义和价值所在。

（2）历史眼光与现代观念统一

问：学习古代作品在方法上有什么特别的要求？

答：理解和评价古代文学作品的方法论要求，就是历史眼光与现代观念相统一。第 8 条目标接着指出："学习从历史发展的角度理解古代作品的内容价值，从中汲取民族智慧；用现代观念审视作品，评价其积极意义与历史局限。"阅读古代作品与当代作品之间存在的一个明显差异，是由于时间距离造成的视界差异。因此理解和评价古代作品的基本前提，应该是读者具有历史的眼光，用一种"了解的同情"态度对待古代作家在作品中表现的政治立场、思想观念、情感取向、思维方式等，他们在那个时代看待自然、人生、社会乃至宇宙万象的历史合理性，只有当我们有了这种“了解的同情”，才不会以今人的标准苛求古人，以现实的需要曲解历史，才谈得上正确认识古代作品的内容价值，吸收其合理内核，“从中汲取民族智慧”。尤其是像中华民族这样富有悠久传统的民族，文化的积淀十分深厚，形成了相对稳定的民族心理，“人同此心，心同此理”的情况常会发生，并反映在古代文学作品中，古今人心很容易沟通，学生可以从作品中得到诸多教益。但任何阅读又都是当下的阅读和对话，离不开现实视界，读者必会自觉不自觉地表现出时代的意识，所以在评价古代作品的积极意义与历史局限时，当然应该从当下社会语境出发，根据今天的价值标准做出理解和判断，即“用现代观念审视作品”。如果教师能够利用这种古今视界差异，就常会激发学生读出新意，做到推陈出新、常读常新。

7. 文言文阅读要求

(1) 关于“文言文”

问：标准关于文言文阅读有什么具体要求？

答：标准第9条目标提出：“阅读浅易文言文，能借助注释和工具书，理解词句含义，读懂文章内容。了解并梳理常见的文言实词、文言虚词、文言句式的意义或用法，注重在阅读实践中举一反三。诵读古代诗词和文言文，背诵一定数量的名篇（可参考附录一《关于诵读篇目和课外读物的建议》）。”

“文言文”与前面所说的“古代文学作品”是两个有些交叉的名称。“文言文”是从语体角度提出的，“文言”相对于“白话”，除散文外，一般的理解似乎也包括诗词曲作品。而“古代文学作品”是从时代角度提出的，“古代”相对于“现代”，通常的理解也是广义的，不仅指诗词、文学性散文、小说、戏剧等，古代带有一定文学因素的实用性文体，在今天可以划归议论文、记叙文的，我们往往也把它包括在内。因为前面主要针对古代文学作品的阅读鉴赏提出目标，这一条目标不是从文学鉴赏，而是从一般的文言文阅读角度提出要求的。

(2) 什么是“浅易”

问：怎样理解“浅易”二字？

答：“浅易”不是一个科学概念，很难界定，只能是属于经验性的模糊判断。一般地说，“浅易”文言文指思想内容不太深奥，凭借学生的人生经验和思维水平还可以理解，表达方法也比较合乎常规、不太怪僻，语言文字比较合乎规范，是古代典范语言，其中的名物、典故比较常见，阅读难度不大。通常认为，像唐宋八大家中的韩、柳、欧、苏的文章，其中多数属于比较浅易的文言文。当然“浅易”也是相对的，这里说的是针对一般水平的学生而言的浅易。

(3) 注重文言文阅读的实际能力

问：阅读文言文能力的目标定位是什么？

答：目标定位在“读懂”，即“能借助注释和工具书，理解词句含义，读懂文章内容”。而不是把重点放在文言知识的传授上面。文言知识是无可回避的，但“了解并梳理常见的文言实词、文言虚词、文言句式的意义或用法”，其目的是“注重在阅读实践中举一反三”，重在培养对古诗文语言的感受力，以及文言文实际阅读能力的提高。标准原有一个文言词语范围的附录，规定了重点掌握的文言实词和虚词，后来删除了。

文言文教学是高中语文阅读教学中的难题，学生往往视为畏途，教师也苦于教学效果不甚理想。问题产生的原因可能有许多，但其中一个重要原因，是在文言文教学中把古汉语语法放在不适当的位置，太强调所谓语法规律的掌握。文言文学习当然有自己的规律，但什么是规律？根据我们的认识，要注重文言文阅读的实际能力，有几点是十分重要的：一是在语音、词汇、语法三者中，词汇是重点。著名古汉语专家王力先生说：“我们在研究古代汉语的时候，对语音、语法、词汇三方面，应该首先抓哪一方面呢？我想应该先抓词汇方面。”理由很简单，语音对文章内容的理解影响不明显，语法古今差别其实不大，而词汇古今变化最大，词汇要靠积累。二是语言的学习必须从感性着手，而不是从抽象的所谓语法规律着手，记住一条条语法要领，并不能真正提高文言文阅读能力，所以应该在游泳中学会游泳，在阅读中提高对古代语言的感受能力，或曰“文言语感”。三是对文意的理解，离不开具体的语境，语境既与作者思想感情的内涵相关，也与表达思想感情的方式方法相关，在内容与形式统一的语境中来揣摩词句含义，这样得到的理解往往是最牢固的，经久难忘的。文言文教学，教师的“言传”固然有一定的作用，但学生的“意会”所得更是宝贵；一定的“认知”手段也能收到某些效果，但更重要的在于学生自己的“体知”。

问：现在高中生的文言文阅读存在不少问题，应该怎样看待？

答：现在的文言文教学现状，常常是脱离语境梳理词法、句式，以及虚词的多少种用法，孤立、机械地死记硬背，既枯燥乏味，又没有效率，学生怎么会有兴趣呢？可以说，以上说的三点无不指向一点，就是一多一少：一多，是说文言文的学习要重视多读，努力扩大阅读量；一少，即少做脱离了课文语境的、所谓梳理规律的、机械操练性的客观化、标准化练习。所以“教学建议”提倡：“古代诗文的阅读，应指导学生学会使用有关工具书，自行解决阅读中的障碍。文言常识的教学要少而精，重在提高学生阅读古诗文的能力。”学习最好的动机来自对学习材料的兴趣，假如学习成为一种迫于外力而进行的机械活动，学习的效率必然是不高的。著名古典文学专家、北京大学教授冯钟芸说得好："我教你语法规则的条条框框，一是一二是二，如果学生在学到以后并没有体会，知道的永远一是一二是二，语法教学如果不贯彻在文章中，学生就很难做到举一反三。……语言的内容点到即可，但真正掌握需要通过阅读等语文实践活动，如果不通过阅读作品等语文实践活动，你讲多少语文知识对学生都不会起太大的作用。"

（4）重视文言文的诵读和背诵

问：标准还要求："诵读古代诗词和文言文，背诵一定数量的名篇。"为什么要提倡诵读和背诵呢？

答：概括地说，提倡多读多背，是为了加强积累，而"一定数量"是其基础。我们在义务教育课程标准的解读中曾说过：记诵优秀的文言文篇章，表面看来，似乎只是积累了一些语言材料，其实，这是感性的语言模块的整体储存，它们既是古人的生活经验材料，也是思想情感材料，当然又是鲜活的文学形象材料，这些材料储存于学生的大脑，组合到既有的认知结构和情感经验之中，就会成为终身的营养，也就是人的精神世界和语文素养的重要构成；它们在学生的生活和学习中一旦被激活，就将产生综合的效应，既有利于"立人"，又有利于"学文"。著名古代文学专家程千帆先生说过："背诵名篇，非常必要。这种方法似笨拙，实巧妙。它可以使古典作品中的形象、意境、风格、节奏等都铭刻在自己的脑海中，一辈子也磨洗不掉。因此，才可能由于对它们非常熟悉而懂得非常深透。"至于诵读方法的提出，也是为了培养学生的文言语感。在文言文教学比较重视言传、重视认知、重视分析的当前，强调熟读成诵、反复涵泳、心口相应、烂熟于心，还是适宜的。原有一个诵读篇目，也取消了，改为建议，这是为了增加弹性，给学生和教师提供更大的选择空间。

8. 课外阅读

问：最后，请问对课外阅读有什么要求？

答：第10条目标规定了课外阅读的具体要求，这体现了与义务教育阶段同样的精神："具有广泛的阅读兴趣，努力扩大阅读视野。学会正确、自主地选择阅读材料，读好书，读整本书，丰富自己的精神世界，提高文化品位。课外自读文学名著（五部以上）及其他读物，总量不少于150万字。（可参考附录一《关于诵读篇目和课外读物的建议》）"

（1）课外阅读的重要性

这条目标，首先指出了课外阅读的重要性和总要求。立足于阅读不能仅仅局限于课内，应是"得法于课内，得益于课外"，语文阅读能力的提高只能依靠大量阅读，没有捷径可走。"教学建议"指出："课外阅读活动是阅读教学的重要组成部分。应根据不同学生的具体情况，适时推荐文化品位高、难易程度适当的课外读物。"目标强调"正确、自主地选择"，是希望学生从培养阅读兴趣入手，逐渐过渡到有正确目的的阅读。喜欢读什么书，读书是为了什么，这里显然有着价值观的因素，标准的目标导向是"丰富自己的精神世界，提高文化品位"。标准十分主张开展读书活动，师生共同营造良好的读书氛围，建议"鼓励学生开展多种活动，如写书评、读后感，举办读书报告会、作品讨论会等，分享阅读乐趣，交流阅读成果，共同提高阅读能力"。

（2）课外阅读的量化指标

其次规定了课外阅读的数量："课外自读文学名著（五部以上）及其他读物，总量不少于150万字。"尤其强调阅读整部文学名著。关于文学名著的选择，课程标准给予了很大的自由选择的空间。媒体对此有热烈的讨论，各种意见都有其合理性。但现在有一种误解，认为标准推荐的文学名著多数是20世纪以前的经典作品，提出："难道20世纪缺乏优秀的当代文学值得向青少年推荐吗?"我们认为，作为具有导向性的政策文件，课程标准当然应该重点推荐那些具有稳定性的、为历史所选择的、为公众所承认的经典名著，这与经典阅读当随时代而变化并不矛盾，综观世界各国的母语教学大纲或课程标准，均非常重视本国本民族的传统经典作品；何况标准中所附书目只是推荐和举例的性质，并不是硬性规定，要扩大范围，那就可能举不胜举，完全可以由学校教师补充推荐，由学生自己进行选择，所以高中课程标准关于课外读物的建议，不再推荐具体书目，改为用举例的方式提出建议，并特意指出："当代文学作品，建议教师从近年来发表的各类中外优秀作品中选择推荐；科学与人文方面的各类读物可由语文教师和各有关学科教师商议推荐。"

阅读与交流方面的第11、12条目标，主要从过程或方法的维度，提出阅读鉴赏中要重视合作和交流，工具书和多媒体的运用，对这两条不再多做解释。

（二）必修课"表达与交流"目标

1. 表达与交流的总要求

（1）表达与交流的基础条件

问：这部分首先遇到的一个问题，是与义务教育课程标准的提法不同，在小学和初中阶段，称为写作和口语交际，为什么到高中阶段要改为"表达与交流"?

答：这一方面是与“阅读与鉴赏”相对应，另一方面则显示出一种意向，即从更高的层次上，比如说以人为本的高度，现代社会人与人之间关系的高度，来认识这方面的语文课程内容，克服学科中心和技术主义倾向带来的局限。因此，目标首先提出表达与交流的总要求。

第1条目标指出：“学会多角度地观察生活，丰富生活经历和情感体验，对自然、社会和人生有自己的感受和思考。”从客观和主观两方面提出要求，这是表达与交流得以进行的基础条件。从客观方面来说，表达与交流的基础源于生活，故必须“多角度地观察生活”。目标强调观察的“多角度”，是因为外部世界本身就是丰富多彩的，可以“横看成岭侧成峰”，我们观察生活不能只用一种眼光，可以时而宏观，时而微观；时而仰视，时而俯瞰；时而需要走马观花式、浮光掠影式，时而需要庖丁解牛式——对外部世界做多角度的观察，可以发现生活的各个侧面，事物的各种特征，从而提炼出丰富的写作素材。当然，对生活的理解不会是纯客观的，不是置身其外，而是身在其中，这就要“丰富生活经历”，包括自然、社会和人生，即所谓“为有源头活水来”。

从主观方面来说，表达与交流的动因应该来自于学生的内心需求，故必须“丰富情感体验”，“有自己的感受和思考”。观察本身只是手段，表达出自己的情感体验，产生独有的感受和思考，并有与人交流的迫切愿望，才是目的。在具体的做法上，“教学建议”提出：“在写作教学中，教师应鼓励学生积极参与生活，体验人生，关注社会热点，激发写作欲望。”“指导学生根据写作需要搜集素材，可采用走访、考察、座谈、问卷等方式进行社会调查，通过图书、报刊、文件、网络、音像等途径获得有用信息。”

内外条件缺一不可，它们是相互为用的。作文的生命力来自于对生活、对生命的感悟。在这里要防止两种倾向：一是机械反映论，二是唯主观论。机械反映论对外部世界做表面的、平面的、单一的理解，忽视学生作为表达与交流主体的主观能动作用；唯主观论却把表达仅仅看成是自我表现的需要，不承认生活是源头活水。因为在语文课作文教学中已经暴露出由于认识上的偏差而造成的学生作文的种种弊病，故提出这样的总要求是必要的。

（2）情感态度方面的要求

问：表达与交流也应该有情感态度方面的要求？

答：是啊。第2条目标提出："能考虑不同的目的要求，以负责的态度陈述自己的看法，表达真情实感，培育科学理性精神。"这里十分重要的是负责的态度、真情实感，其本质是科学理性精神。在义务教育阶段，标准把强调的重点放在鼓励学生大胆表达、自由表达，克服写作的神秘感和恐惧心理，比较强调激发学生的兴趣；在高中阶段，对身心发展渐趋成熟、参与社会日益深入，且已基本具备社会人自觉意识的高中生，光强调兴趣就不够了，应该更重视培养表达与交流的自觉意识，所以高中标准把重点转移到"以负责的态度陈述自己的看法"上来，这也是高中生心理成熟与否在课程学习中的一个标志。与此相关，如果我们联系目前由于应试教育而造成的虚假作文的种种表现，"表达真情实感"当然是十分重要的目标要求，具体来说，就是"不说假话、空话、套话，避免为文造情"。负责态度也好，真情实感也好，归根到底，都是一个人是否具有科学理性精神的反映。所以从这两条总要求来看，贯串着以人为本的教育思想。

2. 书面表达与交流

（1）书面表达的基本目标

问： 请介绍一下书面表达的基本目标。怎样认识对作文真实性的要求？

答： 关于书面表达的基本目标，或曰写作规范要求，是第 3 条：“书面表达要观点明确，内容充实，感情真实健康；思路清晰连贯，能围绕中心选取材料，合理安排结构。”这是总结了过去大纲关于作文教学的一些基本要求而做的归纳。

“观点明确，内容充实，感情真实健康”，是标准在情感态度和价值观方面的积极导向，体现了语文学习中德育与智育相统一的教育思想，我们认为还是应该坚持的。没有这一导向，书面表达就失去了灵魂。如果听凭作文中悲观沉沦、拜金主义、贪图享乐、个人至上等思想情绪任意流露，教师也不做引导，这是放弃教育的责任，在这个问题上，我们应该旗帜鲜明。著名语文特级教师于漪曾经语重心长地说过：“作文不只是一种写作技巧，而是一种表情达意的手段。要做好文章，首先要在做人上狠下功夫——内心必定要充实，人生必定要有所追求。”问题是怎样才算做到了“观点明确”？过去有一种误解，认为就是文章的立意要越高越好，而这个“意”就是政治性、思想性，是一些放之四海而皆准的大原则，最终，观点也好，立意也好，都成了政治表态，成了外加的政治标签。学生迎合作文评价中“立意第一”甚至是“立意唯一”的标准，就会写出口是心非的虚伪之文，其危害在于造成青少年的人格分裂，后果十分严重。可以说，“观点明确”的前提是“感情真实健康”。记得冰心曾经说过，人的心灵世界“是个性化、自然的，是未经人道的，是充满了特别的感情和情趣的，是心灵的笑语和眼泪”。在这样的意义上，有人说，“真实是作文的生命”，“为了自己的人生，写诚信作文”，我们赞同这样的意见。

(2) 书面表达的发展性目标

问：标准对写作与思维的关系也做了强调？

答：对。要做到这些基本的写作要求，仅仅从技术的角度理解它是远远不够的。在这些基本要求后面，其实是对发展学生的思维能力的重视。第3条目标接着是这样表述的：“在表达实践中发展形象思维和逻辑思维，发展创造性思维。”在“教学建议”中则从教学角度表达了大体相同的意思：“写作教学应着重培养学生的观察能力、想象能力和表达能力，重视发展学生的思维能力，发展创造性思维。”只有认识到，通过写作实践发展学生的思维能力，包括形象思维和逻辑思维，尤其是过去一直被语文教学忽视的创造性思维，以上的写作基本要求才能逐步达到。从发展思维的角度理解书面表达交流能力，可以防止在写作教学中单纯的技术主义倾向。在当前，我们更应适度提倡作文中的多向思维，鼓励学生从不同视点、不同角度、不同层面去观察、想象和表达，也应允许学生的逆向思维，从思维的创新走向表达的创新。须知，在学生反常规的思维中常常闪烁着创新的火花。

(3) 书面表达的个性化目标

问：同义务教育课程标准一样，高中课程标准好像也重视写作的个性化？

答：是的，第4条目标，可以说就是书面表达的个性化目标：“力求有个性、有创意的表达，根据个人特长和兴趣自主写作。在生活和学习中多方面地积累素材，多想多写，做到有感而发。”前面的基本写作要求具有规范性，在实际的写作教学中属于集体性的要求；但套用一句古人的话：“大匠能与人规矩，不能使人巧。”因为写作毕竟是一种非常个人化的行为，与每个人的智力和非智力因素联系十分密切，比如特长、兴趣、人格、阅历、情感等因素在写作中就显得十分重要。这里提出的目标，如有个性，有创意，自主写作，多想多写，有感而发，就不是具体的写作“规矩”，而是属于“巧”的范围。它既是课程教学的目标，其实更是从长远发展的角度，即着眼于学生的终身发展对学生提出的要求，教学中实施的时候应该着力于当前，着眼于将来。

写作提倡个性化，就要尽可能解除一些不必要的束缚，还学生以写作的主体地位。所谓根据个人的特长和兴趣自主写作，就是“教学建议”中提出的：“鼓励学生自由地表达、有个性地表达、有创意地表达，尽可能减少对写作的束缚，为学生提供广阔的写作空间。”

在写作教学中如何培养学生的自我意识和独立的个性人格，这已成为不少有识之士共同关注的问题。写作对每一个学生来说，其本质“是认识世界、认识自我、进行创造性表述的过程”。这里所说的“创造性”，并非是文学创作，而是指有没有自己的思想、自己的情感、自己的思维方式和表达方式，一句话，在于是否做到了个性化。在应试教育中，一切为了考试得分，漠视学生独特的体验和感受，压抑学生个性心理的情况时有发生，作文缺乏个性，千人一面，面目可憎，正像有的同志形容的那样，教师“克隆”了前人的思想，再来“克隆”未来国民的思想，长此以往，我们民族的创新精神从何而来？从这个意义上，我们认为学生应该“站”着作文，而不是“跪”着作文。

（4）书面表达的能力要求目标

问：第5条目标，具体提出书面表达的表达能力要求：“进一步提高记叙、说明、描写、议论、抒情等基本表达能力，并努力学习综合运用多种表达方式。能调动自己的语言积累，推敲、锤炼语言，表达力求准确、鲜明、生动。”其中包括几层意思？

答：首先这一能力要求是与义务教育的写作目标相衔接的，强调的是写作的基本功。初中阶段要求“根据表达的中心，选择恰当的表达方式”，并分别提出了写记叙文、说明文、议论文、日常应用文的具体要求。在此基础上，高中阶段则要求在各种基本表达能力方面得到“进一步提高”。

其次，高中阶段把写作能力的重点放在了“综合运用多种表达方式”上。这首先体现了写作能力上的“综合”特征，高中生的作文，应避免表达上的单一性和平面性，以尽力追求思维的深刻性和情感的丰富性。这一要求也多少隐含着这样一层意思，即由表达方式的多样化，来推动文体选择的多元化，通过综合运用多种表达方式，来适当淡化文体界限以服从主体的内在表达需要。而且这一目标突出了写作的实践性，也即是完全从表达的需要出发，重视表达方式在写作过程中的实际掌握和灵活运用，而主要不是从文章学知识和写作理论的角度提出不同种类文体的写作要求。有这样一种观点：一篇记叙性的文章，记叙、描写性的文字必须占全文字数的2/3以上，议论、说明性的文字至多1/3；一篇议论文，议论性文字必须占2/3以上，记叙、描写性文字至多1/3，否则，会写出非驴非马的“四不像”文章。这种过于从文章规范出发而不是从表达需要出发而定的条条框框，是一种本末倒置的导向，极有可能扼杀学生作文的生命力，我们认为是不足取的。

还有就是表达能力最终要落实到语言层面，故要求调动语言积累，推敲、锤炼语言，做到准确、鲜明、生动。语言达到这样的要求，决不仅仅是语言水平问题，它与文章的思想、情感、思路、结构等都有关联，正如朱光潜先生所说，文学借文字表现思想感情；文字上面有含糊，就显得思想还没有透彻，情感还没有凝练。咬文嚼字，在表面上像只是斟酌文字的分量，在实际上就是调整思想和情感。在文字上推敲，骨子里实际上是在思想情感上推敲。在当前学生作文普遍存在“话语趋同”“众口一词”弊病的状况下，强调这一点尤为必要。

（5）重视写作中的修改和合作

问：还有就是重视写作的修改和合作？

答：这就是第6条目标：“能独立修改自己的文章，结合所学语文知识，多写多改，养成切磋交流的习惯。乐于相互展示和评价写作成果。45分钟能写600字左右的文章。课外练笔不少于2万字。”这一条补充了作文修改和写作中的合作交流方面的要求，既是过程与方法的维度，也是写作能力的体现，并有情感态度的因素在内。“结合所学语文知识”，提示了修改过程中既可以凭借自己的语感，同时作为一个高中生，应该在语文知识方面有所积累，有所梳理，可以比较理性地审视和反思自己的文章，运用相关知识进行文章修改。

3. 口头表达与交流

（1）口头表达交流的总要求

问：在口头表达交流方面，高中课程标准有哪些要求？

答：第7条目标，说的是口头表达与交流的总要求：“增强人际交往能力，在口语交际中树立自信，尊重他人，说话文明，仪态大方，善于倾听，敏捷应对。”这条目标强调“人际交往能力”这一根本。它既侧重于情感态度，但同时也视人际交往为学生诸种能力（特别是各种非智力因素）的综合体现。把口语交际的立足点放在文明交往上，是鉴于这样的认识：“良好的口语交际能力是现代公民的重要素养。口语交际是在一定的语言情境中相互传递信息、分享信息的过程，是人与人之间交流和沟通的基本手段。”因此，“口语交际教学应注重培养人际交往的文明态度和语言修养，如有自信心、有独立见解、相互尊重和理解、谈吐文雅等”（见“教学建议”）。也就是说，口语交际教学需要特别关注言语外的各种因素，这些因素中首要的是要培养高中生作为社会人的自觉意识，或曰身份协调意识，这既是指学生要有向社会人转换的自我定位意识，同时也要有尊重他人、学会与他人共处的意识，当然还包括由此而来的合适的人际沟通方式、恰当的社交技巧等。于是，“文明态度”和“语言修养”就被提了出来。可以说，只有从培养“整体的人”的高度，着眼于学生终身发展、提升社会生活质量的长远目标，来理解口语交际教学的必要性，我们的立足点才是正确的。

（2）口头表达交流的基本能力目标

问：除了总要求外，还有哪些具体要求？

答：第 8 条目标：“注意口语的特点，能根据不同的交际场合和交际目的，恰当地进行表达。借助语调和语气、表情和手势，增强口语交际的效果。”提出了口头表达交流的能力目标，实现这一目标的主要途径，见于“教学建议”的如下表述：“应重视指导学生在各种交际实践中提高口语交际能力，选择他们感兴趣的、贴近生活的交际话题，采用灵活的形式组织口语交际教学，而不必过多传授口语交际知识。还应鼓励学生在各科教学活动以及日常生活中锻炼口语交际能力。”

应该说与生活的密切联系和交际现实性是口语的主要特点，它尤为注重过程，注重互动，注重人际交往过程中的应对和调适，所以口语表达与交流能力，应该体现于能根据不同的交际场合和交际目的恰当地进行表达，在教学中选择学生自己感兴趣的、贴近生活的交际话题，以及注意在其他学科学习和日常生活中有意识地锻炼口语交际能力。其操作性是很强的，不仅重视语言能力的训练，也应加强语用能力的培养，与书面表达相比，更侧重于表达与思维的尽可能同步一致，交际又特别重视即时性、现场感，因此除了言说风格、语音语调、选词用语的口语化等言语因素外，也要关注表情、手势等非言语因素的自然而然的配合，以缩短交际双方的心理距离，实现情绪交流。

（3）口头表达交流的几种具体方式

问：高中阶段的口头表达交流与义务教育阶段在具体方式上应该有所不同？

答：与义务教育阶段不同，第 9 条目标分别提出了演讲、讨论、辩论、朗诵的目标要求："学会演讲，做到观点鲜明，材料充分、生动，有说服力和感染力，力求有个性和风度。在讨论或辩论中积极主动地发言，恰当地应对和辩驳。朗诵文学作品，能准确把握作品内容，传达作品的思想内涵和感情倾向，具有一定的感染力。"关于口语交际的一些最基础的要求和最基本的方式，应该仍然贯串到高中阶段，但相对于义务教育阶段的口语交际目标，更要求体现口头表达与交流的综合效果，在口头表达交流的论辩性、灵活性和感染力等方面提高了要求。

（三）选修课"诗歌与散文"目标

1. 课程定位与总要求

（1）关于课程定位

问：在高中语文选修课系列中，对"诗歌与散文"这样的文学类选修课应该怎样定位？

答：课程标准将塑造良好的精神品格、形成健康美好的情感和奋发向上的人生态度视为语文课程的基本任务和自身优势，在能力要求上又把审美教育当作语文课程的重要功能，特别提出将“关注学生情感的发展，让学生受到美的熏陶，培养自觉的审美意识和高尚的审美情趣，培养审美感知和审美创造的能力”作为课程重要理念之一。这一通过审美教育培养审美能力的精神，在必修课程目标中已经得到强化。但由于必修课程学时有限，更多地从共同基础的要求选择安排教学内容，以求得语文多种能力的均衡发展；而对于在文学方面有特殊兴趣和潜能，希望进一步提高文学修养和鉴赏水平的学生，特别是在自我发展的方向上倾向于在将来从事与文学相关专业的学生，可以有侧重地选择与文学审美相关的课程。

课程标准所设计的五个选修课系列中，“诗歌与散文”“小说与戏剧”两个系列就是属于这样的课程，它们是按四种基本文学体裁构思的，相比而言，本系列课程因其以学习诗歌与散文为主要内容，众所周知，这是两种历史最悠久、影响最巨大、积淀最深厚，无论中外古今，作品的质量和数量都最引人瞩目的文体，与义务教育阶段和高中必修课教学内容联系也最为紧密，所以从课程内容的延续，到课程选修可能的覆盖面等方面考虑，本系列应是学校最有条件开设的选修课程。

（2）诗歌散文阅读鉴赏的总要求

问：第1条目标：“培养鉴赏诗歌和散文作品的浓厚兴趣，丰富自己的情感世界，养成健康高尚的审美情趣，提高文学修养。”这条好像原则性很强，提得很高？

答：这实际上提出了诗歌与散文阅读鉴赏的总体要求。从中可见，培养学生健康高尚的审美情趣被放在目标核心的位置。一个人审美修养的获得，其程度的高下，以及是否能使自己的兴趣得到持续发展，形成较为稳定的审美能力，关键在于审美情趣。高中生的逻辑思维能力有明显发展，形象思维能力得到丰富和深化，情感体验也趋于丰富和细腻，自我意识和活动能力不断增强，这时候，作为个体的内在精神修养的程度迫切要求提高。在这样的前提之下，审美情趣就会在学习中发挥重要作用，通过提高文学修养来丰富自己的情感世界，就会成为高中生的内心需求。对优美的诗歌散文作品的鉴赏，是一种高层次的精神活动，可以在很大程度上满足高中生的这一需求。

2. 诗歌散文阅读鉴赏的能力和方法要求

问：第2、3、4条目标，是从三方面提出了诗歌散文阅读鉴赏的能力和方法要求吧？

（1）诗歌散文阅读鉴赏的基本能力

答：第2条："阅读古今中外优秀的诗歌、散文作品，理解作品的思想内涵，探索作品的丰富意蕴，领悟作品的艺术魅力。用历史眼光和现代观念审视古代诗文的思想内容，并给予恰当的评价。"这是阅读鉴赏诗歌散文的基本能力要求。

诗歌散文的阅读鉴赏，首先要求学生要有一定的阅读量。在义务教育和高中必修课阶段，学生在诗歌散文的阅读面和数量上已有相当积累，义务教育阶段要求背诵古今诗文240篇，高中必修课虽未规定数量，但也提出了诵读的建议，这是提高诗歌散文阅读鉴赏能力的良好基础。但选修课不能满足于此，应进一步扩大阅读量，拓展阅读面，认识到没有一定阅读量，不可能显著提高阅读鉴赏能力。有了一定的阅读量，则可以在众多作品的相互联系中、在多角度的比较中，在纵向和横向的"作品之链"中进行阅读鉴赏。有鉴于此，"教学建议"

提出："本系列课程，应在一定阅读量的基础上，精选重点，鉴赏研读。"

其次要有重点地鉴赏研读。这是上述"教学建议"中包含的又一层意思。

问：什么叫有重点？

答：根据我们的理解，有这么三点：

第一，精选中外诗歌史、散文史上有影响、思想艺术成就较高的优秀作家作品。歌德在谈到鉴赏能力培养问题时说过："鉴赏力不是靠鉴赏中等作品而是要靠欣赏最好的作品才能培养成的。……等你在最好的作品中打下牢固的基础，你就有了用来衡量其他作品的标准。"例如，中国古代诗歌，可把重点放在《诗经》、《楚辞》、唐诗、宋词、元曲；唐诗中的重点，按时期分可以放在盛唐和中唐，按题材分可以放在山水诗和边塞诗，按人分可以放在王维、李白、杜甫、白居易、李贺、李商隐等著名诗人等；宋词、元曲也可依此类推。

第二，鉴赏的重点在作品，而不在鉴赏理论和文学史知识。本系列选修课是诗歌散文作品阅读鉴赏课，学生面对的是一篇篇完整的作品，是一个个充满艺术魅力的生命体，重在通过对优秀诗文篇章从思想内容到艺术特点的鉴赏，达到切实提高鉴赏能力的目标。这是"精选重点，鉴赏研读"的一层重要含义，正如叶圣陶先生所说："要认真阅读。在阅读中要研究、考察。这样才可以走上文艺鉴赏的途径。"在鉴赏过程中，当然会涉及中外文论关于文学鉴赏的主要观点，文学鉴赏的心理机制，文学鉴赏的各个要素，不同文体作品鉴赏的基本方法等带有一定理论色彩的问题，以及中外诗歌史、散文史的有关知识，但这些不应该作为课程教学的主要内容，它只是一种帮助阅读鉴赏的手段，或作为隐性的、间接的知识理论背景，所以"教学建议"中提示“也不必系统讲授鉴赏理论和文学史知识”。如果把这一选修系列上成文学鉴赏概论或微型的文学史课，就背离了课程目标。

第三，也是这一条目标表述的中心内容，即对作品的鉴赏重点应放在探索作品的意蕴和艺术魅力方面。关于探索作品的丰富意蕴问题，我们放在后面进行阐释。这里着重就探索作品的艺术魅力问题做一些必要的提示。

问：诗歌的艺术魅力从何而来？

答：诗歌的美感首先来自于音律（包括节奏和韵律）。音乐性是诗歌与生俱来的品性，诗歌中语音有规律的停顿形成节奏，其声、韵按一定的规则组合而形成韵律，构成回环往复、一唱三叹的效果，节奏、韵律与诗人要表达的情感协调一致，诗中轻松、欢快、沉滞、急促、昂扬、舒缓等节奏韵律变化，就反映了人的情绪的起伏波动的变化，表现的其实就是人的生命活动的节律。所以诗歌的音律美绝不是一个纯形式的因素，它是情感内容的有机组成，或是与情感内容不可分割的因素，可以称之为“情感的形式”或“有意味的形式”。阅读诗歌须吟哦，须朗诵，须于声音唇吻之间感受作品的音乐美，就是这个道理。

其次是鉴赏诗歌的意境美。意，是诗人要表达的思想感情；境，是诗人所描绘的客观景物，主观的思想感情与客观的景物之间有机融合成一个统一体，就是诗歌的意境。按王国维的分析，意境大致有三种类型，其实就是意境美的三个层次，一种他称为“境余于意”，偏重于对景物的客观再现；一种称为“意余于境”，偏重于对主观情思的表现；还有一种叫作“意境两浑”，景物与情思、主观与客观浑然一体，难分彼此，达到水乳交融般的和谐统一。就诗歌的意境美鉴赏而言，这不失为一条较易掌握的思路。此外，鉴赏诗歌常常涉及的实境与虚境、有我之境与无我之境、言外之意、托物寄情与触物兴怀等种种意境呈现方式或类型，都与此有关。

音律美、意境美，均服务于诗歌的情韵美，或者说，诗歌的情韵美包含了音律美和意境美。情韵包含了意蕴，但又不完全等同于意蕴，它是形、神、情、理多种因素的渗透、交融以达到有机的整合，是强烈感情和丰富想象共同作用下的产物，综括了“意内”与“言外”、有限与无限，是诗歌艺术魅力的最高表现。引导学生由作品的音律、意境入手去感受、把握、品味其情韵，可享受到诗歌鉴赏作为一种艺术再创造的莫大愉悦。著名美学家朱光潜先生说：“一首诗做成之后，不是就变成个个读者的产业，使他可以坐享其成。它也好比一片自然风景，观赏者要拿自己的想象和情趣来交接它，才能有所得。他所得的深浅和他自己的想象与情趣成比例。读诗就是再做诗，一首诗的生命不是作者一个人所能维持住，也要读者帮忙才行。读者的想象和情感是生生不息的，一首诗的生命也就是生生不息的，它并非是一成不变的。一切艺术作品都是如此，没有创造就不能有欣赏。”

问：那么散文鉴赏呢？

答：关于散文，这里主要是指文学性散文或曰诗性散文，偏于写景、抒情、言志之作。文学性很强的散文，与诗歌在艺术表现上有一些共同点，如上述的音律、意境、情韵等美感因素，在诗性散文中同样存在；而鉴赏散文的艺术魅力，还可侧重从语言美、结构美、意蕴美等方面入手进行。中国古代散文中有相当多的篇章，不以塑造形象为特点，严格地说算不上文学作品，但在谋篇布局、语言修辞及局部运用具体可感的形象化手段来表情达意方面，又颇具艺术性，带有一定的文学因素，也可包括在内。

还要通过多种途径提高鉴赏能力。作品文本的阅读当然是最主要的途径。此外，“教学建议”指出多种途径，如加强诗文的诵读，在诵读中感受和体验作品的意境和形象，得到精神陶冶和审美愉悦；采用多媒体教学辅助手段，帮助学生感受和理解作品；提供必需的作家作品资料，或引导学生自行从书刊、互联网搜集有关资料，丰富对作品的理解。选择作品，可以按时代，也可以按作家，或按题材、风格、文体等，分类组合，由此及彼，由点到面，由分到合，或把握共同特征，或比较不同特点。学习方式，除课堂教学外，也可以依托本地自然资源和人文资源，围绕所读作品组织游览考察活动，把阅读鉴赏活动搞得更活泼生动。

（2）关于古诗文阅读鉴赏的要求

问：古诗文阅读鉴赏方面的要求呢？

答：阅读鉴赏古代诗文，有一个评价原则的把握问题。第 2 条目标要求“用历史眼光和现代观念审视古代诗文的思想内容，并给予恰当的评价”，这一点我们在必修课目标解读时已有较详的阐述，此处不赘。

古诗文有一些不同于现代和外国诗文的特殊要求，故单列第 3 条：“借助工具书和有关资料，读懂不太艰深的古代诗文（与附录一所建议的古诗文程度相当），背诵一定数量的古代诗文名篇。学习古代诗词格律基础知识，了解相关的中国古代文化常识，丰富传统文化积累。”这条提出了古诗文阅读的相关知识和能力要求：

——读懂。这里所指的古诗文强调“不太艰深”，与必修课目标所说的“浅易”并没有根本的区分，但程度上似乎要略高一些。要求“读懂”，既是指疏通文字，也就是有古汉语阅读的要求；也是指对古诗文思想内容要能达到理解的程度。

——背诵。背诵古诗文的最佳期在义务教育阶段，而不在高中，但这并不是说高中一点不能提出背诵要求。我们认为，高中阶段背诵一点古诗文有利于学生的传统文化积累，是阅读鉴赏过程中自然产生的结果，而不是有意追求的目的。

——知识积累。传统文化积累除作品背诵外，还包括积累与古诗文阅读鉴赏关系密切的古代诗词格律知识和古代文化常识。这方面知识具有一定的文学专业性质，体现了对学生的文化和文学素养要求比义务教育和必修阶段有所提高。

问：能否具体说一说有关知识的问题？

答：比如在古代诗歌体制方面，知道古体诗与近体诗的区分，懂得近体诗中律诗和绝句在句数、字数、平仄粘对规则、对仗、用韵等方面有严格规定。知道词的体制大致有小令和慢词的区分，词的平仄四声分辨较诗细，用韵比诗宽，平仄韵可交替使用，韵位疏密相间，句式比诗复杂而参差，如有一字逗、折腰句等，单调、双调和三叠词的章法结构各有特点，填词时选声择调与情感表达有密切关系。知道散曲体制可分为小令和套曲，介于两者之间有带过曲，了解散曲用韵是通首同韵，平上去三声通押，可加衬字来增添字句等区别于诗词的特点。

了解以上格律常识，有利于学生在鉴赏具体作品时领悟中国古代诗歌在诗歌音律美方面比现代诗歌具有更精密细腻的特殊美感，对作品的意境和情韵的感受可以更深入一步。诗词格律中的对偶、平仄、押韵等要求，是汉语自身特点的精致化，它不仅不是古人诗歌创作的羁绊，反而成为表情达意的有力手段，是“戴着枷锁跳舞”，是“从心所欲不逾矩”。古代散文的分类和体制也多有区别于现代散文的，如赋体，按其体制可分为骚体赋、大赋、抒情小赋、文赋等若干种；散文中还有骈体文尤重形式美感，讲究对偶、藻饰、用典、声律等；议论文可以细分为论、说、解、辨等；记叙文也可细分为包括碑碣、志传、记等。古代文化常识，包括物质文化（如衣食住行）、制度文化（如科举、家庭婚姻、礼仪风俗、节令、职官等）、精神文化（如儒、佛、道思想等）方面的知识。了解这些知识有助于对作品思想内容和艺术特色的理解，例如，适当了解原始婚姻状态，有助于理解《诗经》中一些婚恋诗；了解王维与禅宗的关系，能够对其“返景入深林，复照青苔上”（《鹿柴》）、“涧户寂无人，纷纷开且落”（《辛夷坞》）等山水诗中的空寂禅意有较深的领悟。

（3）诗歌散文的鉴赏方法

问：“学习鉴赏诗歌、散文的基本方法，初步把握中外诗歌、散文各自的艺术特性，注意从不同角度和层面发现作品意蕴，不断获得新的阅读体验。”对此应如何理解？

答：由于诗歌与散文体制和艺术特点之不同，鉴赏方法也应有不同，如诗歌鉴赏一般可从作品意象和意境分析入手，尤其应关注情与景的关系，特别需要读者主观感情的参与，需要借助读者的想象和联想，揣摩作品的言外之意，注意有否隐喻和象征，对作品形式（如音律、语言、结构等）的分析也具有重要意义。散文由于在题材选择上的不拘一格，无限丰富，语言、结构、表达方式等方面具有极大的自由度与灵活性，因此在鉴赏方法上也是灵活多样的。不言而喻，中国诗歌散文与外国诗歌散文的艺术特性也各有不同，在鉴赏时对此应有初步的把握。

问：过去较多讲“内容”“主题”，标准讲“意蕴”，这有什么区别？

答：关于“发现意蕴”的要求，略微多说几句。我们分析诗歌散文，往往习惯于从作品的活生生的内容和形式中概括出理性的、抽象的“中心思想”或“主题思想”，再加以模式化的表达，似乎这样概括出来的抽象判断就是作品的意蕴。这种意蕴分析的教条化、图解化倾向，热衷于指向作品的社会政治意义。文学作品的意蕴，有社会的、政治的、道德的意义，有现实的、历史的意义，也有心理的、情感的意义。从作家主体而言，作品中的意蕴，乃是其思想、意识、情感的综合体，“意蕴总是比直接显现的形象更为深远的一种东西”（黑格尔《美学》）。

诗歌散文的意蕴有时还具有多义性、模糊性的特点。文学形象具有不确定性，文学语言常常也是多义的，这些都造成了诗歌散文意蕴的多义和模糊。作品的整体大于局部之和，作品的意蕴超过各部分的总和，这正是文学作品的艺术魅力之所由来。例如朱自清名作《荷塘月色》，对其意蕴和主旨的讨论，就众说纷纭。有人做了概括，20 世纪 90 年代以来有五种意见，其中有代表性的是：一是“政治苦闷彷徨说”，认为是作者对当时白色恐怖的严酷现实不满，以至苦闷彷徨，表现了希望在幽静的环境中寻求精神解脱而仍陷于矛盾的心境；二是“家庭责任说”，主要是联系作者的家境和当时与父母之间的关系、发生的家庭琐事，深入到文本深处、细处，认为文章写出了作者在静境中“独处”的奥妙；三是“女性美说”，认为文章是“压抑了的欲望之浮现”。第一种主要运用社会历史的批评方法，第二种则似乎是运用了结构主义的批评方法，第三种显然是采用心理分析方法而得出的结论。朱光潜先生谈诗歌鉴赏，认为“欣赏之中都寓有创造”：“一首诗做成之后，不是就变成个个读者的产业，使他可以坐享其成。它也好比一片自然风景，观赏者要拿自己的想象和情趣来交接它，才能有所得。他所得的深浅和他自己的想象与情趣成比例。读诗就是再做诗，一首诗的生命不是作者一个人所能维持住，也要读者帮忙才行。读者的想象和情感是生生不息的，一首诗的生命也就是生生不息的，它并非是一成不变的。一切艺术作品都是如此，没有创造就不能有欣赏。”（《谈美》）有人读陈子昂《登幽州台歌》，读出了超越宇宙时空的人类生命共感；读李白《早发白帝城》，认为这首诗的美感在于“速度的审美”，都有其合理性。因此，“教学建议”特别强调：“应重视作品阅读鉴赏的实践活动，注重对作品的个性化解读，充分激发学生的想象力和创造潜能，努力提高审美能力。教学中不要一味追求统一答案。”

3. 关于创作实践活动

问：标准还提出了创作要求？

答：对，就是第5条目标：“尝试诗歌、散文的创作，组织文学社团，展示成果，交流体会。”应注意，目标在这方面只要求“尝试”，诗歌散文的创作重要的是实践活动的过程，而主要不在目的。“教学建议”对此有略微具体化一些的要求：“对有兴趣尝试诗歌散文创作的学生应给予鼓励。提倡举办诗歌散文朗诵会，组织文学社团，创办文学刊物，积极向校内外报刊投稿。”

三、语文教材的呈现方式与编辑设计

（一）对语文教材呈现方式与编辑设计的总体理解

1. 教材呈现方式应适合教材内容

语文教材编制呈现方式的研究，主要针对教材的外显部分，大致包括教材的外部结构形式、教材的栏目设置、教材的编写语言、教材的版式设计等。这些因素，表面看来属于教材形式的范畴，主要关注教材内容以怎样的方式呈现出来，以便于教师的备课、教学和学生的学习使用。但任何外显形式都与内容有关，由内容决定，形式的优与劣、利与弊，只有以内容为标准，所谓好的形式，就是最适合内容的形式；好的语文教材呈现方式，当然也是最适合语文教材内容呈现的方式，因此教材的“外显”因素不可能离开其“内隐”因素。当然，我们这里主要讨论的是教材呈现方式，着眼于教材外显的编写体例和编辑设计，但在研究时，必然处处会涉及教材的内容因素，会时时以内容为标准来检验、评价呈现方式的优劣。由于我们的课题是立足于新时期的教材建设，重点讨论的应该是教材呈现方式怎样才有利于落实“以人为本”的新课程理念，因此，尤其要思考根据新课程标准编写的中小学语文教材在呈现方式方面给我们提供了哪些新的启示，即使是谈论新教材尚存在的不足之处，也理应站在改革的立场上，探讨如何使之逐步完善。

2. 教材呈现方式具有时代特征

教材呈现方式和编辑设计具有时代特征，一般说来，在一定的历史条件下产生的教材，其呈现方式都具有某种合理性，都体现了教材编者的良好愿望和理想追求。而一旦试图在教材呈现方式和编辑设计上进行改革，这种改革意图也从来就不会是孤立的存在，它往往取决于教学模式的改革，教学资源和获取途径、方法的改革，还有教学评价的改革。这些改革，带来了教材观念的转变，促使教材越来越向现代性迈进。大体而言，我国语文教材呈现方式的现代特征，比起不少国家来，是相差较远的，这一方面是受到我国经济和文化教育发展水平的制约，但也和人们的教育观念和认识水平不无关系。

（1）关注学习方法、过程和教学策略的知识和技能

首先，“在以往的课程编制中，课程知识是以一些简明扼要的学科概念、范畴、命题、原理以及支持它们的事实、经验、实验、例题和习题构成。这种编排的好处就是容易使学生比较清晰地把握一个又一个的知识点以及前后知识点之间的联系。很显然，这种编排也是考虑到突出‘双基’的需要。但是，这种编排的不足之处在于：忽视了不同学科知识之间的联系；忽视了知识与社会文化之间的联系；忽视了在获得知识过程中种种观念的分歧；忽视了所编排知识本身的不充分性即人们对它们的质疑。……好像一切课程知识都是被证明了的、惟一可能的知识。”（石中英《知识转型与教育改革》）课程编制是如此，我国以往的教材编制又何尝不是如此？

传统的教材，基本着眼于学科知识和技能体系的呈现。“在典型的基于教科书的课程中呈现的知识通常是被作为事实储存而未被情境化，缺少为什么、什么时候和如何应用知识（关于知识应用的条件）的信息，这些知识对我们几乎毫无作用。……在学校获得的许多知识都是惰性的。”（［美］温特贝尔特大学认知与技术小组《美国课程与教学案例透视》）但随着人文科学和自然科学以及文化生活的发展，以及社会环境条件、培养目标的变化，还有与教材设计紧密相关的媒体形式的趋于多样，关于学习方法、过程和教学策略的知识和技能更多地进入教材。现代教材观认为，教材是按照一定的教学目标，根据学习者的特点，采用多种教学媒体，为学生创设最佳学习条件，达到最佳学习效果而编写的教学材料。因此，教材理应更注重学生的学习自主性，提倡创设良好的学习情境，提倡合作探究的学习方式。在内容选择与编排上，可操作性、开放性、问题（情境）性和使用上的灵活性会更多地得到关注。在国外，现代认知主义、建构主义、人本主义学习理论、教育传播理论的被广泛接受，直接决定了教材设计的丰富性和多样化，这也对我国课程改革进程中新一代教材的建设产生影响。

（2）促进学生的自主学习

其次，还有教材性质功能的定位问题，也直接决定了教材的编写思路和基本面貌。在使用教材进行教学时，“教”与“学”是一对最基本的关系，两者既相互依存又相互掣肘，在教学实践的动态进程中达到矛盾的统一。根据对“教”与“学”中任一方面的侧重和强调，就出现了两大类教材，学界称为“教程式”教材和“学程式”教材。教材正经历着从“教程式”向“学程式”转变。建构主义还认为世界是客观存在的，但是对世界的理解则每个人有所不同。他强调意义不是独立于人而存在的，人们对事物的理解不仅取决于事物本身，还取决于人们原来的知识背景和经验。由于不同的人原有的经验可能不同，所以对同一种概念会有不同的理解。因此，有的学者称教材是可供人们解读的“文本”，用同一本教材可以有不同的理解和知识获得。近年来，人们更热衷于编写“学程式”教材，较为集中地体现了重视学生这个学习主体、以转变学生学习方式为突破口的改革趋势。

（3）促进个性化学习和思维能力的创新

“学程式”教材，具有激发学生学习愿望和兴趣的功能。“教程式”教材着重关注学科的知识和技能体系，相比之下，“学程式”教材则体现了学生自主学习的现代教育理念，要适应学生的认知水平，充分关注与学生发展直接相关的智力、情感、素质培养等主体的因素。“教程式”教材紧贴教学大纲规定的基本教学目标，为学生规定了较确定的发展路径，而“学程式”教材要适应因材施教的需要，充分关注拓展和深化学习的多种选择性，为学生提供多种选择方向。在培养学生思维品质、提示学习方法方面，“学程式”教材也改变了“教程式”教材比较侧重学科知识传递的思路，更注重培养科学的思维品质和良好的学习方法。“教程式”教材还重视得出正确的结果，在目标、内容、方法等方面更多具有趋同性，而“学程式”教材则鼓励求异思维，提倡多角度思考、多样化方法，珍视学生思维和能力的创新，有利于促进学生个性化学习和培养创新能力。这些特点，或多或少地在国内外语文教材的呈现方式中有所体现。

按理说，关于教材呈现方式的课题，其范围应该包括小学、初中和高中语文教材。小学、初中和高中属于基础教育的不同学段，语文教材的呈现方式既有共性，又有各自的个性。鉴于小学语文教材在识字写字、汉语拼音等方面的教学内容是阶段性的任务，其呈现方式应该有另文专门探讨，而小学阅读和写作的教学内容与初中阶段的相关内容，是共性一面大于个性一面，本文限于篇幅，将重点探讨初中语文教材的呈现方式（某些内容其实也可涵盖小学教材），并兼及高中教材。在本文中，我们吸收了以往国内教材研究者常用的一些概念和术语，如文选系统、导学系统、助学系统、练习系统、写作系统、口语交际系统、综合性学习系统、课外学习系统、图像系统等，加以适当归并和改造，来梳理和考察语文教材，以便于条分缕析、分门别类地进行分析、比较、综合，从中概括出国内外教材在呈现方式方面的基本面貌和有益经验。我们论述的重点，将放在近年来语文教材改革在呈现方式这一层面的变化和发展趋势。

（二）国内外初中语文教材的系统设计

这些年来国内外语文教材改革的变化，与整个教材改革的发展总趋势完全一致，大致可以概括为：教材内容的选择和对问题的讨论、对概念的阐述中，呈现出知识价值观的重大发展，教材已不只是关注知识体系，而是充分关注与其直接关联的智力价值、发展价值、情感价值和素质培养价值，这意味着教材应兼顾智力与素质的新标准。教材建设正在由以知识传授功能为主向既传授知识又培养能力，提高素质的多功能方向发展。下面，我们以国内外初中语文教材为例，从几个主要的教材构成系统，梳理和论述教材呈现方式和编辑设计的变化和发展。

1. 选文—单元系统：从以学科为本，走向以学生为本

语文教材的主体是选文。将若干选文组合成单元，若干单元组合成教材，这是长期以来人们已经习见的现代语文教材的基本结构方式。教材单元，就是把教学内容的各种元素按某种标准加以集中而构成的单位。国外课程专家指出，课程组织的最低层次是单元，每个单元一般包括持续若干周的学习经验，而且是围绕一些问题或学生的主要目

标加以组织的。其目的在于提供大量可能取得的材料供教师选择，用于任何特定小组的学生。他们所说的单元，是从教学和课程的角度说的，但一般而言，教材的单元也反映了课程教学的单元。在我国，语文教材组织从选文的单篇排列，到将选文组合成若干单元，再由单元组成教材，是母语教材走向现代化的一个显著标志。

现代教材理想的单元组合，应该具有怎样的特征？有学者认为：以适合学习者的切实目标为中心加以组织；单元系列应当有助于学习者的全人格的发展；各类单元应以生活经验为基础，上升到发现原理的教材单元，再返回经验单元；单元内容应当是学习者力所能及的；单元要适应能力、兴趣的个别差异，提供多彩的活动；单元中的一切活动最好由师生共同计划。（钟启泉《现代课程论》）这一原则归纳，代表着当代学者的课程和教材观念，即以关注学习者的发展为核心来组织课程和教材单元，实际上，为我们提示了语文新教材在选文一单元系统方面的发展方向。

这一发展方向，就是教材编制中以学生为本的思想，即现代的教材编者必须将学习主体——学生装在心中，一切设计均要符合学生学习语文的认知特点和他们的心理发展规律；从教材“教”的角度说，也应有利于学生的积极主动的学习，服务于学生这个主体。

总之，教材确定一种基本的单元编排方式，反映出编者对语文学习的功能价值的某种追求，保证了此教材从内容到形式的整体统一性，也是教材个性特点的体现。综观国内外初中语文教材单元的组合和呈现，大体都以选文阅读为主，再与其他语文学习内容相组合。先说阅读选文的单元编排，大致有以下几种方式：

按选文的文体分类，或者文学史线索编排，是比较传统的，应该说是至今还有生命力的单元组合和呈现方式。一般来说，这是一种纵向组织的系统，是建立在内容的逻辑性基础上，它关注课程要素的纵向安排，强调顺序性和连续性。（参见［美］艾伦·C. 奥恩斯坦、费朗西斯·P. 汉金斯著《课程：基础、原理和问题》）编者主要关注的是选文本身，这种方式较为切近语文学科的知识系统。具体分为：

（1）按文体类型编排

这是一种突出语文学科知识内容本体的教材编排类型，在过去一向比较通行。从整册教材看，单元与单元之间是一种相互联结的块状的结构关系。

国外教材观念中的文体，以文学体裁为主。美国八年级文学教材《文学》（银级），就是一种以文学作品体裁为纲编排选文内容的代表性教材。分为短篇小说、戏剧、纪实文学和散文、诗歌、美国民间文学、长篇小说六类文体，将相关的选文加以组合，按每种文体的艺术特征、基本题材内容来确定若干单元，兼顾阅读和写作两个方面，如短篇小说的单元有情节描写、人物描写、背景描写、主题描写、阅读和思考、范文阅读、写作过程；戏剧的单元有多元文化学习、写作过程；诗歌的单元有叙事诗、比喻语言和形象化描述、抒情诗、自然风光、观察视角、选择；美国民间文学的单元有人类起源、英雄传奇、荒诞故事；纪实文学和散文的单元有传记和人物报道、闲情散文、科技散文、阅读和思考、范文阅读、写作过程。其中虽也涉及实用性文体，如科技散文、人物传记和报道等，也被纳入了纪实文学和散文的大范围。在这套教材中，关于文学体裁的知识，是教材编写的纲领，对教材内容起着先导的作用。（本文所举国外教材，均参见洪宗礼等主编《外国语文教材译介》第七卷，下不再注）

这种语文教材长期流行，应属“知识系统结构”型教材，按学科知识系统来编写，保证了学科知识自身的系统性和完整性，但教材内容因而也往往难以精简，甚至繁杂，最大的缺陷是对学生解决实际问题的能力缺乏关注。我国过去的教材基本属于按文体编排的方式，人教社 1999 年版初中九年级上、下册经过了一些改进，也仍按文体编排，文学体裁为主，其他常用文体穿插其间。

(2) 按文学史发展线索编排

这是国外文学教材常常容易选择的一种编排方式，从整册教材看，单元与单元之间按时间顺序构成线状关系。例如，苏联的《俄罗斯文学》《俄罗斯苏维埃文学》（8～10 年级）教材，就是一种按文学发展阶段和年代顺序编排的文学史教材。我国 20 世纪 50 年代试验文学和语言教材分编，《文学》教材也采取了这种方式，而且也是仅有的一次尝试，显然当时是接受了苏联教材文学与语言分编的影响。

当由于种种因素促使语文学科要突破学科本位，更关注语文与外部世界和学生主体发展之间的联系的时候，编者就会在更为宽广的视野中认识语文学科，于是出现了按生活内容或人文主题（话题）编排单元的教材，以及按学习活动的方法策略等编排的教材。相对而言，这类教材体现了编者较强的改革意识，着眼于语文学科内容与广阔生活（客体）、学生已有经验积累（主体）的联系，展示语文学习的方法和过程，致力于学生语文知识和能力的自行建构。这种编排方式较集中地体现了教材的建构主义学习论特征，即“知识是在人们同外界环境的相互作用过程中获得的。知识并不是对现实的准确表征，它只是一种解释、一种假设。知识也不是问题的最终答案，而是需要在具体问题中，针对具体情境，自己进行再创造”（范印哲《教材设计导论》）。

这类教材内容的选择和编排，具体又可分为：

（3）按生活内容编排

如英国《牛津英语教程》的A部，以与学生关系密切的生活领域和相关主题为线索编选文章和组成单元。第一册单元标题是：乡土英雄、魔幻情景、学校内外、探索自然、街区游戏、英雄和恶棍。加拿大《英语文选》，每册由8个专题（实际就是单元）组成：第一册朋友和冤家、运动、旅行、神秘、海洋、音乐、信息、杰出人物；第二册其人其事、轻笑和寒颤、想象、眼泪和笑声、宇宙、邂逅、幸存、追求；第三册决心、笑料、实现、瞬间、神话与神秘、新闻与观点、加拿大印象、在舞台上。这些单元标题的拟定大抵以生活领域和相关主题为基础。

我国20世纪80年代以后，也出现了按生活内容组织选文、形成单元的方式。如人教社1999年版初中语文教材七年级上册的8个单元，分为家庭生活、学校生活、社会生活、革命生活、自然景物、经济文化生活、科学世界、想象世界，其优点是通过教材呈现了生活本身的丰富多彩，教学内容贴近生活、贴近社会、贴近学生。这种教材的编排方式，使语文课从以政治思想教育为主的课程功能中解脱出来，改变了语文自身功能的被放逐、被边缘化的不正常状况，是“语文学习的外延与生活的外延相等”的语文观念的产物，在当时令人耳目一新，也对后来标准实验教材的编写有所启示。

（4）按人文主题（或话题）编排

语文属于人文学科，这类教材的编写，与自然科学学科教材、社会科学学科教材应有什么不同特点呢？人文类教材更多地应突出人的活动、思想和情感、心理，“应该围绕着人生意义问题的‘反思’或‘内省’展开，或者说，围绕着日常生活实践中价值规范的合理性问题而展开。……这样的问题不可能有一个‘标准的’答案。因此，在教材编写中也不可能指望给出一个‘标准的’答案就万事大吉。”“应该给学生的内心反思留下足够的时间和空间，以便他们感受自己的问题并在此问题上与前人和他人‘对话’。”（石中英《知识转型与教育改革》）当人们认识到以学科知识内容（文体或文学史）来结构教材单元的局限性的时候，以人文主题（或话题）编排的方式就格外受到青睐，成为一种新的单元呈现方式。

这类教材的编制，主要以人本主义学习理论为其依据，“强调人的心理是由知、情、意三种过程构成的功能统一体，主张心理学应该以完整的人作为研究对象，从个体自身的角度去关注他们的经验世界，关注他们的感情、知觉、信念和意图”（沈红《语文课程与教学研究》）。如美国哈科特和布赖斯公司出版的中学六年级（相当于我国的初中一年级）文学教材《文学宝库》，就采用了以文学作品表达的主题为纲的编辑体系。每个话题和下一级的具体主题有：奇遇（想象中的旅行、奇怪的事情、天外来客）、英雄（生活中的英雄、勇气和善良、杰出人物）、远方的文化（非洲探险、跨越时间、跨越国界）、娱乐（狗尾巴、来自内心的幽默、发明）、海洋（冰冷的海洋、深蓝色的海洋、跟踪鲸群）、外国文化（勇气、新家、在海洋上驰骋）。法国初中教材《活跃的文字》，虽然是知识主题型，如其第六册由自然生活、英雄儿女、民间故事、伟大神话、青少年 5 个知识主题组成，但这些主题的背后显然是对该主题人文内涵的关注。

追求工具性与人文性的统一，是我国新一代语文教材的突出标志。我国在课程改革以后涌现的新教材，多数按人文主题组织选文、形成单元，成为一种自然趋势。这根源于试图突出语文学科的人文性质，立足于学生的精神成长，关注培养目标中情感态度价值观的维度。也就是说更为重视学习中的非智力因素，多以文本主题与学生心智发展需求为结合点，来设定单元主题。

如苏教版语文教材七年级上册，共设置了亲近文学、金色年华、民俗风情、多彩四季、关注科学、奇思妙想6个单元话题，基本属于人文的范畴。北师大版七年级上册，设置了童年梦痕、秋日撷英、亲情歌吟、品行善恶、生命礼赞、性灵愚慧6个人文主题。其他标准教材，虽未像这两家在单元前冠以概括鲜明的主题词，但往往会在单元导语中点明单元课文内容的基本主题，如人教版七年级上册的第一、第二单元，就明确提出了“人生”主题，两个单元中的选文就是依此组织起来的。同样，我国台湾地区20世纪90年代末《国文》教材也以育人主题（包括劝学、导行、立志、修身等）来组织单元。

突出以人为本，关心学生有个性的、全面的发展，是按人文主题（或话题）编制教材单元的精髓所在。其优点突出表现在，从学生个体发展的角度，关注他们的经验世界，尤其是知、情、意三者的统一，能较集中地体现语文教学内容的整体性，尤其关注学习内容之间的横向联系。教材各内容要素实际构成了模块结构，安排学习内容时，知识、技能、情感各部分内容之间的协调、衔接、交叉、融合，有利于促进学生融会贯通地学习语文，获得语文素养的整体发展。

必须指出的是，尽管单元组织以人文性为线索，已成为新教材的主流呈现方式，但任何一种呈现方式，都会有其局限性。有的人文主题如爱情，古今中外作品丰富，但如环境保护主题，我国相关作品就很少，为了照顾主题的全面性，选文时就容易牵合，甚至削足适履；如果相关主题的选文不能从经典中选到，只能降格以求，从时文中采择，就常常要牺牲语言的规范性，陷入“人文”与“语言”不能两全的困境。有的文学经典内涵丰富，有多义性，按人文主题归类往往也会有随意性。

除了这种突出人文性的教材单元编排方式外，还有一类教材，突出了语文学科的实践性、应用性，编者更关注对学生的学习方法指导，重视语文学习过程的展开，其单元组合或是形成一个个活动板块，或以方法策略的指导贯串，在呈现方式方面也具有一定的创新意识。如以下两种。

（5）按活动板块编排

传统教材被人们喻为“豆腐干”结构，这种结构的特点是以选文为中心，围绕选文设计学习提示、加上注释、配以练习，以听说读写中的某一项单项训练为主。活动板块结构则打破了这种传统的单一结构，不强调教材内容的系统性和完整性，在选材上“敢于跳跃”，选文在板块结构中变成了一种为语文学习活动服务的“例子”。这类教材编排方式，可以德国教材的活动板块结构单元为标志。

如德国韦斯特曼出版社于20世纪末出版的初中《现代德语》，共设7个板块组成单元：主题篇、语法、正确书写、说写综合训练、语言实验园地、学习技巧、附录。板块结构与单一结构的区别是：以题材为中心，选择若干不同类型的文章，配以各种练习，有些明确规定是专题性教学单元。其显著特征是采取专题性的、立体性的教学设计，将学习活动和情境、学习的方法和策略、相关教学资源、多种学习媒体甚至评价体系融为一体，大大拓宽教学内容，追求综合效果。这实际上是一种“知识应用结构”型教材，编者设计一个单元，就是构建一个解决问题的“知识、技能、策略”组块。

“在探究中学”是这种呈现方式的明显特征，其非常看重学生的主动性与自觉性，鼓励他们建立自主学习的兴趣和信心。这种组织单元方式的好处有以下三点：一是活动性强，教材为教学提供更大的活动空间，让学生在自由探索和实践中学习，培养学生提出问题、分析问题和解决问题的能力，在这个过程中，教师可以灵活掌握学习的内容和进度；二是示范性强，教材提供方法范例，关注学生运用、迁移能力的培养，重视将现有的问题解决技能运用到新的情境和领域中，教师可以据此设计恰当的练习形式；三是整合性强，以语文学习的过程与方法为抓手，带动知识能力和情感态度等方面，促进学生语文素养的整体发展。我国标准实验教材中出现的综合性学习和跨学科专题单元设计，就是以学生的学习活动为中心，接近于这种板块结构方式。关于这一点，我们放在后面的相关部分详述。

（6）按语言功能和学习方法编排

为体现在例中学、在做中学、在探究中学的精神，有的教材尝试按语言功能和学习方法来编排单元。这样编排单元的明显长处是突出了语文学科的应用性。法国初中《文学与方法》教材是这种单元呈现方式的典型。它按阅读课文的方法和语言表达功能来编排，循序渐进地教给学生阅读的方法，如第五册阅读部分，分为传记文体、描写文体、自传文体、见证式叙述、现实主义描写、采访诸单元；写作部分分为学写对话、学写描写、构造一篇证论文、写一篇叙述文、学写问题与回答诸单元。

在标准实验教材中，接近于这一尝试，在我国语文教材中带有首创意义的是苏教版初中教材第五、六册的编排。它打破了这套教材前四册按人文话题选编课文的呈现方式，转为对初中生读书方法的系统指导，从中国传统读书方法中提炼，按照现代中学生阅读习惯和方法培养的实际需要，在“学会读书”的总标题下，设计了 11 个单元：“吟哦讽诵而后得之”“感悟 · 品味 · 欣赏”“学学牛吃草”“阅读有独特的感受”“借助注释学文言”“读书动笔”“比较与辨微”“迅速捕捉阅读信息”“疑为学之始”“知人论世读经典”“横看成岭侧成峰”。形成了一种全新的单元编排格局，在教材单元编排组合方式上积极探索。对这种富有创意的尝试，应该予以重视。

上述种种编排方式，虽多以一种因素为主，但编者往往会尽可能地综合和兼顾其他因素，其本意可能是为了避免单一编排方式带来的不足。例如课文的文体因素常常是各种教材的编者容易关心的重要因素。就拿比较流行的以内容主题为主的编排方式来说，日本初中教材就有综合各种因素的考虑。在理论上，日本学者佐藤学鉴于过去日本学校“教的课程”组织得十分细致周密，而“学的课程”的设计却十分薄弱，提出应该以儿童的认知兴趣和发展需要为基础的单元主题的组织课程，即把传统的“目标—成就—评价”模型的单元，转变为把学习作为有意义经验加以组织的“主题—探究—表达”模型的单元。在“主题—探究—表达”模型的课程中，目的不在于有效地习得教材的百科全书式的知识，而是以主题为中心，把学习组织成活动式、合作式探究的过程。具体说来，就是把儿童与客观世界的沟通与对话、与教师和同学的沟通与对话、与新的自我的沟通与对话，作为单元的单位加以组织。不论是学科教学还是综合学习，都是把“活动性、合作性、反思性学习”作为一个个单元来加以组织。（参见钟启泉《对话教育——国际视野与本土行动》）在这方面，日本光村图书出版株式会社 20 世纪 90 年代初所编初中语文教材，大体体现了这样的指导思想。

该套教材依内容主题、体裁与题材三个方面来构成单元，主题是首先考虑的因素。如初中第二册单元，就包含以下主题：“走向新世界——思考学习方法”“文学的乐趣——抓住对事物的看法和感觉”“自然中的奇特现象——掌握文章的结构和条理”“祈求和平——领会情景和人们的心情”“在生活中——抓住对事物的看法和想法”“接触古典文学——养成阅读古典文学的习惯”“少年岁月——领会人物心情，触及作品主题”。

再就其第三册的第七单元的“走向未来”主题看，单元导语写道：“在本单元中，我们为大家准备了近代小说、最新的生命科学论述以及20世纪初的报纸社论。通过这些课文的学习，请大家思考一下人类与社会的现状，并重新探讨自己今后的人生方式和我们社会的现状。”在随后提示的课题指导步骤中，［课题一］是“设立主题交谈”，［课题二］是“根据主题，扩大阅读范围”，［课题三］是“确立主题，汇编文章”，三方面均紧紧围绕着“走向未来”的主题设计，引导学生回顾三年初中的学习和自己的成长历程，思考今后的人生方式和社会现状，树立社会责任感。

法国也有类似的编排方式，如阿谢特出版社1994年版初中语文《文学与表达》就是一种混合型教材，其将知识结构、作品体裁与语言功能融为一体，兼顾知识传授、不同体裁作品的阅读能力和写作不同文体文章的能力，目的在于促进学生语文能力全面、综合地发展。

在综览了以上各种选文—单元的呈现方式后，我们还得附带看一下一个独立单元内部的编排情况。一册语文教材，还包括其他几方面内容的组合关系：

阅读选文之间的组合关系。为了减轻学生的学习负担，体现学习内容的重点与一般、教学方法的讲读与自读、阅读策略的精读与略读之间的轻重关系，多数教材将选文分成两类编排，这也体现了教材使用在选篇方面提供的选择性。

阅读与写作、口语交际、综合性学习之间的组合关系。两者可以分编，也可以混编，多数教材都选择混编型。一般教材编者的处理，都以阅读选文为重点形成单元，而将其他教学内容分别插排在各个单元之中，从而体现了教材编排的综合性和简约化。

以上几者与其他学习内容的组合关系。如苏教版的选文阅读单元与“诵读欣赏”的美文片段组合；北师大版的选文阅读单元与“语文趣谈”知识性介绍组合；冀教版根据单元内容穿插“拓展链接”，是对著名作家作品的介绍性短文；中华书局版在每篇选文后安排“写一写，背一背”栏目，选择历代短小精悍的诗歌名篇，用硬笔行书体排出。这些组合方式，反映出标准实验教材在编排上更趋灵活多样。

2. 导读—助学系统：从权威指令，走向自主互动

所谓导读—助学系统，一般包括学习目标、预习提示、单元和选文导语、对选文的注释评点、学习方法指导、相关参考资料、教学图表、选文插图等。大致说来，这一系统的设计经历了从权威性指令到激励引导学生自主地、又是互动地学习的变化。下面拣构成这一系统的主要方面分项述之。

(1) 单元和课文导语

有的教材编写有明确的单元目标要求和重点提示的导语，编者明确地告诉学生在本单元或本篇选文中将要“学什么”和“怎样学”，如应注意的知识内容、阅读前的思考方向、学习活动的要领等。这属于指令式导语。显示教材编者的权威性，教学进行具有明确的定向性，是一种比较传统的“教程式”教材的呈现方式，中外语文教材过去多选择此种方式。

比较正规的单元导语，如英国莱兹教育出版公司2004年出版的第三学段教材《成功英语》中的第六单元“莎士比亚”专题，其单元导语规定了学习和考试的能力等级：“达到5级成绩目标需要做到：理解戏剧情节；理解人物情感和行为；解释特定用词和短语的效果；理解选场与全剧关系。”“从5级提高到6级与7级，需要做到：用选场中

有关人物性格和人物关系的细节来支持自己的观点；写出一些关于语言表达效果的细节；理解人物更复杂的感情；认识选场与此前剧情的关系和对以后剧情的影响。”由于这是一个具有明确应试目的的教材，关注目标的达成度，故指令性特别强。

我国传统语文教材的单元导语也多具有明确的指令性。人教社1999年版七年级上册第八单元“想象世界”，选入了童话、寓言、神话等作品，有一个非常详细的“单元提示”，围绕着文学与生活的微妙关系、联想和想象能力的培养、做阅读提要、了解词语的感情色彩等，提出明确而切实的学习要求。编者还为课文写了“训练重点”和“预习提示”，如其中《皇帝的新装》训练重点有三点：童话的想象和夸张、童话的朗读、做阅读提要。预习提示介绍了作者和作品的故事梗概，提出了思考题，并提示文中需要注意的难字。苏教社1992年版教材以“单元合成·整体训练”为特色，故每个单元包括引读、引写、基础知识及运用三个方面，以七年级上册第五单元为例，单元前设置“单元教材支配表”，实际相当于单元导语，“引读”要求“体会散文语言的特点，欣赏散文中优美、精辟的语句；了解课文抓住特征写景的方法和写景的层次。学习勾画圈点的读书方法”，引写要求“学会观察描写景物的特点，并作简单描述”，“基础知识及运用”要求“了解比喻、拟人、夸张等修辞手法”。

有的教材在此基础上对单元导语做出一些调整，变刚性要求为弹性指导，虽仍有指令式的提示，但已转向突出过程，留出空间，引导学生与选文的自由对话。这属于一种对话和情境式的导语。

英国英语教材的单元导语，既以十分简明的语句向学生说明知识内容，又以十分亲切的口吻对学生进行引导、启发和鼓励。例如，在向学生介绍比较陌生的词汇语源学知识时，编者先说：“你知道吗?”

在引导学生理解科幻小说意义的时候提问："作者对我们今天的生活说了些什么?"在鼓励学生课外多读书时说："坚持读书，不论什么时候，你都可以感到有余暇，都可以进入另一个世界!"这些满含情感的话语容易引发学生的共鸣。

标准实验教材的单元导语，可以说多采用以上几者结合的写法，采用"蹲下来与学生对话"的话语姿态，体现教材的民主、平等观念；注意贴近学生的接受心理，循循善诱地导入单元学习情境；但也不排除含有一些指令性的学习要求。如人教版七年级上册第一单元的导语先说："人生，是一个令人深思的话题。新学年开始了，你的人生翻开了新的一页。追求美好的人生，是我们共同的目标。"这种把学生当作平等对话者的教材语气，是我国传统教材中少见的。下面说："这个单元的课文写的是作者对于人生的憧憬、体验和思考，阅读这些课文，将引导你体味人生，关爱生命。"这是对单元课文所含人文主题的明确提示。接下来又说："学习这个单元，要整体把握课文内容，用心领会作者的写作意图，并联系自己的生活体验，想想人生的大问题。还要提高朗读能力，做到读音准确，停顿恰当，能初步读出语气。"指出内容的整体把握和朗读能力培养是本单元的教学要求，带有一定的指令性，但弹性明显增强。

苏教版的单元导语对话的姿态和口吻更进一步，如七年级上册第一单元导语："你一定读过许多文学作品。你喜欢文学吗？今天，进入中学的第一堂语文课就为你打开一扇文学之门，接着你将读到著名作家巴金、冰心的优美诗文，法国文豪雨果的动人小说，我国古代思想家的寓言故事。在这里，多姿多彩的人生画卷尽收眼帘，美的情感、美的形象、美的语言将使你着迷，令人陶醉……"这样的导语，旨在引起兴趣，调动热情，引导学生进入一个文学世界，显得亲切有味。

也有的教材，强调让学生与文本直接对话，主张取消导语。如北师大版标准实验教材，按人文主题组织单元，而且每个单元有引人注目的主题词，如七年级上册单元主题词有：童年梦痕、秋日撷英、亲情歌吟、品行善恶、生命礼赞、性灵愚慧，既精练概括了本单元选文的共同主题取向，又富有鲜明的人文色彩。由于所选的主要课文往往是一些名家的作品，编者可能出于让学生直面名家精品的考虑，就不再设计单元导语，如"童年梦痕"单元，在这一主题下直接选入鲁迅《从百草园到三味书屋》、鲍尔吉·原野《雪地贺卡》两篇精读课文，以及作为比较、探究之用的四篇略读课文。这样的设计，形成一种更加开放的学习情境，教学的自由度和选择空间更大、更灵活，教材编者需在单元选文的思考练习设计上多下功夫，教师也要有更高的驾驭教材的能力。

以上说的是单元导语的情况。有的教材在单元导语之下，还设计了一层课文提示，对一篇课文的学习要点起目标导引的作用，这也可视为一种导语。

国外语文教材常常有特别发达的提示系统，或提示知识项目，如英国约翰·巴伯《英语》教材第四单元的语言教学；或提示读前思考，如《牛津英语教程》第三册第一单元选文《香蕉树》的提示："先读故事的前三行。想想这三行的意思是什么，以及在你继续阅读时，它可能要告诉你什么。写出你的想法，然后再继续阅读。"也有的突破了单篇课文学习提示的方式，转为提示语文实践活动的注意事项，在按板块设计的教材中提示尤为重要，实际起着组织教学活动的作用，如德国《现代德语》第七册有日常生活对话情景的角色表演，提示"这里有五则情景。班上同学分成若干小组。每组选择一个情景进行角色对话练习。练习之前先讨论每个人的角色、动作、姿态、表情和对话过程”，然后还对不参加表演的同学做了如下提示：“不参加表演的同学要注意观察别人对话的动作表情：对话者如何与对方打交道？他们如何说话？如何动作？如何使谈话展开？如何引向深入？怎样解决分歧、矛盾和冲突？”有一些美国语文教材有课文中间提示，如系列语言教材《写作和语法：交流实践》，在范文旁边留出边白，在课文适当的地方加以点评，提醒学生注意作者如何写文章开头、如何结尾、如何在课文中间运用各种修辞、如何支持论点、如何选词等，这种提示的导读和助学功能显得更加突出。

我国标准实验教材有的也设有课文提示，其功能与过去的人教版教材相比，则显然发生了变化，已转向导入课文情境，注意贴近学生生活和心理。试看人教版七年级上册教材的一些课文导语：“童年时代，谁都有过美好而朦胧的‘梦’。这首诗叙述了一个山区孩子童年的幻想——对大海的热烈向往，长大后依然不停地追寻它。他真的是在寻找大海吗?”（《在山的那边》）“课文写的是‘我’童年时一次‘脱险’的经历，其中蕴含着生活的哲理。在人生道路上常常会遇到意想不到的困难，‘我’的脱险对你也会有宝贵的启示。”（《走一步，再走一步》）

（2）学习资料链接

教材中常见的帮助学生学习的辅助资料，包括：

①知识短文。

人教版传统教材的知识短文，形成了相对稳定的系列，成为教材的一个重要特色。1990年版义务教育教材的知识短文以“精要、好懂、有用”为原则，从文字、词语、语法到文体、文学史乃至文化知识，独立成篇，短则三五百字，长则四五千字，如文学知识就有“谈谈诗歌”“谈谈小说”“谈谈散文”“谈谈戏剧文学”四篇。台湾地区

1998—1999 年《国文》教材每册编入三篇“语文常识”的知识短文，形成系列，知识辅以练习，由浅入深，讲练结合。这类知识短文，编者虽注意将知识与选文实例相联系，并努力引导到培养运用能力上，但由于限于对知识的孤立、静态的介绍，知识点之间缺少联系，又没有语文运用的情境，实际效果并不理想。有鉴于此，人教版标准实验教材干脆取消了知识短文。

标准实验教材也有保留了这种知识短文的，如鄂教版，编写的知识短文分为两个层次，一个层次是关于学习方法的，一个层次是关于语言知识的，两个层次交替编排，穿插于各单元选文之间。如学习方法，七上有“朗读”“圈点勾画与批注”“查找资料”“科学小品的阅读”“诵读”，七下有“浏览和略读”“比较阅读的方法”“资料的积累和使用”“如何做读书卡片”“学会使用《古汉语常用字字典》”等；语言知识方面，七上现代汉语词的分类，七下短语，八上句子成分，八下修辞。

值得注意的是，北师大版教材的知识短文编写，探索一种新形态，称为“语文趣谈”，标志着这类知识性介绍文章由静态向动态、由记忆向应用转移。其不同于传统的特点：一是增强趣味性，常由一些具体的语言现象引出话题；二是不追求系统性，注意与单元选文内容主题相配合；三是不出现抽象的知识概念、定义等，在娓娓而谈的故事中渗透进应用语言学的理据。现将该教材前三册的“语文趣谈”标题列出，如表 1－1 所示。

表 1－1

七上	七下	八上
有趣的汉字	看得见也听得见的字	构字部件：日
“秋”和颂秋、悲秋	“春”字变形记	圣人也是“虫”

续上表

七上	七下	八上
三口之家：父、母、子	日 + 月 + 草 = ?	无色的“绿”
从“蛇”说到问候语	“活”与“死”的妙用	给现成语义松绑
“猫狗”语义面面观	语义联想与文学欣赏	诗韵解密
“睡”与“寐”	语言“仪仗队”	冷雨，可以听到吗

如七年级上册的一篇语文趣谈《从“蛇”说到问候语》，就是配合“品行善恶”单元中《伊索寓言·农夫和蛇》《一千零一夜·渔夫的故事》等选文编写的，从古代“它”字到“蛇”字的演变，说到现代问候语的发展。同册《“猫狗”语义面面观》又配合着单元选文和综合实践活动“关注动物朋友”专题，介绍了古今中外一些动物的文化含义，学生读来一定饶有兴味。

②资料索引。

国外教材常有资料索引而且形式和功能多样，这里不暇一一列举。标准实验教材设计在综合性学习栏目中，人教版有“参考书目和推荐网站”，苏教版在“专题”中有参考资料，语文版用“阅读材料”的名目提供一些相关文本，作为学生自我活动的依托，并附“推荐网址”，苏教版在“名著推荐与阅读”栏内附有作者、时代背景、作品价值的有关资料。如苏教版“狼”专题在阅读文章之下，链接有《中国大百科全书·生物学》的“狼”词条，选自《十万个为什么·动物分册》的狗和狼的图画，用以说明狗的祖先是狼，还有关于说明生态平衡的“狼和鹿”的典型事例，这些资料对综合性学习活动的展开起到了依托和辅佐的作用。

③补白。

人教版、北师大版教材在选文空白页处插入补白文字。但两个版本教材补白的内容有所不同：人教版依据单元人文主题和选文思想内容，选择相关短小精悍的诗文，或有关知识及写作背景资料，与单元选文的学习贴得较近，实际是一种延伸阅读；北师大版选择与语文学习有关的名人格言警句，与单元选文学习距离较远。鄂教版则编写了一些生动的“写作故事”与写作指导相配。

④附录。

我国传统教材的附录，是对已学内容的梳理、归类和补充，例如列出词语表、语法修辞常识、文学常识等项知识内容简介。国外教材的附录，或作为知识要点的索引，把教材中提到的语法术语、写作用语、重要概念、表现手法、文学知识、作家作品等分类集中，便于学生查找；或是总结学习内容，如英国教材的附录“写作手册”，包括整册教材中学习写作过程各阶段的所用策略；也有侧重于知识的延伸和扩展的，如对课外写作、课外阅读列出书目和要求。

标准实验教材多有附录，但在附录的功能方面比过去有所拓展。除传统的编法，将语法修辞文学等知识进行梳理外，还使附录成为对教材主体内容的重要补充。如苏教版附录“应用文示例”的设计，可能是考虑到应用文的写作是标准的目标要求（“根据生活需要，写日常应用文”），但应用文与一般的文体教学有所不同，其重点在写而不在读，只需有内容要求及格式的示例即可，故不列入教材正文，而用附录的方式呈现。语文版、鄂教版、冀教版大体同此。标准也有关于书法教学的目标要求，各家实验教材对书法教学都用附录的办法处理。语文版、中华书局版将名著阅读用附录“名著引读”“名著推荐”的方式处理，北师大版将“课外阅读”放入附录。

(3) 点评旁批

这是一种形态比较活泼自由的导读—助学方式。其作用主要在于陪伴学习者在阅读过程中深入文本内部，不断受到编者的提示和点拨，编者可以对选文整体，也可以对局部，如关键段落、词句的要点和精妙之处发表要言不烦的评论，引导其自己感悟，就像走路时有一支拐杖一样。

点评旁批的内容，有的是编者直接评点，发表意见；有的是提出问题，引而不发，让学生自行思考感悟。苏教社 1992 年版义务教育教材七年级上册第五单元的教读课文朱自清《春》、老舍《济南的冬天》、《古诗六首》、方纪《三峡之秋》全有评点。其标准实验教材七年级下册贾平凹《月迹》、《现代诗二首》（贺敬之《回延安》、徐志摩《再别康桥》），八年级下册鲁迅《孔乙己》，九年级上册鲁迅《故乡》，九年级下册诸葛亮《出师表》、鲁迅《雪》均加上评点。九年级上册第五单元为“自由读写单元”，编者特意为其中的《环球城市　风行绿墙》一文在编排时留出边白，给学生做批注之用，以体现学生阅读的自主性，为他们留出空间，有充分的独立思考的余地，让他们自主、独立、合作学习，也促进教师提高导学的艺术。鄂教版标准实验教材七年级上册的第二单元，选文后安排了学习方法指导，是“圈点勾画与批注”，故此单元所选冰心诗《纸船——寄母亲》加上编者做的简单旁批，似有示范读书方法的作用。

点评旁批固然是我国书籍文献创造的助读方式，但绝不是我国独有，国外教材也有用这种方式的。美国系列语言教材《写作和语法：交流实践》（普兰蒂斯·霍尔公司出版）第一部分第六单元“描写”部分对所选范文加上旁批，着重指点文中描写的成功之处；“发表”部分对一名高中学生的作文也有旁批，指导具体切实。葡萄牙波尔图出版社出版的八年级语文课本《远景》，在“评论一篇文章”的练习中，选了安特洛·德·昆塔尔《黑夜》、费尔南多·佩索阿《退位》两首诗，编者在边上安排“阅读提示”，逐行对诗句的内涵和写作进行评点，这也可视为一种旁批。德国维斯特曼出版社20世纪90年代出版的《现代德语》第七册“说写综合训练”在阅读材料旁加上“导读和练习”，对小说《分币痣》，设计了诸如“确定一下，角度的改变对故事情节和叙述方式会产生什么影响”“你能想象埃及国王是怎样从他的包厢观看演出的吗”“与你的同桌设计人物对话，并把对话情景表演出来”等助读的提示、引导，对学生进行言语实践活动的指导非常具体，这种旁批的功能具有综合性，已经超出了单纯欣赏的范围。

（4）图表符号和版式设计

纵览国内外语文教材的外观设计，国外教材在图表符号的使用上可以说是斑斓多彩，无所不用，因而其教材版式设计特别灵活多样，给人强烈的视觉冲击；而国内教材相对比较庄重严肃，甚至给人比较板滞的感觉，标准实验教材已有较大改进，较过去活泼了些，但版式设计并未发生根本的变化。

图表符号的使用和版式设计，其要义在于利用学生的感知规律，提高教材的“组织化”水平。国外教材一般都大量配入图表符号，有时图表还成了教材编排的重要因素。图像，直观性和真实感强，能明显突出事物的特征信息，生动形象，色彩鲜明，有利于调动学生的形象思维，引起联想和想象；表格，多用以表示统计结果，让人一目了然，其价值主要体现在逻辑思维的归纳和条理性方面。国外教材往往运用装饰性的图像符号，作为一种特殊的“导学”标记，如耳朵（提示听）、望远镜（提示仔细观察），代替文字表述，具有符号特性，比较简省，便于记忆，作用于感官的时间持久；有利于展开平行多向的知识过程，直接、迅速地唤醒意义。

英国教材就十分重视图像系统，设计了多种关系网络图、色块底纹、文本框、图画标志符等，如莱兹教育出版公司出版的《英语》教材“阅读短篇小说”单元，就灵活运用了多种手段：插图展示人物和情节，大小不等的文本框使内容醒目，紫色块做底纹标示文字的重要性，耳朵符号突出对某一项目的提示。德国《现代德语》的板块设计，在目录上不用序号，而采用色块表示，如第七册的主题篇、语法、正确书写、说写综合训练、语言实验园地、学习技巧、附录七个板块，分别用黄、绿、蓝、红、紫、灰、黑七色表示。苏联教材在练习设计时用不同的符号醒目地提示不同的要求，如蓝色方框、蓝色三角形、蓝色五角形、蓝色数字、圆黑点、蓝黑色唱片图形、黑色方框等，避免了文字提示的重复出现，精简了篇幅。美国教材中的插图类型多样，有照片、简笔画、漫画、油画、海报、广告等等。

标准实验教材总体上彩页、插图、符号的比例较过去有所增加，普遍注意运用字体大小和字形变化来增强阅读视觉效果，为特定段落加上文字方框，根据文字部分的不同功用采用不同字体；此外人教版、冀教版在主要栏目上配以卡通人物图像，苏教版偶尔也为文字加上灰色底纹，北师大版还为栏目和补白加上单色，以求醒目。

这样，文字 + 图像 + 表格 + 符号，教材版式似乎在一定程度上突破了纸质平面的局限，呈现了某种“立体性”效果。这实质上体现了教学结构的改革与发展。需要讨论的是，强烈的视觉冲击、过度花哨的形式，是否一定有利于学生主动积极地学习？是否会对文字阅读产生某种干扰？我们不得不考虑图像符号的负面效果。大量运用图像符号，势必大幅增加教材的制作成本，而在西方一些国家，虽然教材印制十分精美，但他们有重复使用教材的制度，内中也有节约的考虑。

我们还是主张教材应“眉清目秀”“赏心悦目”，简化头绪、压缩体积，削枝强干，不要叠床架屋、花里胡哨。这就必须顾及教材的可接受性特征，“教材内容的信息总量掌握适当，概念密度分布合理，呈现与传递方式适当。在整个教材设计中，无论是教材的知识系统结构，还是知识应用结构的设计，都应该符合学生的知识、能力水平和思维发展的阶段性特征”（参见范印哲《教材设计导论》）。

3. 思考—练习系统：从封闭、定向，走向开放、多元

（1）传统教材思考—练习系统的主要问题

我国传统语文教材的思考—练习系统，在很大程度上是对基础知识和技能进行机械的、烦琐的、孤立的训练，如理解词语、组词、选词填空、理解语句含义、造句、理解文章结构、划分段落，占了练习题的一半左右。在解读文本时，多预设判断，强迫学生接受给定的观点，认同整齐划一的结论。思维方式狭窄、单一、封闭，过分注重接受、记忆、模仿学习的方式。

传统教材不是没有应用性习题，但以今天的眼光观之，其局限性十分明显。一是这类习题通常不能帮助学生思考现实情境。学生们不是把真实世界的标准用到作业中，而是机械地对待这些问题，常常考虑不到真实世界中可能遇到的问题。二是这类习题一般只有一个正确答案。这导致了对解决本质问题的忽视，不经意地引导学生寻求唯一答案而不是探求多种可能答案。三是解答这类习题主要是靠回忆当前或过去学过的知识，答题的目的是重温以前学过的知识而不是锻炼人的能力，这限制了学生潜在能力的表现，不能帮助学生在学习中学会发现和提出问题。编制这种习题的背后，是“平实思维”在起作用。“平实思维以实用为目的，以结果为导向，旨在按照‘事物的原本面

貌'来单独、清楚地描述事物。这种思维在当前的表现形式就是科学思维和技术思维。"（［英］戴维·伯姆著、李·尼科编《论对话》）

（2）新教材思考—练习系统的显性变化

我国标准实验教材的思考—练习系统设计，发生了一些引人注目的变化：

这首先表现在练习题的数量明显减少，变得少而精，一般每篇课文后3~4题，少的只有2题，多的不超过5题，尤其减少了支离破碎的孤立地记忆和理解的题目。以人教版为例，过去《故乡》一文的课后练习题达12题之多，标准实验教材将其减少到4题。这是一个巨大的变化。这当然不仅仅是数量的减少，而是意味着编者对文本的解读摆脱了琐碎分解的思路，走向了整体和综合意义上的体验和感悟。

其次还表现在练习名目的多样化。现行各版标准实验教材的练习栏目名称如表1－2所示。

表1－2

苏教版	人教版	语文版	北师大版	鄂教版	冀教版	中华书局版
探究·练习	研讨与练习	思考与练习	阅读练习·探究	理解·探究	想一想做一做	探究与练习

从上表可见，栏目名称体现了编者加强思考、研讨、探究的导向。

此外，课文阅读理解的练习题排列顺序，也庶有规律可循，大致按由对课文的整体感受理解，到局部词句段的细细品味，再到向课文之外拓展延伸的逻辑排列。这样的练习设计比较符合学生的阅读心理和认知规律，加强了阅读的整体性。也有的教材另辟一个落实语文积累的栏目，积累的内容主要是课文中的词语，如北师大版"词句品味·积累"栏目的内容甚有特色，是编者细读文本、精心编写的结晶。

将语文知识与学习策略融入思考练习题中，也是标准实验教材值得称道的设计思路。由于多种教材取消了知识短文，与阅读写作等能力培养相关的必要语文知识在教材中的呈现，就必须另辟蹊径。将知识融入练习，就是一种简省的处理办法。如人教版七年级上册朱自清《春》的练习："课文中多处运用了比喻的修辞方法。比喻，就是在描写事物或说明道理时，用同它有相似点的别的事物或道理来打比方，使描写生动形象，说理通俗易懂。比喻通常都有本体和喻体，本体是被比喻的事物，喻体是用来比喻的事物。……"然后设问："课文最后三段把春天描写成'像刚落地的娃娃''像小姑娘''像健壮的青年'，这三个比喻表现了春天景象的什么特点？你还能用别的比喻来赞美春天吗？"在这类练习中，知识的说明成了思考和应用的支撑。学习方法策略的引导点拨多要言不烦，点到即止，不做阐发。如文言文阅读会遇到词语解释，人教版七年级上册《童趣》一文的课后练习："文言词的意思，有的可用加字的办法解释，如'必细（仔细）察（观察）其纹理'；有的要用换字的办法解释，如'昂（抬）首（头）观之'。试选用一种方法解释下列各句中加点的字。"

（3）新教材思考—练习系统设计的"共享性思维"

质言之，标准实验教材练习设计的总趋向，是注重学生对文本的整体感知和领悟把握，注重语言的积累和运用，包括积累重要字词句和经典诗文，引导学生对文本进行多元解读，练习的思维趋向于多角度、多方位、多层次。注重听说读写的融合，倡导体验、反思、交流、探究、创新等多种学习方式。其显著的突破表现在：

一是练习设计在思维训练方面的多向度。有的属于理解类，如初读尝试性练习，帮助学生把握文章大意，理顺关系；理解体味性练习，帮助学生理解课文关键之处，体会作者的情感态度。有的属于积累类，包括字词句、语言素材的积累，语言基础知识的点拨，文章作法的讨论等。有的属于迁移运用类，如复述、朗读、缩写、改写、扩写、形成等语文学习的方法。有的属于拓展延伸类，如搜集信息和资料，不同观念的辨别讨论，相关文章的分析比较，联系学生的生活经验和社会实践，加强对生活的体验和思考，加强语文与其他学科的联系，引导在更广泛的范围内学语文、用语文。

二是练习设计在能力培养方面的多层次。这里以苏教版标准实验教材为例。该教材的思考和练习设计了五种类型，实际上针对的是文本解读的五个层次，这些不同层次的题目指向共同构成文本解读的能力，其背后正是阅读中思维的多向性。其一为整体感知题，包括对课文作者观点态度和思想感情的感受和课文整体思路的初步印象；其二为品味揣摩题，着重感受形象，品味课文中精彩的语言；其三为积累题，落实课文中精彩语言材料的积累，包括背诵精彩段落或全文；其四为创意题，引导多元解读、探究讨论；其五为语文运用题，重在迁移运用和向外拓展。这几种类型练习的结合运用，大大改变了机械操练的单一性，是在练习设计上可贵的自觉追求。

三是练习设计配置方面的有分有合。突出的例子是苏教版，如前所述，九年级教材的单元设计打破常规，按照读书方法统领，编排选文，为追求整个单元选文学习的综合效果，每个单元之后都设置了“综合学习与探究”一栏。如九年级上册第一单元围绕“吟哦讽诵而后得之”这一读书方法，选取《鼎湖山听泉》《林中小溪》《飞红滴翠记黄山》《画山绣水》四篇描写自然风光的文章，编者就融合这四篇文章设计思考题，要求学生通过反复吟诵体会作者的思想感情，根据课文所写不同的景物和表达的情感差异，用不同的语气语调朗读，对文章语言和写法在比较中进行品味和推敲。如果说这一栏目的要义在“综合”，那么编者在此单元每篇文章后面设置的“探究·练习”题，就是分别为上述综合性的跨课文学习探究活动做铺垫，使单元学习目标不至于因其综合性导向而凌空蹈虚。这样先分后合、各有侧重的练习编排，使两者相互补充，相得益彰。

决定这种练习设计的思维模式，可称为“共享性思维”。“在这种思维模式里，各个事物之间不存在明确的界限，它们彼此可以互相弥漫渗透；万物之间都存在着一种潜在的互相联系，我们对世界运动的感知乃是对某些永恒本质的参与和共享。”（［英］戴维·编姆著、李尼科编《论对话》）在这样的练习里，语文学习过程中的预设和生成、确定和不确定、定向和多元，都能得到一定程度的体现。当然，前面提到的平实思维与共享性思维各有其优点和局限，应当力求让它们统一于平等交流和知识共建这个现代教育的对话原则之中。

4. 综合性学习—跨学科专题系统：从学校知识走向与生活结合

（1）综合性学习—跨学科专题系统的设计是国际新趋势

针对现代课程学科分类过细、学科的逻辑相对封闭、学科之间互不关联，“学校知识”和“生活知识”容易分离的现状；基于人们对科学的重新认识，关注世界事物的复杂性、整体性和偶然性，世界各国的有识之士迫切希望现代课程能够突破学科界限，谋求“知识整合”，引导学生调动身体的、感性的、理性的一切能力去认识周围的世界（参见钟启泉《对话教育：国际视野与本土行动》）。如联合国教科文组织总干事费德里科·马约尔，就在为有明显后现代倾向的法国教育家埃德加·莫兰的著作《复杂性理论与教育问题》所写的序言中呼吁：“我们应该重新思考组织知识的方式。为了实现这一点，我们应该推倒学科之间的传统的壁垒和设想怎样把迄今被分离的东西连接起来。”（[法] 埃德加·莫兰《复杂性理论与教育问题》）而“后现代的知识增长越来越倾向于采用‘综合的’与‘合作的’增长模式，越来越冲破学科的知识界限和组织界限，成为一种跨学科乃至跨领域的活动”（石中英《知识转型与教育改革》）。

这就需要在教材设计中找到合适的综合性学习的呈现方式，其原理应该符合这样的要求：“要求学生在同自然、社会、文化的环境（外部世界）的交互作用所获得的直接经验（内部世界）中发现意义，对它产生兴趣和疑问，展开解决问题的思考过程，提升理性的、感性的、技术的认识，谋求‘知识整合’。……儿童在以往的生活经验中获得的生活知识和在‘学科教学’中获得的‘学校知识’激发了他们的思考活动，在解决问题的过程中关联起来了。”（钟启泉《对话教育：国际视野与本土行动》）

语文教材的综合性学习内容的设计，旨在为学生在广阔的背景下、在复杂的实践状态中学习和运用语文创设条件，调动学生的认知领域、情感领域、动作技能领域的所有潜力，全面参与学习过程，完成学习任务。可以说，语文教材中出现综合性学习—跨学科专题的设计，相对于其他教材构成部分而言，这是最具有建构性的一个系统，既是国外教材设计上值得我们借鉴的亮点，也是我国标准实验教材在呈现方式上的重要创新成果。

国外教材的综合性语言实践活动专题，堪称经典性范例的，是《牛津英语教程》第一册第四单元“探索自然”专题“在岛上”的虚拟探险生活活动，和第二册“新产品上市”的日常生活活动，它们都充分体现了综合性学习的情境性、趣味性、综合性、合作性特点。从呈现方式的角度看“在岛上”这个专题的设计，编者配置的插图多于文字叙述，24 幅精心绘制的图画向学生展示了一个他们完全不熟悉的荒岛生活的情境，其中有自然环境、物质装备、生活事件、人际关系等。这显然是从符合初中学生心理特征出发，充分利用形象思维手段来展示活动过程。

《现代德语》关于“乌托邦世界”的教学设计也值得一提，其特点是“角色表演”。围绕着虚构的“乌托邦世界”，“角色”们各自担负着明确的“任务”，如外出科考、书面报告、结果评估、争取经费，为此举行考察报告会，及组织“领导班子”和“专家组”进行“内部磋商”等。通过描述、讲解、报告、议论等游戏，学生在语言能力、口语表达和社会能力等方面会有较大的提高。这样贴近生活的设计，同上述英语教材一样，符合学生在这个年龄段的接受能力和认知特征。

（2）我国语文新教材的积极探索

我国课程标准实验教材，为了迎接课程改革大力倡导新型学习方式的挑战，可能也是受到国外这类设计的启发，无不精心打造综合性学习—跨学科专题系统。在这方面，苏教版、人教版、语文版等教材进行了积极的探索。

几家教材的设计均分为两个层次：一个层次可称为“小综合”，即在语文学科范围内听说读写能力的综合，如人教版的“漫游语文世界”，苏教版的“我爱文学”“走进图书馆”，语文版的“调查社会用字情况”“为本地人物立传”，它们打破了课内与课外的界限，但基本不涉及跨学科的活动。另一个层次可以称为“大综合”，不仅课内外联系，而且多学科交叉，如人教版的“探索月球奥秘”和“追寻人类起源”；语文版标明“主题探究学习”的活动设计，如“现代科技给我们带来了什么”“桥”等；苏教版设计的这类综合性学习活动，则专门冠以“专题”的名称，以示与语文学科内“小综合”活动的区分，如围绕具体物象设计的专题“狼”“荷”“长城”“鸟”，以及围绕某种知识范围设计的专题如“气象物候”“广告多棱镜”“系统思想和统筹方法”。以“荷”专题为例，教材分别从“赏荷”“咏荷”“读荷”“议荷”“写荷”五个角度设计，调动学生围绕“荷”这个常见物象，阅读有关诗文，展开诵读、阅读、欣赏、讨论、写作等多项语文实践活动，在活动中，学生所经历的情感和思维是丰富的，对其能力的挑战也是全面的，其效果绝非过去的单项语文能力训练和单向知识灌输所可比拟。

从教材编写的经验看，在设计综合性学习—跨学科专题系统时，首先要在“综合”上做足文章，打破历来单项语文能力训练的学习模式。注重交叉、发展、延伸、拓展，而不是各种因素的简单相加。当然，既要综合，又要简约，这是“建构式教材”的功能和特性。这实际上是以问题为中心的生活情境设计，它把焦点放在生活的现实问题上，个人则置于社会背景中，学习内容是跨学科的，以学生的需要、关切和能力为基础，同时关注学习中解决问题的程序，过程和内容在课程经验中得到有效的整合。这种设计的长处是以整合的形式呈现教材，跨越独立学科界限，把重点放在社会生活的有关范畴上，学科内容与现实状况紧密地结合起来。(参见［美］艾伦·C. 奥恩斯坦、费朗西斯·P. 汉金斯《课程：基础、原理和问题》)

但究竟怎样综合？所设计内容的广度和深度有时不好把握。例如有的教材设计的探究活动定位有些偏移，“戏曲大舞台”偏向探究艺术的问题、“科海泛舟”偏向探究自然科学的问题、“世界何时铸剑为犁”偏向探究战争和军事问题、“妇女解放”偏向探究社会问题等，语文的目标落实不够。如关于“桥”的语文学习活动，把“桥梁图片、数据、名称”和“桥梁发展史、桥的分类、桥的文化等”作为对学生的普遍要求；又如“探索月球的奥秘”，设计了五项活动，其中“月球奥秘知多少”和“观察月亮运行情况，参观天文台或天文馆”两项，要求探究月球起源、地质构造、月貌、月相、月食、潮汐、人类登月、开发月球，了解人类观测天体的历史、著名的天文学家、常见的天文观测仪器和天文现象等，包括了不少科学知识和活动，拓展有点过度，与语文的距离就远了些。

其次，设计综合性学习—跨学科专题系统时，既要考虑情境的真实性、与现实生活的联系，更要注意体现语文学科的特点。可以有几种改进的思路。一是侧重文化熏陶，即使是关于自然科学方面的内容，也应主要从文化的意义上而不是具体科学学科的意义上进行设计。二是强化审美活动，安排更多的与形象和情感相联系的活动内容，因为这样切近语言文学目标。三是应突出阅读、写作等主要的言语活动形式，在综合活动中锻炼思维能力和语文运用能力，至于组织策划能力、动手能力、合作能力、探究能力等，应尽可能服从于语文能力培养，在语文活动中体现其价值。

5. 表达—交流系统：从知识点、能力点训练，走向情境化实践

（1）国外教材所提供的借鉴

语文教材多以阅读为主体编排内容，写作和口语交际与其配合，我们可视写作和口语交际这部分内容为“表达—交流系统”。国外教材有以写作为主线编排的（如美国普兰蒂斯·霍尔公司出版的六至十二年级语言类教材《写作和语法：交流实践》），本文不拟讨论，可参见本课题另文的介绍。这里仅考察综合编排的教材。

如英国教材中，约翰·西里等编写、牛津大学出版社 1990 年版《牛津英语教程》，每册分 A 部和 B 部，A 部是文学种类，B 部是语言应用活动，如第一册 B 部“应用语言”包括三项活动，即说与听、阅

读、写作，其中写作一项，含有“写什么和如何写”“写明白谁，写什么”“为什么，怎样说就怎样写”“说话与作文”“起草故事，写诗歌”“描述形状，写说明书”“起草解说词”，重在对写作实践的具体指导。又如约翰·巴伯编写、查尔勒斯·莱兹出版公司1991年版第三学段《英语》，每册四个单元，其中“说和听”“写作”单元，就包含会话、讨论、述说体验、述说已经做过的事情、说故事，以及组织笔记、第一次起草、开头、分段、结尾、修订草稿等操作性指导，这些设计基本都属于“程序性知识”的范畴。美国八年级《文学》（银级）配合着阅读单元的各种体裁文学作品学习，设计了名为“写作过程”的系列，内容包括“幽默往事”“为排忧专栏写作”“场景描写备忘录”“从新的角度描写熟悉的人或事情”等，编者分别从写作前、写作中和写作后等步骤对写作过程进行详细具体的指导。

专门进行口头表达训练的，如美国加州版六年级（相当于我国初中一年级）文学类教材《读者的选择》第六单元听说训练材料“呈现口头报告”，其编写思路是：

第一步，编者先用态度亲切的对话语气对学生进行提示，引导学生进入口头报告前的准备阶段：“当你知道了使你感兴趣的一个话题的新信息时，你可能想要和其他人分享，那么就做一个激动人心的口头报告吧，你的兴趣和热情会感染读者，听众的反应也会使你更加激情高涨。”然后用简明的表格列出准备书面口头报告的具体步骤，一是写作前要“确定目的和听众，确定主题”，二是起草时要“列出大纲，填上支持性细节，写出报告”，三是修改和编辑环节，要“修改草稿，检查观点和细节的组织，更换不清楚的陈述”。

第二步，是对口头报告提前练习的提示：“为确保你的口头报告顺利，要提前练习，如果你在镜前练习，你可以看到自己的姿态和表情，如果你在家人和朋友面前练习，你可迅速地了解朋友的反应，使用下列的规则指导你的口头报告。”编者对练习注意事项的提示非常具体，列出的规则有：

①当你自然而不是僵直地站在那儿，演讲效果最好，一定要确保姿态得体。

②用眼睛和听众交流，把目光从一个听众移到另一个听众的脸上。

③用正常的语速或稍微慢些，不要让紧张使自己手忙脚乱。

④每个重要的观点后都要停顿，让听众对你的话做出反应。

第三步，推出口头报告的活动情境，设计的练习活动是：“①假设你被邀请到小学三年级做一个如何适应小学生活的报告，准备报告时要确保观点、组织方式和目的相符。呈现报告时，使用的声音和姿态要能吸引学生的注意。让同伴观看你口头报告的呈现过程，并征求他的意见。②和同伴共同讨论如何在众人面前发言，征求口头报告的反馈，以便呈现口头报告时遵循上面的指导规则。”国外语文教材在表达—交流系统设计方面重视情境化实践、精心提示操作步骤的倾向可见一斑。

(2）新教材在这方面的努力

总体而言，我国传统教材的表达—交流系统多以语文知识引领，听说和写作部分的编排大多重视有关知识的传授，而缺少表达交流情境的设计，以及方法策略的切实指导，也就是多陈述性知识而少程序性知识。人教版教材编写了写作知识短文，在今天看来，其知识系列比较严谨，而情境性、实践性、操作性是欠缺的。标准实验教材在这方面进行了一定力度的改革，努力选择贴近学生生活的话题，设计交际情境，重视表达交流实践活动的指导，针对学生表达交流重要环节，进行有效的点拨。

写作部分的编写，多采取读写联系、以读促写的思路。语文版教材重点放在阅读上，根据阅读课文的内容和表达，随机地引出写作内容，这样阅读与写作的联系是紧密了，但写作部分显得比较薄弱，缺乏系列的考虑。苏教版教材也是读写混编，写作部分与阅读课文若即若离，编成一个单元，但写作内容能通盘考虑，形成一个循序渐进的系列，大致依据学生的写作心理安排，设计了“有感而发”（写作动机的产生）—“说真话，抒真情”（写作文风的培养）—“从生活中找‘米’”（写作材料的收集）—“观察和描写景物的特点”（写作体验和发现）—“简单地说明小制作”（写作方法的掌握）—“想象”（写作思路的展开）这些专题。值得一提的是，苏教版教材每一个写作专题中，都附有“修改作文”的指导短文，也是前后自成系列，从操作层面提示如何进行作文修改，既方便又实用。

口语交际部分，各家教材都注重事例示范，减少技法指导，结合事例讲述有关话题的知识、注意事项和要求，给学生做出示范，让学生自然地进入交际情境，激发表达的欲望和激情。但总体来看，不少教材设计的口语交际过程过于笼统，显得比较随意，生成性强而操作性弱，宽泛有余而严谨不足，有待进一步探索和加强。

6. 延伸—拓展系统：从课内学习，走向与课外结合

如何在教材课文系统这一主体部分之外，构建以延伸和拓展为目的的学习内容，是新一代教材编者孜孜以求的方面。以下的设计相对过去的教材是有创新价值的。

（1）设置诵读栏目

第一种是设置诵读栏目，落实标准关于加强积累、倡导诵读方法的理念。有的分散编排，如苏教版于教材每一单元课文外，附设“诵

读欣赏”栏，选入古今优秀诗文，皆为短篇，用以陶冶情操，培养语感，增加积累。这些诗文都要熟读成诵，有的要求背诵。有的则集中编排，如人教版专设“课外古诗词背诵”栏，置于整册教材之后，选入十余篇古诗词，既云“课外”，着眼点十分明确。

（2）设置名著导读栏目

第二种探索是设置名著导读栏目，落实标准倡导的阅读经典、沟通课内学习和课外阅读的理念。人教版教材“名著导读”，每册集中选三种古今中外名著，共包括名著介绍、阅读建议、精彩片段、点评、探究思考等项；苏教版教材“名著推荐与阅读”，每册一种名著，节选原著中若干章节，加上评点和思考问题，附录相关资料，并安排围绕名著的写作活动要求；语文版教材将“名著引读”置于附录部分，写一篇概述文章，简要介绍数种名著，不选原文。

（3）选入长篇阅读材料

还有一种体现延伸拓展意图的设计，是在教材中选入长篇阅读材料，引导学生进入真实阅读情境，进行较复杂的阅读活动。鄂教版教材于每册教材中安排一个独立单元，只选一篇长文，其编写宗旨是：“阅读是一个思考与发现的过程，也是一个对话过程。”要求学生“运用前面学过的阅读方法，检验和评估自己的阅读能力”。七年级上册选小说《猎狐》，七年级下册选科幻小说《外星人》，在选文前有阅读的指导，选文每个大段后有“思考与讨论”，针对此段内容提出若干问题，并有对以下情节的预测，选文后有“评价”，用以提示学生进行阅读效果的自我检测。为打破平面阅读、定向阅读、单篇阅读的局限，编者还在八年级上册安排了“生命的救助”专题，选入关于抢救国宝级动物金丝猴的八篇连续报道，和中央电视台《东方时空》节目关于抢救金丝猴事件的解说词，其意图在倡导跟踪阅读，以及借助现代媒体进行立体阅读。八年级下册所选《扑朔迷离的麦田怪圈》长文，是对一种奇特自然现象的叙述和探讨，编者意在引导学生从众多材料中提取信息，学习甄别，借助其他资料，形成观点。这一尝试未必成熟，但有一定创意，力图在教材中创设一种逼近日常状态下真实阅读的机会，培养学生独立阅读的能力，虽着力在课内，实着意于课外，可以说是在阅读教材编制方面跨出了大胆的一步。我们在国外教材中也发现了与之近似的设计思路，如日本光村出版社初中语文教材，在短课文后面附一长篇阅读文章，由学生自己阅读欣赏。主题多为对社会人生的思索，如第一册《连结太平洋和日本海的樱花树》长达六千字，后附《好的读书方法——劝你每天读二十分钟书》，和两篇学生的读书记录范文。

以上，我们对初中语文教材分系统做了初步的梳理和评述，并不全面，也欠深刻，但大致展示了国外有代表性的语文教材和我国已审查通过的多套语文实验教材在呈现方式和编辑设计方面的基本面貌，并尝试总结语文教材呈现方式创新的一些主要表现，为学界做深入的研究提供基础。

当我们梳理和总结国内外语文教材的呈现方式和编辑设计变化发展趋势的时候，我们把注意点聚焦于培养具有能动性的人，具有自主能力、合作精神和具有独立个性的人。“21 世纪的成功人士应该是那些懂得去发现有意义的问题而不是一味寻求精确答案的人。这种人明白，探究的目的不是为了寻找确定的东西，而是要引起人们对不断增长的不确定性的注意。”（参见［美］艾伦·C. 奥恩斯坦、费朗西斯·P. 汉金斯《课程：基础、原理和问题》）这是体现现代教育本质的“以人为本”思想的精要之处，语文教材呈现方式的改进、优化和创新，其价值正在于此。

四、新课标初中语文实验教材的现代品格

教育部在课程改革启动之初，就向全国出版界、教育界、高等院校发出编写语文标准实验教材的要求，在2001年7月，正式公布了《全日制义务教育语文课程标准（实验稿）》，此年9月新学期开始，在经过批准的国家实验区试用标准实验教材第1册。先后通过国家审查的语文标准实验教材，计有八种版本：洪宗礼主编的江苏教育出版社版；人民教育出版社课程教材研究所中学语文课程教材研究开发中心编著、顾振彪主编的人民教育出版社版；语文出版社教材研究中心编、史习江主编的语文出版社版；王先霈、徐国英主编的湖北教育出版社版；河北省教育科学研究所编著，王富仁、傅中和主编的河北大学出版社版；孙绍振主编的北师大出版社版；作家出版社编，郭预衡、章培恒、陈平原主编的中华书局版；张翼健、张笑庸主编的长春出版社版。

语文教材的改进，在新中国成立以后一直没有停止过，已经进行了长期探索，积累了一些经验，尤其是新时期以来编写的各种语文教材，在教学内涵和呈现方式上取得了一定的进展。语文课程标准关于教材编写的建议，体现了新时期教材编写的新理念，成为语文教材改革的重要指导思想。其中关于教材应体现时代特点和现代意识，应理解和尊重多样文化；教材应符合学生的身心发展特点和认知水平，有助于激发学生的学习兴趣和创新精神；教材内容应避免烦琐化，简化头绪，突出重点，加强整合，注重情感态度、过程方法、知识能力之间的联系，致力于学生语文素养的整体提高；注意为学生设计体验性

活动和研究性专题，重视运用现代信息技术；教材要有开放性和弹性，为教师和学生留出选择和拓展的空间等建议，概括总结了我国和国外母语教材编写的经验教训，对编写标准新教材具有极为重要的指导作用。

这里，我们以已经出版使用的若干种初中语文新教材为例，来考察标准教材是如何体现新世纪语文教材的现代品格的。

（一）由以学科为本，向以学生为本转变

新课程标准明确指出，语文课程的特点是人文性与工具性的统一，这是从对课程性质的定位上体现了课程改革以学生的全面、和谐、终身发展为本的指导思想，也突出了语文课程的人文学科特性。这就要求新教材从以传授学科知识、训练基础能力为主，转为立足于学生的个性发展和语文素养的整体提高。

重视学习主体对学科知识主动积极的建构，是新教材的主要特征之一。这体现在关注学习内容的客观性的同时也关注情感态度、过程方法在学生学习过程中的重要作用，在关注智力因素的同时也关注非智力因素，在关注知识确定性一面的同时也关注其不确定性一面，鼓励和引导学习者主动去探索知识的发生和发展，能动地、有个性地实现自己的学习目标。

1. 按人文主题设计单元，突出语文课程的人文性和综合性

如苏教版教材的单元设计，是围绕一个主题词，把读写口语交际（或综合实践活动）加以优化整合，使之彼此渗透，互相联系。以七年级上册第一单元为例，围绕“亲近文学”的主题编入中外四位名家的

一组文学作品，作为主体课文；接着选编供诵读的古代诗词四首和现代诗三首，让学生在大体理解、感悟、品味的基础上熟读成诵。作文则借鉴单元阅读课文的内容，以“有感而发”为写作要旨，自由选题作文。最后，设计以“我爱文学”为题的综合实践活动。人教版教材在原来教材以语文与生活的联系为线索的框架的基础上，按人与自我、人与自然、人与社会三大板块组织单元，适当兼顾文体。如该教材七年级上册第四单元所选五篇课文，都与科学密切相关，应属于“人与自然”的范围，以科学小品为主，本单元最后在“综合性学习·写作·口语交际”栏目安排了“探索月球奥秘”专题，很好地体现了语文学习的综合性，做了积极的探索。北师大版教材设计了多个主题单元：七上“童年”“亲情”“品行”，七下“祖国”“献身”“奋斗”，八上“万物生机”，八下“科学”“文化”“多姿多彩之世界”，九上“文学”“艺术”，九下“经济与文化”“精神与物质”“社会与自然和谐发展”。鄂教版教材以话题形式组织单元，打破文体界限，如八年级上册“丰碑”单元，选编了《人民英雄永垂不朽——瞻仰首都人民英雄纪念碑》《读碑》《黄河颂》《中英香港政权交接仪式在港隆重举行》《七根火柴》，有说明文、散文、诗歌、新闻、小说。这样的设计有利于体现语文的人文性和综合性，提高学生的整体语文素养。

2. 积极开发新课文，使教材更具有人文内涵

新教材编者大多学术视野开阔，选文开发力度较大，兼顾经典性与时代感，文体形式多样，可读性强。各种教材一方面特别关注弘扬中华民族优秀文化传统和革命传统的内容，另一方面也重视教材文化构成的多样性，在内容和形式两方面都呈现丰富多彩的面貌。如语文版教材新开发的富于文化内涵和时代生活气息的课文所占比例较高，选入的新文言课文也注意其现实意义，给予现代诠释。中外文学经典普遍得到重视，如中华书局版教材有意适当加大古诗文比重，超过50%，且尽量选择传统教材篇目，每单元分为“古诗文诵读”（古代作品）、“探究式阅读”（中国现当代作品）和“延伸阅读”（外国作品）。

3. 注意符合儿童心理和语言发展规律，以促进学生发展为中心

选文要考虑题材、体裁的丰富多样，考虑儿童的学习兴趣，选文在注意这些方面的同时，还要更多地考虑学生熟悉的经验世界和学生生活着的现实世界，联系现实社会，拓宽学生的视野。教材的组织和安排从学生的生活出发，渐渐向外扩展，是一种很好的思路。多设计情境性、趣味性、思维性、综合性、合作性较强的练习，以激发学生的兴趣，调动其积极性和主动性，有利于体现三个维度的交融。如冀教版教材在编写思想上提出面向农村中学，服务农村中学语文教学，所以注意开发农村题材的课文，处理好农村生活与现代文明的关系，加强农村孩子相对薄弱的口语交际活动，通过“拓展链接”多提供教学资源增大信息量，综合实践活动注意贴近农村生活，利用农村资源。北师大版教材设计了自成系列的“语文趣谈”，替代过去教材的知识短文，与阅读单元的内容构成一定联系，内容富有创意，贴近学生，能引起学生学习语文的兴趣。

（二）以学生言语实践为主，由“教本”向“学本”转变

我国传统的语文教材是与范文讲读的教学方式相匹配的，使用这样的教材，教师喜欢“满堂灌”，或者按自己的预设“满堂问”，导致

语文课缺乏生动活泼的交际情境，缺少有实际意义的语言交际任务，学生很少有在具体的语言环境中开展言语实践的机会。一句话，学生在语文课上无法作为听、说、读、写的主体进行言语实践活动。为改变这种状况，真正实现以学生为主体的教育理念，使语文教学的目的任务向本体回归，必须编写出以学生的言语实践为主的新教材。

新教材就具有突出的开放性和民主性特征。一种课程新观念开始得到普遍认同：课程是所有参与者的一种旅程，一种需要怀着热情去体验的旅程，而不是一个目的地。编者们明智地认识到，教材不仅应当有利于激活学生已有的知识和经验，而且要有利于教师创造性地教，学生创造性地学；教材的编写和呈现方式，要体现出编者、学生、教师之间的多重对话关系；教材连同讲台上的教师一起，不应再是高高在上的知识权威，权威应转入教学的对话情境之中并与情境共存，成为内在的引领者。这样的教材，在认真编选范文的同时，应致力于设计一系列语文实践活动，给学生提供丰富多彩的言语实践活动情境，让学生的语文知识和能力在自己的言语实践中得以形成和发展。

1. 注重自主探究的学习，培养学生的创造精神

具体来说，新标准教材教学内容的组织有利于学生自主、合作、探究地学习，有利于综合性学习。把识字、写字、阅读、写作、口语交际有机地整合在一起，把语文与其他领域的学习结合起来，把课内与课外有意识地沟通起来，把有利于比较、有利于多元解读、有利于多角度地思考、有利于激发讨论、有利于师生对话的内容科学地组织起来。多种多样的体验性活动和研究性专题的设计成为新教材的一个着力点。

如苏教版教材打破单一文选体例，开创了专题性设计“名著推荐

与阅读”“问题与讨论”。“名著推荐与阅读”主要推荐新标准建议的中外经典名著，落实标准关于加强课外阅读和读整本书的理念和要求；后者按布设情境、学科综合、探究讨论等呈现方式，着眼于课内外联系、学科间沟通、语文知识能力的综合运用，让学生在实践中学习语文、运用语文。通过专题性设计这一专门渠道，很好地落实了课程目标的“过程与方法”维度，加强自主学习、合作学习、探究学习，促进学生学习方式的转变。所设计的专题起点较高，围绕认识自然、社会、文化、自我等方面，选择学生感兴趣的或热点话题，如“狼”“荷”“长城”“汉字”“广告”等专题进行学习探究。这是课改中出现的富有创造性的设计。人教版教材也尝试了这种专题设计，加强语文与生活的联系的理念，每册安排六次综合性学习，大型活动与小型活动各三次。如上述七年级上册第四单元的综合性学习专题“探索月球奥秘”，引导学生按“月球奥秘知多少”“观察月亮运行情况，参观天文台或天文馆”“丰富多彩的月亮文化”“我是月球小专家”“月亮照着你，月亮照着我”等小专题组织自主活动，并为开展活动提供了丰富的参考资料。这种设计，突出了学习过程的探究性，有利于培养学生搜集资料、筛选信息和研究问题的能力，并将写作和口语交际的要求也融入其中，也体现了该教材“加强语文与生活的联系”的宗旨。北师大版则以比较阅读贯穿整套教材，突出课文之间的“同类比较”，注意同中求异、异中求同，激发学生的思维活力，尽量拓展其情感空间，打破孤立展示经典文本的旧格局，这十分有利于文本意义的发现和思维的创新。

2. 以读书方法指导为线索组织教材内容

苏教版教材初中三年级阶段第五、第六两册的编排设计，做了大胆的尝试，呈现了新的面貌。这两册教材，打破了前面四册的结构框架，按指导读书方法为线索，共设计了11个“学会读书”单元，依次是：“吟哦讽诵而后得之”“品味·感悟·欣赏”“学学牛吃草”“阅读有独特的感受”“借助注释学文言”“读书动笔”“比较与辨微”“迅速捕捉阅读信息”“疑为学之始”“知人论世读经典”“横看成岭侧成峰”。其中尤其是“阅读有独特的感受”单元，分成“散文家谈散文”“小说家谈小说”“诗人谈诗”三个组合；“横看成岭侧成峰”单元，围绕鲁迅名作《雪》，组织了王蒙、黄蓓佳、斯好、李允经“《雪》四人谈”一组文章，在单元文章组合上努力出新。在练习设计方面，编者还依循有分有合的思路，既为每篇课文设置了“探究·练习”题，帮助学生认真踏实地解读课文，防止“客里空”，又在每个单元之后设计了“综合学习与探究”题，根据单元读书指导的总要求，提出跨课文的综合性思考题，这些思考题不再就文论文，而是注重对阅读材料的联系和拓展、提升和深化，其意图在于对初三学生的语文学习起到总结、提高的作用。

3. 为师生的言语实践留有足够空间

教材提示、注释系统少而精，简明扼要，给学生留下自学的空间。安排了一些选做题，供学生自主选择。综合性学习的设计体现了学生自主活动的理念，指导无须过于具体，引导学生自己去组织活动，不再包办代替。教学内容给教师留下灵活处理的空间，让教师可以根据需要适当调换、补充、删减、调整教学内容，如关于精读课文与泛读课文的安排，各种教材都富于灵活性。

鄂教版教材引入新的阅读理念，在每册中安排一个整体阅读单元，编选一篇长文章，其目的是：为学生提供一个内容更加丰富的阅读文本，为综合运用各种阅读方法提供平台，拓宽阅读视野，沟通课内外阅读，从而集中体现阅读的自主性、综合性，强化学生自我检测和评价功能。这在教材编写中是一种新的尝试。

（三）由以陈述性知识为主，向以程序性知识为主转变

新教材编写的总体思路，是从注重分析走向更自觉地追求整合，例如知识的整合、学科之间的整合、课堂内外的整合，把着力点放在探寻新型的知识存在方式，其整合性特征也十分明显。从某种意义上说，课程改革的目的之一，就是要让我国的受教育者具备一个构造得宜的头脑，那就理应避免支离破碎知识的无效堆积，不满足于类同“箱格化”“冷藏库式”的静止封闭的知识储存，而追求知识的相互连接、优化和整合，构筑学习者运用知识的真实情境，适度打破学科界限，努力沟通学校知识与生活知识之间的联系，去追求知行合一的境界。

认知心理学认为知识可分为陈述性知识和程序性知识两类。我国历来的语文教材侧重于安排陈述性知识，陈述性知识是一种描述性或曰记忆性知识，具有静态性质，对技能的形成具有定向作用；新教材注重安排程序性知识，而程序性知识主要是一种步骤性或曰过程性知识，它具有动态性质，主要用来解决“做什么”和“怎么做”的问题。新教材的探索，主要反映在课文阅读练习、写作指导设计，以及扩大信息量以提供丰富的教学资源等方面。

1. 课文练习走向开放多元，力求体现交流互动

新教材在阅读练习方面，编写了相应的程序性知识，指导种种的

阅读技能和策略，有利于学生学习多角度地解读课文，培养创造性的、批判性的阅读能力，令人耳目一新。思考练习题注意整体把握，关注学生的阅读感受，练习题答案不再完全地追求唯一，又注意从小处着手，推敲精彩的词语和段落，使语文素养的培养落在实处。如人教版教材的教读课文一般设计三道题，其构成大致包括整体感知、文笔精华和延伸拓展三方面内容，灵活而富有弹性；苏教版教材练习题设计不求多而求精，一般每课3～4题，分别从整体感知、揣摩品味、多解创意、记忆积累等角度和层次设题，从课本出发，又不限于课本，实际上围绕课文构建了一个个语文学习的具体情境，体现了教师、学生和编者之间的交流和互动。当然，倡导开放多元并不意味着忽视语文基本功，各家教材在这方面也有所考虑，人教版注意设计扎实有序的基本功训练，课文练习注重品味语言，引导积累文笔精华，如七年级下册《观舞记》练习二，要求学生注意文章中比喻、排比等修辞手法的运用，“找出你认为写得精妙的句段，细心体会并加以积累”，各册教材的汉语知识编排大体精要有用。语文版教材课后练习设计，努力使人文性与工具性成为“一张皮”，防止离开语言文字架空讨论人文内容，练习较好地处理了整体把握与提炼要点、探索内容与品味语言、紧扣文本与开放拓展等关系，基本符合语文学科特点和学生身心发展特点。北师大版教材则专门设计了语言品味题。

2. 关注写作实践指导，合理设计写作教学环节

我国教材过去往往热衷于编写关于写作的知识短文（往往是从“文章学”套来的），把写作要求“格式化”。新教材的编写，不仅改造了写作知识系统的内容，而且还致力于把写作的程序性知识体现于教材设计中，引导学生快速进入状态，切实提高写作能力。如苏教版

教材按照学生的写作心理编排写作专题，从写作动机的产生（“有感而发”）到写作文风的培养（“说真话，抒真情”）到写作材料的收集（“从生活中找‘米’”）到写作体验和发现（“观察和描写景物的特点”）到写作方法的掌握（“简单地说明小制作”）到写作思路的展开（“想象”）；同时设计了修改文章专题训练，形成一个系列。人教版教材的写作编排，既有分散的片断写作练习，一般每册的各单元“研讨与练习”中结合课文阅读内容安排多次写作练习；又在综合性学习中突出安排了集中的写作活动，从加强与生活联系的角度进行设计。冀教版教材在作文指导方面建立“感受—积累—想象—创造”的作文教学体系，设计了开放式作文编题方式。

3. 练习设计注意信息社会的新学习方式

各种教材都注意设计“资料链接”和上网查找资料之类的栏目，为学生自主学习和课堂教学提供丰富的教学资源，人教版教材就比较重视利用网络资源，关注网上阅读这一信息时代新的阅读方式。

由于教材编写的时间比较仓促，尤其是将新标准的理念和目标转化为教材还只是一种初步的探索，新教材不可避免地存在一些问题，如选文内容有的偏难偏深；有些思考练习的要求偏高，有的练习突出人文性理解但较为空泛，与对语言文字的品味结合得不够紧，存在着“两张皮”现象；有的综合性学习和探究性专题的设计，注意了跨学科学习，但材料层次过多，语文目标不突出，容易误为学习其他学科的内容；写作和口语交际的编写思路不多，相对阅读部分而言显得较为薄弱。这些都有待通过教学实践的检验，进一步修订改进。

然而，21 世纪基础教育教材的编写，毕竟还只是一个良好的开端，对进一步提高教材编写质量，对使用好教材，我们尚有更高的期待；

教材的现代品格也要在坚持中完善，在改革中探索。

如果说，我国的教材从以“五经”为本、以传授“六艺”为务开始，至今已有非常深厚的历史积累，那么，新教材不仅仍要传承中国传统文化精神的血脉，体现出民族特色，而且更要高举科学和人文两面大旗，培养学生的现代意识和未来意识，自觉顺应现代文明大潮的浩荡走向。如果说，新教材体现了新的课程理念，展示了新型的呈现方式，那么，我们认为它的真正价值还需在生动的教学实践中得到实现，对它不能采取“本本主义”的态度。再好的教材也不应抹杀教师的教学个性，不能取代教师的创造性劳动，教师应敢于和善于在教材的使用中，拓展思想空间，让自己的智慧闪耀光芒。

五、新课标高中语文实验教材的新建构

2003年4月教育部公布了《普通高中语文课程标准（实验）》，同时发动高中标准实验教材的编写。目前已全套获得国家审查通过的高中语文必修教材计有六种：人民教育出版社与北京大学中文系合作编著、袁行霈主编的人民教育出版社版，丁帆、杨九俊主编的江苏教育出版社版，史习江、张万彬主编的语文出版社版，陈佳民、柯汉林主编的广东教育出版社版，谢冕主编的山东人民出版社版，童庆炳主编的人民出版社版。这六种教材各有特点，如苏教版教材设置人文专题，在呈现方式上也有较大突破；人教版教材以“守正出新”为基本指导思想，“阅读鉴赏”与“表达交流”合册分编；山东版教材以语文活动为核心组织教材内容，突出语文的实践性和综合性；语文版和广东版教材兼顾人文内涵和文体特征；人民版教材重视文学审美；等等。这些必修教材多已从2004年下半年高中课改开始在首批国家级实验区——山东、广东、海南、宁夏四省（自治区）试用，2005年江苏省也进入高中课改实验阶段，开始试用标准实验教材。以上六家出版社组织编写的配套高中语文选修教材，也有若干种已获通过并于2006年下半年投入使用。

高中语文课程标准“教材编写建议”中的如下建议，作为新时期教材的呈现方式和编辑设计的指导思想，特别值得关注：第一，“便于指导学生自学，有利于学生自主、合作、探究的学习”。这意味着教材不能以工具主义、单纯技术训练代替体验和感悟，也不能以人文专题的探究代替语文基本能力的培养。不能把成堆的知识和现成的结论交给学生，应引导学生独立思考、拓宽视野、大胆质疑、善于探究，达到拓展文化视野、丰富人文底蕴、提升语文素养的有机统一。第二，“体例和呈现方式灵活多样，避免模式化。要注重设计体验性活动和研究性专题，有助于创造性学习”。这就要求从学生的不同需求和实际水平出发，不追求知识的专业化、学术化和系统性，可尝试突破单一文选式的传统教材模式。第三，“应有开放性，给学生留有选择和拓展的空间，满足不同学生的需要”。要有开放度和机动性，激发学生的学习兴趣和个性潜能，扩大学生思维空间，引领语文素养的发展。

根据高中课程方案和语文标准的总体设计，高中语文教材分为必修教材和选修教材两类。

（一）新课标高中语文必修教材的变化

这里，先就高中必修教材一些较为突出的变化做简要评述，在呈现方式上与初中教材有共性的一面不再重复。

1. 单元编排多样化

先说必修教材的“阅读与鉴赏”部分的单元编排，可证教材呈现方式的多样化已初露端倪。

（1）按文体分类编排

虽然人教版教材编者声明不是纯粹从一种概念出发而拘泥于某一种方式，也没有按流行的“生活主题”“人文主题”编排，而是从学习语文所需的各方面因素，综合地考虑，但其实还是把文体作为单元组合的重要依据，如第一模块（相当于一册教材）四个单元中，第一单元现代诗歌，第二单元古代山水游记，第三单元写人记事散文，第四单元新闻和报告文学，其他各模块大体类此。

广东版教材单元编排其实也是以文体为主，将散文、诗歌、小说、戏剧、科学小品、议论文、传记等分布于各模块；同时兼顾语体，每模块中将文言文和古典诗歌集中安排在一个单元。具有新意的是，编者将每个模块的第一单元都设计成一个语文学习活动专题，共有“认识自我”“体验情感”“感悟自然”“关注社会”“走近经济”五个，专题内设计了“单元导语”“活动指引”“参考阅读”“点击链接”等活动指导性环节，以便操作实施。打破了单一文选式单元的传统格局，试图在拓宽学生视野、转变学习方式方面有所探索。

（2）按人文主题的内涵编排

语文版教材沿袭了该社初中标准实验教材的单元组合原则，按照人文主题编排，如第一模块根据“用事实说话”“诗意地栖居”“成长如蜕”“情动于衷而形于言”四个主题编排课文，同时兼顾文体。苏教版教材、山东人民版教材也按若干人文主题（或母题）组织单元。苏教版教材提出了“人文母题”的概念，编者的理解是：母题一般指那些体现着生命精神，反复出现并贯穿在人生中，持续地起着完善人格作用的命题，大致包括“人与自然”“人与社会”“人与自我”“母语文化”四个范畴。这样的设计，有利于学生在高中阶段就了解人类精神文化的制高点，当然较鲜明地凸显了语文的人文学科属性。

（3）按语文活动的方式编排

山东人民版教材单元内部设计，又进一步突破过去教材“课”的概念，把一个单元整合成一系列的活动。活动有两种方式：一是由话题—阅读文本—学习活动—课外自读文本构成，二是由话题—学习活动—学习资源构成。教材采用学生自主学习的视角叙述和呈现文本与活动，主读的课文对学习活动起引领作用，选读文本则成了学习活动的支撑，均服从于综合实践活动的需要。

以活动学习为中心编制教材，其学习活动设计又注意了层次性：基础性的学习活动包括诵读、整体感知、积累，着眼于语文基本能力的落实。体验鉴赏性的学习活动包括对文本语言的鉴赏品味，对情感内容的领悟体验，强调学习过程与方法。探究性的学习活动则突出探究意识和探究过程。

（4）按文学审美的目标编排

人民版教材以文学类文章为主，编者按文学主题、文学形象和文学美的形态三个层次来组合课文，同时兼顾论述类和实用类文章。

以上说的是几种必修教材的单元编排方式。下面再简单介绍高中必修教材“表达与交流”部分的编排情况。这部分总的分为“分编型”与“混编型”两种方式：

①分编型。

以人教版教材为代表，每个模块分为“阅读鉴赏”“表达交流”“梳理探究”“名著导读”四大内容板块，每个板块的编写体例相对独立。表达交流板块的专题排列逻辑是：第一模块围绕记叙文写作内容设计；第二模块围绕记叙文写作方法设计；第三模块围绕一般议论文的写作，从立论角度、论据、论证等方面设计；第四模块则深入一步学习议论文的多种写作方法；第五模块按写作的更高要求设计了如何写得深刻、写得充实、写得有文采等专题。每个写作专题，都分为“话题探讨”“写法借鉴”“写作练习”三项，将话题引入和范文示例作为学习写作的凭借，写作练习的内容设计也灵活多变，把重点放在“怎么写”上面。除写作之外，口语交际的五个专题——朗诵、演讲、讨论、辩论、访谈，就分别安排在每个模块的写作专题之后。编者力图对学生进行系统的、规范的表达交流训练，注重按学生的心理特征和表达交流教学的本身规律来编排。

②混编型。

此外各版教材均属混编型，即各单元中“阅读与鉴赏”“表达与交流”或“探究性学习”等内容混编在一个单元中。如语文版以“阅读与鉴赏”为编写主线，依据“阅读与鉴赏”的单元特点和选文内容，插排其他内容，比如在新闻通讯单元中安排写作专题“热点新闻的采写”，在诗歌单元中安排口语交际专题“朗诵”，等等。这是通常采取的一种方式。

2. 设计情境化的语文学习平台

近年来，国外学者根据建构主义原理，尤其重视设计以问题解决为灵魂的“发现型教材”（范印哲《教材设计导论》）。发现型教材致力于创设有意义的、真实的学习情境，引导学生运用已建构的知识，从经验背景出发学习新知识，在学习情境中不断丰富或调整自己的理解，从多方面、多角度理解问题，增进学生之间的合作，发挥学生共同体作为宝贵的学习资源的作用。

苏教版教材在这方面进行了有意义的探索。首先在单元内部设计上以探究为核心，注重构建情境化的语文学习平台，有利于倡导现代型学习方式。这种情境化的学习平台，具体化为三种相互融通又各有侧重的形式：“文本研习”旨在通过对文本的阅读捕获信息、品味感受、陶冶情操、提升审美境界，这也是一种最基本的语文学习形式；“问题研讨”着眼于培养探究意识，发现并分析、解决问题，发展理性思维；“活动体验”侧重解决应用和拓展问题，培养语文综合能力和合作精神。这种呈现方式显得灵活多样，结构富有层次感。

以该教材第一模块的第一单元“向青春举杯”为例。这是属于

“活动体验”型单元，围绕青春母题，编者设计了“吟诵青春”“体悟人生”“设计未来”三个学习情境，第一个学习情境是学习几篇歌唱青春的现代诗，活动体验的重点是意象分析、情感体验和朗读训练。第二个学习情境是阅读几篇思考青春的散文，活动体验的内容有与家长谈心、同学间交流讨论。第三个学习情境在设计上尤为别出心裁，编者提供了方案A和方案B：方案A是阅读马克思中学毕业考试时写的文章，要求与17岁的马克思对话，思考自己未来的职业选择；方案B是选了毕淑敏《我的五样》一文，要求学生跟作者一样，参与一场有意义的游戏。两个方案可任选其一，最终都要求形成语文学习方面的成果。

虽然情境化语文学习平台的设计还有待进一步完善，但对这种积极探索的精神，应予充分肯定。

3. 设置自主学习系统和评价栏目

教材由“教本”转型为“学本”，从知识训练系统改为建立学生的学习系统，关键在于突出自主性，避免“告诉式”，重在提出问题，揭示现象，设置具体情境，引导学生自己去观察、思考、整理、体验，尝试自己寻找解决问题的答案。各家高中标准实验教材在构建学生自主学习系统方面均做出了一定努力，像山东人民版教材的整个结构系统，展现了学生自主学习、合作学习、探究学习、应用拓展的流程，在流程中学生处于中心地位；围绕着学生的自主学习活动，再进而设计情境激励、问题导引、资源支持、信息反馈这样一个辅助系统。这种设计还在初步尝试的阶段，但其理念无疑是有前瞻性的。语文版教材还在阅读欣赏类选修教材中设置“初读印象”栏目，意在调动学生自己的生活经验和知识积累，用心灵去阅读、感悟、把握文本，初步获得独特的感受和体验。

测试和评价进入教材，在国外较常见，但过去国内教材中鲜有这样的设计。建构主义的观点认为教学评价主要应用来让学生自我分析，而不是一种强化和行为控制工具。因此，相应需要多采用形成性评价，培养学生的知识重组和应用能力。（参见范印哲《教材设计导论》）于评价进入教材的尝试，这里介绍语文版和广东教育版的设计。语文版必修教材的“探究性学习”专题，除设计“活动内容”“实施建议”“成果展示”“研究方法简介”外，专设“评价建议”一项，要求学生自己从活动策划及准备、活动过程、成果展示三方面进行自我评价，并采取自评与互评结合的方式进行分项评定和综合评价。广东教育版必修教材的每个活动单元，也设有“整理与评价”一项，供学生总结和展示活动的收效，体现了学生自我评价和教师评价、学生相互评价相结合，过程性评价和终结性评价相结合，分项评价和综合评价相结合的特点。

（二）新课标高中语文选修教材的初创

新一轮高中语文课程改革规定了高中语文开设大量可供学生自主选择的选修课程。作为我国教育史上史无前例的创举，与之相应的选修课教材的建设，更是重中之重，难上之难。令人欣喜的是，自新课改以来，一批各具特色的高中语文选修课教材已经诞生，给我们以诸多启示。

1. 教材开发显示新格局

课改作为一种国家行为，对新教材的编写自有一定的原则要求，这种原则要求，主要体现在教育部正式颁布的《普通高中语文课程标准（实验）》的“教材编写建议”部分。“编写建议”是从必修课和选修课共同性的角度提出建议的，其中除教材编写的思想政治要求和技术规范要求之外，如下建议对编写选修课教材特别具有指导意义：

第一，“教材应突出语文课程的特点，要便于指导学生自学。内容的确定和教学方法的选择，都要有利于学生自主、合作与探究的学习，掌握自学的方法，养成自学的习惯，不断提高独立学习和探究的能力”。选修课教材是对必修课教材的补充、拓展和提高。不能以工具主义、单纯技术训练代替体验和感悟，也不能以人文专题的探究代替语文基本能力的培养。不能把成堆的知识和现成的结论教给学生，应引导学生独立思考、拓宽视野、大胆质疑、善于探究，从而做到拓展文化视野、丰富人文底蕴、提升语文素养的有机统一。

第二，“教材选文要具有时代性和典范性，富于文化内涵，文质兼美，丰富多样，难易适度，能激发学生的学习兴趣，开阔学生的眼界。”其中特别关键的是要处理好选文经典性与时代性的关系，价值导向与阅读兴趣的关系，难易深浅的关系，防止似深实浅，或似浅实深。

第三，“教材的体例和呈现方式应灵活多样，避免模式化。要注重设计体验性活动和研究性学习专题，有助于学生创造性地学习”。这就必须处理选修课模块目标的共性与教材内容个性的关系。要从学生的不同需求和实际水平出发，不追求知识的专业化、学术化和系统性，而且可以打破单一文选式的教材模式。

第四，“教材应有开放性，在合理安排课程计划和课程内容的基础上，给地方、学校和教师留有开发和选择的空间，也要给学生留出选择和拓展的余地，以满足不同学生学习和发展的需要”。按照模块设计课程内容，每个模块教学时间为36课时，内容不能太满，要注意容量的控制。既要保证所有学生达到课程基本要求，又要给学有余力的学生留有拓展的空间，所以设计要有开放度和机动性。要激发学生的学习兴趣和个性潜能，扩大学生思维空间，引领语文素养的发展。

新课标高中语文选修课教材，涵盖了课程标准规定的“诗歌与散文”“小说与戏剧”“新闻与传记”“文化论著研读”“语言文字应用”五个选修课系列。第一批审查通过、已经在国家实验区使用的选修课教材有：

人民教育出版社的《中国古代诗歌散文欣赏》《外国诗歌散文欣赏》《中国小说欣赏》《外国小说欣赏》《中外戏剧名作欣赏》《中外传记作品选读》《先秦诸子选读》《语言文字应用》等；

江苏教育出版社的《唐诗宋词选读》《红楼梦选读》《中外戏剧名著选读》《传记选读》《史记选读》《鲁迅作品选读》《写作》《语言规范与创新》等；

语文出版社的《唐宋八大家散文选读》《中外现代诗歌鉴赏》《中国现当代散文鉴赏》《论语选读》《汉语学习与应用》《写作基础》等；

山东人民出版社的《唐诗宋词选读》《中国古代小说选读》《19世纪欧美经典小说选读》《比喻与创新思维》《语言的应用》等；

广东教育出版社的《唐诗宋词元散曲选读》《唐宋散文选读》《中国现代诗歌选读》《短篇小说欣赏》《戏剧欣赏》《传记选读》《论语选读》《语言文字规范与应用》等。

后来又有若干种选修课教材陆续通过国家审查。

2. 教材编写体现新理念

新课标高中语文选修教材理应集中体现具有21世纪时代特征的课程改革理念。综览这些选修教材，以下特点值得注意：

(1) 编排方式：追求个性特色

在国家倡导教材多样化的背景下，在教材编排方式上，如何突破单一模式，追求个性特色？关键在于把握某一系列的选修目标并寻找与之适应的呈现方式。新教材已经初步显示出各自的个性特色，主要体现在两个方面：

首先，是教材模块构成的多样化。

——有合编、有分编。以各家编写较多的文学欣赏类教材（诗歌与散文系列、小说与戏剧系列）为例，有的合编，模块内容涵盖面广、时间跨度大，如诗歌欣赏总类、散文欣赏总类；有的分编，把诗歌总类再分为中国诗歌、外国诗歌，有的把中国诗歌再分为古代诗歌与现代诗歌，有的在中国古代诗歌中再细分唐诗宋词元散曲；有的是中外散文合编成一个模块；有的是中国散文独编，有的是把中国散文再分为古代散文与现代散文，有的在中国古代散文中再突出唐宋散文或唐宋八大家散文。

也有的模块是诗歌与散文合编，小说与戏剧系列也有类似情况。如《中国小说欣赏》是合编；《短篇小说欣赏》是从小说文体的角度分编，《19世纪欧美经典小说选读》是从国别和断代的角度分编。

——有统编、有专门。统编类教材，如《中国小说欣赏》《外国小说欣赏》《十九世纪欧美小说欣赏》《中外传记选读》《传记选读》《先秦诸子选读》等。专门类教材，则有几种编法：有专书类，如《红楼梦选读》《史记选读》《论语选读》等以某本经典名著为模块内容；专人类，如《鲁迅作品选读》以一个作家为模块内容；专题类，如《比喻与创新思维》是以一个语言文字专题为模块内容。

其次，是教材单元编排的多样化。

——小说类：有的是时序与题材相结合，如人民教育出版社《中国小说欣赏》，以时序与题材相结合的方式来组编课文，形成教材单元，从时序看，是从古代到近代、再到现当代；从题材看，分为英雄小说（《三国演义》《水浒传》）、神魔小说（《西游记》《聊斋志异》）、人情小说（《红楼梦》）、谴责小说（《儒林外史》《官场现形记》）、乡土小说（《边城》《小二黑结婚》）、都市小说（《子夜》《台北人》）、革命小说（《红旗谱》《林海雪原》）等单元。这样编排的好处，是使学生对中国小说的文体发展和题材的演变线索有一个比较清晰的印象。

有的以小说文体的要素来组织单元。人民教育出版社《外国小说欣赏》对课文的编选，就是以小说自身的叙事特点为线索来归类，然后根据归类的特点，每一个单元设计一个话题，对这一单元的小说艺术特点进行分析讲解。这些要素是：叙述、场景、主题、人物、情节、结构、情感、虚构。小说是叙事的艺术，叙述什么和如何叙述始终是小说诗学最关心的问题，所以，教材以叙述特征为线索来分类，与通常使用的以主题表达为线索的编选方式更为接近小说的真义，对学生有序地了解小说叙事艺术及其流变很有裨益。

也有的以古代小说的种类组织单元。山东人民出版社《中国古代小说选读》，四个单元按中国古代小说的主要种类（笔记小说、传奇小说、话本小说、章回小说）选文，突出了中国小说的民族特征和艺术特性。选文基本上包括了古代小说精品，也使学生能大致把握中国古代小说的基本发展阶段。

也有与时段和地区相结合来编排单元的。山东人民出版社《19世纪欧美经典小说选读》，以19世纪欧美经典小说作为选文范围，一个单元围绕一个文学主题（“体味人性之美”“个人奋斗的咏叹调”“直面惨淡人生”“生命是美丽的”）。这对于培养学生的优美情操和高雅气质，培养学生对传统文化的兴趣和爱好，提高和丰富学生的文学修养，无疑都是很有帮助的。

有若干种小说类教材是中外合璧的编排法，涵盖面比较广，如广东教育出版社《短篇小说欣赏》，分为中国古代短篇小说、中国现当代短篇小说、欧美短篇小说、亚非拉短篇小说四个单元。

——诗歌类：有的按诗歌史线索编排单元。语文出版社《中外现代诗歌鉴赏》以中国和外国现代诗歌几个大的发展时期划分单元、排列顺序。

有的点、面结合进行编排。江苏教育出版社《唐诗宋词选读》分为初唐诗、盛唐诗、李白诗、杜甫诗、中唐诗、晚唐诗、唐五代词、北宋词、东坡词、南宋词、稼轩词这些单元，其中李白、杜甫、苏轼、辛弃疾四人是大作单元，是点；其他单元则体现了古代诗词发展的几个重要阶段，是面。广东教育出版社《唐诗宋词元散曲选读》的编法也属此类，编者采用双视角编法，将唐诗宋词元散曲中大家的作品编为基本阅读课，将其他名家的作品分为拓展阅读课，“基本阅读”部分按重要作家编排，突出个体，“拓展阅读”部分按作品题材内容分类编排，兼顾群体，这样的框架有利于作品点面结合，重点突出，又显示出一个阶段创作的多样性，反映文学史的基本面貌，保证了较广的阅读面。

有的精、泛结合。山东人民出版社《唐诗宋词选读》，全书安排四个单元，唐诗两个，宋词两个，比较均衡。精选名家代表作品作为学习的主体内容，精读课文精心讲授，布置练习；“课外自读”中安排了一定的量，只做注释，重在品味，这样既减轻了课本分量，又为学生的自主学习提供了较广泛的阅读材料。

——散文类：有的按作家编排，如语文出版社《唐宋八大家散文鉴赏》，按作家组织单元，重要作家每单元选 3 篇，次者 1 ~ 2 篇，总体上选篇均衡，注意到兼顾各种文体。

有的编排法可称为文体为经、主题为纬。广东教育出版社《唐宋散文选读》，分为游记、传记、书信、赋和骈文四个单元，以古代散文文体贯串，即以文体为经；每单元又兼顾自然、人格、情感、心灵等主题内容，使散文的思想性与艺术性两个方面都能得到较好体现。

——专书类：有两家出版社都编了《红楼梦选读》，将之做一比较，是饶有兴味之事。江苏教育出版社《红楼梦选读》，可称作“纵横交错”的编法。这册教材分三个部分，三者相互配合，使教材虽是选读而不离整体，这一构思颇有创意。第一部分是“红楼世界”，选了茅盾早年写的“《红楼梦》导言”，附有四大家族关系表、荣国府院宇示意图、大观园平面示意新图等图表，是关于《红楼梦》的总体介绍。第二部分是“名篇鉴赏”，精选了小说中六个经典场面（贾府概况、黛玉葬花、宝玉挨打、探春理家、群芳夜宴、宝玉出家），进行重点讲解，结构上以点带面，突出了红楼梦中的精彩片段。第三部分是“专题研讨”，这些专题分别是红楼结构、红楼人物、红楼环境、红楼主题、红楼语言、红楼文化。

语文出版社编的《红楼梦选读》则是“单线贯串”的编法。教材以人物形象为线索，突出了红楼梦中主要人物的性格特征，分为：一、总纲；二、宝玉与黛玉；三、几个热门人物（薛宝钗、王熙凤、刘姥姥、晴雯）；四、精彩配角（湘云与妙玉、贾芸受气、结社吟咏、香菱学诗）。

又如《论语选读》，由语文出版社和广东教育出版社分别编写。语文出版社的一本，从《论语》全书512章中，选录了252章，编为18课，篇幅约占原书的1/2，其特点是全面覆盖，选得较广。广东教育出版社的一本，分为“人生篇”（弟子问仁、立身处世、发愤进取、知其不可为而为之）、“情操篇”（君子三戒、乐在其中、行己有耻、君子坦荡荡）、“伦理篇”（言而有信、交友之道、行而有礼、君臣父子），“治学篇”（敏而好学、切问而近思、君子博学、不学诗无以言），以按内容专题归类、选得较精为特色。

（2）体系结构：力促学习方式转变

如何转变学生的学习方式，拓展学生视野、活跃学生思维，改变单纯灌输式、告诉式的教学模式？新选修教材正是在这方面进行了有益的探索，呈现出崭新的面貌。

关键在于，各家出版社注意树立教材是“学本”的意识。

人民教育出版社提出，教材应由“教本”转型为“学本”：从知识训练系统，改为建立学生的学习系统，突出自主性，避免“告诉式”，重在提出问题，揭示现象，设置具体情境，引导学生自己去观察、思考、整理、体验，尝试自己寻找解决问题的答案。山东人民出版社致力于从学生自主学习的视角，叙述和呈现文本与活动。教材整个结构系统展现学生自主学习、合作学习、探究学习、应用拓展的流程，在这一流程中学生处于中心地位。为保证学生学习活动的实施，教材建立了一个情境激励、问题导引、资源支持、信息反馈的辅助系统。

在上述观念指导下，教材编者努力构建情境化的学习平台。

例如江苏教育出版社，在教材呈现方式上力求创新，为学习方式的变革构建平台。注重实际运用，让学生通过积累感受、对话思考和多种实践活动，培养语文应用能力、审美能力和探究能力。他们把教材结构方式归结为“文本研习式”“问题探讨式”“活动体验式”，根据选修模块的内容和目标要求，有侧重地运用其中两种或三种方式。如作品阅读鉴赏系列，侧重用“文本研习式”；语言文字应用系列，侧重用“活动体验式”；文化论著研读系列，更侧重用“问题探讨式”。

这三种结构方式各有所长。“文本研习式”提供经典的阅读文本，创设阅读对话情境，引导学生参与阅读对话，表达交流阅读的体验和感受，侧重于提高学生解读文本、鉴赏作品的能力。“问题探讨式”着眼于引导学生发现问题、分析问题、解决问题，进而能提出有价值的问题，发展理性思维，培养批判意识。“活动体验式”引导学生围绕专题的人文内涵和学习需求，结合具体学习材料，开展丰富多样的语文活动，在活动中体验，在活动中思考，在活动中探究，有利于提高学生的语文综合素养。

在各种选修课教材中，以活动为中心编制单元的结构特别引人注目。山东人民出版社的教材突破原有“课”的概念，把一个单元整合成一系列的学习活动，让学生在活动中学习语文。活动有两种方式，一种是由话题—阅读文本—学习活动—课外自读文本构成，另一种是由话题—学习活动—学习资源构成。选文在教材中的作用，在很大程度上成为开展学习活动的支撑。

而学习活动并非是在一个平面上的简单展开，可以分为三个层次：基础性的学习活动，包括诵读、整体感知、积累，关注语文基本能力的培养；体验性的学习活动，重点放在对文本语言的鉴赏品味，对情感内容的领悟体验，强调学习的过程和方法；探究性的学习活动，注重分工、合作，强调探究意识和探究过程。

设置自主学习系统和评价栏目，是教材编写中一个值得关注的追求。

如山东人民出版社的《中国古代小说选读》，思考题、练习和活动内容形式力求多样化，激发学生兴趣，调动其学习积极性，安排了问题讨论会、阅读欣赏交流会、读书报告会、论文答辩会、课本剧编演、调查寻胜等。注意将阅读欣赏活动与书面、口头表达交流相沟通，听说读写多方面能力的综合运用，课内课外相联系，不同艺术形式（小说、电影、戏剧、评书）之间的会通。语文出版社的阅读鉴赏类教材，特别设置了“初读印象”栏目，意在调动学生自己的生活经验和知识积累，用心灵去阅读、感悟、把握文本，初步获得独特的感受和体验。广东教育出版社的《传记选读》，特意设计了“模块综合评价表”，体现了学生自我评价和教师评价、学生相互评价相结合，过程性评价和终结性评价相结合，分项评价和综合评价相结合的特点。这些都是编者为转变学生学习方式做出的可贵努力。

（3）落实基础：在拓展提高中不忘语文基本功

虽然选修课程重在增加语文课程的选择性，但毕竟仍是基础教育课程，不能忘记其基础性。在选修课教材编写中，如何正确处理好基础性与选择性的关系，语文实践活动的多样性与打好语文基础的关系，落实好语文的基础知识和基本能力，是应该认真研讨的问题。

第一，不少出版社注意语言能力培养与文学鉴赏相结合，在这方面，语文出版社的努力值得注意。在课后练习设计中对语言文字方面的要求比较落实，如文言文阅读中古汉语知识的掌握。他们编写的《唐宋八大家散文鉴赏》无论精读、泛读，每篇均设练习，重视语言品味；也重视语言应用，语言练习中安排了与课文有一定联系的文段要求学生标点或翻译之类的训练内容。

第二，以具体生动的个案引出有关知识和理论的探讨，也是各出版社教材编者的有意尝试。

广东教育出版社《语言文字规范与应用》，坚持基础性，突出拓展性与探究性。在整体构思上，努力根据高中生的需要、实际水平、接受能力进行合理选择和设计，不追求学科知识的系统性，避免经院式和学术化。从个案分析入手，引出相关知识，不做系统的理论阐述和静态的知识介绍。在表达交流活动、思考练习题的设计和相关知识的介绍上，突出拓展性和探究性。如第三单元“语句的规范应用”，先提供一个言语情境——“不怕辣”“辣不怕”“怕不辣”，进入关于不同的词语排列顺序可以用来表达不同意思的讨论，不仅能引起学生探讨的浓厚兴趣，还会引导他们对这样的语言现象进行举一反三的思考。人民教育出版社《语言文字应用》，注重实用性、学理性和趣味性相结合，选用古今典型语言应用的实例和身边生活中的语言现象，将比较深奥的学理和知识化为生动、浅近的表达方式展现出来，尽力做到少用术语也能使学生明白其中的道理，并通过案例分析和大量的练习，帮助学生巩固和提高。

第三，编者们也注意到，接受学习与自主学习应该相辅相成，并把这样的认识贯串到教材的编写设计中。

人民教育出版社组织编写的《中国古代诗歌散文欣赏》，有强烈的方法指导意识，设计了“赏析指导”短文与“赏析示例”，编者先对所选诗歌做具体分析，起了总领和示范的作用，写得较为扼要明晰，深入浅出。“自主赏析”部分又提供了学生赏析活动的具体凭借，链接资料广泛而丰富。这本教材按古代作品欣赏方法分列专题、设计单元，诗歌分为“以意逆志，论世知人”“置身诗境，缘景明情”“因声求气，吟咏诗韵”3 个单元，散文分为“把握形象，赏文析义”“整散缓急，一脉贯之”“贴近生活，体味情趣”3 个单元，打破一般文学史顺序，或作家文选式的编排方式，所归纳专题的几个要点比较切合高中生的欣赏需要。

又如江苏教育出版社组织编写的《红楼梦选读》，文学鉴赏的实践活动形式设计灵活多样，有讨论会、写综述、写小论文、写故事梗概、写红楼游记、背诵精妙诗词等，将作品鉴赏与语文的读写听说活动结合起来，体现了这门课程的语文性质，落实语文基本能力。该社的《史记选读》精心编制了助读系统：在正文之外又有译文，还有各种点评旁注，包括古人今人和编写者自己的评注，对思想内容、人物形象、艺术手法、文字表达等都有涉及，选材广泛，有助于对《史记》的深入学习。“阅读与探讨”重视发掘全文的思想价值，也能够突出《史记》的文学性；“积累与应用”注意多方拓展。分单元系统梳理文言文知识，有助于提高阅读文言文的能力。书后所附的“参考书目”有助于学生扩展视野。

第四，注意选修课与必修课的衔接。

各家编写的《写作》类选修教材，都注意在必修课基础上的梳理、拓展和提高；一些阅读欣赏类教材，注意加强与必修教材中已学作品的联系，如广东教育出版社的《戏剧欣赏》，在课后的探索与交流题中注意提醒学生对以往已经学习过的戏剧作品进行再思考和价值联想。

（4）教材内容：注意价值观的正确导向

新的选修教材如何在注重贴近学生、引导兴趣的同时，把握好对学生精神成长的正确导向？各家都注意选取格调明亮积极的文本，以便更好地使本课程起到在语文学习活动中进行思想教育与境界培养的作用。而教材专题的选择、教学重点的确立，是实现这种导向的重要保证。

江苏教育出版社的《鲁迅作品选读》是一本很有特色的选修课教材。编者确定的全书框架结构，以“感受鲁迅”“阅读鲁迅”“研究与言说鲁迅”三个部分 11 个专题组成，层次清晰，结构合理，有助于学生通过对作品的阅读探讨加深对人生和社会的了解。如“父亲与儿子”“儿时故乡的蛊惑”“人与动物”“聪明人和傻子和奴才”“生命的路”

“自己做主，说自己的话”等专题，令人耳目一新，注意到了鲁迅精神和作品内容的丰富性，作为普通人的人情味，也适当突出了鲁迅作为勇敢战士的一面，使学生对鲁迅感到既可亲又可敬；围绕鲁迅与青年这一主题，着重选取鲁迅有关人生与社会的名篇，能够使学生通过阅读探讨提高文学修养和文化素质。

3. 教材发展面临新问题

选修教材的编写尚处在试验的阶段，存在这样那样的问题是不足为奇的。关键是要认真总结经验，虚心听取第一线使用者的意见，在发展中使之完善。从编写过程看，教材发展面临的主要问题有：

（1）多少存在着一种“泛人文化”的倾向

教材都十分重视课程的人文性一面，但如何处理好“人文性”与“语文性”的关系，还值得好好研究。教材设计的思考练习题，有的要求太泛，有的太现代化，如“山水游记”单元的思考题：“我有怎样的人生理想？我对社会图景的构思是怎样的？在社会生活中我追求怎样的人际关系和人与自然的关系”，几乎离开了文本，不是从课文里“讲出去”，而是从外面“讲进来”。有的练习设计意图是让学生联系社会实际，但是要考虑是否贴近学生，如学了易卜生的《娜拉》，要求学生讨论“全职太太”问题。从人文精神的大处着眼是新教材的优点，但还应注意从作品的细处入手。有的教材在作品的语言文字方面引导学生细读、推敲的练习较少，思考题比较笼统。如要求“选取一首以前学习过的诗歌，简要分析其中使用的意象和展现的意境”，没有切入点；有的缺乏探究价值，如课文选了张抗抗的《牡丹的拒绝》，提出问题：“本文是以第二人称写成的，你认为这种写法是否值得借鉴，说说你的看法。”第二人称写法是否值得借鉴，是一个无须讨论的问题，不值得花时间“探究”。

（2）总体上要求过高，负担过重

有的教材还是追求学科知识内容系统性，没有在“精选知识内容”上做文章，类似大学中文专业教材简编，造成内容分量过重，增加学生负担。有些小说欣赏类教材具体的介绍与分析篇幅过长，知识太专业化，对小说理论的介绍已经脱离了鉴赏活动，如果把教材设计的所有话题聚拢在一起，看来就好像是一部小说理论专著了。这既不符合新标准的原则，也不适宜于中学生的阅读活动。

有些研读参考题目的设计不符合中学教育的实际要求，如要求“试把罗密欧和朱丽叶与林黛玉和贾宝玉的恋情做一比较”，题目太宽泛，容量太大。有的活动要求太难，如要求比较白居易《长恨歌》与元杂剧白朴《梧桐雨》、清传奇洪昇《长生殿》取舍加工历史题材的不同之处，无论从哪个方面看要求都过高，不切合高中生的实际。又如要求探究莎士比亚剧作的语言特点，莎士比亚剧作的语言特点体现在其用以写作的古英语中，学生看到的是翻译作品，根本无法做到。又如“简述曹雪芹对传统文化的复杂态度”“《红楼梦》祭祖仪式所包含的文化意义”“论红楼梦谈情的思想意义”“曹雪芹所谓的空和情”等，这些题目即使大学生也未必能较好地把握；而且有的题目过于专业化和学术化，如谈戏曲在红楼梦中的作用、从大观园看中国古典园林的建筑特点等等。

（3）有的教材选文内容倾向存在偏颇，对学生不宜

有的教材所选诗歌散文缺少表现鲜明时代精神、具有阳刚之美的佳作，有的新闻类教材负面新闻过多。有时由于编者比较注重作品的艺术成就，选入的课文在主题表达方面往往灰色格调者居多。如日本作家芥川龙之介的《莽丛中》有凶杀、暴力场面，不适宜作为中学生的阅读课文。白先勇《永远的尹雪艳》对一个交际花的排场、做派、手段等进行了精细刻画，而且带有一定的欣赏意味，作品把小说中几位男性人物的悲惨结局归结为“命”，具有神秘化倾向，作品中潜藏的作者对当年上海风雅的深深眷恋也是年轻的中学生难以理解的，不太适宜作为课文提供给中学生学习。当然，这些偏向已经在修改中基本得到纠正，编者精选中外小说史上的经典作品，既具有叙事学方面的标本意义，同时也表达着诸如美丽爱情、热爱生命、奋斗不息、珍贵友情等积极明亮格调，体现了中学教材应有的导向，反映了编者们对培养下一代的高度责任心。

（4）应试情结在新教材中再现

有的教材练习采用了较多的近年来高考常用题型。尤其是语言文字应用系列的语言类教材，出现了诸如“下面各组词语中，有错别字的一组是（　）”“下面各句中，没有语病的一句是（　）”这样的题目。我们不是要故意排斥高考试题，而是希望注意平时练习题与考试题命题角度的不同。考试时，只管答案正确就给分，不用解释道理。平时练习不能只管选对答案，应该一一弄明白哪些对哪些错，对和错的道理是什么，要让学生真正掌握语文课程中的核心知识和能力。有的写作教材大量选用中学生应试作文，几乎占到一半以上，这样的教材就类似学生优秀作文选了。

以上是在选修教材发展进程中产生的问题，在各方的积极努力下，这些问题在逐步得到纠正。我们相信，只要坚持新课程以学生的全面发展和终身发展为本的理念，认真总结我国语文教材编写的经验教训，积极探索教材编写的基本规律，新一代语文教材将在使用和修改中逐步走向完善。

六、品味我心中的语文

1. 我走过的语文之路

每个人心中都有一个关于语文的朦胧的模式，作为语文教师，当然应该比一般人有更明晰一些、也更加专业一些的思考。这种思考，必然有自己学习语文经历的个性烙印，所以每个人都有自己心目中的语文。

回顾起来，我喜欢语文当然与教师教导、语文课学习不无关系，但主要是在一种不知不觉的课外阅读环境氛围中形成的。记得小时候，一次偶尔从床下翻出几本绣像小说，其中就有《三国演义》，那时我不过十岁左右，识字还不多，硬是一半儿啃、一半儿猜地读起来，虽然是囫囵吞枣，似懂非懂，但读得津津有味，借助于文字，我能够进入那几千年前的奇妙世界，与其中的人物同呼吸、共命运，真正是“为古人担忧”起来。到小学四年级，有机会担任上海市少年儿童图书馆的小管理员，一星期可以借阅四五本书，那是多么奢侈的精神大餐啊！从此一发而不可收，开始向更广泛的阅读领域进军。

令我至今想起来的感到十分幸运的，是初中时正逢教材改革，国家编了一套文学、汉语分家的新教材，那本文学教材像磁铁一样吸引住了我，“鲁提辖拳打镇关西”“岳飞枪挑小梁王”等精彩小说片段，乐府民谣，唐诗宋词，元明散曲，以及现代和外国作品，极大地刺激了我的阅读欲望，鲜活灵动、有血有肉的情节、人物和妙语深深印在我的脑海里。这本教材是我的最爱，保存了很长日子，几次清理旧书都舍不得卖掉，直到“文化大革命”中被红卫兵小将抄去。我的文学情结，就是这样种下的。

高中我又有幸遇到了一位高水平的语文老师，他学养丰富，讲课思路清晰，见解独到，并且很重视课外阅读指导。在他的引导下，我爱读鲁迅，爱读古代作品和外国作品，积累日多，文学情结益浓，而且正如人们常说的，“得法于课内，得益于课外”，老师的分析方法和思路，让我不知不觉地加以模仿，迁移到课外阅读中，举一反三，阅读质量也随之提高。

我个人的经验当然有限而且片面，但回首往事，我心中的语文，就是在这样一片土壤上建构起来的。我的体会是，如能引导学生多读书，读好书，读整本书，不愁学生学不好语文。

2. 工具性与人文性

在客观化、标准化考试的牵引下愈演愈烈的，是对训练的空前强调，而且演变成机械操练，大量做题，做各种练习题，做中考、高考模拟题，以至于不读书，只做题。

我并不一概地反对训练。从语文的工具属性来看，识字写字、阅读写作乃至思维方法，都可以通过训练来达到一定的目的、取得一定的效果。根据叶圣陶先生的解释：“训练训练，分开来说，‘训’是老师的事，‘训’着重在教师的主导作用，‘练’则是学生的主动活动。训和练的关系，体现着教和学的关系。”对落实学生的基础知识和基本技能，这是一个很好的说明和引导。但时代在前进，当我们更多地从以人为本的角度看问题时，就会发现，统一计划、统一教材、统一考试前提下的语文训练，教师的训“主导”不起来，学生的练也“主动”不起来，教师和学生，都在一定程度上成了应试的奴隶。再进一步看，说语文是“工具”，也并不是一种令人满意的譬喻。更不用说现代语言观认为语言在其本质意义上并不是工具、更不是纯客观的工具，而是人类存在的“家”、体现着人的精神世界了。

我们不能在做习题这样的训练和那种以学生的个人经验为基础、与社会生活相沟通的语文实践之间画上等号。语文实践的丰富性和它对语文素养生成的功用，绝不是做习题这样的训练可以替代的。从语文的人文性质加以观照，训练不太关注学习主体的情感态度，不太重视学生的个性因素，由于训练中的思维基本具有定向性和单一性，它更与通过语文实践培养创新能力的现代社会要求相疏离。在新课程理念之下，训练对人的自主发展和整体发展而言越来越暴露出它的局限性。

我在这里还要提出语文工具性目标的“人文化”这样一个问题。例如识字写字吧，通常总认为，学生从小学习认读汉字、书写汉字，是为了掌握交际工具。然而我们常常忘记，掌握了一种语言文字，其实就是学会了本民族的思维方式，就是传承了民族精神。更何况语言文字本身就是文化的组成部分，尤其是方块汉字，它属于与世界上通行的拼音文字系统不同的表意文字，这种文字的心理机制有其独特性。根据脑科学研究取得的成果，科学家把拼音文字称作“单脑文字”，而把汉字称作“复脑文字”，因为前者偏侧于人的左脑功能，而后者是左右脑并用。故而汉字的特征更多地与人右脑的空间、视知觉、图形、直觉、情感、想象等功能相联系，汉字学习大大有利于对儿童的天性和心灵的开发，这就是汉字的人文价值所在。印度前总理尼赫鲁曾这样赞美汉字：“世界上有一个古老的国家，它的每一个字，都是一幅美丽的画，一首优美的诗。”

缘于此，有的教材在识字内容上有所突破。如这样的“词串”

设计：

春天　春风　春雨

柳树　小草　嫩芽

布谷　燕子　蜜蜂

梨花　杏花　桃花

这是一个利用汉语言文字自身特点，将情感教育、审美教育融入识字教学的设计。所选都是双音词，属于二拍子节奏，而且基本押韵，让孩子在琅琅的诵读中体味汉语的音韵之美；这些词又都是春天的具象化，便于孩子把抽象的文字转化为形象的画面；更有意味的是，词与词之间不连成句子，而有间隔，这造成了“意象并置”，实际上成为具有意义空白的语言“格式塔”，给孩子留下了想象空间，每个孩子都可以在脑海中构建出属于自己的“春意烂漫图”，其原理使我们想到马致远的《天净沙·秋思》。我还曾听过一堂这样的识字课：在根据教材教“日、水、木、舟、石”这几个独体字以后，老师设计了一个教学环节——请几个孩子到黑板上画画，把这几个字组成一幅完整的图画。其中有个孩子别出心裁，在一个圆圆的“日”四周，加上了一条条曲线，表示这是太阳的光芒。老师抓住这一创意，问他为什么这样画？孩子憋了半天，突然蹦出一句：“这个太阳是刚刚烫过头发的！”顿时引起哄堂大笑。啊，一个烫了头发的太阳！这是美妙的诗句，放在任何朦胧诗中都不会逊色。我相信，得到老师赞许的这个孩子，他学到的何止是几个字！汉字的无穷奥妙，值得我们好好玩索，汉字的审美价值，也应该得到我们的重视和发掘，由此我想，语文的工具性目标，可以努力在教学过程和教材中把它“人文”化。

3. 形象思维与逻辑思维

我们语文教育界长期以来还有一个认识上的误区，就是认为逻辑思维高于形象思维。在片面思想指导下，语文教学容易把复杂的对象简单化，以致陷于固定套路或程式，热衷于明确的答案和结论。这样语文课必然变得越来越缺少形象和情感，实在偏枯得很了。

在当前，形象思维能力的培养应该引起我们的高度重视。形象思维与逻辑思维不存在高低之分，在语文课程中应该提倡促进学生形象思维与逻辑思维的协调发展。有意思的是，在我们文科教师强调逻辑思维的时候，自然科学家们却在强调形象思维对培养人的创造力方面的重要作用。钱学森在《关于形象思维研究的通信》中告诫说："语言学的重点都是讲有关抽象思维的语言的，要研究形象思维，不能走这条路。老实讲，你们这些中文科教师，如果用语句结构、语法分析这套教学法，我看教不出有艺术思维的好学生!"我们现在开始重视创造性思维，它是多种思维协同作用的结果，尤其离不开直觉和灵感。现代物理学开创者爱因斯坦提出"想象力比知识本身更重要"，宣称"我相信直觉和灵感"，而且直言不讳地指出了逻辑思维在认识世界方面的局限性："企图以理论物理学家所要求的精密性和逻辑完备性来重现一切比较复杂的事件，这不是人类智力所能及的。高度的纯粹性、明晰性和确定性要以完整性为代价。"（《探索的动机——在普朗克60岁生日庆祝会上的讲话》）诺贝尔物理学奖获得者汤川秀树认为，很难在科学的两种思维方法即归纳法和演绎法中发现"能够使人类思维成为真正创造性的根源何在，尽管我们很熟悉这两种方法"（《创造力和直觉》）。

如果进而从"开发右脑"的角度来思考，那么人的右脑与形象思维的关系最为密切，右脑的开发，直接关系到人的灵感和创造力。科学家指出，作为现代高科技产物的电子计算机，它所能够替代人的只是左脑的工作，而现代社会更缺乏的不是左脑型的办事人员，正是富有创造活力的右脑型人才。一个人在儿童时期，左、右脑的功用几乎是混沌不清的，语词和图像、言语和行动、理智和情绪是自然交融的，因此儿童的心理气质是属于艺术型的。因此，小学至初中阶段是学生形象思维发展的最佳时期。但在我们小学里还在发生这样的事：一个小学生做词语填空题“弯弯的月亮____地挂在空中”，她填上了“轻盈”一词，老师判她错，因为规定的标准答案是“高高”。类似将“知”与“情”剥离，一味追求概括、追求标准化的例子还有许多。美国学者维姆萨特·布鲁克斯在《文学批评简史》中说：“随着逻辑思维的发展，语言逐渐失去了它的情感职责，它的凝聚作用日趋没落，日益走向科学化。这个剥夺过程，使语言只剩下一具无血无肉的骨架子。”语文教学如果轻视形象思维，被唯科学主义误导，教着“无血无肉”的“标准化”语言，这是多么可悲！

4. 语文课程是实践性课程

语文课程在本质上是实践的。换言之，它既不是知识课程，也不是理论课程。因此在我看来，学好语文的唯一途径就是多读多写，能力和素养在日积月累中“生成”，舍此别无什么“立竿见影”“多快好省”的捷径可走。

多读，就需要感受、体验、品味，最好的阅读境界是身临其境，设身处地，感同身受，没有这一点“入”的功夫，任何“出”，什么理解、探究、超越、创新等，都是空话。中国的说法是只有入乎其内，才能出乎其外，至于外国人，例如著名语言学家洪堡特对我们如是说：“没有一种思维，即使是最纯的，能不借助于我们一般感性形式而进行，只有在这些感性形式中我们才能理解和把握住思维。”（《语言与人类精神》）鲁迅先生在他的《摩罗诗力说》中谈到阅读中感性与理性的关系，认为没有感性作为基础的理性分析，就像“热带人未见冰前，为之语冰，虽喻以物理生理二学，而不知水之能凝，冰之为冷如故”；让热带人了解冰的特性的最好的办法是“直示以冰，使之触之”，阅读文章亦应重视感性，“人生诚理，直笼其辞句中，使闻其声者，灵府朗然，与人生即会”。

从感性入手的途径有很多，我这里要强调的是，在中小学阶段应该加强积累和诵读（包括适当的背诵）。在我看来，采用诵读的方法，从根本上说是为了强化和延长对文本情感体验的过程，诵读是积累的好方法，是因为一旦能做到心、口相应，背诵只是其自然而然的结果，是水到渠成。鲁迅当年在《百草园和三味书屋》中揶揄那位在诵读古书时迂态可掬的寿镜吾老先生，其实未必是对他的完全否定，鲁迅自己也从积累和诵读中得到不少益处。当然，对中小学生来说，好多名篇的深意和妙处未必都能理解欣赏，比如杜甫《绝句》，前两句“两个黄鹂鸣翠柳，一行白鹭上青天”，朗朗上口，真所谓“不识字人亦知是天生好言语”，但后两句“窗含西岭千秋雪，门泊东吴万里船”，“千秋”云何，“万里”怎解，小孩子岂能明了？这得有丰富的人生阅历，才能体会其中蕴涵的“思接千载，视通万里”的深层意蕴。然而，这并不影响孩子初步感受诗歌意境和声色之美。

在现代人越来越面临着精神贫困化、文化市井化和语言浅俗化危险的今天，提倡中小学生积累和诵读，更是为了给他们提供丰富的精神营养，有利于下一代的终身发展。记得有这样一个例子：有位教师小时候被父亲逼着背诵古诗，十分地不情愿，也不知什么时候背了柳宗元的小诗《江雪》。参加工作后对不理想的环境感到苦恼，就借到河边垂钓来排遣孤独，忽然，脑海里浮现出《江雪》中的诗句，于是从渔翁独钓的身影，体验了在孤独中傲然独立的精神，心中萌生了坚定不移地走自己的路的信念。这位教师从自己的亲身感受中得到体会，提出适当背诵古诗词能为提高下一代的人文素质打下基础。

多写，包括课堂上写，课外写，利用各种机会写，也包括写后的修改。我个人认为，提高写作能力也得从感性入手，而不在于掌握多少写作知识和写作规矩。小学低年级不妨注重一点口头表达向书面表达的转化，就是所谓“写话”。有一堂语文课要求学生用“发现”口头造句，一位小朋友说“我发现地球围着太阳转”，老师颔首称许；一位来自农村的孩子说“我发现老母鸡围着草窝转”，老师脸上就现出不屑的表情。其实，前者的“发现”是得之于书本的科学知识，后者表达的内容则来自于农村生活的耳濡目染，是一种活色生香的、充满着感性的、真正得自于孩子自己的“发现”。且不要小看了这一句，它与《诗经·君子于役》中描写的黄昏怀人的诗句“鸡栖于埘，日之夕矣，羊牛下来”，岂不有异曲同工之妙！这就是有创意地表达的胚胎，但我们的语文教学，或许在不经意之间扼杀了不少创造的细胞！

在写作方面，我们应该提倡“试误”教育，也就是让学生大胆地写，在不断“犯错”中学会写作。鲁迅先生在《这个与那个》中说了个意味深长的譬喻：“孩子初学步的第一步，在成人看来，的确是幼稚，危险，不成样子，或者简直是可笑的。但无论怎样的愚妇人，却总以恳切的希望的心，看他跨出这第一步去，决不会因为他的走法幼稚，怕要阻碍阔人的路线而‘逼死’他；也决不至于将他禁在床上，使他躺着研究到能够飞跑时再下地。因为她知道：假如这么办，即使长到一百岁也还是不会走路的。”对学生的写作，也可作如是观。由此我不禁想到宋人谢枋得关于“放胆文”的提法，中小学生应该先写“放胆文”，再逐步进入到写“小心文”。克服了对写作的恐惧感和神秘感，写作的天地在学生面前就会显得特别宽广。回顾自己学习写作的道路，印象尤为深刻的是在大学里，我的写作老师专门布置了课外“手记”的写作，一个景物的描写，一个生活镜头的记叙，一个思绪片断的载录，一个情感涟漪的捕捉，直至见一个人、读一本书、看一场电影，都可随意入文，老师则隔一段时日轮流抽改，有时还与我们个别面谈，他并不传授多少作文规范，但写作能力的提高就体现在这一次次具体实践中，落实在一个个运思、动笔、修润的过程中。

那么是不是不要知识，也不要方法和规范了？绝非此意。问题是什么是知识？有没有万试万灵的方法？我们的写作教学主要不应罗列“陈述性知识”，而应该从“程序性知识”方面多加考虑，那才是活的知识，对培养写作实践能力真正有用的知识。我们扪心自问，在自己的生活和工作中显得经常有用的知识，哪一种不是经由自己的反复实践而“内化”得来的呢？当现代建构主义者提出知识的建构性、个人性、情境性、默会性等特征的时候，我想我们对知识的看法会获得一种更为开阔的视野。

七、语文课改实践漫议

1. “以人为本”是课改的灵魂

(1) 课改要有教育的立场

语文课程改革实验多年来，新课标语文实验教材获得大发展，已成燎原之势。这是我国语文教材建设的重要成果，令人欣喜。教材编写同志致力于将课程标准的先进理念转化为新型的语文教材，坚持做到：一流教材，要有一流培训、一流服务。受惠的是广大教师和我们的孩子。孩子们能够使用这些语文新教材，是一种幸福！

语文课程改革，必须具有教育的立场，而不仅仅是语文学科的立场。这个基本立场，就是以人为本。以人为本，还是以学科为本，甚或以分为本，这是新课程与旧课程的一个分水岭。课改的目的就是实现这个目标——一切为了学生的发展。从以人为本的立场看问题，一个学生进入学校，接受教育，就像有人说的，他并不是一块按照统一规格进入生产流水线等待加工的原木，而是一颗有生命的种子，等待着学校教育给他提供土壤、水分、阳光和肥料。在这一点上，语文课程有着独特的功能，甚至可以说是自己的优势：它绝对不仅仅是单纯培养学生听说读写的技能，而且是帮助学生建构精神世界，这两者缺一不可，相互依存。语文总是与形象、情感、灵气联系在一起，它的魅力正在于此。真正好的语文课，既要展示人类精神的魅力，也要展示汉语言文字的魅力。但是在现代社会，高科技的发展带来了科学至上的观念和思维方式，导致人们比较重视看得见的、功利性的目标，从而造成了语文课程的“水土流失”——思想和情感的资源一旦流失，语文也就自然科学化，语文就不成其为语文了。大家都关注过云南大学学生马加爵杀人一案，我也读了马加爵的日记，发现他从中学到大学，数理化成绩一直不错，在初中还获得过全国奥林匹克物理竞赛二等奖，但是各位请注意——他不喜欢语文课。不幸的是，按照我们现在的教育体制和评价标准来衡量，如果马加爵不杀人，那么他应该算是一个不错的学生，然而，这样一个大学生，我们只能称之为“空心人”，因为他有知识没文化，有欲望没理想，他的精神世界是极其贫乏的，他的人生目标是十分功利的。马加爵犯罪的原因当然很复杂，比如他个人性格和心理的因素，也有社会诱因，但若从深层思考，是不是与我们教育体制和评价标准的缺陷也有一定关联呢？从教育的立场看语文，那么语文课程是否可以对帮助学生丰富自己的精神世界，向往真善美的理想，发挥更大的作用呢？

(2) 辨析几种似是而非的说法

近年来语文课改的方向是完全正确的。但也有人发表不同意见，提出这次语文课改的方向值得质疑，其理由是，这次课改抛弃了语文界“三老”的语文教育思想，造成不要知识，不要训练，不要语法教学，不要接受性学习，等等，把账都算在强调语文的人文性上面。我认为，这次课改涉及教育观、知识观、学习观、课程观的根本转变，有各种声音毫不奇怪，进行讨论也是正常的。

但首先需要辨明的是，这次语文课改是否与“三老”的思想背道而驰？我个人以为不然。“三老”为中国语文教育做出了巨大贡献，他们的语文教育思想在总体上一直是我们的指路明灯，值得我们不断学习和实践。但由于我国的国情，“三老”在不同历史时期也说过不同的话，而且，在改革开放以后，随着思想解放和教育发展，他们在晚年的一些论述特别应该引起我们语文界的重视。这说明，“三老”的思想并不僵化，它在不断发展。举一个例证吧，语文课程标准总结了长期以来语文界关于语文性质问题的争论，提出“工具性与人文性的统一是语文的基本特点”这一观点，得到了大多数语文教育工作者的认同，通过多年课改实践，证明这一提法是比较符合实际的。但有人以张志公先生 1963 年《说工具》一文为例，说这种提法是一种不得已而为之的“折中”。然而，我们知道，张志公先生又说过这样的话：“锄头是锄草的，而锄头和草是两码事，锄头和草并不长在一起。语文是交流思想的，语文和思想虽然也是两码事，可是由于语文是交流思想的工具，而思想是抽象的，它要依靠语文这个物质外壳而存在，所以语文和思想老是长在一起，分不开。”所谓“语文和思想老是长在一起，分不开”，不就是“工具性与人文性统一”的通俗易懂的表述吗？更何况，语言观念在近年来也在发展，当代语言学家认为：语言在其本质意义上并不是工具，更非纯客观的工具，它是人类存在的“家”，是人的生命活动的体现，它直接沟通于，甚至就是人的精神世界。

凡是改革，总要寻找突破口，要对改革的某些方面进行强调，因此语文课程标准相对突出了一些新理念、新思路、新目标、新举措。但长期以来流行的两极对立思维的惯性作用，常常会影响我们正确全面地认识问题，一旦陷入非此即彼的思维模式，我们对问题的判断就会出错。比如，标准反对语文课以知识为先导，反对割裂知识点，反对死记硬背语修逻文知识，不等于不要知识；标准重视言语实践，提倡学习语言是为了运用语言，所以重视语感培养，不等于不要了解语法；标准根据母语特点重视体验和感悟，要求调动语文学习中的非智力因素，反对把语文学习内容抽象化，反对为了应试而搞机械训练，不等于一概排斥有价值的技能训练；标准强调转变学生的学习方式，提倡探究性学习，是为了激发和培养学生的创新精神，不等于否定有意义的接受性学习。改革总有导向，而在当前，我们特别要在语文课程多种要素的交融和整合上下功夫，而不是强调一方面，去简单否定另一方面。

我以为，新课程与过去我们经历过的课程并不割裂，不必在它们之间划一条不可逾越的鸿沟。课程标准是对我国语文教育传统，尤其是新时期以来语文教育实践经验的继承和发展，同时又是一种超越，每位教师应该从自身的实践开始，走进新课程，已有的经验或者教训都是宝贵的，大可不必抛弃过去，重砌炉灶；但话要说回来，只有转变教育思想，牢固确立以人为本的观念，才是课改取得成功的关键，这个关键问题解决了，每位教师都可以获得自我发展的新起点。敢问路在何方？路就在自己脚下！

语文课改的成绩令人鼓舞，语文新教材，正是在体现以人为本的教育立场这一点上，形成了创新特色。我们坚信，课程改革和新教材建设，是利在当代、功垂千秋的事业！我想引用一首诗来总结自己的感想，也算是“卒章显志”吧。唐宣宗李忱有一首《瀑布联句》，借来形容当前课改进程，真是十分贴切：

千岩万壑不辞劳，远看方知出处高。
溪涧岂能留得住？终归大海作波涛！

2. 小学语文新教材的教学实践

我曾观看苏教版小学语文教材的教学观摩课和课本剧演出，觉得真可以拿“精彩纷呈、美不胜收”八个字来形容头脑里顿时跳出的唐人的诗句：“忽如一夜春风来，千树万树梨花开”！面对着像春风化雨一般的动人场景，我仿佛也进入了课堂之中，成了小学生中的一员。

这也说明了新标准小学语文教材本身的魅力。这里谈几点印象深刻的感受。

（1）从教学实践看语文课程的工具性与人文性

我在参与修订语文大纲和制订语文课程标准工作时，涉及一系列小学语文教育的思想、概念、方法、策略等问题，由于对现状的不甚了解，常常只能借助于遥远的记忆，回想自己小时候的从学经历、读书心态，还有就是请教小学语文教育专家，但总显得隔膜。而这次得到的感受，把我与小学语文教育的距离一下子拉近了。我总的印象是，师生的课本剧演出，是一种用于教学的艺术，教师所上的观摩课，则是艺术化了的教学，教学与艺术，经过师生们的巧妙演绎，得到了如此完美的结合！这样的语文课，孩子们会不喜爱吗？他们会不全身心投入吗？怎样理解课文表达的思想感情，怎样领悟语言文字的表情达意作用，怎样文明而恰当地进行口语交际，不是在似乎不经意之间形成的教学情境中一一得到了解决吗？我由此认识到，语文课程的工具性，不能离开人文性而单独存在。语文是用来进行人与人之间的交流的，人际交流本身就具有人文性的意义。我还认识到，语文课程的思想性，也不能离开审美性而单独存在。抽去了情感的熏陶、形象的感染，语文课就等于被抽去了活的灵魂，必然枯燥无味。一旦工具性变质为机械操练，思想性变质为生硬灌输，人就将沦为知识的奴隶，没有灵魂的工具！因此我认为：对语文课而言，工具性应寓于人文性之中，思想性应寓于审美性之中。

（2）从教学实践看整体感知

在观摩课上我们看到，学生完全是教学的主体，他们在课堂上是那么生动活泼，教学的进程和步骤根本无法完全按预设进行，各种随机性的情况都会发生，但教师在其中穿针引线，显得如此游刃有余，应变自如，这必须依赖于教师对教学内容的整体把握。学生则在教师的引导之下，全身心地沉浸到课文描绘的情境中，经过反复的朗读、问答和思考，感知了课文传达的思想感情，在具体的语境中体会了那些最精彩的段落和词句，从心里领悟到课文的优美感人。我认为，优美的课文经过教师的消化和处理，应该达到一个目的：以教师之心去揣摩作者之心，最终目的是要打动学生之心，引起他们强烈的共鸣。有了这一前提，才有真正的整体感知。最近人们适度地肯定了陶渊明"好读书，不求甚解"的读书方法，我非常赞同。我补充一点受到的启发：不求甚解，绝对不是放低要求，而是追求在更高的层次上对书本的理解，即放弃某些局部的、小处的、无关紧要的"甚解"，求得对书本整体精神的真正领悟。陶渊明不是接着还说"每有会意，便欣然忘食"吗？我以为，用今天的观点来认识，"会意"就是整体感知。我们现在的语文阅读教学，可能在无关紧要的局部和小处求甚解过多、过死，而在大处、整体精神上的把握和领悟（"会意"）过少了。

如何整体感知？途径和策略当然是多样的。但我觉得苏教版小语教材的一大特色，就是重视诵读。听说教材主编张庆老师最近写了一篇关于诵读的文章，这里我也谈谈自己的粗浅认识。反复多遍地有感情朗读，就是诵读，或者说熟读成诵。这是整体感知十分重要的手段。有批评提倡诵读是复古，我说继承和发扬我国古代母语教育优秀传统，汲取前人行之有效的教学经验，给予现代的理解和处理，用来克服当前语文教育的某些痼疾，何"复古"之有？在修订小学语文大纲和制定语文课程标准时，我们都强调了诵读，就想体现这一意图。那么，在教学实践中，诵读会不会变成只是机械地反复朗读，等同于死记硬背呢？由于缺乏对教学实际的了解，我曾经心存疑虑。后来听了观摩课，我发现学生在朗读中被激起的思维是如此活跃，课堂气氛是如此生动活泼，朗读和诵读居然能够发挥那么大的功能，我的疑虑彻底打消了。

诵读，对小学生尤其重要。这一方面是因为小学阶段是儿童记忆力最强的时期；另一方面，诵读的材料如韵语、儿歌、古诗，也是儿童最喜欢的。因为这符合儿童的天性，即“自然之道”。作为个体的人在孩童时期的心理特征，与作为整体的人类在幼年时期的特征恐怕有着某种相似之处。孩子为什么喜欢诵读朗朗上口的有韵之文？这与他的生理和心理特征有关。对节奏的敏感，是人类生理和心理本性的基本特质之一。苏教版教材把生字编排成四言韵语，词语也组成押韵的词串，就是顺应了儿童的本性，我想他们一定喜欢读，也容易记。再进一步看，韵语、儿歌、古诗还特别能激发孩子的想象力。且不说儿歌和古诗本就是想象的产物，即使押韵词串的并列组合，如苏教版第一册教材中，有“沙滩贝壳脚丫/海风海鸥浪花/珍珠海带鱼虾/港湾渔船晚霞”一课，也绝不是简单随意的拼凑，而是一种相关意象的有机组合，词与词之间没有串连成句子，恰好留下了空白，正便于儿童各自展开富有个性的想象，在自己头脑中构建出一幅形象生动的画面。这其实就是诗歌中的意象并置，其艺术原理与马致远著名小令《天净沙·秋思》“枯藤老树昏鸦”可谓异曲同工。

从中我体会到，诵读是与注重积累、培养语感相联系的，而积累与语感是提高学生语文素养的关键所在。积累，不能仅仅理解为只是字词句等语言材料的积累，学生积累了语言材料，同时也一并积累了形象，积累了情感，这将成为学生终生的精神营养。这里不妨举一个实例。我曾在《光明日报》上读到一篇文章，题目是《父亲逼我背古诗》，作者说小时候在父亲的逼迫之下，不得已背了一些古诗，当时认为没有什么用处，深以为苦。当他成人之后，生活阅历愈益丰富，对古诗的含义也产生了新的理解。有一次他遇到一个比较大的人生挫折，踌躇彷徨之际，来到河边，脑际顿时跳出儿时背过的一首古诗："千山鸟飞绝，万径人踪灭。孤舟蓑笠翁，独钓寒江雪。"这是唐代诗人柳宗元的《江雪》。这位作者说出了他的真切感受："从那以后老翁垂钓的情景便在我的脑海中耸立成一座永恒的雕像，他那遗世独立的精神支撑我走过孤独，走过闲言碎语，走过漫长的追求道路。"作者借助这首古诗调适心态，较好地度过了一个危机时期。当然仅仅一首诗未必有这样大的功用，人的自我心理调适是多种因素共同作用的结果，但这首诗在头脑中被重新唤起，肯定是一种重要触媒。由此可以一窥积累和诵读的成效。

(3) 对苏教版教材的建议

据我所知，以江苏这套教材为基础编出的新教材，已被教育部列为国家语文课程标准实验教材之一，这也是苏教版小学语文教材走向全国的标志。这是可喜可贺的事。对苏教版小学语文教材如何更上一层楼，我想提两点不成熟的建议。

第一，教材的设计要更有开放性。所谓开放性，是指教材给师生留下的空间可更大一些，更活一些，答案可以更多样一些。第二，教材内容应该真正具有全国性。苏教版小学语文教材有较浓的乡土气息，这本是一个优点，既然要从江苏走向全国，除了"杏花春雨江南"外，我想还应加强"骏马秋风塞北"的一面，展现出更加壮大的气象。我衷心祝愿苏教版小学语文教材成为全国著名的教材精品，为我国语文教育改革做出更大的贡献。

3. 情境教育与语文课改

(1) 情境教育体现了"以人为本"

江苏在基础教育方面是一块非常肥沃的土壤，情境教育这个硕果出现在江苏，出现在南通，我认为是有其必然性的。从江苏的同志，从李吉林老师，从其他老师身上能学到很多东西，也促成我作为一个高校中文教师来关注基础教育，融入基础教育的洪流中，去思考有关教育的新问题，也包括语文课程的新问题。我个人认为：长期以来，从事学科教育的教师，不管大学还是小学，学科本身的观念是非常强的：目中无人，目中没有学生，没有学生的个性，不了解学生的个性，不关注学生的发展。党的十六大提出的“以人为本”的思想，在基础教育战线上，在江苏，在南通，早就实践在教育领域里，实践在语文课程的领域中。所以，对李吉林老师的情境教育，我虽不能从理论上加以研究，但可以从自己的亲身经历上去感受。

李吉林老师早期的情境教育思想也受到古代文论的启发，古代“意境”理论的一些核心内涵被情境教育吸收了。这就引起了我的共鸣。因为我长期以来是教古代诗词的，“意境”说也是我们这一行经常提到的概念。我觉得李吉林老师创造性地运用了“意境”理论，形成了她的语文教育思想。这个教育思想，就是以“以人为本”为核心的，其实也就是一种教育生态环境的优化。最近有人提出，要呼唤绿色科学，呼唤绿色语文。然而光讲绿色，比较多的还是关注自然状态，但是情境教育，不仅围绕教育的自然环境，更是讲教育要素的整合和优化，要创造出最有利于学生终身发展、和谐发展的一种生态环境。而且，以“以人为本”为核心的情境教育，经历了一个不断优化的过程。李吉林老师的教育思想，从情境教学的学科土壤上发展起来，逐渐成为情境教育，现在她又提出了情境课程。也就是说，最近几年来，在整个国家课程改革的大趋势、大背景下，情境教学和情境教育又获得了新的生长点，获得了新的发展机遇——她把这个教育思想落实到语文课程的重新建构。这也就是说，情境教育在课程改革中找到了重点的发展方向。如果这种体察是有道理的话，那么，李老师现在提出的课程概念是非常有生命力的。李老师20多年的探索过程，其实就是要使整个情境教育理论化、体系化。我觉得李老师教育思想难能可贵之处，就在于她不断发展，不断生成，不断优化，最终形成非常有生命力的、非常有活力的一种教育思想，一种理论体系。对于李老师情境教育的思想，我感受到或者体察到的，最重要的一点就在这里。

（2）情境教育与语文课改

我个人是搞语文或者说是搞中文研究的，对整个教育理论研究得很少。李老师却是一个丰富的研究对象，因为李老师既是一个儿童教育工作者，又是一个语文教育工作者，是双重的。对儿童教育，我说不出更多的东西。但从语文教育的角度，我看我们的学校，我们的语文课堂，很像一个按计划或按统一的规格来加工一块块原材料的工厂。统一加工就是我们现在的教育，就是我们现在语文面临的悲哀。而在我看来，根据“以人为本”的思想，每一个学生就是一粒有生命的种子，在人的精神发育方面，语文课程有着不可替代的功能，有它的优势。而现在教育恰恰把这样一种非常宝贵的优势丢失了，把它抛弃了，人文资源严重流失了。语文教学重视逻辑分析，重视知性，重视知识点，重视能力的线性发展。听的训练，说的训练，读的训练，写的训练，都是单线条的、线性的发展。这些情况，造成了我们语文课程越来越不像语文。这问题是不是普遍存在呢？应该说在一些教育专家那里，一些学校、一些语文老师那里一直是受到抵制的。根据我的了解，江苏的基础教育在这方面积累了好的经验，李吉林老师的情境教学、情境教育，正是与语文课程自然和谐化的大趋势相一致的。其价值对今天的整个教育改革，越来越显示出生命力，越来越显示出理论和实践的意义。在讨论语文课程标准的时候，我找了一些有关语文学科教育的论述来看，看到了李吉林老师自己的专著，看到了教育科学方面的专家所写的对李吉林情境教育研究的专著。我看了两三本，还读了李老师的一些教案。我深深地被我所看到的情境教育所感染，所震动。我觉得我自己、我个人对理想语文教育的追求，在李老师这里实现了。

在起草语文课程标准总体目标和阶段目标的时候，我头脑里不断涌现出李老师的一些观点，李老师的教案，专家们对她的分析、研究的结论。直到现在我头脑里都还有：一个小青蛙睁着大眼睛，蹲在荷叶上；怎样给狼和小羊的故事加一个结尾，让大家想象。我极力主张把与此相关的一些观点、理想和创造融合到新标准里去。教师们如果读一下语文课程标准十条总体目标，就会发现里面有关于注重学生的情感体验，关于丰富儿童的精神世界，关于怎样在情境中推敲词句、了解这些词句的作用的相关论述；还有提出让小学一、二年级学生阅读寓言、童话、民间故事，向往美好的理想，丰富精神世界；诵读儿歌、民谣，受到情感的体验，等等。其实这些表述，都与各方面提供的、也包括李老师的宝贵经验有关。所以课程标准有非常强烈的思想，就是通过语文学习，让学生向往真善美，语文学习的过程主要是感受和体验的过程。这里也包括对情境教育理论和实践的成果有意识的吸纳。

语文课程标准颁布后，在几年实验过程中，也有一些教师提出，课程标准的目标太理想了，我们做不到。我却认为，这些理想在我们国家有些地区、有些学校、有些教师身上已经逐步实现了。课程标准目标的制定绝对不是为了适应现在教育的体制、现在的应试制度，它是面向儿童未来发展的，它是面向今后五年、十年、二十年，甚至更长时间的，是为共和国的未来奠基的，是着眼于国家和民族未来的。所以课程标准目标不能降低。既然我们有些学校、有些教师已经做到了，为什么全国做不到呢？我想它是有普适性的。

（3）关于课程改革的争议

对语文课程标准目前还是有一些争议。几年实验下来，教育部曾经组织专家组，搞了全国 38 个实验区的师生的调查。对新课程标准，对新教材反应如何？从总体上来说，反应是相当不错的，是出乎我们意料的，结果也是比较客观的。认同语文新课程标准和新教材的比例很高，这是一个普遍的反应。但也不断地有不同的声音。我想，这次课程改革是体现了国家意志自上而下推行的一次大规模的改革，是教育思想、教育观、学习观、知识观、课程观的一次全面的更新。面对这样的改革，有一些不同的意见也是正常的。有专家写了篇文章，谈了这次课程改革实施以来，问题非常多，言外之意就是语文课程改革的方向错了。他说这次语文课程改革是引进外国的语文，抛弃了语文界“三老”的思想，这是第一个观点。还说语文就是工具性的组合，将人文性与工具性统一，人文性是空的，很有可能就变成过去的政治思想课，这是又一个观点。对于这样的观点，我个人是不同意的，我的态度是非常坚定的。首先，大量事实证明，有关语文课程改革的基本理念，课程标准形成的一系列思想和目标，立足于中国土壤。它是 20 年来，我们语文教育界的同行们孜孜以求，辛勤耕耘，取得的非常丰富的经验的总结——当然也包括教训，我们都进行了吸取。特别是我前面已经说过，包括李吉林老师的情境教育思想，已经吸纳进了我们的课程标准。说语文课程的指导思想是外国的，我觉得是经不起推敲的。

我觉得，现在语文就是要大声呼唤感性，就是要重视感性，重视体验，特别是对小学语文教育，绝对不能把它过于理性化。“三老”的思想非常宝贵，我们课程标准已经吸收了。说这次语文课程改革抛弃了“三老”的教育思想，我们是不能接受的。至于说到重视了能力就是不要知识，重视了语感就是不要语法，重视了感悟就是不要训练，重视了学生主体就是不要教师主导等，这反映出什么呢？反映出我们现在语文界常常容易陷入一种思维的惯性。我提出这个问题跟各位讨论。长期以来，一分为二，只讲对立不讲统一，成了我们主要的思维方式。不是白就是黑，不是善就是恶，不是彼就是此，就是说两者不能并存，不能交流，不能整合，它们都是对立关系。语文课程标准倡导改革，它要强调一些改革的思想。但是有的同志就误解了，语文课程标准强调一个侧面，他们就认为你们是反对另外一个侧面。说我们不要知识，知识怎么能不要呢？但什么是知识？我们对知识的认识也在发展。20 世纪的知识观与我们过去的知识观已经大不一样。我们也要训练，语文课程标准讲到“基本技能训练”，就有这么个词。它不是像过去的大纲一样，到处都训练，听的训练，读的训练，写的训练。我们不是不要训练，但训练的意义和作用随着课程改革的发展，它也在变化。与 20 世纪 80 年代初相比，我们现在的语文课程不能过于强调训练，因为训练是不能训练出情感的，训练是不能训练出非智力因素的，训练是不能训练出创造能力的。在智力的范围里面，在技能技巧方面，我们可以说训练有它的作用，有它的地位。但是训练不能解决语文素养的一切问题，不能解决人的发展的一切问题。国家倡导要培养未来的公民，要有国际竞争的能力，要有比较强的创造精神和实践能力，训练的地位的确下降了。李老师的实践也证明，情感不是靠训练出来的。至于训练的内涵，我们也要做分析。我现在发现，我们的课程改革越是在低年段，改革的效果越是明显。小学阶段搞得热火朝天，初中其次，高中课改的困难要比义务教育阶段大得多。因为高中现在是考什么教什么，教什么学什么。这是倒过来了，不是为了学生的发展。在高中阶段一切为了考试，越到上面，改革越难。在这种情况下，我觉得训练，分有价值的训练和无价值的训练。所谓无价值的训练是指大量做题，做高考模拟试题，训练和培养的不是语文本身的知识技能，是应试的技能。在这种情况下，我们一定要对训练有个正确的认识。我们可以告诉各位老师，为了防止这种两极对立的思维惯性影响我们的课程实验，这一次做的义务教育课程标准的修订，我们要考虑怎样做正确的引导，才不致在实践中发生偏差。我们希望能够通过课程标准的修订，使得我们语文课程改革能够沿着正确的方向继续发展，继续前进。我想，只要我们能够坚持正确的方向，继续试验，继续进行语文的探索，我们情境教育的理论、情境课程的理念，一定会融入整个语文课程改革的大潮中，结出更加丰硕的成果。

4. 追求开放的阅读教学：非指示性教学

（1）关于“非指示性教学”的优点

浙江江山中学郑逸农老师（现已任教浙江师范大学）执教的海子诗《面朝大海，春暖花开》教学（关于这堂课的教学实况，可参阅《人民教育》2004 年第 1 期郑逸农《步步引导，层层深入》一文），是一堂诗歌阅读鉴赏课，所以比较适宜实验“不明确指示学习目标，不明确指示问题答案”的“非指示性教学”，体现阅读教学的开放性，有利于培养学生的探究意识和创新能力，对那种至今尚在流行的精心编制、步步设套、“请君入瓮”式的阅读教学是一个有力的冲击。

①教师只初拟“教学流程”，用“四自”为指导思想。所谓“四自”，根据郑老师的说明，就是“用自己的心灵去感悟，用自己的观点去判断，用自己的思维去创新，用自己的语言去表达”。这种体现学生主体性学习的教学设计，为师生、生生之间思想碰撞和心灵交流提供

了多重对话的平台，为学生的个性化阅读鉴赏创设了良好的环境。

②采用体验性学习方法，能体现诗歌鉴赏的基本特点，引导学生富有创意地建构文本意义。我们注意到，学生对海子诗篇的阅读初感是相当敏锐的，颇具主观性和个人色彩，又通过多遍“诵读”延长和强化对文本的体验过程，有利于学生从不同的角度和层面对诗意进行理解和评判。

③较好地体现了语文课程的育人功能，将思想教育和审美教育渗透于教学过程之中，以使学生“充实精神生活，完善自我人格，提升人生境界”，但又与培养学生的感受力、理解力、审美力的语文学科目标水乳交融。

④教师的自我定位比较恰当，发挥了教学组织者和引导者的作用。教师不再充当全知全能的“权威”角色，他是对话者之一，又作为“平等的首席”，灵活地掌控教学流程，适当利用阅读期待、阅读反思等环节，适时提供背景资料，帮助学生加深理解。教师的“教学反思”记录极有价值，表现了可贵的责任意识和教学理性。

(2) 可以进一步探讨的问题

首先，学生在45分钟内的思考能否做到如此分明地“层层深入”？过于逻辑化的设想难免受到线性思维的局限。如，对《海子：诗与死》一文观点的介绍，给学生的感觉似乎是此诗与海子的自杀存在着必然联系，但须知，这首诗并不是海子的“遗书”。我认为学生读后产生的恐惧感是教师引导的结果，不是诗篇本身给予的。所以有学生说，“在深入过程中思维要随着老师的提示而下来，这样有助于更加正确地理解文章，而不至于误差过大”。从两方面去看，可能有利有弊。

其次，专家的赏析文章是一家之言，也只是“参与”而不是“权威”，更不能取代学生自己的真切体验。为什么学生初读得到的“轻快、明朗”之感一定是“肤浅”的，非要接受“少了一点厚重感”因而诗篇“显得稚嫩”的意见不可？有的学生能体验出诗人“轻快”后面的沉重固然不错，也有学生说“再看这篇文字，还是那么美好，没有因为海子的死而披上阴霾”，也有其合理性。

此外，在阅读过程中如何从诗的关键词句、意象出发，根据语境揣摩语句含义，体会精彩语句的表现力，在诗的节奏、结构方面加以推敲，利用学生之间的视界差异，激发观点碰撞，把讨论引向深入，还做得不够。当然，对一首诗的理解不可能在短短的45分钟内一次完成，应该允许常读常新，引导学生意识到“多读多体会是唯一的方法”，“要抓住关键语句并理解它”，正反映了学生在阅读方面的内在和合理的追求。

八、我对语文核心素养的理解

1. 为什么要提倡“核心素养”

（1）教育观、语文观的转变

提倡学科的核心素养，从根子上说，涉及一场教育观、语文观的转变。这是带有某种革命性的概念，它首先涉及教育观，即你怎么看待教育，怎么看待语文课程，同时也涉及课型的转变，这个跨度是蛮大的。我们过去长期习惯于“知识型课程”，这是最好教的。我 20 世纪 50 年代念中学，给我留下的印象是，除了当时的文学教材和优秀的作品吸引我之外，语文课基本上就是知识型的——现代汉语语音、文字、语法、修辞，整个一套，后来有人把它叫“能力型课程”，其实现在看来也不能叫能力，可以叫“技能型课程”，它是训练一种技能，反复训练，就像技工学校一样，你先上车床，再上铣床，一个一个技能地学。但现在的语文课程是一个养成型、素养型的课程，课型的转变非常明显，对我们语文教师的思维方式是一个挑战。但也不是说语文知识和技能就可以不要了，综合素养与知识技能不是替代关系，而是包容关系。在素养型课程里面，知识、技能、能力，包括获得的方法，都有改变，都不一样。这是我对提倡素养的一点理解。

（2）贯彻以学生为本的思想

我们这次基础教育课程改革，立足于一个基本的动力——党的十八大提出的“以人为本”的思想，反映在我们教育领域就是“以学生为本”的思想。这里面核心是什么呢？一个是学生的全面发展，一个是学生的终身发展。这种教育的指导思想，实际上是对在我国虽然形成较晚但是统治时间较长的科学主义、技术主义的纯理性的、重分析的这么一种倾向的颠覆。这种倾向对我们语文的戕害很大，“语文科学化、现代化”这个口号本身就值得质疑，它的意图就是把语文弄得跟自然科学学科一样。所以我非常赞成巢老师多次讲到的，严格意义上说语文不是一门现代学科。语文在现代学科体系中是另类的，但又是古老的，有悠久传统的。我查了一下《辞海》，对“学科”有两个解释：一个解释是现代意义上的分类科学，对整个知识体系进行分类以后，形成一门一门独立的学科分支；还有一个解释，就是科目。我认为我们现在口头上讲语文是学科，其实就是指语文是个科目，就是说它是基础教育中的一个学习门类，是一门课程。而说语文是一门现代意义上的学科，这里面就暗藏着把它自然科学化的意图。

（3）体现语文的综合性和实践性

叶老讲“教材无非是个例子”，选得好的选文是作为学习语言文字运用这么一门课程的基础，其功能是综合的、实践的。你学习这一篇篇课文，去逐步实现语文课程的目标，这一篇篇课文本身主要不是样板，而是语文学习走向综合、走向实践的桥梁。现在编语文教材，知识系统型教材不多，操作系统型教材比较多。操作系统是技能型的，所以有人就写文章，引起一场争论，他就认为，多读书是没用的，语文是技能型课程，技能就要靠训练，这样才能够实现语文的运用。这就是语文观念的一种冲突，但我对这种观点是不赞成的。我认为，语文属于人文学科的范畴，人文性的重要体现，就在于综合性，就在于实践性，所以“以人为本”的教育观念，以学生为本的教育观念，是对科学主义倾向的一种反拨，我觉得我们《普通高中语文课程标准》修订把这个作为灵魂，是符合大趋势的。

2. 我对语文核心素养的理解

(1) 语文学习与精神成长是共生关系

语文是跟学生的个人成长、精神发展贴得最近的一门学科，它跟人的内心贴得最近，政治课没贴得这么近，历史课也没贴得这么近，自然科学学科更加不要说了。语文课所学的内容，不论是识字写字、阅读欣赏，还是写作、口语交际，其实跟学生的精神发展完全是一种共生的关系。

学习阅读与写作，一个人如果把自己的心灵放进去，他怎么会学不好？即使是在语文界认为最具有工具性的、最需要训练的、最要讲知识性的那个基础的基础——识字和写字，有经验的语文老师都知道，识字写字，特别是学习汉字跟学习拼音文字不一样，它把人的整个感受能力、直觉思维、形象性跟人的心灵的状态非常紧密地联系在一起了，离开了人的这些精神因素，纯粹地教技能性的识字写字，不是效率很差就是令学生厌烦。我们标准提倡的一些方法性的、策略性的东西，比方诵读、积累、语感，还有读整本书，哪一个不是从这种共生关系出发的？语文就是跟人、跟学生发展、跟心灵离得最近的，我们要在这个基础上来理解语文素养。

(2) 语文核心素养的基本特征

语文核心素养是有些基本特征的。一个是综合性，它是一个综合性的构成，多要素的综合在实践活动中加以展开，加以实现；还有一个是整体推进，它不是点对点或者能力层级，就像考三级技工，从一级开始，通过了一级再考第二级，第二级通过了再考第三级，而是整体推进。一代人说一代话，我记得在语文教学大纲启动修订时，一些语文界的老专家在座谈会上说，你们修订语文教学大纲，怎么改都可以，那48个能力点是不能动的。当初这些语文教育专家制定初中语文大纲，他们对语文课程的理解就是知识型和技能型的。那么我们现在提出以“素养”为红线来制订大纲或标准，非常明显就是讲综合性，就不再是那种知识能力点的叠加，它有不确定性和养成性，所以我把它总结了四点，就是综合性、整体性、不确定性和养成性。

有语文专家对这次《普通高中语文课程标准》中核心素养的形成与发展所包括的四个方面关键内容，即“语言建构与运用”“思维发展与提升”“审美鉴赏与创造”“文化传承与理解”，提出了一些不同意见。其中的主要问题是，这四个方面是你中有我、我中有你的关系，我们为了表述的方便，为了便于使用者、执行者理解，而进行逻辑化的分析和切割，然而人运用语言文字表情达意是不能切割的，尤其是现在讲综合素养，就更有整体性。语文课程也是无法切割的，如果用一些行为动词来表述一个语言要素、思维要素、审美要素、文化要素，就隐含着一定的危险，因为你实际上是把一个整体性的、综合性的、不确定性的东西，非得科学化、分析性地切开。对于当下的这样具体的表述，我们要留有余地，要做出说明，因为这样的划分是不得已而为之的。最近有人指出，综合素养对一个人的学习品质极其重要，综合素养就是为了迎接越来越具有不确定性的世界的挑战。基础教育是为学生走向社会、走向世界打下基础，让他们能够将来应付裕如，能够终身得到发展，迎接这个不确定的世界的挑战。素养具有不确定性，还具有养成性，它不是离散性的机械的组合，不是说今天做了几道题，素养的某一点就实现了。如果我们的语文课程本身能够体现综合性和实践性，自觉地注重素质、素养的养成，那学生的语文水平一定能大大提高。所以说语文水平主要不是靠教师教知识点教出来的，不是靠点对点的技能训练机械训练出来的，不是靠大量做练习题操练出来的，其基础一个是广泛阅读，一个是多动笔头，再加上以后在工作实践中不断锻炼自己的阅读、写作和口头表达能力，就能终身受益。所以我觉得对语文核心素养的特征，我们要准确把握，不知道我的理解对不对。

3. 综合素养对思维方式的挑战

上一次制定高中标准实验稿的时候，提出了“模块”的概念，模块本来是个物理概念，我们把它移植过来。这次则使用“任务群”的概念，我觉得“任务群”的提法比“模块”更适合语文课程。我们的思维方式长期以来有很大的问题，特别是语文老师，比较重知性分析，拿来一篇课文，对着一篇课文讲解，然后得出一些结论来，学生学了一篇篇优秀的课文，头脑里留下的不是课文里活生生的东西，不是那一颗颗跳动的心灵以及与之相关的生动无比的语言现象，而是一个个知识点和一个个抽象的结论，这样学语文怎么会学得好？老实说，老师当年教的那些课文的中心思想谁都记不住，但那些活生生的人，那些充满性格魅力的言行举止，祥林嫂也好，闰土也好，欧也妮·葛朗台也好，我们都记住了。我们要学习的语言，都与之紧密相关，离开了这些，所学的语文就是死语文。所以现在很重要的一个问题就是我们太重视知性的东西。理性和知性的区别在哪里？知性是讲分割，分割以后再综合，而真正的理性，是不脱离感性的理性，不抛弃具体的抽象，这对语文教育非常有用，对思维方式而言，从感性出发，经过知性，到达真正的理性，这理性是一个更高层次的综合。知识点、技能训练、语法规则等，都属于知性的层次，其实都要服从语文素养的综合性和实践性，“任务群”体现了“你中有我，我中有你”的特点，就像巢老师讲的，一课多得，多课一得，这对我们思维方式的转变是很有帮助的。

我们现在整个社会流行的，我把它归纳成三句话，叫作“功利化的学习”“碎片化的阅读”“即时性的写作”，这出自我们对手机等媒体的大量使用，在这样一种现状下，重视学生的综合素养，关注学生的心灵发展，让学生读整本的书，写有真情实感的文章，就显得格外重要。

专业素养篇

一、谈谈语文教师的文学素养

1. 为什么要加强文学素养

(1) 从一堂语文讨论课说起

我从报纸上读到一篇文章，题目是《消失了的标准答案》，记录了一个小学一年级的课例。老师问小朋友："花儿为什么会开呀?"一个小朋友说："她睡醒了，她想看看太阳。"另一个说："她一伸懒腰，就把花骨朵顶开了。"还有一个说："她想和小朋友比一比，看谁穿得最漂亮。"有的说："她想看看，小朋友是否会把她摘走。"还有的说："她也长耳朵，她想听小朋友唱歌。"突然她们一起问："老师，您说呢?"老师想了想说："花特别懂事，她知道小朋友都喜欢她，就仰起她的笑脸，笑了!"听到这儿，孩子们看着老师都笑了，那笑脸比花儿还好看。只有老师知道，原来准备的标准答案是："花开了，因为春天来了。"

这并不是一堂文学课，但里面充满了文学因素。这位老师的成功，不仅是她能与学生平等对话，善于随机应变，而且在于她的文学素养高。她想象花会笑，这一方面是她把自己转换成儿童，以儿童的视角回答，其实她的答案背后，却隐藏着一个中国文学的古老传统。因为在《诗经》中，已有"桃之夭夭，灼灼其华"的描写，"夭"就是古"笑"字，唐诗中写花笑的诗篇很多，如崔护《题都城南庄》："去年今日此门中，人面桃花相映红。人面不知何处去，桃花依旧笑春风。"所以儿童教育家说："在儿童的眼睛里，山啊，水啊，星星月亮啊，都是活的，会跑也会飞，会说也会唱。儿童的眼睛，就是喜欢瞧着这陌生的世界。”即使是小学语文教师，文学修养对提高教学水平也是十分重要的。

（2）课程性质决定了文学素养的重要性

在基础教育阶段加强文学教育，是由语文课程的性质和任务决定的。

有关语文课程的性质，过去有的大纲是只强调语文是学习的工具；后来又加上“语文是文化的载体”，到2000年公布的语文修订大纲方予以明确：“语文是最重要的交际工具，是人类文化的重要组成部分。”《义务教育语文课程标准》（2011年版）又再进一步明确：“应使学生初步学会运用祖国语言文字进行交流沟通，吸收古今中外优秀文化，提高思想文化修养，促进自身精神成长。工具性与人文性的统一，是语文课程的基本特点。”强调语文本身就是人类文化的重要组成部分，这是一大进步。怎么理解“工具性与人文性的统一”呢？打个比方：一张纸的两面，一面是工具性，另一面是人文性，任何一面都不可能离开另一面而单独存在，它是一个统一的事物。

在这样的认识下，我们可以看到课程标准所提的“语文目标”和过去相比有非常大的不同，在总体目标里，特别强调：认识中国文化的丰厚博大，吸收民族文化智慧；关心当代文化生活，尊重多样文化，吸取人类优秀文化的营养；在发展学生语言能力的同时，发展思维能力，激发想象力和创造潜能。这是过去大纲都没有表述过的。涉及文学作品，总体目标又提出：初步理解鉴赏文学作品，要受到高尚情操和趣味的熏陶；发展学生的形象思维；丰富自己的精神境界。

提高学生的语文修养包括什么呢？不仅指语言修辞知识，也不仅指听、说、读、写的能力，它涉及种种因素，比方说思想道德、思维品质、文化修养、审美情趣、创新精神、个性发展、人格塑造等等。这些因素，哪一个方面能离开文学教育这个命题呢？都离不开，都可以通过文学教育来实现。所以，即使是小学语文课程，虽然没有大量的文学名篇，但许多课文都包含文学因素。21 世纪，我们要呼唤新的人才观，新型的人才培养里面应包含着人才的文学素养。而从人才的全面发展、终身发展的角度来讲，文学素养是一个健全的现代人的必备素养。要全面提高学生的语文素养，要德智体美全面发展，要有利于终身发展，文学素养是不可忽视的重要因素。

（3）新课程要求教师具有文学素养

课程改革以后编写的语文实验教材，跟过去的语文教材最大的不同在哪里？我认为，现在的语文教材具有以下几个特点：第一，加强人文性。特别是教材的选文，包括了丰富的人文内涵，包含了情感态度与价值观的导向，这些都体现了语文课程的人文性。第二，突出自主性。自主性就是以学生为学习的主人。教材的编者是蹲下来看孩子，跟孩子平等对话。所以，教材的视角和编写语言有了非常大的转换。第三，体现开放性。我理解的开放性，是教材的助读系统，特别在思考和练习中，不追求固定的思维模式，不追求标准答案，让孩子遐想联翩，给教师的教与学生的学留下很大的空间。

这三个“性”，集中到一点，就是一个问题：我们现在的语文课程，要做到脚踏实地而且是卓有成效的改革，面临的最大问题是教师问题。我们的教师最缺的不是方法，不是教学技术，而是全面提高自己的业务素养，其中包括文学方面的素养。

我们的语文界曾经有两个口号：一个是“不要把语文课上成政治课”。新中国成立以后到“文化大革命”以前，什么东西都政治化，语文也吃够了这个苦头。因此，当时提出“不要把语文课上成政治课”，突出语文课的工具性，我非常赞成。但接着又来了一句口号：“不要把语文课上成文学课”。这句话我就不敢苟同。语文和文学之间有什么严格的界限，我说不清。但我认为语文课如果没有文学性，那就不是语文课。语文课上成文学课有什么不好呢？不要把语文课和文学课划清界限，语文课和文学课是划不清界限的；好的语文课处处都充满文学性。

2. 如何加强文学素养

(1) 处理好思想性与审美性的关系

实施语文课程，加强文学素养，我们面临一个非常重要的问题，就是如何认识和处理工具性和人文性、思想性和审美性之间的关系。

从文学教育的角度来看，学生使用语言文字这个工具，最好的学习过程是在人文精神熏陶之中进行。反过来讲，当一个孩子比较好地掌握语言文字的工具以后，那么语文教育的人文性才能落到实处；如果没有这个工具的掌握和运用，就不成为语文课。爱因斯坦说过：“在学校用专业知识教育孩子是不够的。学生可以成为一个有用的工具，但不能成为一个和谐发展的人。”有用的工具与和谐发展的人有本质上的不同。所以他说，要使学生对价值有所理解，要使学生产生热烈的感情，这是最基本的。使学生对真善美具有鲜明的辨别力，就是对真善美境界的真实追求。所以，就人的各种素养而言，和情感态度价值观、跟真善美相联系的是什么呢？是文学素养。它是人文素养的核心部分。但是长期以来，因为强调不要把语文课上成文学课，在语文教育过程中，有意无意地排除文学，结果上成枯燥乏味、形式单调的语言训练课。这样单纯的语言文字训练造成的后果是什么呢？孩子不爱读语文，讨厌语文。

在课程标准中，关于阅读的要求有：一、二年级阅读浅近的童话、寓言、故事，向往美好的情境，关心自然和生命；到了三、四年级，关心作品中人物的命运和喜怒哀乐，就是感情沟通；五、六年级，要能说出自己的喜爱、憎恶、崇敬、同情等感受。有些人有误解：认为在基础教育里强调文学教育，就是培养阅读欣赏能力。我认为这只能是部分目标，更重要的目标不是在阅读能力本身。

（2）必须更新文学观念

有的教师说：我也想多读文学作品，但是时间不够，上课时间很多，作业量很大，还要接受各种培训，哪有时间读文学作品。我认为，现在我们的主要任务是转变文学观念。我们国家过去比较封闭，造成我们大学教师与中小学教师文学观念一直滞后，无法来解释丰富多彩的文学作品，无法培养情感、实现文学教育的综合功能。

大致来说，20 世纪，在文学观念、批评方式、思想方法各方面均产生了引人注目的发展和变化。当代文学理论的整合，提出了“文学四要素”说，即文学是由世界、作家、作品、读者构成的。这四要素是个什么关系呢？是一个双向互动的关系，每两个因素之间都能发生联系，这联系是双向的，而不是一方决定另外一方的。整个 20 世纪，人们对文学的看法，过去比较多的是以世界和作者两个要素为中心。在我们国家，六七十年代特别流行。所以，我们就认为现实主义高于浪漫主义；杜甫就高于李白，因为他的诗都反映现实。到了后来，文学观念转向，从以世界和作品为中心逐渐转向以文本为中心。这是西方在 50 至 70 年代，中国是 80 年代流行的接受美学理论。以接受美学的观点看，文学是什么呢？首先是文本，其他因素是次要的；你要解读文本，就要细读文本，文学的美感来自文本的自身，而不是其他。后来，又向以读者为中心转移，包括六七十年代的接受美学，也包括后来其他对话理论。所以，一讲到文学，不仅是指文学作品，也不仅是指创造文学作品的作家，还包括世界、读者。就我们来说，世界、作家、作品、读者都很重要，向我们展示的是多元的、开放的文学观念。这才是我们现在需要的文学观念，这是个总体趋势。这种现代文学观念的构建，对于我们进行中小学语文教育改革，也具有重要的借鉴作用。下面围绕着文学四要素，谈一下在语文教学中如何更新文学观念的问题。

3. 文学与生活

（1）重视学生的经验积累

就“世界”这个要素来说，我们要关心文学与生活的关系。所谓世界就是客观存在，是独立于人之外的一个客体。外部世界是无比的丰富和复杂，人的眼界和胸襟也将跟着改变。对中小学语文教育改革来说，无论是教材编写还是教学，都要与生活相沟通。要开发语文广泛的课程资源，用课程标准的话来说，“语文的课程资源是无处不在，无时不有”。首先要建立大语文观念，因为语文教学与生活有着密切联系。在这个基础上，我们还要强调：文学不仅反映生活、反映世界，还是作家主体意识的产物。这样一来，我们就要注意主体的因素，也要关注作家的思想感情，以及读者在读作品时的经验和情感的投入。陆游是个大诗人，他儿子想学诗，他教导儿子：“汝果欲学诗，功夫在诗外。”其实陆游想强调的是积累。作家写作品时依靠的是积累，读者读作品时也有积累，我们叫前期积累，包括生活的积累、情感的积累、知识的积累等等。孩子对自己的生活世界、生活环境认识体验越深、越丰富，他对文学作品的感悟就越深刻、越丰富。所以我们就强调感性。有位老师上小学阅读课《春笋》，课文里面有句话，“一声春雷唤醒了春笋”，“唤醒”这个词，若在高中、大学，老师就可能对它进行艺术分析，说这里用了拟人手法。但是对一年级的孩子就不能这样分析。老师采取的方法很好，她说：早上妈妈唤醒你上学时，你是什么感觉？让孩子用自己生活经验的积累，投入到对文本的阅读中去。所以我说：让孩子在朗读中体会唤醒的感觉，我觉得这位老师非常了不起，她其实是唤醒了孩子们的心灵啊！我认为这就是调动文学因素。学生的生活积累越多，对阅读文本、感受体会文学作品，就越有帮助，所以我觉得重要的是唤醒孩子生命的灵性。

文学又是一定文化形态的结晶，其中反映了不同民族、不同文化对世界的不同认识和把握。所以，在全球愈益走向一体化的今天，语文教育既要提出弘扬本民族优秀文化，又要强调吸收人类一切进步文化，使学生形成尊重多元文化的态度。过去只要一涉及西方文学，就从揭露和批判资本主义社会的角度去理解，十分简单化。

从文学与世界的关系引申，落实到语文教育，有一个对文道关系的认识和处理问题。过去强调语文课要“文以载道”，除了要突出思想教育外，在认识论上的一个根源，就是对作家与世界、作品与世界、读者与世界的关系理解太过狭隘，把文学单单看成是认识世界的工具，把语文的功能单一化了。这里关键是建立人对世界的审美关系。

（2）生活与情感

另外，还有一个文学教育中的情感问题。我们都说文学是人学，创造文学作品的是人，文学表现的对象是人，文学作品是给人看的，是为了完善人、改造人。文学的功能你可以说出很多种，但最根本的功能是什么呢？其实是人的一种反思能力的表现。人通过文学作品来剖析人本身，然后知道什么是真善美，什么是假恶丑，用真善美的理想来改造人。因此，我们就要注意人的非常复杂的内心表现。但是我们过去的文学观念对人的感情理解得往往简单化。我们归纳的中心思想、段落大意，表现了什么精神，体现了什么思想，其实不是人的丰富的心灵反映。所以，哪一位老师上语文课能把孩子们的情绪调动起来，能把孩子们的体验过程拉长，能让他们和作品里的情绪发生共鸣、沟通，那么这位老师就是一位了不起的语文老师。

文学创作的主体是作家，文学作品中所表现的作家的情感，不是纯粹个人化的情感，它往往是时代精神的折射，甚至是通向一个民族的民族精神、通向全人类的普遍文化心理。小学教材有篇课文叫《牛郎织女》，这是一个很美的民间故事。这个故事的背后是什么，我们当然不会跟小学生讲很多，但作为老师，你的文学素养必须能够居高临下，你才能游刃有余。最早的牛郎织女故事可追溯到《诗经》的《大东》篇，它表达了人的一种普遍的心理，就是现实和理想总是有距离的，所以人类才会向往美好的理想，并为了达到这个理想而不懈地奋斗。教学这样的课文，老师就不一定要给标准答案，因为它有丰富的内涵。这样才可以大大拓展学生的精神领域，滋润他们的情感世界。

4. 文学与读者

按照现代的读者理论，“文本”和“作品”不是一个概念，文本是作者创造出来没有被读者阅读的东西，它是没有价值的，因为没有人去读去看，所以这个不能叫作品。只有读者读了你这个文本，这个文本才能转化为作品。文本的意义是由读者创造的。一篇课文出来后给学生学、让教师教，在这个过程中文本才转换为作品，这才有意义。而且，这个文本转为作品的意义不是单一的，它可以有多方面的理解。文本有确定的一面，也有不确定的一面。我们在教学过程中，往往注意了确定的一面，而忽略了不确定的一面。每个孩子阅读时都有“期待视野”，这个“期待视野”可以指这个孩子原来的情感，也可指这个孩子原来的生活经验，也可以指这个孩子独特的一种眼光，也可以指这个孩子在读作品时的心情、心境。在不同心境下读课文，感受、体会也会有很大不同。因此，我们老师对孩子的“期待视野”一定要重视。你要琢磨孩子的心理，从孩子的角度去思去想，这样才能与学生的心灵对话。有的老师提出过一种独特的审视儿童的方法，叫“用孩子的眼睛看”：“一颗纯真的童心在胸中激荡，周围的一切，竟变得这样新奇、美好。……孩子的眼睛是通往童话世界的门扉，我常常倚在这神奇的门扇旁，用孩子的眼睛去看呀，揣摩着孩子的心理去想呀！”这里的“看”就是师生心灵的对话，摆脱了教师作为成人的“自我中心”的视角。

这个观点的背景是什么？就是现代的“对话理论”。阅读行为的发生，就意味着在人（作者）与人（读者）之间确立起对话和交流的关系。那么，在阅读教学中，老师与学生、课文与学生之间，也应该建立起对话和交流的关系。这种关系是双向的，有的人叫“双主体”。所以学生读课文，实际上就是去创造文本的意义。需要在这里强调的是，首先要重视孩子独特的感受和体验，也就是他对作品有独特的反映一定要重视。阅读是一种创造，所以不要让孩子被你的标准答案所束缚，要让他们主动地去发现意义、创造意义。教师是阅读活动的组织者、阅读的促进者、阅读中的对话者，教师不是被动的，也不能将教师的地位降到和学生一样，他是学生与文本之间的一个中介。你这个教师做中介，那么你的思想深度、文化水准当然要高于学生。也可起向导作用，但不能代替。我们过去的中小学语文教学也有谈话的方式，那种对话是教师根据参考书、根据课文，事先准备好结论。教师千方百计地引导学生猜测，实际上是“请君入瓮”。这种方法与阅读对话理论是背道而驰的。

5. 对文学作品诸因素的新理解

(1) 文学作品的艺术形式

再从“作品”的角度看，现代文学理论对作品中各种因素也摆脱了一些简单化的认识，有不同于以往的新理解。

过去的文学观念都认为，文学作品有内容和形式两部分，内容决定形式，形式在一定条件下可反作用于内容等。其实，将形式与内容截然分开是错误的分析方法。文学作品的形式和内容就像语文课的工具性和人文性是不可分的。读文学作品从什么方面入手？应该从品味语言入手。离开语言和情感的统一体，去分段、概括段落大意、归纳中心思想，是逻辑学里的归纳法，它不能解决文学作品阅读的主要问题。我们阅读文学作品不能光用逻辑分析方法，首先应该是品味语言，是使文学语言转化成头脑中的形象的过程，这应该让学生自己来完成。过去，我们就是不去培养学生对文本的亲近感、认同感，教师在那里讲解，代替学生阅读，我认为是不可取的。像江苏的李吉林老师倡导的情境教学法，还有于永正老师的“五重”教学法，他们特别注意引导学生从形象入手，根据词句去想象画面。要注意课文的形式因素。苏教版实验教材有一个新的创意：用“词串”方式进行生字教学。你看，“春天、春风、春雨/柳树、小草、嫩芽/布谷、燕子、蜜蜂/杏花、梨花、桃花”，在教学时效果很好。为什么孩子对这样的生字会喜欢？奥秘在什么地方？奥秘首先不在内容，在形式。因为它押韵，这是孩子最容易接受的。它们都是双音词，这双音词就是二拍子节奏，一个音步一重一轻，就这样配合起来，这是中国汉字特有的。为什么二拍子是孩子最容易接受的呢？因为这种节奏与人的呼吸、人的脉搏、人的生命相呼应。还不仅如此，“词串”所选的双音词，从文学角度来说，就是一个意象。诗歌是由意象组成的。意象是主客观的统一体。它既是客观的事物，但也有主观的感情在里面。当你在读“春风在荡漾”的时候，感情已经在里面了。几个词放在一起，用文学的术语叫“意象并置”。如果把这三个词连成一个句子，里面就要加许多的虚词，就变成了线性排列，就逻辑化了。把这三个词分开，就切断了语链，词与词之间变成空白，这个空白就给读者留下想象的空间，这个空间就有待阅读它的人去填补它。北方的孩子在读“春天、春风、春雨”时，头脑中展示的画面与南方的孩子头脑中展示的画面是不一样的。中国古代的书画、诗文都讲“无中生有”，空白的地方就有画，有缺陷的地方人在头脑中就去填补它，使它完整起来。这样的安排特别好，能激发孩子的创造潜能。如从工具性的目标要求，就是要认识这些生字；一旦与人文性的情感投入、想象画面结合起来，这个生字教学就有了综合功能。所以生字教学也完全可以体现文学性。

（2）文学作品的结构

在文学接受中，读者之所以能发挥阅读的创造性，是因为作品的文本具有“召唤结构”。召唤结构的特点，是存在着许多不定点和空白，它们呈现出多向性，为读者在作品具体化过程中提供了多种多样的选择，使读者可以根据自己的审美体验去补足它们，于是读者的想象力、创造力才得以充分发挥。

文学作品的结构，是作品的组合方式，有表层结构与深层结构、外结构与内结构、平面结构与立体结构、纵向结构与横向结构等形态。有的西方学者把文学作品的结构从横向分成四层，即语言符号层、艺术形象层、内在含义层、象征意蕴层。相对而言，第一、二层是表层结构，或曰外结构；第三、四层是深层结构，或曰内结构。过去我们对结构的理解，较偏重于纵向结构（更多的时候不过是段落之间的平面关系或线性关系），比较狭隘。

不管作品结构有多少层次，具体模式有多少种，在分析时都不能忘记结构整体性原则。文学作品是一个有机统一体，作品的任何一个层次，任何一个部分，都只有在整体中才有意义，才能见出其艺术效应。

（3）文学作品的形象

文学作品中的形象是感性的存在，在幼儿阶段，可以利用图画来帮助学生感受文学形象。画面的直观性可弥补学生识字少之不足，同样可以激发学生的形象思维能力。在小学阶段，图、文互见是开发形象思维能力、初步鉴赏文学形象的重要方法。

小说和叙事性作品中主要是人物形象。西方有“扁平人物”和“圆形人物”之分，前者是单一性格的人物，后者是复杂性格的人物。低年段教材，应选写扁平人物的作品为主，因为他们个性鲜明单一，小孩子易于辨认、把握。到高年段，尤其是高中阶段的教材，应加重写圆形人物的作品的分量。圆形人物的性格，往往是多重性格因素的组合，这些性格因素或矛盾对立，或相反相成，其性格还呈现多层次性和发展性的特征。

在诗歌中，艺术形象主要表现为意象和意境。意象是诗歌艺术最小的基本意义单位，是诗人的主观感情与客观物象的融合，外层是“象”，内层是“意”。诗歌意象主要是视觉形象，用来传达诗人心中瞬息间的状态。意象组合有并置式、叠加式、错综式、辐合式等。意境是诗人通过种种意象的联缀组合所构成的浑然一体的艺术境界。意境的总体特征是情景交融，具体说来，又有三个不同的审美层次：境余于意，偏于再现；意余于境，偏于表现；意、境两浑，属于体现。

（4）文学作品的技巧

从作品的语言符号层面看，应加强对文学语言的品味。在具体分析语言的诗学功能时，可把语句的构成放在选择和组合这两根纵横交错的坐标轴上加以分析。应注意作品中的“复义”现象，发现语词的潜在意义，这是文学作品增强语言内涵丰富性及表现力的重要手段。同时，作品语言的文学性还体现在其形式美感之中，例如音韵、节奏、旋律、句式等，文学语言的音乐化，是语言与诗情的一种整体和谐。

阅读叙事性作品，应重视对叙述者、叙述视角、叙述方式的分析。例如在叙述视角方面，不仅要了解传统的全知视角，而且要了解受限制的视角、客观视角和内视角。

应重视隐喻和象征。西方象征主义理论追求高于现实世界的丰富心灵世界，重视人的内在生命和个体精神；对象征与隐喻的关系有较好的理解；认为诗歌具有的完美性只能感受，不能分析；认为象征应是感情与理性的结合，理性能激发灵感，催化象征。

关于意识流和心理分析。意识流作家倡导心理的真实，致力于再现人物的意识过程，重在突出意识、潜意识、回忆、情绪和自由联想。

以上这些，都是语文教师在文学作品教学时可以参考的思路和角度，这对于提高我们语文教师的文学审美素养，加强语文课程中的文学审美教育，是十分必要的。

二、现代文艺理论与阅读教学

1. 对话理论与阅读教学

现代阅读观念的更新，与文学对话理论的崛起关系最为密切。中学语文阅读教学要更新阅读观念，了解现代对话理论也十分有必要。

(1) 对话理论的哲学根据

人类的交流和对话是当今西方哲学关注的重要问题，语言的交流和对话是哲学家们热衷讨论的核心话题之一。在他们的讨论中，“交流”一词具有互动、过程、传输、共有、载体、意向等多重含义。20世纪初的德国哲学家马丁·布伯就基于人本的立场，开始关注人与人之间的交流和对话关系，他把人与人的关系分为“我—它”关系、“我—你”关系两种，前者是把对方当成可以利用的工具，后者则重在相互依存和相互作用的关系，如在艺术审美活动中就是如此。他指出对话的生命在于“内在行为的相互性”，认为真正的对话，是“从一个开放心灵者看到另一个开放心灵者之话语”（《人与人》）。20世纪70年代以来，德国哲学家哈贝马斯提出应建立一种新的交流理性的理论，通过“理想的言谈情境”来达到人与人之间的沟通交往，并指出要使这种交流和对话有效，言说者必须做到可理解性、真理性、真诚性和正确性。（《交流与社会进化》）另一位德国当代解释学哲学家伽达默尔从“我—你”关系入手，把人与人的关系看成是“主体—主体”的关系：“流传物并不只是一种我们通过经验所认识和支配的事件，而是语言，也就是说，流传物像一个‘你’那样自行讲话。一个

‘你’不是对象，而是与我们发生关系。……流传物是一个真正的交往伙伴，我们与它的伙伴关系，正如‘我’和‘你’的伙伴关系。”(《真理与方法》) 因而他对解释学的理解是“对一种共同意义的分有(参与)”(《真理与方法》)。循此理解，他力主人与人之间的相互开放，“谁想听取什么，谁就彻底是开放的。如果没有这样一种彼此的开放性，就不能有真正的人类联系。彼此相互隶属总同时意指彼此能够相互听取”(《真理与方法》)。总之，在当代哲学的先导下，社会科学和人文科学各个领域往往将自己的研究放在人类相互交流的背景之下，文学也不例外。

(2) 文学对话理论要点

①文学源于对话和交流。

文学的发生，在于人类有对话和交流的需要。人类在满足了生理的需要后，会产生心理和精神的不同层次的需要，包括爱的需要、尊重的需要、自我实现的需要、理解的需要、美的需要和发展的需要等，而这些需要只能在与他人、与社会的对话和交流中才能得到满足。人类早期的口头文学和诗歌，就诞生于劳动中的应答和交流。人们用诗歌来抒情言志，说到底是一种人类精神交往的方式，“艺术是交流活动的最高形式”(瑞恰兹《交流与艺术家》)。人类对审美交流的需要，使得文学生命长存不衰。

②作者—读者：主体—主体。

文学领域的各种关系中，最基本的关系是作者与读者的关系，作者创作出文学作品，以满足读者的阅读需要。这实际上体现了一种人与人之间的精神联系，也就是在人与人之间确立了对话和交流的关系。这种对话和交流是双向的、互动的，互为依存条件的，所以可以把作者与读者的关系看成是主体与主体之间的关系。

具体来说，文学活动是作者与读者共话、共赏、共欢的活动，伽达默尔称之为“同在”。他说：“观赏者的存在是由他‘在那里的同在’的规定的。‘同在’的意思是比起那种单纯与某个同时存在那里的他物的‘共在’要多。同在就是参与。……同在在派生的意义上也指某种主体行为的方式，即‘专心于某物’。所以观赏是一种真正的参与方式。”（《真理与方法》）读者阅读文学作品的过程，正是一种共同参与以至共同创造的过程，而绝对不是消极被动的。所以读者也是文学活动的主体。换言之，作者创作作品，是需要有人阅读，有人与之对话和交流；读者阅读作品，也是为了从中有所发现、有所满足、有所思考，其实也是对话和交流的心理需要。这样，作者与读者的关系就成了“我和你的伙伴关系”，阅读作为一种寻求理解和自我理解的活动，从根本上是为了在“你”中发现“我”，通过对作品意义的自我建构，最终实现自我的生成、自我的回归、自我的反思、自我的认同。所以萨特说：“精神产品这个既是具体的又是想象出来的对象只有在作者和读者的联合努力下才能实现。只有为了他人，才有艺术；只有通过他人，才有艺术。”（《什么是文学》，见《萨特文论选》）

③文学对话的基本特征。

关于对话的理解，有的学者还扩展到了文学的各个方面。例如苏联文论家巴赫金，就提出了“全面对话”的观点，意思是文学的多种因素中，都存在着对话关系，如作者与人物、人物与人物、读者与人物、读者与作者之间的关系，都是一种对话关系，甚至他认为人自身意识深处也存在着对话性。由此，他提出了对话的三个基本特征。首先是文学作为对话具有开放性特征，作品中的人物向其他人物开放，也向一切阅读开放；其次是具有未完成性特征，在作品结构方面表现为多线索、多主题，其发展有多种可能性，在人物形象方面表现为人物个性的多侧面、多重性和不断的变化；最后是语言性，作品的语言必然也是开放和未完成的，话语就其本质来说便具有对话的性质。

④重视读者的地位。

由对话理论出发，读者被赋予了本体意义，逐渐被推到文学的中心地位。伽达默尔说："艺术作品的存在就是那种需要被观赏者接受才能完成的游戏。所以对于所有本文来说，只有在理解过程中才能实现由无生气的意义痕迹向有生气的意义转换。"（《真理与方法》）他认为，作品显现的意义并不是作者的意图，而是读者所理解到的作品意义。重视读者地位的观点，突出地反映在接受美学和读者反应批评理论中。

接受美学创始人姚斯提出了以读者为中心的批评范式。他强调"真正意义上的读者"，这种读者参与了作品的存在，甚至决定着作品的存在。但后来他逐渐察觉到这种读者中心论的片面性，将文学界定为涵盖作者、作品与读者三个行为者的过程，从而把文学"接受"理解成包括"收受"和"交流"两重意义，说"正是通过这种（创作和接受之间）相互作用实现了作者、作品和读者之间，艺术的现时经验和过去经验的不断交流"，"一部艺术作品的解释史就是经验的交流史，或者可以说是一场对话，一个问答游戏"（《接受美学与文学交流》，见《接受理论》）。接受美学的另一代表人物伊瑟尔也认为，文学阅读是读者与本文"在一种自我调节过程中相互依赖"的交流活动，"本文与读者两极，以及发生在二者间的相互作用，奠定了文学交流理论的根基。我们认为，文学作品只是一种交流形式"（《阅读活动·序言》）。于是，接受美学转化成了文学交流理论，以读者为中心的观点被本文（其实也包括作者）与读者相互作用的观点所取代，但重视读者地位的基本立足点并未改变，只是更合理和完善了。

还有一种读者反应批评理论，是从研究“文学作品与人的心智相互作用”入手的，也即侧重思考本文与读者内在心灵交往的问题。其基本原理是：“我们所有的人在阅读的时候都利用文学作品来象征我们自己，并最终复制我们自己。我们努力从本文中找出富于我们自身特点的欲望与适应的结构，我们与作品之间相互影响，将作品变为我们自身心理过程的一部分，同时，在解释过程中将我们自己变为文学作品的一部分。”（美·霍兰德《读者反应批评》，转引自金元浦《文学解释学》）这种交往反应理论的基础是，认为人们对待文学作品的方式，与他们对待生活经验的方式相同，因此有两大优点：一是人类在文学以外的情境中、在自己的生活经验中，其发现意义的方式是积极主动的、建设性的、创造性的，那么在文学中他发现意义也是积极主动和富于创造性的；其二，在他们看来，阅读首先是一种个性的再创造。因为每个人都有独特的对待生活的方式，文学活动总是与人的个性相连，人类自身是丰富多彩的，那么读者的文学经验、阅读反应也应是丰富多彩的。他们还进而把批评看成是一种对话，这种对话从理论上说没有终结，所谓结论总是暂时的、有条件的，它依赖上下文，依赖同行的评价，依赖未知的未来的发展。这一观点与上述各家的对话理论可以互相沟通。

（3）对话理论对阅读教学的启示

现代对话理论已被许多国家的教育家认同，并吸收到政府制定的母语教育有关文件中。例如美国宾夕法尼亚州阅读能力评估咨询委员会给阅读所下的定义是：“阅读是一个读者与文本相互作用、构建意义的动态过程。构建意义的实质是读者激活原有的知识，运用阅读策略适应阅读条件的能力。”英国的语文课程大纲关于阅读的表述是：“应鼓励学生做充满热情的、独立的、反思的阅读者。”“应指导学生具体深入地思考读物的质量和深度，鼓励他们运用自己的想象力对作品的情节、人物、思想、词汇和结构做出反应。”加拿大语文课程标准认为：“应该着重强调阅读活动并非仅仅为了获取信息、汲取知识。编排周详的阅读课程，会为学生们提供许多旨在为了愉悦、为了自我发现、自我充实的阅读机会。”“阅读是一个复杂的过程……显示了阅读过程中观念与信息的碰撞，显示出这些观念和信息与个人脑海里固有的知识和经历的某种关联。”韩国语文课程标准把阅读称为“读书”，认为其性质是“通过文章表现读者与著者之间发生的心理、社会的互相作用”。不少国家和地方的课程标准都重视学生在阅读中对课文的积极反应，提出了相关的要求。

我国教育部新制订的《全日制义务教育语文课程标准》指出：“阅读是搜集信息、认识世界、发展思维、获得审美体验的重要途径。”“阅读教学是学生、教师、教科书编者、文本之间对话的过程。”这一表述，就是以对话理论为主要基础的，体现了现代阅读观念。

2. “陌生化”理论与阅读教学

(1) 什么是“陌生化”

针对西方长期以来流行的文学模仿说和重视社会功能的倾向，有一批理论家开始重视文学自身本质和内部规律的研究，即由关注文学的外部关系，转向重点研究文学作品本身。俄国形式主义学派是这方面的代表。该学派主要理论家什克洛夫斯基说：“我的文学理论是研究文学的内部规律。”所谓内部规律，“主要指文学作品的形式结构，是文学形式变化的问题”。他所说的形式，已不是传统的内容与形式二分的理解，而具有本体的意义：“所有的艺术品都是作为一个现有模式的比较物和对照物而被创造出来的。一个新的形式不是为了表达一个新内容，而是为了取代已经丧失其艺术性的旧形式。”（《关于散文的理论》，转引自朱立元《西方美学通史·上》）在他看来，文学作品的特殊性不在内容，而在语言的运用和修辞技巧，换言之，文学性在于文学的形式。

形式主义文论的核心概念是“陌生化”。什克洛夫斯基对陌生化的解释是：“艺术之所以存在，就是为使人恢复对生活的感觉，就是为使人感受事物，使石头显出石头的质感。艺术的目的是要人感觉到事物，而不是仅仅知道事物。艺术的技巧就是使对象陌生，使形式变得困难，增加感觉的难度和时间长度，因为感觉过程本身就是审美目的，必须设法延长。艺术是体验对象的艺术构成的一种方式，而对象本身并不重要。”（转引自张龙溪《二十世纪西方文论述评》）他举例说，俄国大文豪列夫·托尔斯泰的作品，常常故意不说出熟悉物品的名称，他描绘物品就像第一次看见这物品，描绘事件就像这事件是第一次发生，使熟悉的物品和事件也变得似乎陌生了。

（2）语言的陌生化

艺术陌生化的前提是语言的陌生化。文学语言与日常语言既有联系，又有区别，日常语言是文学语言的直接来源，文学语言是日常语言的一种升华。但日常语言用于生活中的实用交际，重视的是说话的内容，实现的是沟通功能；文学语言的内容却不及形式重要，因为表达本身就是目的。例如诗歌语言，就要人为地使读者阅读时的接受过程受到阻碍，增加其接受的难度，延长接受的时间，于是，诗人常常诉诸语言的强化、凝聚、扭曲、缩短、拉长、颠倒，一句话，进行变形或陌生化处理。这就是文学语言的诗学功能。我们阅读诗歌时，常常会遇到夸张、比喻、用典等宛曲的表达法，还有用词的新警出奇，如宋祁《玉楼春》“红杏枝头春意闹”、张先《天仙子》“云破月来花弄影”，王国维评为着一“闹”字、“弄”字，“而境界全出”（《人间词话》），如杜甫《秋兴八首》“香稻啄余鹦鹉粒，碧梧栖老凤凰枝”，有意打破和颠倒语序，以及古代诗人经常标榜的，举凡“以故为新”“化熟为生”“夺胎换骨”“点铁成金”，化腐朽为神奇，究其实都是陌生化手法的具体运用。

（3）“陌生化”理论与作品解读

陌生化理论运用于小说研究，提出了“本事”和“情节”两个概念的区分，本事即作为小说素材的事件，当本事变成小说的情节时，必须经过作家的创造性变形，呈现陌生的面貌。所以作家越是将素材变形，小说的艺术性和新奇感就越强。当然，相对于自然主义和现实主义作品，现代派作品最符合陌生化的要求。在现代派作品中，多用荒诞和变形的手法，对事物进行极度的夸张、扭曲，其他如内心独白、梦幻多层次结构、意识流等，都能取得陌生化的效果。

后来有人提出了“间离效果”的概念，“使日常熟悉的、俯拾即是的事物成为一种特殊的奇特的意料之外的事物”，其实也是一种陌生化手段，可以运用到各种文体的创作中去。例如苏轼流传千古的名作《念奴娇·赤壁怀古》，上片写赤壁之景，在“乱石穿空，惊涛拍岸，卷起千堆雪”数句之前，有意提示一句“人道是，三国周郎赤壁”，就是为了把实景虚化，从而拉开读者与景物之间的距离，造成空间上的间离效果，传达出难以言表的空间意识，突出了大自然足以“淘尽千古风流人物”的伟力。下片怀古，用“遥想公瑾当年”一句提唱，其中“遥想”二字也拉开了读者与古人的距离，造成时间上的间离效果，词中所写周瑜身世是否符合史实就显得不那么重要，作者所要传达的，只是一种自然永恒而功业易逝的历史意识。通过间离造成的陌生化，使这首词超越了一般的写景怀古，而指向对人生的深层思考。

在我们看来，陌生化理论重视文学自身的审美特征，追求对文学内部规律的探究，是有重要意义的。从重视对生活和事物的审美感受，追求艺术形式的创新，强调作品语言的新鲜感和表达功能，从而强调文学绝非生活和模仿和简单反映，而是生活的变形这一角度而言，陌生化理论有其合理的一面，对文学创作和欣赏甚有启发。我国古代理论家也有相近似的论述，如晋代葛洪《抱朴子·辞义》说："文以罕睹为异，辞以不常为美。"唐代文学家韩愈主张写文章要"惟陈言之务去"。在阅读教学中，引导学生去发现作品中的创新之处，是一种好的切入点。西方和我国当代的某些优秀的现代派作品，也开始被选进中学语文教材，阅读这类作品，更可以运用陌生化理论进行欣赏。然而，这种理论强调艺术独立于生活，夸大艺术与现实的本质差异，要求形式完全脱离内容而存在，把文学仅仅看成是手法和技巧，却是不可取的；如不掌握陌生化的度，过分追求新奇效果，使作品变得晦涩难解，也会导致阅读交流的脱节。

3. 完形理论与阅读教学

（1）什么是完形理论

完形理论是格式塔心理学美学的主要理论观点。格式塔意即"完形"，它的基本特征是有机整体性。这一学派认为，心理现象都是一个格式塔，它是一个整体，虽然它由各种部分组成，但决不等于构成它的所有部分之和，相反，整体是先于部分而存在并且制约着部分的性质和意义。换言之，部分相加不等于整体，整体大于部分之和。艺术作品是一个有机的整体，其中的各个组成部分不是简单的集合，而是相互依存，处在一个有机结构的统一体中。"如果对一支乐曲的任何音符的变动都有损于它的美，那么这曲子就是完美无瑕的。在一幅名画上改动任何线条、形状、颜色的任何一点，势必降低整个画的质量。”（考夫卡《艺术与要求性》，转引自朱立元主编《西方美学通史》）

完形理论认为艺术作品对于欣赏者的魅力，也在于这种结构的有机整体性。完形作为人的经验中的一种组织结构，与人的视知觉活动密不可分。有的完形给人的感受极为愉悦，它是被组织得最完美的，如十分对称、统一、和谐，这就是优格式塔。优格式塔具有简化的特点，即把丰富的意义和多样的形式组织在一个统一结构中。但在很多情况下对象不属于优格式塔，这时欣赏者的视知觉会表现出改变它的强烈趋势，要纠正它的不完美，使它在人的知觉中成为完美的结构。人的知觉中这种对简化完美的格式塔的追求，称为“完形压强”。

于是，在文学创作中，作家如何通过不完美的形造成更大的形式意味，以刺激读者的知觉，使之产生一种纠正它的不完美、将它改变为完美状态的内在需要和冲动的兴奋，就成了作家创造能力的重要表现。真正有艺术感染力的作品，应该省略某些部分，突出关键部分，而且这关键部分具有一种向完形发展的张力。这样的作品，给人一种新鲜、奇妙的感受，使人注意力高度集中，潜力得到充分发挥，整个身心全力投入，成为产生审美愉悦的重要源泉。

完形理论要求把握现实事物的整体性特征，把作品看成是一个由丰富多彩的部分之间相互作用构成的有机整体，“无论在什么情况下，假如不能把握事物的整体或统一结构，就永远不能创造和欣赏艺术品”（阿恩海姆《艺术与视知觉》），具有辩证法的因素；对作品的艺术技巧用“张力”说加以解释，而这种张力的产生，则来自于人的知觉的能动作用，这就强调了人在审美中的主体性和创造性。但是，完形理论主要以视觉艺术为分析对象，侧重在作品的感性形式，而忽略了对题材内容的分析，这是一个很大的缺陷。

(2) 完形理论对阅读教学的启示

完形理论对我们的文学阅读教学有什么启示呢?首先,要重视阅读中对作品的整体感知。完形理论认为审美知觉是对作品整体结构式样的把握,这种整体把握,不能通过对作品局部进行个别分析来达到,学生虽然是逐字逐句逐段地阅读作品的,但却不是孤立地理解一个词、一句话,他始终有一种追求统一秩序的完形的倾向,始终是在指向整体,把词句纳入朦胧的整体中。作品是作为一个整体呈现出来并发挥作用的,我们的欣赏也必须通过对构成它们的各因素的关系的理解,来全面完整地把握作品。例如马致远的《天净沙·秋思》:"枯藤老树昏鸦,小桥流水人家,古道西风瘦马。夕阳西下,断肠人在天涯。"前三句并置了九种景物,并不是若干感性元素的相加,作者显然有意舍弃了一些东西,使之更显突出,刺激我们的视知觉,引起我们探索这些景物之间存在的相关性的兴趣,这就是作品产生的艺术张力,在我们头脑中会整合成一幅完整的凄清苍凉的秋景图。其次,要善于抓住作品中的关键部分。在中国古代诗歌创作中,十分讲究"诗眼"的设置,就以上述《天净沙·秋思》而言,其中的第四句"夕阳西下",既点明了抒情主人公情感发生的时间,又使上面三句并置的景物笼罩在统一的情调氛围之中,构成了整体意境,更因了这一句,暗示出诗人的情感指向,就属于作品中的关键所在。再次,要注意作品留下的空白。作者为了突出关键部分,必须有意舍弃一些东西。在中国诗歌的意境塑造讲究虚实相生,追求表现言外之意、弦外之音、景外之景、象外之象,这其实就是诗人有意留下的艺术空白。例如马致远的这首小令,就没有具体描绘这位漂泊天涯的游子的形象,他的情感内容,也没有具体展现,而只是以"断肠"二字虚点出来。但是,作者所选择的种种景物的特征,无不与主人公的情感相关,尤其是"瘦马",更具有强烈的暗示性，使学生凭借已有的生活经验和自己知觉的能动作用，去完成“完形”的趋向。于是，学生头脑中便会出现一个因长期飘零而形容憔悴、身心疲惫的游子形象。这就是作品艺术张力的魅力所在。

三、语文教师要成为文本作者的“知音”

教师研究文本是备课中的一项重要工作。对于语文教师来说，还有着特殊的决策意义。因为教师对文本的理解在很大程度上决定了一堂课的教学目标、教学重点。但在实际的课堂教学中，教师的把握能力却不容乐观。从解释学的角度来看，不同的教师对于同样的文本当然可以有不同的理解。然而，在教学论意义上的文本解读应当是有定数的。如何能比较到位地理解课文并在教学中以恰当的方式解读出来？我曾经听过三堂初中阅读教学观摩课，引起我关于语文课如何回归语文本位的思考。

这三堂课所教的课文，分别是记叙文《往事依依》（苏教版七年级上册）、说明文《说“屏”》（人教版八年级上册）、歌词《黄河颂》（人教版七年级下册）。执教老师都是实验区推荐的、自身素质相当优秀的中青年教师。他们所上的课，从一般标准来衡量，也是比较成功的，有的在教学设计方面还有一定创意和突破。然而，我又不免感到，在新课程实施中强调转变学生学习方式、重视综合性学习、关注跨学科学习的今天，教师对教学设计多样化，对师生互动，对多媒体运用，对引进其他学科知识，下的功夫往往较多。毋庸置疑，这些努力都应予肯定。但同时也暴露出，教师有意无意忽视了对文本的深入钻研，对于文本的解读与把握不甚到位，使得学生难以进入教师所创设的情境，于是造成了“功夫在诗外”这样一种带有普遍性的状况。对此，我想指出，语文课要真正具有语文味，关键在于教师要练好“内功”。我们应该坚持课程标准提出的如下要求：作为学习活动的组织者和引导者，教师应转变观念，更新知识，钻研教科书，不断提高自身的综合素养。应创造性地理解和使用教科书，积极开发课程资源，精心设计教学方案，灵活运用多种教学策略，引导学生在实践中学会学习。

就我从这几堂阅读教学课得到的感想，我认为当前的关键是处理好以下几方面的关系。

1. 感性与理性

（1）语文阅读教学应以感性为基础

语文课程标准十分强调感性在阅读教学中的重要地位，在目标中多处提出要注重情感体验，引导学生感受形象，品味语言。缺乏感性，是过去阅读教学中人文资源严重流失、语文课走向自然科学化造成的弊端。著名语言学家洪堡特说：“没有一种思维，即使是最纯的，能不借助于我们一般感性形式而进行，只有在这些感性形式中我们才能理解和把握住思维。”（洪堡特《语言与人类精神》）面对工业时代精神贫困化的社会病，要实现人性的完善，现代思想家们更强调人应该参与感性活动，因为感性活动更为天然，更诉诸直觉，个体可以密切介入，在艺术审美活动中更是如此。现代认知心理学认为，在理智状态中认知事物多采取理性的逻辑方式，但这理性的方式只体现了人与事物的一种关系，如拘泥于理性的逻辑的认知，很容易陷于对人与事物关系认识的唯一性，而忽略了世界向我们展现的更多可能性，也就是世界存在的丰富多彩。我们一般所说的理性，有的学者称为“知性”。当代著名学者王元化先生有一篇重要的论文《论知性的分析方法》（见《清园论学集》），以马克思《政治经济学批判导言》关于人口研究的分析方法和过程为依据，提出从知性过渡到理性，从抽象上升到具体，从而克服知性分析方法所形成的片面性和抽象性，恢复事物的丰富性和具体性，达到多样的统一。他所说的“知性”，其实就是我们通常说的抽象的“理性”，而他说的“理性”，却是并不脱离感性的一种理性。王先生指出，知性方法是将具体对象（譬如一篇文章）拆散成许多抽象成分，并把它们孤立起来进行观察，这样就使多样统一的内容变成简单的概念、片面的规定，他称为“稀薄”的抽象。黑格尔说：“知性不能掌握美。”（《美学》第一卷）

然而，知性分析恰恰是过去长期流行的一种阅读教学方法。而真正的理性，就生长在感性之中，是不脱离感性、与感性血肉同躯的理性。据此，我们认为，让学生感性地揣摩课文——体验情感、感受形象、品味语言，是一切理解、探究的基础。逻辑的抽象是必要的，但必须以感性为基础。所以，课程标准强调阅读是学生的个性化行为，应引导学生钻研文本，在主动积极的思维和情感活动中，加深理解和体验，有所感悟和思考，受到情感熏陶，获得思想启迪，享受审美乐趣。

（2）语文阅读教学不能止于抽象结论

对感性层面关注太少，理性分析太多，似乎讲课中不从思想意义方面点题，就没有达到目标。有教师说起这样一些令人啼笑皆非的例子：学生一读到“柳暗花明”，就说那是在困境中遇到转机；读到“春蚕到死丝方尽，蜡炬成灰泪始干”，就说那是表现牺牲奉献精神；读到“沉舟侧畔千帆过，病树前头万木春”，就说那是表现新事物必将取代旧事物……学生把教师（其实可能是教参）给他们的“人生哲理”即抽象结论记忆住了，并且形成了定向思维，而把诗歌中表现的诗人活泼泼的感性生命，把或优美或壮美的浑融意境给抛弃了。这样的问题在这次观摩教学中也有反映。如《往事依依》一课，执教老师确定的教学重点是：“探寻作者成长的源头，从而使学生认识到要多读书、读好书，明做人之理，做志趣高尚之人。”这就是从抽象理念出发，要求学生获得理性的启示，而不是从具体文本出发去体验作者的思想感情。教师虽也要求学生讨论：在生活中，你是否也有过像作者一样看画、读书、听课的经历？你能否举一例来谈一谈？说明教师也试图调动学生的已有经验和生活感受，但这样的讨论有点儿离开文本，而不是引导学生体验作者在文本中展现的心灵世界，理解在表情达意时遣词造句的功夫。其实，《往事依依》的课后练习已点明了编者意图：“你觉得课文中哪些语句最精彩，最能打动你的心，最能引起你的联想？”但教师引导时没有真正落实到语言上，希望学生说出的是抽象的结论。我们认为，语文课程中体现情感态度与价值观导向，应该根据语文学科的特点，注重熏陶感染，潜移默化，把这些内容渗透于日常的教学过程之中。而不一定在每篇课文的学习中都要得出一些似乎很有思想教育价值的理性结论，那样的结论很可能是外在于学生心灵的，而不是内化为学生的灵魂和血肉的。

例如《黄河颂》一课的最后一个环节，教师读了课文，放了歌曲《保卫黄河》，然后问学生：你从中听到了什么？学生有回答“认识到幸福生活来之不易”的，有表示“要激励自己，今后好好学习，报效祖国”的，我看说的多是言不由衷的空话、套话。退一步说，即便这些是学生发自内心的正确认识，也未必是读了《黄河颂》以后才获得的。教师也注意到抓课文最后一节的关键词，学生回答说是“伟大坚强”，这本不错，但问题在于，教师在执教这篇课文时，自始至终没有介绍《黄河颂》创作的背景——诗人光未然是在抗战爆发、武汉沦陷后，经过壶口东渡黄河，面对黄河之水的磅礴气势，才激发起强烈的感情，酝酿创作了这首歌词的。依我的浅见，这首歌词共分三节，第一节是赞颂自然意义上的黄河，第二节侧重在赞颂文化意义上的黄河，所以说“你是中华民族的摇篮”“五千年的古国文化，从你这儿发源”；第三节才是歌词的重心所在，是尽力赞颂精神意义上的黄河，把黄河作为伟大民族精神的象征，所以才反复赞叹黄河的“伟大坚强”，这一点正是以抗日战争中勃发的民族精神为背景的。给学生提供一个历史背景，结合现实来引导，以此为基础，学生理解起来就容易了。但教师始终没有给学生提供这样的背景，于是黄河精神被架空、抽象化了。试问，如果离开了这一背景，现在的青少年如何能理解黄河的“伟大坚强”的具体内涵？如果联系这些年黄河流域环境的破坏、洪水的狂暴肆虐、给人民生命财产造成的巨大损失，架空地理解“伟大坚强”，不是要闹出笑话吗？

《说“屏”》一课，在执教老师提供的“教学设计”文字材料中，我们发现该教师本来对课文“浓郁的抒情笔调”还是注意的，而且安排了“对文章贯穿始终的叙述穿插增添了行文的情韵、有意无意的旁引丰富了屏风的内蕴、诗文的化用与点缀得体而优雅、抒情味浓郁的词语感染力极强”这样一些要点，但在上观摩课时却做了调整，把重点转向了屏风知识的介绍和说明技巧的概括，如介绍屏风的特点、作用、种类等知识，播放屏风图片，教师再念解说词，介绍屏风的历史、用处、艺术性等。在我看来，本文的特点就在于作者将屏风放在自己从小到大的生活情境中写，并总是尽可能与自己对屏风的感受处处联系，所以感性的因素在文中显得特别重要。假如重在感受文章的抒情笔调和文化内蕴，即引导学生体验充盈于文中的一股浓浓的诗意，那才是把握了本文的特殊性。如果对文本的理解停留在浅层次，就会把这一篇充满主体感情的小品文看成了一般的说明文，把重点放在梳理说明技巧，致力于理性的逻辑的概括和归纳，文章中丰盈的情意却流失了。

2. 局部与整体

(1) 要重视课文的整体性

“整体感知”“整体把握”这些术语现在已经广为人知。大家都认识到，教科书中的一篇篇课文，都是一个个整体存在，而文学作品更是生气灌注的有机体。现代美学家是十分重视作品的有机整体性质的，如黑格尔在解释什么是“有机体”时说：“有机体的官能和肢体并不能仅视作有机体的各部分，惟有在它们的统一里，它们才是它们那样，它们对那有机的统一体互有影响，并非毫不相干。只有在解剖学者手里这些官能和肢体才是机械的部分。但解剖学者的工作乃在解剖尸体，并不在处理一个活的身体。”（黑格尔《小逻辑》）王元化先生发挥黑格尔的意思说，如果是无机的矿物，从矿物割取一部分下来，既不影响整体，也不影响部分，它仍是矿物，不引起质的变化。可是生命有机体不同，从人体割下一只手来，就再不是一只手了。艺术形象的任何部分的任意改动，必然会影响其他部分以至整个作品的原有性质，因为整体与部分、部分与部分之间存在着有机联系。（《黑格尔〈美学〉札记三则》，见《清园论学集》）不仅如此，从系统观念来看，部分之间如果有协同的作用，整体就可能大于部分之和，而不仅仅是各部分的相加。“艺术要通过一种完整体向世界说话。”（《歌德谈话录》）然而在我们的语文阅读教学中，像医生解剖尸体那样地分析课文，或像从人体上割下一只手来那样与整体相割裂地关注局部的方法，曾经流行一时。我们往往热衷于追求纯粹、明晰和确定的结论，但“企图以理论物理学家所要求的精密性和逻辑完备性来重现一切比较复杂的事件，这不是人类智力所能及的。高度的纯粹性、明晰性和确定性要以完整性为代价”（爱因斯坦《探索的动机——在普朗克 60 岁生日庆祝会上的讲话》)。

我们不妨把爱因斯坦这段话中的“比较复杂的事件”看成是阅读的课文尤其是文学作品，这位伟大的自然科学家对事物完整性的见解是多么的深刻!

(2) 重视整体与把握教学重点

重视课文的整体性，不是不要重点，恰恰相反，短短的45分钟一堂课，也只允许有一两个重点，不能追求面面俱到，这就必须削枝强干。关键在于，对课文重点的把握要服从于教学的整体目标。在实际教学中，游离整体去抓重点的问题还是存在的。如《往事依依》一课，教师安排了三个环节引导学生探究：一是“学生配乐朗读‘读《千家诗》’片段，谈感受”；二是“诵读积累歌咏祖国风物和描写春夏秋冬美景的诗句”；三是“学生表演朗读‘听老师讲课’片段”。加强阅读课的朗读和诵读，我们非常赞成。但这里反映出执教老师对课文重点的把握发生了偏移。首先，学生谈感受，脱离课文，没有落实到文中的关键词句。其次，作者写自己学生时代爱读《千家诗》，只是表明这本诗集向她展现了一个五彩纷呈的世界，自己得到了美的享受，而目的不是在歌颂祖国大好河山、赞颂四季美景。要求学生诵读积累有关诗句，有点偏离本堂课目标，再说如要扩展阅读《千家诗》，完全可以放在课外。再次，文中关于“听老师讲课”一节，确是作者写得具体生动、比较细致动情的部分，值得细细咀嚼，让学生表演朗读也是合适的。但问题出在，教师并没有抓住最重要的一点，那就是文中对这位作者敬仰的国文老师上课时动作神态的具体描写。请看课文：“老师朗诵时头与肩膀左右摇摆着，真是悲歌慷慨”，“老师朗诵着，进入了角色，那深深感动的神情凝注在眼睛里”，“这种感情传染了整个教室，一堂鸦雀无声，大家都被深深感动了”，“如今只要稍一回忆，就仿佛看到国文老师那左右摇晃的身子和那注满情思的眼睛”。正是这些文字，蕴含着作者的深情，才使她历时弥久而仍“往事依依”，显然，这是课文的重点所在，情感的体验和语言的品味就应该放在这样的片段上，可惜的是，在泛泛的朗读中，教师并没有做一点提示和点拨，把它轻轻放过了。我们再回过头来看教科书在课文后设计的“探究·练习”，明明有关于课文重点的一些提示，如：作者写听课“写得有声有色，文情并茂，你能体会这种感情吗?”还有：“你觉得课文中哪些语句最精彩，最能打动你的心，最能引起你的联想?”但这并未引起执教老师的重视，或者说教学环节的设计未能很好贯彻教学重点的意图。教师在教案上也写出了探究结果，就是要学生通过这一部分的教学活动受到“美的享受”“情的熏陶”“事的启迪”，然而可能执教老师更关注“事的启迪”，而没有在教学过程中让“美的享受”和“情的熏陶”得到落实和展开。

(3) 把握教学重点与课文的个性化

把握教学重点也与对课文文体属性以及艺术个性的理解相关。如《说“屏”》这篇课文，是园林艺术专家陈从周教授为现代中国的建筑师、家具师们写的，希望他们“能有超越前人的创作”，故特别强调屏风的文化价值，这在文末一节就有明白的交代。教科书编者在课文前所做的“阅读提示”也有准确的引导，重点放在屏风“总是能牵动我们幽微的情思”，这“情思”二字确实十分紧要。作者和编者都在告诉我们，这篇文章不是一般的说明文，它有强烈的抒情性，又富有文化内涵，谈的是器物文化，就是“先人善于在功能与美感上做文章”，这正是本文的艺术个性所在。从执教老师确立的本堂课目标看，对此还是有一定自觉意识的，但在教学设计和实践中却暴露了游移不定的一面。教师过于关注关于屏风的知识、说明文的说明方法和技巧了，给人的感觉，本文的重点是在“知识”，而不是“诗意”。教师对这篇文章个性的理解，虽然注意到了其文化韵味，但是，在执教过程中有时把握不定，如学完课文后，设计了这样一个迁移性问题：说一说，我们生活中哪些器物能反射出传统文化的影子？引导学生想一想，还有什么类似的器物？学生的回答中，有纸扇、茶具、漆盒、刺绣、景泰蓝等，固然不错，但有学生还列举国画、盆景、剪纸、唐三彩等，显然这些是纯艺术品，而非“功能与美感相结合”的器物。其实作者在文中已指出，中国的屏风之所以富于文化内蕴，就因为它是实用性与艺术性并重，这反映了中国的民族文化特性——重视生活的艺术化。教师对学生的回答点头称是，并未指出其似是而非，这反映了教师对文章重点把握的某种偏差。

（4）把握教学重点与抓“文眼”

抓重点，还要善于抓课文的“文眼”。什么是“文眼”？我国晚清著名文论家刘熙载说过：“余谓眼乃神光所聚，故有通体之眼，有数句之眼，前前后后无不待眼光照映。若舍章法而专求字句，纵争奇竞巧，岂能开合变化，一动万随耶？”（《艺概·词曲概》）我们语文老师有句行话，叫作“扣词扣句”，但须知推敲词句也要立足文本整体，抓住“文眼”，就不能纠缠于枝节。《说“屏”》一课，教师要求学生探究：这篇说明文读起来为什么会这么优雅？学生回答说因为用了一些词，如“因地制宜”“伧俗”等等。教师很高兴，又进而引导学生注意“纳凉”“销魂”“点缀”“屏者，障也”“诚如是”等，指出用了很多具有特色的词来描述事物，这使得文章很有文采，但却放过了与全篇立意和个性相关的一些关键词句。我认为，从介绍屏风这种富有文化内蕴的器物看，关键句应该是“擅长做这种功能与美感结合的文章”；从作者对屏风抒发的感情看，关键句应该是“这是很有诗意的名词”

“其情境真够令人销魂的了”“便不禁心生向往之情”“可是总勾不起我的诗意”等。器物的客观特性与作者的主观感情的沟通，这便是此篇文章的灵魂、精神，这才是刘氏所谓“神光所聚”，才是“前前后后无不待眼光照映”之处，而在阅读中如果离开整体去扣枝节，就成了刘氏批评的“舍章法而专求字句”了。在此，我们再重温一下歌德在西方19世纪关于“分析法”与“综合法”的争论中阐发的如下观点，也许是不无益处的：“但是如果我想到的是一个活的东西，它有一种共同的灵魂（朱光潜注：生命）贯串到各个部分，是一种有机整体，那么我就不能用Komposition（法文‘构成’）这个词了……怎么能说莫扎特构成他的乐曲《唐·璜》呢？哼，构成！仿佛这部乐曲像一块糕点饼干，用鸡蛋、面粉和糖掺和起来一搅就成了！它是一件精神创作，其中部分和整体都是从同一个精神熔炉中熔铸出来的，是由一种生命气息吹嘘过的。”（《歌德谈话录》）

3. 紧扣文本与适度拓展

课程改革重视跨学科学习，打破学科之间的壁垒，但并不是要取消语文学科的独立性。例如新教科书较多地选入了科普文章，设计了一些跨学科的带有综合性的学习专题，这本来是一种创新，但同时也带来一个问题：其他学科的知识内容进入了语文课，语文课怎样上成语文课，而不是历史课、地理课抑或是物理课、生物课？

（1）拓展要立足文本

我认为，对语文课来说，它首先关注的是学生的情感的发展和思维能力的提高，最终落实于语言层面，而不是在语文课上学习其他学科的知识。拓展是必需的，但究竟主要是知识的拓展，还是情感和思维的拓展？如上《往事依依》这样一篇深蕴情感的叙事性文章，教师布置的作业，却是设计“于漪少年生活小档案”，内容包括姓名、性别、出生年月、兴趣爱好、少年时期难忘的事情。那么我们究竟是关注作者于漪其人的知识，还是关注作者在文中表现的感情?

还有，拓展要不要有个“度”?这在一些涉及其他学科知识的科普文章和说明文教学中，显得更为突出。如《说“屏”》一课，教师更关注有关屏风的知识的拓展，比如特意朗诵了另一篇介绍屏风的解说词，列举了各种器物，并采用多媒体手段展示了各种屏风的图像，于是不知不觉离开了文本，重点转移到了对屏风知识的介绍。

(2) 正确对待多媒体使用

这里就牵涉到多媒体手段的使用问题。许多教师问我们，究竟怎样使用多媒体，多用好还是少用好?我以为，关键在于多媒体手段对学生的文本阅读是起促进作用还是起干扰作用。多媒体使用的“度”就在这里。多媒体应该作用于学生的情感和思维，帮助学生揣摩文本，最终落实到学习语言、运用语言。音像有它的作用，比如可以调动学生的阅读兴趣，可以促进学生对语言的把握和理解。但使用不当反而会对文本阅读起干扰作用。在上《黄河颂》时，有多个环节使用多媒体，或播放音乐，或配上图片。如在进行朗读指导后，教师要求学生齐声朗读，这时配的歌曲却是《保卫黄河》，而不是《黄河颂》;而且，配的画是黄河源头、黄河壶口、兰州市的黄河母亲雕塑等，然后教师问学生：你们听到了什么?且不说朗读《黄河颂》歌词与所配的《保卫黄河》歌曲相互会发生干扰，所配的这些画面，其实许多学生并不了解（如兰州的黄河母亲雕塑)，教师又未做任何说明，画面一闪而过，这对学生理解课文内容文字表达并没有多大帮助，反而分散了学生的注意力，干扰了对文本的关注。《说“屏”》一课也有与此相同的问题。教师在课文范读时配上一首古筝曲，配以少量的屏风精品画面，制成课件播放，这应该说是恰当的。一则将各种形式的屏风直观展示给学生，再则可以创造一种古代文化的氛围，便于调动学生情感，进入课文阅读。但在下一个环节，教师却配乐朗诵另外一篇关于屏风的解说词，用了不少时间，就显得节外生枝了。还有，现在教师常常用多媒体替代板书，有时就掩盖了自己书写方面的不足，不能用优美的汉字书写给学生以示范；要求学生利用网络搜集信息资料，有些学生就从网上大量下载，交出厚厚一大沓文字和图像资料，却可能根本没有读过，这样使用现代手段，就不能真正实现拓展的目的。

4.“书声琅琅”与“鸦雀无声”

这次语文课改对朗读给予了高度的重视，教师满堂灌、用烦琐分析代替学生阅读的现象得到了遏制，语文课出现了“书声琅琅”的可喜景象。但也产生了另一种偏向，那就是用集体讨论代替学生个人阅读，用朗读代替默读。阅读教学既然要以个体活动为基础，我们就不可忽视默读的作用，要给学生通过个人阅读来充分品味、体验课文的时间和空间。

例如在《往事依依》一文教学中，执教老师注意了朗读，要求在朗读中品味文章蕴含的深情，接着就要学生讨论发言，但学生反应有点漠然，我看是因为没有自己默读品味的时间，讨论的心理准备不够，参与的程度当然也不够。这种用集体的朗读和讨论来代替每个学生个人默读的情形十分常见。《黄河颂》的教学也是如此，教师在集体朗读后就马上请同学们讲自己的感受，学生个人读的时间很短，然后就是个别朗读、集体齐读。在读完后就转入对朗读技巧的指导，要求学生掌握重音、语调、节奏等，结果一堂诗歌阅读课几乎变成了一次集体朗诵表演的排练课。由于没有充分的时间留给学生默读，学生处于消极被动的地位，技巧指导的效果明显较差。显然，朗读技巧的指导不能代替学生默读时的体验和品味。所以，我们在强调“书声琅琅”的同时，也不能忽视了“鸦雀无声”。语文课并不总是热热闹闹的，有时就需要让学生潜心读书、静思默想，有“沉浸浓郁，含英咀华”的充分时间和空间。

对广大语文教师来说，回归语文，练好“内功”，尽可能正确、到位地理解和把握文本，这是一道铁门槛。语文课程内容和方法的改革，都应该从这里出发，而不能离开这个起点。语文教师要成为文本作者的“知音”，首先不能仅仅依靠教学参考书，而应如古人所说“操千曲而后晓声，观千剑而后识器”（刘勰《文心雕龙·知音》），要多读古今优秀诗文。其次应该选读一些重要的美学和文艺学论著，注意提高自己的理论素养。教师自身积淀厚了，识理多了，视野宽了，立足点高了，既能宏观把握又能微观深入，语文阅读教学才能进入游刃有余的境界。

四、古诗词解读：语文教师面前的一道铁门槛

有人说中学语文课程不等于文学课程，但同样可以肯定的是，没有文学教育和审美活动，也就没有语文课程。其中，古诗词教学是一个难点。如果一个语文教师，能够从感性的、知性的、理性的多个思维层面，对古诗词作品进行解读，并把自己对作品解读的过程与结果转化成有既定目标的语文教学内容，同时选择恰当的方法，让学生也经历解读文本的过程，逐步培养和提高学生对古诗词的感受、理解、欣赏、评价等能力，他（她）就具备了非常重要的语文专业素养；若再能将提升这一修养作为自己终身的目标追求，就堪称优秀的语文教师。

1. 古诗词解读的立足点：过心

古诗词解读，有一个最基本的立足点，那就是“过心”。当年叶圣陶先生曾经提出过极富前瞻性的见解：“这心灵的发展便是国文教授的重要目的。”（《小学国文教授的诸问题》）确实，语文课程有一个极大的优势，即：在语文课堂上，实现学生的语言发展，与促进学生的精神成长，两者简直就是一种共生并进的关系。众所周知，教育的根本宗旨是立德树人，而“立人”的上策，是“过心”，也就是人们常说的潜移默化。师生一起细读文本、揣摩语言的过程，就是一个“过心”的过程，即潜移默化的过程。

2014 年教师节，习近平总书记来到北京师范大学，在谈到语文教材编写时精辟地指出：“古诗文经典已融入中华民族的血脉，成了我们

的基因。”我个人理解这句话，总书记不只是强调要多选些古诗文经典进入语文教材，更指出了此举对于语文教育的本质意义，那就是要让学生在学习祖国语言文字的同时，用中华优秀传统文化滋养他们的心灵，关注他们的精神成长。“血脉”，是民族精神血脉；“基因”，乃民族心理基因。所以德国著名教育家、语言学家洪堡特说：“民族的语言即民族的精神，民族的精神即民族的语言，二者的同一程度超过了人们的任何想象。”（《论人类语言结构的差异及其对人类精神发展的影响》）看来这一认识，古今中西，概莫能外。

文学是人学，是人心之学。美国著名作家福克纳在诺贝尔文学奖演说中庄严宣告：“人是不朽的，这并不是说在生物界唯有他才能留下不绝如缕的声音，而是因为人有灵魂。诗人和作家的责任就在于写出这些，这些人类独有的真理性、真感情、真精神。”在中国，对此有相似的表述，如清代学者刘熙载说：“文，心学也。”（《游艺约言》）“《诗纬·含神雾》曰：‘诗者，天地之心。’《文中子》曰：‘诗者，民之性情也。’此可见诗为天人之合。”（《艺概·诗概》）中国古诗词的艺术意境，说到底，就是以天人合一的宇宙观为根基的。

所以语文课程标准秉承“心灵发展”的宗旨，正确指出：“义务教育阶段的语文课程，应使学生初步学会运用祖国语言文字进行交流沟通，吸收古今中外优秀文化，提高思想文化修养，促进自身精神成长。”高中阶段，应“努力探索作品中蕴涵的民族心理和时代精神，了解人类丰富的社会生活和情感世界”。这些表述，正是顺应了“立人”必先“过心”这一教育规律，对我们确立古诗词解读的立足点，具有重要指导意义。

2. 古诗词解读的总要求：综合地感受

古诗词解读，有一个总体要求，那就是“综合地感受”。先说一个作品解读实例吧。某次我给中学语文老师做专题讲座，事后一位年轻的老师发来短信问询，我记录了我们之间的如下对话：

○方老师，我是受培训学员，我对语文教材中的一首古诗不甚理解，想请教你一下。宋代曾公亮有一首《宿甘露寺僧舍》："枕中云气千峰近，床底松声万壑哀。要看云山拍天浪，开窗放入大江来。"这首诗的第一句为什么说"千峰近"？还有最后一句"开窗放入大江来"怎么理解？

●这诗写的是在镇江北固山上甘露寺所见的景象。我觉得"千峰""万壑"是由长江波涛声引起的幻觉，不是写实，因为长江就在窗下，故说"近"。末句纯出于想象，不说我打开窗户看到大江，却说我把大江放进来，思路很别致，故是佳句。

○从高处看远远的低处，怎么能看到冲天巨浪？为什么说"放入"？

●你没有到过北固山甘露寺吧？此山不高，但很险，僧舍就凌空悬驾于江面之上，离下面的波涛确实近，故声音听得真切，在夜深人静时就容易产生幻觉。"放入"我已回答你，是主观设想，可以从中见出诗人开阔的胸襟气魄。

○……也许我太笨，一直理解不了。

●读诗要用形象思维，不能太理性化。东坡说"赋诗必此诗，定非知诗人"，就是此意。

○但我老是觉得，如果山高，那是写云，不是写水；如果山低，不是写云，那么水就不具备拍天浪的气势。

●须知这不是写实。

○即使是想象，也得有现实的基础吧？

●什么是写这首诗的现实基础？我认为就是诗人当时身临其境的独特感受。诗歌是高度主观化的，主要不是反映现实的。

○好的，谢谢方老师的回复。

从这次对话可以看出，这位年轻老师并没有完全摆脱她的困惑。这让我想起叶圣陶先生当年的教诲："文学这东西，尤其是诗词，不但要分析地研究，还得要综合地感受。所谓感受，就是读者的心与诗人的心起了共鸣，仿佛诗人说的正是读者自己的话，诗人宣泄的正是读者自己的情感似的。"（《叶圣陶谈读诗》）古诗词解读需要想象，需要联想，需要关注感性形象、具体情境，需要师生一起进入身临其境、感同身受的心理状态。这位老师缺的就是"综合地感受"这一环。

从叶老所说的"综合感受"出发，经过以意逆志、披文入情的功夫，我们才可以深契作品肌理，进入作者心灵，读出文学作品的深层意蕴。须知，文学作品，尤其是古诗词经典，其内在意蕴往往是多层次的，有语音节奏、文字含义、所反映的外部客观世界、所表达的主观思想感情等层次，而如波兰著名美学家英伽登所说："在某些很伟大的艺术作品中，有这样一个可以称为'形而上的品质'的层次，这一层可以体现出'崇高''光明''神圣''宁静''超凡''悲伤''恐怖''妩媚''迷人'等莫名其妙、难以言传的东西，一种洞然大开而又捉摸不定的东西。"（《对文学的艺术作品的认识》）用中国传统诗学的话语表述，就是宋代文学家梅尧臣所概括的两句话："状难写之景如在目前，含不尽之意见于言外。"能从综合感受出发，读出古诗词作品蕴含的言外之意，该是语文教师专业素养的重要表现。

但在语文教学中，只重视知性分析、抽象结论，似乎已成为一种常态。苏霍姆林斯基在谈到儿童语言学习中忽视感性和具体性、形象性的时候说："我真为孩子们痛心，词并没有带着鲜明的形象进入他们的意识；词从一朵散发着芳香、生气盎然的鲜花，变成了一片夹在书页当中的干枯叶片，只能使人从表面上回忆它的生气。"同样，古诗词解读如果不能从对诗歌所展现的意象、意境的感受入手，就等于站在艺术殿堂的门外，既没有登堂，更谈不上入室，前人所谓"隔靴搔痒"，所谓"无一语道着"，就是指这一情况。

3. 古诗词解读的真功夫：细读

古诗词解读，还应有沉潜含玩的细读功夫。唯有细读，方能"于无疑处生疑"，在别人以为没有问题的地方发现问题。譬如元代马致远的散曲名篇《天净沙·秋思》，要从内容方面理解，其主旨已于题目中表明，且用末句"断肠人在天涯"点醒，没有什么疑问。如从艺术方面理解，现在连小学生都会说，这首散曲的好处就是情景交融。"情景交融"已经成为语文课诗歌教学的一个标签化套语。因此，我们会把注意力放在曲子的前三句写景上，大谈九个意象的并置，如何构成一幅完整的视觉图景，借此传达出行旅者的秋日乡思。

然而，读了这首散曲，一是知道它表达的是"秋思"，二是得出"情景交融"的结论，是否就算真正理解了作品呢？不妨提出两个疑问：第一，难道作品中选择了一些具有季节特征的景物，采用了意象并置的组合方式，就能形成真正有艺术个性的意境吗？试看，元代著名曲作家白朴也有一首同调作品："孤村落日残霞，轻烟老树寒鸦，一点飞鸿影下。青山绿水，白草红叶黄花。"同样写秋天景物，同样用意象并置法，但把两首曲子对读时，却感到有不朽与平庸之别。这是什么原因呢？第二，前三句写景中，第一句"枯藤老树昏鸦"，和第三句"古道西风瘦马"，给人的感受是凄凉和萧飒，景物基调是一种冷色调；

中间第二句“小桥流水人家”，却给人温馨的感受，显然属于暖色调，这两种截然相反的景物怎么能组合在一起呢？如果这种组合是合理的，这个“理”又是什么呢？

我以为，解答这两个疑问的钥匙，既不在作品的前三句写景，也不在末一句直接抒情，恰恰在不太引人注目的第四句：“夕阳西下。”一般以为，这一句是承上启下的过渡句，上承前三句写景，下启末一句抒情，即由景语转到情语。若是从作品外在的线性结构理解，此说固然有些道理，但我们的理解不能仅止于此。因为前三句写景，得有“夕阳西下”的笼罩，方为活景；就像一位高超的大画家，当他在画布上画出了九种秋日景物的种种色彩，必会再在景物上勾勒出代表着夕阳余晖的一抹金色，这样画中的景物方能呈现统一性，构成完整而浑融的意境。白朴的作品画了那么多景物，缺少的正是这一笔，于是意境的高下立现。其次，按有的学者说法，在古人潜意识中，“夕阳”乃是古老的原型意象，它的内在意蕴是当归，所谓“日出而作，日入而息”，这已经成为一种集体无意识，故第一句和第三句写景，意味着游子日夕而不能归乡；第二句“小桥流水人家”却渲染了家庭团圆的美好场景。正是在“不归”与“已归”的交集上，前后两组景物构成了“相反而相成”的艺术境界，也水到渠成地逼出了游子的一声长叹：“断肠人在天涯。”如此看来，“夕阳西下”在全篇中真可谓是神光所聚、通体照映的“曲眼”，岂可小觑！

细读并不是只关注作品的词和句，必须先有整体的感知，然后揣摩遣词造句，抓住关键词、关键句，最终还是要回到对整体意境的穿透性把握。美学家宗白华在《美学散步》中谈到艺术意境的特征，是“以宇宙人生的具体为对象，赏玩它的色相、秩序、节奏、和谐，借以窥见自我的最深心灵的反映；化实景而为虚境，创形象以为象征，使人类最高的心灵具体化、肉身化”。而中国古典诗歌的意境，“不是一个单层的平面的自然的再现，而是一个境界层深的创构。从直观感相的摹写，活跃生命的传达，到最高灵境的启示，可以有三层次”。这样穿透性的古诗词解读能力当然不可能一蹴而就，所以我说这是语文教师面前的一道铁门槛。

五、古代诗词教学新视野

中国古代诗词教学中长期流行的思想—艺术、内容—形式两分法，造成一种僵化模式。如何求得古诗词教学的突破？

我们广大语文教师应该注意到《普通高中语文课程标准（实验）》（以下简称“标准”）中关于阅读与鉴赏的目标表述，有明显不同于以往的要求：“努力探索作品中蕴涵的民族心理和时代精神，了解人类丰富的社会生活和情感世界。”标准在“教学建议”中又指出：“阅读文学作品的过程，是发现和建构作品意义的过程。作品的文学价值，是由读者在阅读鉴赏过程中得以实现的。文学作品的阅读鉴赏，往往带有更多的主观性和个人色彩。应引导学生设身处地去感受体验，重视对作品中形象和情感的整体感知与把握，注意作品内涵的多义性和模糊性，鼓励学生积极地、富有创意地建构文本意义。”

下面，就古诗词的教学提出一些不同于以往分析套路的切入点，希望对课改的此种导向有一些实践层面的启发。

1. 意象与意境

（1）关于意象

诗词中的意象，是作品的基本艺术细胞，它是情与景、心与物的统一体，即主观的“意”与客观的“象”的有机融合。因此，从意象入手分析古代诗词是一种较切近诗词艺术本体、领略其美感的方法。在西方，还产生了一种专门的批评方法——意象批评。这里，我们不想一般地介绍有关意象的种种理论观点，而是结合具体诗词作品，来看意象运用和组合在中国古代诗词创作中的一些突出表现。

(2) 原型意象：以《君子于役》为例

“原型”一词起于文学人类学，在每一个人的无意识深处都沉积着人类世代经验的记忆，就是集体无意识形成的“原始心象”。原型常保留在神话、宗教、民间传说中，它可能是题材、形象、细节、情节或人物等等。在我国最早的诗歌总集《诗经》中，就保留着一些有原型意义的意象。人们一般认为《诗经》中的民歌产生于西周初期至春秋中叶，然而，在文字产生之前，一些民歌可能就已在口头上流传，只是把它们记载下来是在文字出现之后，也就是说，《诗经》中的民歌是上古时代长期积淀的产物，其所反映的古代物质文化、制度文化和精神文化的内涵，是非常丰富而复杂的。

这里重点说一说《君子于役》：

君子于役，不知其期。曷至哉？
鸡栖于埘，日之夕矣，羊牛下来。
君子于役，如之何勿思！

君子于役，不日不月。曷其有佸？
鸡栖于桀，日之夕矣，羊牛下括。
君子于役，苟无饥渴！

这首诗的妙处，是将女子怀人的场景安排在黄昏时分：“鸡栖于埘，日之夕矣，羊牛下来。君子于役，如之何勿思！”诗的末句，如译成现代白话，相当于刘半农作的歌词“教我如何不想他”。中国人的普遍心理，认为日夕乃当归之时，所以许多文学作品写离别怀思都以黄昏为背景，形成了“暝色赴春愁”（唐·皇甫冉《归渡洛水》）的固定意象。汉代司马相如所作的《长门赋》有云："日黄昏而望绝兮，怅独托于空堂。"晋代潘岳《寡妇赋》中也有与之相仿佛的情境："时暧暧而向昏兮，日杳杳而西匿。雀群飞而赴楹兮，鸡登栖而敛翼。归空馆而自怜兮，抚衾裯以叹息。"

正是由于此种情形的存在，清人许瑶光在《雪门诗钞》卷一《再读〈诗经〉四十二首》中谈读后感想云：

鸡栖于桀下牛羊，饥渴萦怀对夕阳。
已启唐人闺怨句，最难消遣是昏黄。

说明唐代诗词中写闺怨的作品多选择黄昏背景。事实上，围绕着"日夕当归"这一原型意象，后世形成了一个由相同意象衍生出来的作品链条。白居易《闺妇》诗云："斜凭绣床愁不动，红绡带缓绿鬟低。辽阳春尽无消息，夜合花前日又西。"此诗被明代评论家胡应麟推为"中唐后第一篇"；韩偓《夕阳》诗也说："花前洒泪临寒食，醉里回头问夕阳。不管相思人老尽，朝朝容易下西墙。"最有名的是托名李白所作《菩萨蛮》词：

平林漠漠烟如织，寒山一带伤心碧。暝色入高楼，有人楼上愁。
玉阶空伫立，宿鸟归飞急。何处是归程？长亭更短亭。

词写女子怀人，登楼眺望，就在"暝色入高楼"的黄昏时分。与之有异曲同工之妙的是温庭筠最负盛名的小令《梦江南》：

梳洗罢，独倚望江楼。过尽千帆皆不是，斜晖脉脉水悠悠，肠断白蘋洲。

在这首词中，背景"寒山"改成了水边，登临之处"高楼"改成了"望江楼"，但女子的情思未变，尤其是词中最关键的意象未变，仍是那恼人的黄昏，不过，“暝色”这一概括的交代，已具体化为“斜晖脉脉水悠悠”这样一种因情景之间水乳交融而更具神韵的词句了。这里值得一提的，还有元代曲家马致远的散曲名篇《天净沙·秋思》：

枯藤老树昏鸦，小桥流水人家，古道西风瘦马。夕阳西下，断肠人在天涯。

对这支曲，论者过去多津津乐道于前三句鼎足对，对得如何如何工整；曲中不用虚词，选择有特征性的九种景物并置在一起画出了一幅“秋景图”，但忽略了接下来一句：“夕阳西下”。这一句的作用不仅是在于它是写景（前三句）与抒情（末句）之间的过渡，更在于它使前三句所并置的景物，被涂上了一层夕阳的色彩，笼罩在了黄昏这一氛围之中；“夕阳西下”决不只是交代了抒情主人公产生“秋思”的时间，而尤其在于日夕而不得归，故令人“断肠”。正由于这一句，全曲意境才形成了一个统一的整体。（这一部分参考了钱锺书先生《管锥编》的有关观点）

（3）意象叠加：以姜夔《扬州慢》为例

诗词创作的艺术构思过程，实际上就是把客观物象加以主观化、心灵化的过程，我们一般称之为“意象经营”。意象的组合方式，最常见的有并置、跳跃、相交、叠加等，下面，我们不妨选择南宋词人姜夔的名作《扬州慢》，下一番细读的功夫，通过分析意象叠加在作品中的具体运用，可能会对这首词的艺术价值刮目相看。

淮左名都，竹西佳处，解鞍少驻初程。过春风十里，尽荠麦青青。自胡马窥江去后，废池乔木，犹厌言兵。渐黄昏，清角吹寒，都在空城。

杜郎俊赏，算而今、重到须惊。纵豆蔻词工，青楼梦好，难赋深情。二十四桥仍在，波心荡、冷月无声。念桥边红药，年年知为谁生？

《扬州慢》词前小序说“感慨今昔，因自度此曲，千岩老人以为有《黍离》之悲也”，于是有人据此得出结论说，这首词是运用了今昔对比的表现手法，以扬州过去的繁华来反衬今日的荒凉，从而表达了词人的国破家亡之感。不过我总觉得这样解读此词，对作品表现手法和意蕴的理解还没有真正到位。如果运用意象分析的方法，对词中出现的意象类型、意象组合的方式以及由此产生的艺术效果进行一番分析，可能更能把握。

作品中出现的意象几乎都是描绘扬州的，可以分为两类：一类是属于“昔”的，可称为历史意象；一类是属于“今”的，可称为现实意象。历史意象是用来表现追念往昔扬州风貌和词人感受的，如“淮左名都”“竹西佳处”“春风十里”“杜郎俊赏”“豆蔻词工”“青楼梦好”“二十四桥”“桥边红药”等。现实意象是用来表现词人今日游览扬州的见闻和感受的，如“荠麦青青”“废池乔木”“清角吹寒”“都在空城”“重到须惊”“难赋深情”“波心荡、冷月无声”“知为谁生”等。这是词人为“感慨今昔”这一写作动机而精心选择的两类意象。

这两类意象之间是什么关系，也就是说，历史意象与现实意象是用什么方式组合起来的呢？是“昔”与“今”对比，用“昔”来反衬“今”？似乎是这样，因为昔日扬州的繁华与今日扬州的萧条确实在意义表达上构成对比关系，但不仅仅是这样。对比可以理解为是相异或相反的意象在同一个意义层面上的横向并置，如“朱门酒肉臭，路有冻死骨”，“战士军前半死生，美人帐下犹歌舞”，“落花人独立，微雨燕双飞”（晏殊），而《扬州慢》词意象的组合并非采取这种方式。对比也可以理解为“感今”与“抚昔”的交织，所谓交织，应该是一忽儿写历史，一忽儿写现实让“昔”与“今”两幅画面做交替的描绘、错综的表现，而《扬州慢》也不尽然。

我认为，这首词中的“昔”与“今”，即历史意象与现实意象，是这样一种关系：对今日扬州现实场景的描绘，几乎无不是以扬州历史上曾经有过的繁华作为依托，也就是现实意象的历史指向性非常明显；词人所选择的历史意象，又几乎都是特定人物（晚唐风流诗人杜牧）的特定感受（杜牧流传于世歌咏扬州的名句），这些感受与词人此时此地游览时的情感体验密切相关。换言之，写“今”时寓有“昔”，写“昔”时寓有“今”，在对扬州今日的荒凉萧条进行描绘的同时，处处又叠印上了扬州往昔的历史盛况。所以，这首词中的意象组合，是采取了将同一空间（扬州）、不同时间（今与昔）的意象叠加在一起的方式，使历史与现实两幅画面重叠映现。这就像电影蒙太奇的一种组合方式：把表现过去与表现现在的两个镜头交相叠印，构成特殊的电影语言，用来呈现本来很难言传的跨越时空的人物心理活动。为什么词人要采用意象叠加的方式？这有他的创作心理依据。姜夔写这首词是在22岁，正当风华正茂的青年时期，这是充满幻想、追求、憧憬的年龄段。姜夔在此前随父、姐久居汉阳，这可以说是他第一次离家出游，出于他对扬州盛名的向往。古人有“腰缠十万贯，骑鹤上扬州”的美谈，对“落魄江湖载酒行”的风流才子杜牧，他早怀有敬羡之情，常在诗词中用来自比，在他看来，扬州的繁华与杜牧的风流是不可分的。谁知，当他满怀兴奋与期待来到扬州，所见所闻却无不触目惊心，于是，在他的大脑屏幕上，原来储存的杜牧诗句所展现的繁华景象，与亲眼所见的现实场景便重叠了起来，正是在这种“今”与“昔”之间巨大反差的刺激之下，“予怀怆然”，“《黍离》之悲”油然而生。

请看："淮左名都，竹西佳处"，点明扬州是著名旅游胜地，而句意就来源于杜牧诗句"谁知竹西路，歌吹是扬州"，属于历史意象。接下来一句"解鞍少驻初程"是现实意象，交代自己来到扬州，于是在交代行程这一点上，历史与现实重叠起来了。"春风十里"是历史意象，源于杜牧对扬州繁华的描绘（"春风十里扬州路，卷上珠帘总不如"），"荠麦青青"是现实意象，词人用"过……尽……"这一句式，把昔与今两幅画面重叠在一起；下面写眼中所见的"废池乔木"，耳中所闻的"清角吹寒"，这些从各种角度渲染"空城"被金兵洗劫后造成的荒凉的现实意象，都与"春风十里"的往昔繁华构成了重叠关系。

"杜郎俊赏，算而今、重到须惊"，承上启下，"杜郎"当然是指杜牧，但也可看作是词人自喻。在意思表达上，这两句也包含了历史与现实两个方面：历史上，杜牧在此落魄艳游，留下不少风流诗篇，如"娉娉袅袅十三余，豆蔻梢头二月初"（《赠别》），"十年一觉扬州梦，赢得青楼薄幸名"（《遣怀》），所以说"豆蔻词工，青楼梦好"，这应该是历史意象，但这两句的意义指向却是现实——"难赋深情"，意思是杜牧见到今日扬州的破败也潇洒不起来了。最典型的历史意象与现实意象叠加的句子，是最后四句。二十四桥是扬州著名景观，当年有美人在桥上吹箫的优美传说，杜牧句云"二十四桥明月夜，玉人何处教吹箫"，令人神往；如今，名桥仍在，玉人不见，只剩下"波心荡、冷月无声"的凄凉景况。末两句是虚拟设想，而不是写实，往昔的桥边红药见证了扬州的繁华，而今任花开花落，无人怜爱欣赏，两层意思重叠在一起，写足了扬州这座"空城"的冷落萧条，也写足了词人心中的无限伤感。

综合起来看，意象叠加产生的效果，是形成"视觉和弦"。意象派理论家赫尔姆说："两个视觉意象形成一个可称之为视觉和弦的东西。

它们联合起来暗示一个不同于两者的新的意象。”在这首《扬州慢》词中，除“清角吹寒”是听觉意象外，其他均属视觉意象。词中所引杜牧的诗句，传达的是繁华、是锦绣、是温馨、是风流，眼前所见的扬州现实场景，则显得荒凉、寂寞、清寒、萧条，（同一空间、不同时间）当两者重叠在一起的时候，就产生了“视觉和弦”，它既超越了杜牧诗句本来的意义，又透过了词人对扬州的直观感觉的层次，暗示出丰富的言外之意。

（4）意境的鲜明与朦胧

意象的组合构成诗词的意境。一般认为，意，是诗人要表达的思想感情；境，是诗人所描绘的客观景物，主观的思想感情与客观的景物之间有机融合成一个统一体，境中有意，意中有境，就是诗歌的意境。按王国维的分析，意境大致有三种类型：一种他称为“境余于意”，偏重于对景物的客观再现；一种他称为“意余于境”，偏重于对主观情思的表现；还有一种叫作“意境两浑”，景物与情思、主观与客观浑然一体，难分彼此，达到了水乳交融般的和谐统一。（见《人间词话·附录》托名樊志厚《人间词甲稿序》）就诗词的意境鉴赏而言，王氏所论不失为一条较易掌握的思路。这里，我们想换一个角度，谈谈王氏提出的“隔”与“不隔”之说与诗词意境的关系问题。

刘勰《文心雕龙·隐秀》论“隐”与“秀”：

隐也者，文外之重旨者也；秀也者，篇中之独拔者也。隐以复意为工，秀以卓绝为巧。……夫隐之为体，义主文外，秘响旁通，伏采潜发。

“重旨”“复意”，都是指文辞中没有明说的一层意思。张戒《岁寒堂诗话》引刘勰云：“情在词外曰隐，状溢目前曰秀。”欧阳修《六一诗话》引梅尧臣云："必能状难写之景，如在目前；含不尽之意，见于言外。"前者即"秀"，后者即"隐"。在我看来，"秀"就是鲜明之美，"隐"就是朦胧之美。

王国维将意境的朦胧与鲜明称为"隔"与"不隔"。《人间词话》是极力称赏鲜明之美的，因为这样的作品"语语如在目前"，贬低朦胧之美，斥之为"隔雾看花"。所以他比较北宋词人周邦彦与南宋姜夔等词人的高下说：

美成《青玉案》词"叶上初阳干宿雨，水面清圆，一一风荷举"，此真能得荷之神理者。觉白石《念奴娇》、《惜红衣》二词，犹有隔雾看花之恨。

白石写景之作，如"二十四桥仍在，波心荡、冷月无声""数峰清苦，商略黄昏雨""高树晚蝉，说西风消息"，虽格韵高绝，然如雾里看花，终隔一层。梅溪、梦窗诸家写景之病，皆在一"隔"字。北宋风流，过江遂绝，抑真有风会存乎其间耶？

问"隔"与"不隔"之别，曰：……语语都在目前，便是不隔。

王国维推崇五代北宋小令，主生香真色，语语如在目前，反对用代字、用典故，喜欢将镜头拉近式的写景，如"红杏枝头春意闹""云破月来花弄影"（赞为"境界全出"）之特写，不喜欢将镜头推远式的写景（如山水画中的烟水迷离之景），于是称之为"隔"。但正如宗白华先生《论文艺的空灵与充实》一文所说，"隔"的意境具有很高的审美意义：

所以美感的养成在于能空，对物象造成距离，使自己不沾不滞，物象得以孤立绝缘，自成境界：舞台的帘幕，图画的框廓，雕像的石座，建筑的台阶、栏干，诗的节奏、韵脚，从窗户看山水、黑夜笼罩下的灯火街市、明月下的幽淡小景，都是在距离化、间隔化条件下诞生的美景。……风风雨雨也是造成间隔化的好条件，一片烟水迷离的景象是诗境，是画意。……董其昌曾说："摊烛下作画，正如隔帘看月，隔水看花！"他们懂得"隔"字在美感上的重要。

"隔"，既可看作是一种朦胧之美感，而宗先生说的"距离化""间隔化"，非常接近西方文艺中运用的间离手法，"隔"正是指运用间离手法产生的效果。

西方戏剧理论中的间离手法，是指把观众从不自觉的介入与体验状态中唤醒过来，以清醒的头脑对戏剧表现的事物进行理性的分析和判断。其方式是在角色与观众的感情交流上设置种种障碍，堵住感情的交流，故常常采取第三人称叙述，或采用过去时态，达到"理性的激动"。

（5）从间离效果看苏轼《念奴娇·赤壁怀古》

借用这一层意思，分析古代诗词的意境，我觉得也有相仿佛的情况。也就是当诗词作者在观照自然、社会、人生的时候，与对象保持一定距离，采取一种超脱的态度，就可能构成"清空"意境，产生特殊的艺术效果。这里，我想借鉴这个分析角度，重新解读一下苏轼的名作《念奴娇·赤壁怀古》。

大江东去，浪淘尽，千古风流人物。故垒西边，人道是，三国周郎赤壁。乱石穿空，惊涛拍岸，卷起千堆雪。江山如画，一时多少豪杰。

遥想公瑾当年，小乔初嫁了，雄姿英发。羽扇纶巾，谈笑间，樯橹灰飞烟灭。故国神游，多情应笑我，早生华发。人生如梦，一尊还酹江月。

关于这首词，历来存在两个有争议的问题：第一，词作的主旨，有人说“人生如梦”云云充溢了消极思想，有人则说苏轼表达了一腔报国疆场的热忱，就说主旨是积极进取的，到底如何评价？第二，关于词作的地点和人物，都存在疑惑，词人面对的明明是黄州的赤鼻矶，而且在《与范子丰书》中说“传云曹公败所，所谓赤壁者，或曰非也”，那么为什么要将错就错地把这里当作三国古战场，说“三国周郎赤壁”？中心人物周瑜的身世也有误，小乔嫁给周瑜史有记载，在建安四年（199 年），赤壁之战在建安十三年（208 年），词人为什么要无视两人结婚近十年的事实，而说“小乔初嫁了”？其实这都是苏轼“别有用心”的安排，也可以说，没有这“别有用心”，就没有文学，没有这首千古绝唱。

开头两句给人的感觉是突兀而起，有高屋建瓴、笼罩一切的气势，仿佛词人面对江山占据的是一个地理上的“制高点”。但去过黄州赤壁的同志都知道，赤鼻矶不过是个矮土丘。所以这个制高点，并非是地理上的，而是心理上的。这是词人的心灵之眼选择的一个最佳观照视角，可以俯视自然，也俯视历史，摆脱时间上和空间上的局限，让自然、历史和自己建立起一种心灵上的联系，就是具有审美意义的联系。所以，上阕的写景，其目的决不是仅仅为了表现江山的雄奇和壮美，词人必须使眼前景物离开它的实际形相（面貌），让读者摆脱寻常的感受方式，以富有刺激解读欲望的提示，引起读者的审美注意。“人道是”三字，就是词人的有意提示。它的作用，在于抹杀眼前景物的客观实在性，使江山景物似真似假，拉开读者与景物的真实距离，通过“乱石穿空，惊涛拍岸，卷起千堆雪”这样十分夸张虚拟的描写，渲染了一种力度，也就是大自然足以“浪淘尽，千古风流人物”的伟力。其中表达的是一种超越性的空间意识。

同理，下阕的怀古，也决不是单纯为了歌颂历史人物周瑜的英雄业绩。词人有意用“遥想”二字提起，拉开读者与古人的时间距离，人物的事迹同样被作者虚化了，“小乔初嫁”与“谈笑破敌”时间尽管相隔近十年之久，但不妨暂时组合在同一时间发生的事件中，因为词人所要传达的，无非是一种自然永恒、功业易逝的历史意识。

写自然，写古人，既然都不是目的，那么词人的意旨何在呢？我认为，是为了表达人生感受。人生感受是很虚的、很曲折的、很难用文字直接表现的东西。元丰二年（1079 年）“乌台诗案”后，苏轼贬官黄州，死里逃生，不免对人生有透过一层的更深沉的思索。当他漫步大江边，见江水滔滔东去，显示着荡涤一切的伟大力量；当他想到风流倜傥、年轻有为的周瑜，当年雄姿英发，如今看来也不过是过眼烟云，而自己年近五十，四处奔波，劳形伤神，以致华发早生，这岂不是在自作多情么！“多情”者，是词人自嘲之语，意思是过去太执着于政治、执着于名利，这实际上是苏轼非常可贵的自审和反思心态的表现。当苏轼在时空交织的宏大背景上抒发这种人生感慨的时候，里面包含着多少幽愤和怅恨啊！

这样的人生感受，凝结为“人生如梦，一尊还酹江月”两句，难道可以用简单的“积极”和“消极”这两分法来对待吗？这是苏轼反思人生的哲理化结论。他将自然、历史与自己的人生相联系，反复咀嚼人生况味，对此茫茫，百感交集，就如他的诗句说的，“回首人间忧患长”，于是发为“人生如梦”的浩叹，其中有对残酷党争的鄙弃，有对宦游生涯的厌倦，有摆脱名缰利锁的强烈愿望，有对忧患心情的自我消解，对心灵创伤的抚慰，对精神解脱的向往……同时，“一尊还酹江月”，可能还有“江畔何人初见月，江月何年初照人？人生代代无穷已，江月年年只相似。不知江月待何人，但见长江送流水”（张若虚

《春江花月夜》）的惆怅迷惘，有“对酒当歌，人生几何？譬如朝露，去日苦多”（曹操《短歌行》）的遗憾和喟叹，有“古人今人若流水，共看明月皆如此。唯愿当歌对酒时，月光长照金樽里”（李白《把酒问月》）的强作慰藉、自我排遣。江月相印，还是佛经中的常见意象，包含了丰富的禅意呢。前人评论这首词“语意高妙”（宋·胡仔《苕溪渔隐丛话·前集》卷五十九）、“语语高妙闲冷，初不以英气凌人”（明·沈际飞《草堂诗余正集》卷四），恐怕就是有见于其词的丰富意蕴而做出的风格把握吧。

2. 母题与意蕴

（1）关于母题和意蕴

在语文教学中分析诗歌作品，我们往往习惯于从作品的活生生的内容和形式中概括出理性的、抽象的“中心思想”或“主题思想”，再加以模式化的表达，似乎这样概括出来的抽象判断就是作品的意蕴。这种意蕴分析的教条化、图解化倾向，热衷于指向作品的社会政治意义。文学作品的意蕴，有社会的、政治的、道德的意义，有现实的、历史的意义，也有心理的、情感的意义。从作家主体而言，作品中的意蕴，乃是其思想、意识、情感的综合体，往往具有多义性、模糊性的特点；加上诗歌语言常常是多义的，具有不确定性，这正是古代诗歌作品令人寻索不尽的艺术魅力之所由来，所以黑格尔说，“意蕴总是比直接显现的形象更为深远的一种东西”（《美学》第一卷）。

在文学作品中，有一种单一要素，如常规的情景、旨趣、事件、人物，甚至是不断出现的意象，都可以作为扩展叙事、形成新的文学作品的基础，称为母题。它比一般所说的主题更基本、更有生成性。不少文学作品的意蕴，其实就是同一母题的不断创新、演变，这样就在文学史上形成了一条生生不息的“作品链”。对“作品链”的考察，正是我们解读诗词时容易忽视的一种视角。下面，我们从中国古代诗词中选出两个母题做一解读。

(2) 采桑女母题的历史演变

在《诗经》的《豳风·七月》中，可见当时的人身依附关系，农奴女子的人身自由得不到保障，随时担忧受到奴隶主子弟的“性骚扰”：

七月流火，九月授衣。春日载阳，有鸣仓庚。

女执懿筐，遵彼微行，爰求柔桑。

春日迟迟，采蘩祁祁。女心伤悲，殆及公子同归。

在春天的日子里，天上的太阳照在身上暖洋洋的，黄鹂鸟在树上宛转啼鸣，一个年轻女子一边采着桑叶，一边却忧心忡忡，原来她正在担忧“公子”来强抢呢。这里存在着一个古老的文学母题，就是采桑女的故事。《大戴礼记·夏小正》云：“二月……绥多士女。……采蘩。……有鸣仓庚。”其描绘的情景，仿佛就是出于上述《七月》的描写。据前人注，“绥”是安的意思，春二月正是“冠子（成年男子）取（娶）妇时也”。看来，这里隐藏着古代的一种风俗。那么，我们引述战国时作家宋玉的《登徒子好色赋》中的一段描写读一读吧：

是时向春之末，迎夏之阳。

鸧鹒喈喈，群女出桑。

此郊之姝，华色含光，

体美容冶，不待饰装。

时间也是在二、三月间，春光也与《七月》所写相仿佛，在这样的背景中出现了一群采桑女，她们其实不是为了采桑，似乎专为展示自己美丽的服饰和容貌，原来，其目的本就是让有身份、地位的男子“观其丽者”。清代学者俞樾认为这是古代的一种风俗：“齐之社如宋之桑林，所以聚男女而游观者也。”（杨伯峻注《左传》引）

无独有偶，在旧题汉代刘歆的《西京杂记》卷六，以及同为汉代文献的《列女传》卷五中，记载了“秋胡戏妻”的故事，秋胡的妻子也是一个采桑女：

鲁人秋胡，娶妻三月而游宦，三年休，还家。其妇采桑于郊，胡至郊而不识其妻也，见而悦之，乃遗黄金一镒。妻曰：“妾有夫游宦不返，幽闺独处，三年于兹，未有被辱于今日也。”采不顾，胡惭而退。至家，问家人妻何在。曰：“行采桑于郊，未返。”既还，乃向所挑（调戏）之妇也。夫妻并惭，妻赴沂水而死。

这不是“殆及公子同归”母题的叙事式展开吗？那么，在诗歌中有没有采桑女这样的人物呢？众所周知，有一首同样产生于汉代的乐府诗《陌上桑》：

日出东南隅，照我秦氏楼。
秦氏有好女，自名为罗敷。
罗敷喜蚕桑，采桑城南隅。
…………

据郑樵《通志》记载，以《陌上桑》为题的乐府诗本有两首：一首又名《艳歌罗敷行》，咏罗敷故事，即本篇；另一首又名《秋胡行》，咏的就是秋胡故事。秋胡妻与秦罗敷的身份相同，都是采桑女，所以都可以《陌上桑》为题。晋·崔豹《古今注》云：“《陌上桑》者，出秦氏女子。秦氏，邯郸人，有女名罗敷，为邑人千乘王仁妻。王仁后为赵王家令，罗敷出，采桑于陌上，赵王登台，见而悦之，因置酒欲夺焉。罗敷巧弹筝，乃作《陌上桑》之歌以自明，赵王乃止。”《陌上桑》之后，乐府古题有《采桑》《艳歌行》《罗敷行》《日出东南隅行》《日出行》等名目，皆出于此。后人以《陌上桑》为题的诗歌，往往将秋胡故事与罗敷故事相连，如王筠：“秋胡始停马，罗敷未满筐。”李白：“使君且不顾，况复论秋胡。”

但过去，我们用阶级斗争的眼光解读这首诗，认为秦罗敷是劳动人民的代表，她既勇敢又机智，终于战胜了统治阶级的代表——太守。于是，有人发出这样的疑问：一个劳动女子，难道可能有那样华丽的穿戴吗？其实，要知道，秦罗敷在汉代并不是一个女子的“专名”，而是一个符号性的“共名”。关于这一点，我们可以引用一个重要的旁证。《汉书·昌邑王传》：“严延年……女罗紨，前为故王妻。”据周寿昌《汉书注校补》说：“罗紨，即罗敷，古美人名，故汉女子多取为名。”可见，罗敷在汉代是普通百姓通过口耳相传，用民间歌谣的形式，共同塑造出来的一个理想中的美女形象，在今天，也可以叫她作“大众情人”吧。你看，她也出现在汉乐府诗《孔雀东南飞》中：“东家有贤女，自名为罗敷。可怜体无比，阿母为汝求。”我们可以说，“秋胡戏妻”和“罗敷拒载”这两个采桑女的故事，其源原来都出于《七月》“殆及公子同归”的母题。

(3)“在水一方”母题的中外联系

《诗经》中有的诗篇，其意蕴超越了古代生活、习俗、制度的层面，而直接指向一种古老的文化心理表现，值得我们重视其文化的价值。

我这里首先要说的是《秦风·蒹葭》：

蒹葭苍苍，白露为霜。所谓伊人，在水一方。

溯洄从之，道阻且长。溯游从之，宛在水中央。

蒹葭凄凄，白露未晞。所谓伊人，在水之湄。
溯洄从之，道阻且跻。溯游从之，宛在水中坻。

蒹葭采采，白露未已。所谓伊人，在水之涘。
溯洄从之，道阻且右。溯游从之，宛在水中沚。

一般认为，这是一首歌咏爱情的诗，有人称之为《诗经》中真正的“诗人之诗”，因为其含蓄朦胧的意境，为《诗经》中少有。这首诗中，包含着一个文学母题，即“在水一方”，或曰“秋水伊人”。

人们在解读这首诗时，往往都认定诗中的抒情主人公是男性，而他追求的对象则是一个美丽的女子。其实，就诗的本文来看，人物的性别本是含糊的，“伊人”，译成白话就是“那个人”，“伊”作为指示代词，应该并无男性与女性的区分。这首诗的意蕴不在于是男子追求女子，还是女子追求男子，而在于：这一男一女被河水无情地隔开了，于是造成了一种男女之间“可望而不可即”的态势。这才是“在水一方”文学母题的本质意蕴。颇有意味的是，男女双方被一水相隔这样一种态势，在其他文献中也出现过，如汉代经学家焦延寿，写过一部研究《易经》的著作，名《焦氏易林》，书中在解释《小畜》卦时，引用了一首四言诗：

夹河为婚，期至无船。
摇心失望，不见所欢。

这一首民歌式的小诗，咏唱的也是写男女被一水相隔，双方“可望而不可即”的心理！清代《诗经》学者陈启源在阐释《蒹葭》诗旨时说："夫说（悦）之必求之，然唯可见而不可求，则慕悦益至。"（《毛诗稽古编》）他准确地揭示了一种典型的心理状态，钱锺书先生称之为"企慕之情境"，我以为，其实就是人类普遍存在的一种理想与现实永远矛盾的悲剧心理。这种文化心理，在中外文学作品中都有演绎。如汉代无名氏所作《古诗十九首》中的《迢迢牵牛星》：

迢迢牵牛星，皎皎河汉女。
纤纤擢素手，札札弄机杼。
终日不成章，泣涕零如雨。
河汉清且浅，相去复几许？
盈盈一水间，脉脉不得语。

这首诗写牛郎与织女被一条银河生生隔开，"盈盈一水间，脉脉不得语"，"间"，读如去声，作动词用，间隔也。就是"在水一方"母题借用牛郎织女故事重新演绎的好例。我认为《迢迢牵牛星》一诗可视为《古诗十九首》的总纲，因男女一水间隔而引起的"泣涕零如雨""脉脉不得语"的感伤，具有一种总体性的象征意义，它集中表现了人的一生甚或人世间普遍存在的理想与现实的矛盾。《梦雨诗话》说："'一水间'可望不可即，此距离最妙；远则邈不可见，近则略无美感。'盈盈一水'遂成阻隔两情之象征；'不得语'谓眺望亦是一种语言。"一切牛郎织女为题材的诗，都可作如是观。如果推而广之，"在水一方"这一景象，也可以用一切实在的或者虚拟的间隔来取代。像唐代诗人李商隐的《无题》（相见时难别亦难）：

相见时难别亦难，东风无力百花残。
春蚕到死丝方尽，蜡炬成灰泪始干。
晓镜但愁云鬓改，夜吟应觉月光寒。

蓬山此去无多路，青鸟殷勤为探看。

在诗中，相思和别离，失望和希望，现实和梦境，多向错杂交织，情感回环往复，“侯门一入深如海，从此萧郎是路人”，在男女双方之间，“蓬山”就是难以逾越的间隔物了。

无独有偶，根据钱锺书先生的提示，西方浪漫主义文学也有这种“企慕之象征”。如意大利诗人但丁《神曲·炼狱篇》中有这样一个场景：

忽然瞥见一条小河挡住了我的去路，河中的细小的波浪使岸边生出的草向左倾斜。……我的脚步停下了，眼睛却越过小河去观赏彼岸万紫千红、美不胜收的花枝；正如某一令人惊奇得抛弃一切其他思想的事物突然出现一样，那里一位淑女独自出现在我眼前，一面走，一面唱着歌采集一朵一朵的花儿，她的路全由花绘成。……她亭亭玉立在河的对岸上微笑着，用手编她采来的这高地上无种子而生的各种颜色的花。这条河使我们相隔只有三步远；然而薛西斯（注：波斯王）渡过的赫勒斯滂托斯海峡（注：即达达尼尔海峡）——至今还是约束世人一切狂妄行动的缰绳——由于在塞斯托斯和阿比多斯之间（注：是海峡两岸相对之地）波涛汹涌而受到莱安德的憎恨（注：与其情人赫萝常在此相晤），都不比这河水由于当时不分开而受到我的憎恨更深切。

这种美人隔河而笑的形象，以及相去数步，如隔沧海的情景，岂非与《诗经》中的《蒹葭》也有相通之处？

《普通高中语文课程标准（实验）》要求在诗歌鉴赏时“注意从不同角度和层面发现作品意蕴，不断获得新的阅读体验”，在“教学建议”中又强调“注意作品内涵的多义性和模糊性，鼓励学生积极地、富有创意地建构文本意义”，这里为教师们提供的是一个观照的视角。

3. 独感与共感

我们广大语文教师应该注意到《普通高中语文课程标准（实验）》中关于阅读与鉴赏的目标表述，有明显不同于以往大纲的要求：“努力探索作品中蕴涵的民族心理和时代精神，了解人类丰富的社会生活和情感世界。”从“独感”与“共感”的关系入手，不失为解读古代诗词、提高鉴赏水平的一种思路。

俄国文论家别林斯基说过：“伟大的诗人谈着他自己，谈着我的时候，也就是谈着大家，谈着全人类。……人们在他的悲哀里看到了自己的悲哀，在他的心灵里认识到自己的心灵。”（《别林斯基论文学》）丹麦文论家勃兰兑斯也说：“个人的哀伤仅仅是全民族哀伤的一个象征而已，它所体现的是当时举世存在的苦难。”（《十九世纪文学主流》）美国符号学美学理论家苏珊·朗格所谓“艺术家表现的决不是他自己的真实情感，而是他认识到的人类情感”（《艺术问题》）的说法，也表达了大致相近的意思。他们论述的，概括起来其实就是“独感”与“共感”的关系。古代诗词中表达的意蕴，其情感品质和容量有高下、厚薄之分，深浅、大小之别。对诗词作品来说，“独感”是前提，没有从一己的独特经历和感受出发，作品抒发的情感必然是空泛无根的；但限于“独感”的作品，没有跳出个人生活和情感的小圈子，也难以在最大的程度上引起读者共鸣。所以独感只有指向共感，尽量提升为人类普遍共通的情感，才会具有非凡的动人力量，才能成为经典作品。经典作品，既有民族关怀，又有人类关怀；既有现实关怀，又有终极关怀。正是在这样的意义上，歌德说“优秀的作品无论你怎样去探测它，都是探不到底的”。下面，我们不妨从“独感”与“共感”的关系这样一个视角，来欣赏古代诗词所展现的深广意蕴。

（1）具有“诗史”价值的杜甫诗歌

杜甫诗，号称“诗史”，达到了生活真实与艺术真实的高度统一。肯定是表达了“共感”的。杜甫诗中的抒情主体，虽然不过是“小我”，但往往与民族、国家、人民融为一体，也就是“小我”融入了“大我”。如名篇《自京赴奉先县咏怀五百字》作于天宝十四载（755年）十一月，即安史之乱爆发前一个月，诗人从自己平生忧国忧民的怀抱写起：

杜陵有布衣，老大意转拙。许身一何愚，窃比稷与契。……穷年忧黎元，叹息肠内热。……生逢尧舜君，不忍便永诀。当今廊庙具，构厦岂云缺？葵藿倾太阳，物性固莫夺。

接着通过个人见闻来揭露统治者的荒淫：

凌晨过骊山，御榻在嵽嵲（注：高山）。……君臣留欢娱，乐动殷胶葛（注：意为响彻云霄）。赐浴皆长缨，与宴非短褐。彤庭所分帛，本自寒女出。鞭挞其夫家，聚敛贡城阙！

从而引出“朱门酒肉臭，路有冻死骨。荣枯咫尺异，惆怅难再述”这一令人警醒的重大主题。诗歌最动人处，是最后写自己家庭悲惨遭遇的一段：

老妻寄异县，十口隔风雪。谁能久不顾，庶往共饥渴。入门闻号咷，幼子饥已卒。吾宁舍一哀，里巷亦呜咽！所愧为人父，无食致夭折！

可贵的是，杜甫将“小我”融入“大我”，由“独感”指向“共感”，他在诗的结尾写道：

生常免租税，名不隶征伐。抚迹犹酸辛，平人固骚屑（注：意为百姓动荡不安）。默思失业徒，因念远戍卒。忧端齐终南，澒洞不可掇。

个人的身世遭遇，已完全融入人民群众的共同悲剧之中，写出了“山雨欲来风满楼”的时代特征。

杜甫诗歌，在艺术上善于刻画眼前真实具体的事物，用不露声色的写实手法，间接地表现内心感情的细微波澜。这可以说是体现了从“小我”写起的特点。但杜诗的写实逼真，并不等于就事论事，而是从小处、实处落笔，逐渐推广到有关国家人民命运的全局性问题。如《茅屋为秋风所破歌》，末段高吟：

安得广厦千万间，大庇天下寒士俱欢颜！风雨不动安如山。呜呼！何时眼前突兀见此屋，吾庐独破受冻死亦足！

你看这是何等广博的情怀！（这部分可与下面“李杜诗风比较”参看）

号称“诗史”的杜诗有此等胸襟怀抱，固不奇怪，但还有以下几类作品，为什么也具有引起千载而下读者共鸣的动人力量呢？

（2）写个人遭遇的陈子昂《登幽州台歌》

初唐诗人陈子昂，出身世家，从小有匡时济世的宏伟理想，因其政治见解和才华为武后赏识，也是武后的支持者。但由于他言多切直，屡屡碰壁，甚至因事被捕入狱。他曾两次从军边塞。武则天万岁通天元年（696年），契丹李尽忠、孙万荣叛变，陈子昂第二次随建安王武攸宜出征东北，参谋军事。武攸宜没有将略，又骄傲轻敌，前军很快失利，陈子昂积极进谏，自告奋勇“乞分麾下万人以为前驱”，但武攸宜认为他“素是书生，谢而不纳”。几天以后，他再次进谏，这下激怒了武氏，将他贬为军曹。于是，陈子昂满怀悲愤，登上蓟北楼，写下了这首《登幽州台歌》：

前不见古人，后不见来者。念天地之悠悠，独怆然而涕下。

全诗一共四句，几乎没有一个自然意象，主要是概括性很强的人事意象。我们既不能用“情景交融”之类的角度分析诗中的情景关系，也无法深挖其比兴象征意义。在写作此诗的同时，陈子昂还作了咏史诗《燕昭王》、《乐生》（乐毅）、《郭隗》，主题是共同的——表达怀才不遇的感慨。但唯有这首诗影响巨大，为什么？

按理说，诗的主要意思出自屈原《远游》：“惟天地之无穷兮，哀人生之长勤。往者余弗及兮，来者吾不闻。”阮籍《咏怀》诗中“去者余不及，来者吾不留”句意也与之大体相同，都表现了在失意境地中孤独寂寞、不为人知的情怀。如何使表现的情感超越一己之感受，达到普泛化而成为人类“共感”？我以为陈子昂采取了三个手段：

第一，将所缅怀的历史人物和他们的事迹抽象化。与他所写的其他几首登临怀古诗不同，诗中不出现燕昭王、乐毅、郭隗这些与幽州台有关的人物，也不歌咏“千金市骨”这样的历史事件，诗人在追念前贤时，只以“古人”一词概括之；用“前不见……后不见……”这样的句式，让“古人”与当今的“来者”之间构成一种时间上的巨大跳跃。

第二，用意象叠加手法，第三句，在邈远的历史（时间）上再叠加上“天地”（空间）这一意象，“悠悠”一词固然用来修饰“天地”，但我们何尝不能把它看成也用来修饰“古人”“来者”所代表的历史？如果比较一下诗人作于同时同地的几首咏史诗，会发现《登幽州台歌》不拘泥于一地之景物、一时之人事，而是极大地拓展了诗歌所歌咏的时间和空间，从而构成了广阔无垠的意境。

第三，将被抽象化的“古人”“来者”“天地”与抒情主人公相互映衬、对照。前者为静态意象、泛指意象，后者的情感表现“怆然涕下”为动态意象、特指意象。于是，在广阔无垠的背景上将一个“独”字分外地突出了——历史至久，天地至大，两者悠悠，而自我至为渺小，至为孤独，这正是抒情主人公强烈的悲剧性情怀，正是这种悲剧性情怀，深深震撼了世代读者的心灵，引起人们巨大的共鸣。这种“奔迸的表情法”（梁启超《中国韵文里头表现的情感》）所表现的“共感”，突然而起，戛然而止，故全诗虽然造语简约朴素，却具有悲壮、雄浑之美感。

（3）写君王爱情的白居易《长恨歌》

如果说，陈子昂是失意寒士的代表，其诗在古代易引起一般读书人的共鸣，那么白居易的《长恨歌》写的不过是一个昏庸君王与他妃子的故事，有何“共感”可言？

《长恨歌》的创作原旨出于诗人的政治理念：“惩尤物，窒乱阶，垂于将来。”（陈鸿《长恨歌传》）但在创作过程中，诗的创作原动力——情感，与政治理念发生了矛盾，最终政治理念的表达服从于情感的表现，故使得诗的主题呈现出复杂性。关于诗的主题，学术界有三说：一是“讽喻主题”说，认为是讽刺唐玄宗因重色而误国，对李、杨的荒淫生活做了暴露和批判。但此说对诗歌后半篇明显的同情和感伤情绪很难解释。二是“爱情主题”说，认为文学不能等同于历史，这是一个爱情悲剧故事，李、杨是文学作品中虚构的人物，作者对他们是抱同情态度的。但诗的前半篇毕竟写了“汉皇重色思倾国”“渔阳鼙鼓动地来，惊破霓裳羽衣曲”，又如何解释？于是有人提出了折中两者的“双重主题”说，认为讽刺与同情兼有，诗歌前半篇偏于讽刺，后半篇偏于同情；对李讽刺多一点，对杨同情多一点。其实，我们可以从这样的角度来探索：这首诗是如何摆脱“独感”的“羁缚”，而指向“共感”的?

首先，从诗歌的材料来源看，此诗的题材并不仅仅取自历史事实，甚至更多地来自民间传说。由于李、杨的特殊身份，历史事实也会被改造成为民间传说。在《长恨歌》写成之前，唐代民间已经流传着明皇悲念、方士寻觅、仙山问答、托寄信物等故事，这可参见陈寅恪先生的《元白诗笺证稿》，清代学者赵翼也认为是“时俗讹传，本非实事”(《瓯北诗话》)。原来，白居易是在民间传说的基础上塑造文学形象，这与历史原型人物显然不是一回事。

再从诗歌的情感加工过程看，由于人民群众对安史之乱的痛恨，在传说中对故事人物不免加以美化、理想化，就为故事和人物注入了同情因素：

六军不发无奈何，宛转蛾眉马前死。花钿委地无人收，翠翘金雀玉搔头。君王掩面救不得，回看血泪相和流。

蜀江水碧蜀山青，圣主朝朝暮暮情。行宫见月伤心色，夜雨闻铃断肠声。

这样，其爱情就超越了帝王与后妃的特殊性质，人物的思想感情被普泛化，李、杨爱情被表现得比较纯真。可以说诗歌揭示了“安史之乱”的政治悲剧与李、杨爱情悲剧之间的因果关系，从前半篇看，唐玄宗是政治悲剧的主要制造者，但从后半篇看，他已转化为自食其果的爱情悲剧的承担者，因而值得人们同情。陈寅恪指出：明皇、杨贵妃故事为唐人诗文常用题目，逐渐附会修饰，“曼衍滋繁，遂成极富兴趣之物语小说”。《长恨歌》开头隐去了杨玉环曾为寿王李瑁妃子的历史事实，说“杨家有女初长成，养在深闺人未识”，过去认为是白氏“为尊者讳”，看来不能完全看成是诗人的个人行为。实际上天宝十五载（756 年）“马嵬坡事变”发生时，唐玄宗已 72 岁，杨贵妃则 38 岁。诗中写“芙蓉如面柳如眉”，不过是诗人感情奔放的产物。在此之前，杨以女道士身份和太真妃名义与玄宗保持暧昧关系达八年之久，到天宝四载（745 年）才册封为贵妃。还有诗中不涉及杨贵妃与安禄山的瓜葛，也是诗人的一种纯净化处理。另外，可能李、杨故事中也有白氏本人爱情遭遇的投射，据说白氏早年与少女湘灵相恋，后忍痛分手。所以，当《长恨歌》末尾写道：

在天愿作比翼鸟，在地愿为连理枝。天长地久有时尽，此恨绵绵无绝期！

我们完全可以说这反映了人民群众和白居易本人对美好的爱情理想的追求，说这首诗写出了普天下人人皆会有的“共感”，也就可以成立了。

（4）写亡国之恨的李煜词

李煜在历史上不过是个亡国之君。宋开宝七年（974 年），宋太祖赵匡胤命大将曹彬讨伐南唐，第二年，南唐国都金陵陷落，李后主率领大臣肉袒投降。开宝九年（976 年）正月，后主与眷属数十人被押送到宋都汴京，穿白纱戴乌帽，在明德楼朝见宋太祖，封为违命侯。太宗赵光义即位后，李煜才被除去这一带有侮辱性的封号，加封陇西郡公。太平兴国二年（977 年），他在写给金陵旧宫人的信中说“此中日夕，只以眼泪洗面”。他写的《虞美人》词，有“小楼昨夜又东风”和“一江春水向东流”的句子，传到外面，太宗大怒。太平兴国三年

（978 年）李煜死，享年 42 岁。

李煜词的动人之处，王国维《人间词话》有很好的评论：“尼采谓：一切文学，余爱其血书者。后主之词，真所谓以血书者也。宋道君皇帝《燕山亭》词亦略似之。然道君不过自道身世之戚，后主则俨有释迦、基督担荷人类罪恶之意，其大小固不同矣。”李后主词是从一己的遭遇出发，却又能概括出、升华到人生悲欢离合这种具有普遍意义的情感，从个人情感中提炼出人类社会整体的情感价值，于是才会引起历代读者的共鸣，人们早把李后主亡国之君的特殊身份忘却了。“身世之戚”是“独感”，所以说“小”；“释迦、基督担荷人类罪恶之意”是“共感”，所以说“大”。

同样是亡国之君的北宋道君皇帝（宋徽宗赵佶），在被北掳的路上，写了一首《燕山亭·北行见杏花》：

裁剪冰绡，轻叠数重，淡著胭脂匀注。新样靓妆，艳溢香融，羞杀蕊珠宫女。易得凋零，更多少无情风雨。愁苦。问院落凄凉，几番春暮。

凭寄离恨重重，这双燕，何曾会人言语。天遥地远，万水千山，知他故宫何处？怎不思量，除梦里有时曾去。无据。和梦也新来不做。

虽然词中“天遥地远，万水千山，知他故宫何处”等语与李后主词的语意相同，也写自然景象，也写梦回故国，但写杏花、写双燕，景物具体，时空拘限，只让人感到他个人感叹盛时不再的酸楚，难引起人们心灵的沟通。这就只能做到“自道身世之戚”而已。

反观李后主的后期词，是人生已到绝路，在生命尽头创作的。词人已无生的留恋，早有死的准备。作品出于痛彻心扉的人生体验，长歌当哭，所以王国维说是“以血书者”。请看：

春花秋月何时了，往事知多少？小楼昨夜又东风，故国不堪回首月明中。　　雕栏玉砌应犹在，只是朱颜改。问君能有几多愁？恰似一江春水向东流。(《虞美人》)

林花谢了春红，太匆匆。无奈朝来寒雨晚来风。　　胭脂泪，留人醉，几时重？自是人生长恨水长东！(《相见欢》)

在艺术表现上，他不对身处的环境、周遭的景物做具体逼真的描绘，也就是抽去了作品情感、意象、时空的特定内涵，把它们普泛化，做到了情感的超越、意象的超越、时空的超越。他本来不过是个亡国之君，词中表达的无非是一个从占有（什么都属于他）到失去（什么都不再属于他）的绝望者的哀鸣，但他从人生悲欢离合的角度抒发情感，“春花秋月何时了，往事知多少”“问君能有几多愁？恰似一江春水向东流”“别时容易见时难”“自是人生长恨水长东”，这就做到了情感的超越。词中所用意象，如“故国”“雕栏玉砌”“无限江山”等，本来都有特定内涵，是指南唐小朝廷；但一旦这些特指意象与泛指意象、虚拟意象相结合，如“春花秋月”“小楼”“朱颜”“春意阑珊”“流水落花”“林花谢了春红，太匆匆。无奈朝来寒雨晚来风”等，意象的外延就具有了宽泛性，这就做到了意象的超越。词人还有意拉开时间、空间的距离和幅度，将过去与现在、白天与黑夜、天上与人间、梦境与现实对照，时而时间闪回，时而空间对比，这就增大了作品情感的容量，使他的哀愁显得好像充塞天地，无穷无尽一般，这种情形，我们称为时空的超越。由于这三个超越，使他的作品艺术概括性特别强，于是从独感指向了共感。

标准在“教学建议”中指出：“阅读文学作品的过程，是发现和建构作品意义的过程。作品的文学价值，是由读者在阅读鉴赏过程中得以实现的。文学作品的阅读鉴赏，往往带有更多的主观性和个人色彩。应引导学生设身处地去感受体验，重视对作品中形象和情感的整体感知与把握，注意作品内涵的多义性和模糊性，鼓励学生积极地、富有创意地建构文本意义。”本文所提供的浅见，希望对此种导向有一些实践层面的启发。

4．主旋律与多旋律

诗词的意蕴往往是十分丰富的，甚至是多义的。我们分析文学作品，常常用概括主题思想来表示对作品内容的理解，其实作家的思想倾向和感情十分复杂，有时很难做明确的概括。下面，以战争题材的诗歌为例，谈谈单一旋律、双重旋律和多旋律在诗歌中的呈现。

（1）单一旋律的战争诗

过去有一种误解，战争总是统治阶级的行为，是维护统治阶级利益的，因此对“反战诗”评价很高。但是，如从文化的角度看《诗经》，其中以战争为题材的诗歌存在着复杂的情况，未可一概而论。首先值得注意的，是表达爱国热情，写慷慨从军的诗，如《秦风·无衣》：

岂曰无衣？与子同袍。
王于兴师，修我戈矛。与子同仇。

岂曰无衣？与子同泽。
王于兴师，修我矛戟。与子偕作。

岂曰无衣？与子同裳。

王于兴师，修我甲兵。与子偕行。

诗中的“我”是个复数，意即“我们”，强调的是“同袍”“同仇”“同泽”“同裳”，面对着共同的敌人，把从军出征看成是公民的应尽义务，共同利益把他们集结在一起，持有集体的立场，诗的情绪中是没有个人命运的考虑的，可以说，在这类诗中，个人完全消融于集体之中了。这首诗就是古代的军歌，古代的“军队进行曲”，它可以起到凝聚人心、鼓舞士气的强大宣传激励作用。这样的诗歌，旋律愈单一，主题愈集中，态度就愈是明朗，诗歌就愈富有力度美。在后来的唐诗中，岑参的边塞诗更多地表现唐军的声威，洋溢着乐观主义的精神，即使是写景，也显得如此绮丽壮美、生气勃勃：“北风卷地白草折，胡天八月即飞雪。忽如一夜春风来，千树万树梨花开。”这类诗歌，可能更多地继承了古人尚武的观念。

《诗经》中的确也有表达反战情绪的诗，如《唐风·鸨羽》，全诗是一种控诉的口吻，渴望结束战争，过安居乐业的生活：“王事靡盬，不能艺稷黍。父母何食？悠悠苍天，曷其有极！”又《小雅·四牡》：“岂不怀归，王事靡盬，我心伤悲。……不遑将父。……不遑将母。”《毛传》解释这首诗的含义说：“思归者，私恩也；靡盬者，公义也；伤悲者，情思也。”这一解释值得重视，因为它实际上揭示了中国古代战争诗中常见的思想感情矛盾，也就是“私恩”与“公义”的矛盾。正是诗歌主人公存在着“私恩”与“公义”不能两全的矛盾，才产生了“伤悲”的“情思”，回荡诗中，令人难以遣怀。这就是那种双重旋律的战争诗。

（2）双重旋律的战争诗

从表现人性的丰富和复杂的角度看，战争诗中最有现实感和人情味的，也是最有艺术价值的，是双重旋律的战争诗。这可以《小雅·采薇》为代表。诗中唱道：

采薇采薇，薇亦作止。曰归曰归，岁亦莫止。
靡室靡家，猃狁之故。不遑启居，猃狁之故。
采薇采薇，薇亦柔止。曰归曰归，心亦忧止。
忧心烈烈，载饥载渴。我戍未定，靡使归聘。
……
彼尔维何，维常之华。彼路斯何？君子之车。
戎车既驾，四牡业业。岂敢定居？一月三捷。
驾彼四牡，四牡骙骙。君子所依，小人所腓。
四牡翼翼，象弭鱼服。岂不日戒？猃狁孔棘。
昔我往矣，杨柳依依。今我来思，雨雪霏霏。
行道迟迟，载渴载饥。我心伤悲，莫知我哀！

这里引用的是《采薇》中的关键几章。我们从中可以看出古代战争诗歌的人本思想，或曰古代的人道主义。诗的主旋律，是同仇敌忾、保家卫国的情绪："靡室靡家，猃狁之故。不遑启居，猃狁之故。""戎车既驾，四牡业业。岂敢定居？一月三捷。"这写的是主人公被国家民族的利益所激起的"公义"的一面。然而，诗中也出现了另一个旋律："曰归曰归，心亦忧之。忧心烈烈，载饥载渴。我戍未定，靡使归聘。"战争无休无止，归家遥遥无期，战争又残酷异常，于是忧虑情绪难免潜滋暗生，这种情绪积聚日久，便会冲破胸臆，发为诗歌，这可是属于"私恩"的一面了。正是由于这种"公"与"私"的矛盾，造成了战士一生的悲剧："昔我往矣，杨柳依依。今我来思，雨雪霏霏。行道迟迟，载渴载饥。我心伤悲，莫知我哀！"诗的结尾，突出了"一个人的遭遇”，诗中出现的“我”，纯是个体形象，可以说，诗中“公”与“私”两个旋律的交织表现，说明了这样一点：战争的胜利，是以战士的一生为惨重代价的！这是多么触目惊心的主题啊！

诗是在“莫知我哀”的咏叹中戛然而止的。这位普通战士最终结局，被诗人高明地省略了，留下的艺术空白，等待着读者用自己的想象去填补。颇有意思的是，在汉乐府民歌中有一首《十五从军征》，仿佛就是为了接续这位“行道迟迟，载渴载饥”的战士归家后的遭遇而写的：

十五从军征，八十始得归。道逢乡里人：“家中有阿谁？”
“遥看是君家，松柏冢累累。”兔从狗窦入，雉从梁上飞。
中庭生旅谷，井上生旅葵。舂谷持作饭，采葵持作羹。
羹饭一时熟，不知贻阿谁。出门东向看，泪落沾我衣。

在这首诗中，将为了“公义”而“十五从军征”的过去隐去，而将“八十始得归”以后的“私恩”一面突出地展现于读者眼前。

双重旋律的交织表现，极大地影响了后世的战争、边塞诗歌的创作。王昌龄《出塞》：

秦时明月汉时关，万里长征人未还。
但使龙城飞将在，不教胡马度阴山。

唐代在玄宗以前实行府兵制，兵农合一，老百姓平时务农，农闲练兵，战时出征，服役期限在21岁到59岁之间，有的人刚成丁就从军，到60岁始得免役归来，“万里长征人未还”就透露了这一消息。王昌龄的另一首边塞诗《从军行》：

青海长云暗雪山，孤城遥望玉门关。
黄沙百战穿金甲，不破楼兰终不还。

关于这首诗的主旨，历来有些争议，而在我看来，这种不同意见正从一个侧面说明，诗的主旨并不像通常所说的那么单纯，仅仅是表达唐军杀敌卫国的决心。即使是全诗最豪壮的“不破楼兰终不还”一句，清代学者沈德潜《唐诗别裁集》认为：“作豪语看亦可，然作归期无日看，倍有意味。”这就指出了其中贯串着国家利益与个人命运相冲突的双重旋律。刘永济先生《唐人绝句精华》说：“用一‘终’字而使人读之凄然。盖终不还者，终不得还也，连上句金甲着穿观之，久戍之苦益明，如以为思破敌立功而归，则非诗人之本意矣。”这种意见颇值得我们细味之。双重旋律的作品，在宋词中有范仲淹的《渔家傲》（塞下秋来风景异），词中一方面表现了将士们“燕然未勒归无计”的为国立功、封侯疆场的“公义”之心，另一方面又写“浊酒一杯家万里”的思乡之情，词以“将军白发征夫泪”结束，可以说“私恩”盖过了“公义”一面。

（3）多重旋律的战争诗

著名唐代边塞诗人高适的名篇《燕歌行》，一向以主题的复杂和多重著称：

汉家烟尘在东北，汉将辞家破残贼。
男儿本自重横行，天子非常赐颜色。
摐金伐鼓下榆关，旌旆逶迤碣石间。
校尉羽书飞瀚海，单于猎火照狼山。
山川萧条极边土，胡骑凭陵杂风雨。
战士军前半死生，美人帐下犹歌舞。
大漠穷秋塞草腓，孤城落日斗兵稀。
身当恩遇恒轻敌，力尽关山未解围。

铁衣远戍辛勤久，玉箸应啼别离后。
少妇城南欲断肠，征人蓟北空回首。
边庭飘飖那可度，绝域苍茫更何有！
杀气三时作阵云，寒声一夜传刁斗。
相看白刃血纷纷，死节从来岂顾勋？
君不见沙场征战苦，至今犹忆李将军！

诗前有序："开元二十六年，客有从御史大夫张公出塞而还者，作《燕歌行》以示适，感征戍之事，因而和焉。"有一种说法，张公即当时镇守北方的张守珪，诗就是为讽刺他战役失败而作。应该说，从诗歌的内容看，《燕歌行》与张守珪对东北方契丹之战失利有直接的联系。张守珪长期镇守北方边境地区，与契丹政权多次较量，建立了功勋。但在唐玄宗开元二十六年（738 年），他派部下去挑战契丹军队，结果先胜后败。张守珪却隐瞒了失败的真情，向朝廷送捷报。然而这一说法即使成立，也只能看成是触发诗人写作此诗的缘起，诗的意义绝对不能为此说所限，应该广泛深刻得多。在我看来，诗人"感征戍之事"，其所感至少有这样几个方面：

"汉家烟尘在东北，汉将辞家破残贼。男儿本自重横行，天子非常赐颜色。"这是写唐军声威，旋律昂扬奋发，接着写行军壮观，一往无前。《燕歌行》以昂扬的旋律开头，应该说是反映了盛唐时期士大夫的精神面貌的，也是当时奋发向上的时代精神的折射。

但战争无休无止，归家遥遥无期，于是诗歌接着响起了另一个旋律，这就是以下八句所写。诗人在写了出征、行军之后，描写了敌我双方交战的酷烈："山川萧条极边土，胡骑凭陵杂风雨"，以至"大漠穷秋塞草腓，孤城落日斗兵稀。身当恩遇恒轻敌，力尽关山未解围"，战争进程已使我方处于不利的境地。所以诗人把重心移向写家庭离散，男怨女旷：“铁衣远戍辛勤久，玉箸应啼别离后。少妇城南欲断肠，征人蓟北空回首。”这一旋律，也是《燕歌行》古题的本义。吴兢《乐府古题要解》云：“《燕歌行》，言时序迁换，而行役不归，佳人怨旷，无所诉也。”

诗中更有现实感、也更见深刻的是：“战士军前半死生，美人帐下犹歌舞。”写军中苦乐不均，边将不得其人，在强烈的对比中，逼出了末尾的咏叹：“君不见沙场征战苦，至今犹忆李将军!”在历来“公义”与“私恩”这双重旋律之外，又加上了一个更加贴近当时现实状况、发人深省的旋律。因为将帅不能体恤普通战士，才引起他们的怨恨，使他们格外怀念起汉代的飞将军李广。据《史记·李将军列传》记载：“广之将兵，乏绝之处，见水，士卒不尽饮，广不近水；士卒不尽食，广不尝食。宽缓不苛，士以此爱乐为用。”所以当李广死后，“广军士大夫一军皆哭，百姓闻之，知与不知，无老壮皆为垂涕”。按之史实，战士“至今犹忆李将军”背后的深意，就不难体会了。

诗人何以能够对当时战争有如此深刻的感受和见解呢？显然，这首诗并非对张守珪战败这一具体战事的忠实再现，其多重旋律来自于生活，是对唐代边塞战争本身的复杂性的表现，当然与高适本人一贯体察民瘼的情感倾向有关。它建基于诗人长期以来对边塞战争的深入了解和考察（在写作此诗之前，高适曾数度到蓟州一带漫游），也融入了诗人自己丰富的战争生活感受，以及怀抱民本思想而产生的对前线普通战士的体恤之情。《旧唐书·高适传》就记载了他揭发在西北战事中朝廷派出的监军太监与将领相互勾结，饮酒作乐，不恤军务，而普通战士却于盛夏季节苦战前线，食不果腹的惨况。所以，《燕歌行》概括出军中苦乐不均、将军腐败无能的主题，绝非得之于偶然。

义务教育语文课程标准指出："欣赏文学作品，能有自己的情感体验，初步领悟作品的内涵，从中获得对自然、社会、人生的有益启示。"自然、社会、人生本身就是十分复杂、丰富多彩的，怎样在欣赏古代诗词时避免平面化或过于纯净化的解读，这是摆在我们语文教师面前的一个课题。

5. 比兴与象征

（1）关于赋比兴

讲到《诗经》的艺术成就，必会涉及其基本的艺术表现手法，即赋比兴。关于比兴的解释，以朱熹所说最为准确而简明扼要："比者，以彼物比此物也。""兴者，先言他物以引起所咏之词也。"按这一解释，十分简单，比就是比喻，兴就是发端。但历来在比兴问题上总是缠夹不清，究其原因，我以为古今学者们比较注意说清比与兴的区别，但往往忽略了它们之间的联系。

先说"比"。钱锺书先生说："比喻有两柄而复具多边。盖事物一而已，然非止一性一能，遂不限于一功一效。取譬者用心或别，着眼因殊，指（所指对象）同而旨（符号所指的意义）则异；故一事物之象可以孑立应多，守常处变。"（《管锥编》第一册）他解释说："同此事物，援为比喻，或以褒，或以贬，或示喜，或示恶，词气迥异。"此外，比有局部之比，有整体之比。局部之比，是一般的修辞格，如《卫风·硕人》："手如柔荑，肤如凝脂，领如蝤蛴，齿如瓠犀。"整体的比，即整篇用事物作为比喻，这在《诗经》中篇目不多，但值得重视，如《豳风·鸱鸮》："鸱鸮鸱鸮，既取我子，无毁我室！"全篇借一只母鸟的口吻，诉说其一家遭受猫头鹰迫害的经过，古说是为周公辅助成王而作。其表现手法，朱熹说："比也，为鸟言以自比也。"这是一首禽言诗，因其整体用比，也称为比体诗，实际上用的是寄托象征的手法，所以，这类比已经含有兴的功能了。

再说“兴”。兴在甲骨文、金文中是群体合力向上举物之象。其义训有二：《说文》：“兴，起也。”有发端义。兴又有比喻义，和比相沟通，故郑玄注《周礼》、颜师古注《汉书》，谓兴是“以善物喻善事”“谓比喻也”。将这两层意义合而为一，则产生了启发联想这一含义，孔颖达《毛诗正义》：“兴者，起也，取譬引类，起发己心。《诗》文诸举草木鸟兽以见意者，皆兴辞也。”此“起”通“启”，有启发义。《论语·八佾》：“起予者商也！然后可与言《诗》已矣。”这里的“起”，就有“启发”的意思。用这一义解说兴的学者，如李仲蒙：“触物以起情，谓之兴。”（引自胡寅《与李叔易书》，《斐然集》卷十八）陈奂：“盖言兴而比已寓焉矣。”（《诗毛氏传疏》注《诗经·王风·葛藟》）所以兴的作用有两个：一是作为歌曲的引子，引起所咏之词；二是有启发、诱发联想的作用。

在《诗经》中，兴的具体运用有三种情形：大量的是借物起兴，兴的意义与后面诗意不相关，只起发端作用；另一种虽也是借物起兴，但此物能引起联想，与后面诗意相关，如《蒹葭》开头咏自然景物，有渲染气氛、引起感情抒发的作用；还有一种是此物不仅引起联想，而且与后面的诗意有比喻的关系，如《关雎》开头以水鸟相向和鸣起兴喻君子淑女：

关关雎鸠，在河之洲。

窈窕淑女，君子好逑。

《氓》中有两章用桑叶起兴，但同时桑叶又比喻弃妇的容貌、遭遇：

桑之未落，其叶沃若。
于嗟鸠兮，无食桑葚！
于嗟女兮，无与士耽！
士之耽兮，犹可说也。
女之耽兮，不可说也。

桑之落矣，其黄而陨。
自我徂尔，三岁食贫。
淇水汤汤，渐车帷裳。
女也不爽，士贰其行。
士也罔极，二三其德。

这实际上已是象征性兴象了。如果说第一种是单纯的兴，那么第二种是兴而赋，第三种就是兴而比。从以上说明，赋、比、兴三者常常是相互联系的，而且有时可以相互转化。这就是为什么我要特别强调不仅要注意比与兴的区别，更应注意比与兴的联系的原因。

有的学者进而引进西方文化人类学观点，从新的角度研究兴的起源，得出了饶有兴味的结论，这就把兴与文化联系起来了，使我们对比和兴的认识更深入了一层。兴作为诗歌的艺术表现手法，主要具有形式意义，属于形式范畴。但若追溯其起源，则是有观念内容的，兴可说是一种由观念内容经过历史积淀而成的艺术形式。兴主要具有宗教观念内容，孔子说："小子何莫学夫诗？诗可以兴，可以观，可以群，可以怨。迩之事父，远之事君，多识于鸟兽草木之名。"（《论语·阳货》）这里的兴，指人的联想能力，而人的联想能力就是从自然界的鸟兽草木感发产生的。

比和兴属于两种心理现象，其共同心理机制，是类比联想；但其不同之处在于，比往往是有意识的理智的联系和安排，兴则多为无意识、非自觉、偶然性的感发。进而言之，兴是一种习惯性联想，是“集体无意识”的表现。这种习惯性联想，在西方学者那里有一个名称，叫作“现成思路”。美国学者帕利和劳德，是研究《荷马史诗》的，他们提出了“套语理论”，认为世界各国的原始口头诗歌运用大量“套语”（又称“现成词组”“现成思路”），即在诗歌中经常出现，用来表达特定意念，具有象征性或隐喻性。所以，由某些景物，可以引出某些固定的情绪，两者存在着一种对应关系。我们看《诗经》中兴的种种功用，显然也是一种套语式的表现结构，诗中起兴的景物与所咏的情绪之间，存在着现成思路那样的对应关系（如燕子，可能是古代殷商民族的图腾，《诗经·邶风·燕燕》，表现的就是对祖先的崇敬，诗用“燕燕于飞”这样的景物起兴，就对应着祖先崇拜的情绪）。由于《诗经》中的诗歌年代久远，先民的习惯性联想已经很难被后人所了解，于是，在今天看来，“他物”与“所咏之词”（物与情）之间似乎没有什么关系，这样一来，《诗经》中大量的起兴，就成了只有发端的意义，而没有联想、比喻、象征的意义了。总之，离开兴所积淀的观念内容，是难以解释兴之起源的，也不能真正懂得比兴作为艺术形式的文化意义。

（2）象征寄托

寄托理论，就是中国化的象征理论。寄托理论即是从《毛诗序》和汉儒郑众、郑玄、刘勰《文心雕龙》等人对《诗经》《楚辞》比兴手法的解释发展而来，寄托兼有比兴。《周易》中就提出：“比物连类”“其称名也小，其取类也大”“引而伸之，触类而长之”（《易经·系辞传》）。王逸也说过：“《离骚》之文，依《诗》取兴，引类譬喻。”

(《离骚经序》) 清代诗学理论中寄托理论特盛，如叶燮说：“其寄托在可言不可言之间，其指归在可解不可解之会，言在此而意在彼。”(《原诗·内篇下》) 叶的弟子沈德潜说：“诗贵寄意，有言在此而意在彼者。”(《说诗晬语》) 寄托是一种借托客观事物，以隐喻构成艺术形象，从而诱发读者产生超越艺术形象表层意义的更深刻的想象和联想，指向更普遍、更本质的深层意蕴的特殊表现手法。

晚清词论家陈廷焯，把寄托称为“兴”，他认为其特征是：“所谓兴者，意在笔先，神余言外，极虚极活，极沉极郁，若远若近，可喻不可喻，反复缠绵，都归忠厚。求之两宋，如东坡《水调歌头》、《卜算子·雁》、白石《暗香》、《疏影》、碧山《眉妩·新月》、《庆清朝·榴花》、《高阳台》(“残雪庭除”一篇) 等篇，亦庶乎近之矣。”他看重的是作品寓意的不确定、多层次和多指向。

这样一种文本结构，是让读者参与创造的结构，这样的作品文本具有含蓄性（物我交融的）、隐喻性（象征的）、感发性（引发联想的）、整体性（完美自足的）等审美特征。非常近似于现代接受理论关于文本“召唤结构”的描述。我们就以陈氏所举的苏轼《卜算子》咏雁词为例：

缺月挂疏桐，漏断人初静。谁见幽人独往来，缥缈孤鸿影。
惊起却回头，有恨无人省。拣尽寒枝不肯栖，寂寞沙洲冷。

这是一首咏物词。咏物词以有寄托为上乘，前人对此多有论述。但有寄托而又能达到很高的艺术审美境界，则殊非易事。古往今来，这样的佳作屈指可数。那么具体说来，这首《卜算子》达到了怎样的成就呢？陈廷焯进而以“寓意高远，运笔空灵”八字概括，确实是切中肯綮的评语。

先说“寓意高远”。咏物贵有寓意，而寓意的“高远”，则在于它的意蕴不可指实；它所寄托的往往是某种感情、心态或人生感触。清代黄苏说“此东坡自写在黄州之寂寞耳”（《蓼园词选》），探测到了苏轼作此词的本意。按苏轼到黄州是在神宗元丰三年（1080 年）二月，初寓居于定惠院，五月迁居临泉。其后，他曾多次去定惠院游赏，并赋诗多首。过去不少选本据王文诰《苏诗总案》，将此词作年定于元丰五年（1082 年）十二月，王水照先生《苏轼选集》已正其误，定此词作年为初到黄州时。当时他处境极为艰难，心情极为孤寂，词中的“幽人”形象，实是自指。“幽人”的行为特征是“独往来”，形单影只，远离市朝，不为世俗所理解，无人可与沟通心灵，就像那缥缈来去的孤鸿，是那么凄恻，哀惋。词中“惊起却回头，有恨无人省”两句，正是以孤鸿的外在动态写其内心的寂寞怨恨。至于末句“寂寞沙洲冷”，表面说的是孤鸿所处自然环境的寂寞寒冷，但又何尝不是作者在当时所感受到的社会环境和人生境遇的寂寞寒冷？在读者的艺术想象空间中，两者可以自由换位。这种物我感应、主客浑融的艺术审美境界，全得之于作者对外在物境神髓与内心情感波澜的敏锐捕捉，神思妙想，实在是不可多得。

词的形象所隐喻的作者处境、心态、品格和态度，皆统一于苏轼性灵中最核心的东西，那就是一种潇洒出尘、超然物表的人格之美，以及贯串他一生行事的对崇高人格理想的追求。黄庭坚称誉此词“语意高妙，似非吃烟火食人语”（《山谷题跋》），我想首先是因为它显示了苏轼的人格美。

倘进而开掘，此词中“孤鸿”和“幽人”两个意象，可以看成是一种文化意象。宋代陈鹄《耆旧续闻》就已提出：“拣尽寒枝不肯栖”一句是“取兴鸟择木之意”。这个理解包括两层意思：第一，这句不是写实，其中有“兴”，也即有寄托，具有象征意蕴；其二，“孤鸿”的象征，来自于“鸟择木”，而据《易经》中的《渐》卦：“初六鸿渐于干……六四于木。”鸿渐在古人看来象征着读书人仕进，反映了中国知识分子的一种固有心理。在《左传》中，记载了孔子的话：“鸟则择木。”（《哀公十一年》）《孔子家语》则说：“孔子曰：君择臣而任之，臣亦择君而仕之。”晋代文学家潘岳《杨荆州诔》把“鸟择木”与“臣择君”两者相联系：“鸟则择木，臣亦简（择）君。”而“幽人”这个意象，同样出于《易经》中的《履卦》：“九二，履道坦坦，幽人贞洁。”唐孔颖达解释说：“幽人贞洁者，既无险难，故在幽隐之人守正得吉。”运用这个古老的文化意象，也透射出苏轼在遭受政治上极大打击后渴望幽静安恬，得以避祸的心理状态。东坡在作于同时的《定惠院寓居月夜偶出》诗中也用了这个意象：“幽人无事不出门，偶逐东风转良夜。”显然，“幽人”用来自指当时的隐士身份。苏轼在词中用两个出于《易经》的典故，其实绝非偶然。正是在初到黄州的这一时期，苏轼潜心研究《易经》，并完成了著作《东坡易传》。

次说“运笔空灵”。对“运笔”，我们应做广义的理解，它是指意象的选择安排，形象、意境的塑造，情物关系的处理等，当然也包括笔法技巧的运用。

意境的空灵冲淡，得之于词人对意象的选择安排。这首词选择的意象既清且疏，十分明净单纯。起首两句写静夜之景，仅用“缺月”和“疏桐”两个意象的组合，便给人幽静的视觉感受，再加上“漏断人初静”一句从听觉感受上写静，视听的交织，有力烘托出一种“幽人”活动、静思于其间的客观环境。因作者有此自然逼真的描写之笔，方使下面幽人与孤鸿的超然形象有艺术真实感。三、四两句自为问答，笔致显得飘忽动荡；幽人之“独往来”，孤鸿之“缥缈”，意象既单纯鲜明，又含蓄朦胧。“幽人”是谁？是他人还是作者自己？“影”是孤鸿的身影，或孤鸿竟是幽人之“影”？是幽人眼中见到孤鸿，还是幽人即孤鸿？由于作者将幽人与孤鸿两个形象互映互喻，运笔又不即不离，词的上阕真有帷灯匣剑之妙。

下阕承“孤鸿”展开具体形象描绘，完全是物、人合写，运笔空灵的特点更加显著。“惊起却回头，有恨无人省”写动态、神情，语意有两层转折。因何“惊起”，又为何“回头”？心中“有恨气却无人能省”，把内心的幽约怨悱之情曲曲传送，又终不一语道破，这就是欲吐又吞、空中传恨的笔法。末两句“拣尽寒枝不肯栖，寂寞沙洲冷”，不离孤鸿形象特征，但句中的“寒”“寂寞”“冷”等字眼，却不仅反映了词人对自然界节候的生理性感受（此词当写于早春），更凝聚了他对政治、社会、人生的心理感受，充分表现了词人的主体精神。陈廷焯把东坡此词看成运用“兴”的典范之作，就是发现了其中丰富而又朦胧的象征意义。

6. 节奏与情感

（1）节奏的产生

诗歌的美感首先来自于音律（包括节奏和韵律）。音乐性是诗歌与生俱来的品性，诗歌中语音有规律的停顿形成节奏，其声、韵按一定的规则组合而形成韵律，构成回环往复、一唱三叹的效果，节奏、韵律与诗人要表达的情感协调一致，诗中轻松、欢快、沉滞、急促、昂扬、舒缓等节奏韵律变化，就反映了人的情绪的起伏波动的变化，表现的其实就是人的生命活动的节律。所以诗歌的音律美绝不是一个纯形式的因素，它是情感内容的有机组成，或是与情感内容不可分割的因素，可以称之为“情感的形式”或“有意味的形式”。阅读诗歌须吟哦，须朗诵，须于声音唇吻之间感受作品的音乐美，就是这个道理。

诗歌起源于劳动，起源于劳动中的节奏。俄国文论家普列汉诺夫指出："对于一切原始民族，节奏具有巨大的意义。对节奏的敏感，正如一般的音乐能力一样，显然是人类的心理和生理本性的基本特质之一。……毕歇尔深信，诗歌的产生是由精力充沛的具有节奏感的身体动作、特别是我们称之为劳动的身体动作所引起的。这不仅在诗歌的形式上是正确的，而且在内容上也是如此。"［《论艺术（没有地址的信）》，曹葆华译，生活·读书·新知三联书店1964年版］普氏转述的是德国人类学者卡尔·毕歇尔《劳动与节奏》一书中的见解。当然，单纯的劳动呼号声不等于艺术，因为里边没有审美性，只有加入了情绪，即这种呼号声与人表达情感的需要相关，才有了音乐美感。在《诗经》民歌产生的那个时代（即原始社会），生产劳动比较简单，其节奏大多是一反一复，与一反一复的动作相适应，在原始诗歌中最初出现的就是二拍子节奏，如《吴越春秋》记载的原始诗歌："断竹，续竹，飞土，逐肉。"所以，《诗经》的基本句式是四言，中国最早的诗歌形式是四言诗。从这点看，《诗经》的性质属于乐歌，也可得到证明。

（2）诗歌中节奏的情感表现意义

在《诗经》的结构方面，重章叠句是显著的音乐特征，也就是作为乐歌而形成的外在结构形式。过去我们习惯于从文字方面阅读，把它看成是内容意义上的段落划分，即文学作品的意义层次结构；其实，从乐歌方面看，它是一种形式之美，具有本体的意义。例如《芣苢》，是最有民歌风味的，原始真朴，极为单纯：

采采芣苢，薄言采之。

采采芣苢，薄言有之。

采采芣苢，薄言掇之。

采采芣苢，薄言捋之。

采采芣苢，薄言袺之。

采采芣苢，薄言襭之。

全诗三章，既没有对自然景色的展现，也没有对内心情感的刻画，通篇用赋，直陈其事，重复咏唱，清人袁枚在《随园诗话》中表示不解："如此重复言之，有何意味?"现代解读者多津津乐道于十二句中只更换了六个动词，却写出了妇女们采集车前子从少到多的劳动过程。

我认为，此诗有意境，有情韵，其意境和情韵，主要来自于诗歌的节奏和韵律。英国诗人艾略特说："创造一种形式并不是仅仅发明一种格式、一种韵律和节奏，而且也是这种韵律或节奏的整个合式的内容的发觉。"（《诗的作用和批评的作用》）韵律、节奏是形式，形式自身也有美学意味，也能表现情感，表现人的生命活力。《芣苢》的妙处，就在于叠字、叠句和叠章的综合运用。"采"这个表现动作的字，本来平淡无奇，但汉字的奇妙就在这里——当它重叠而成为"采采"一词时，却产生了一种轻捷跳跃的节奏感。"采采芣苢"一句，在每章中出现两次，在三章中重复六次，于是，那"采采"所造成的节奏感便愈加鲜明，见得芣苢漫山遍野，极为茂盛，以至触目皆是了。而且，其间构成的回环往复、萦纡荡漾的韵律，似乎不绝于耳。你看，通过重章叠句，一唱三叹，不仅把轻松活泼的采摘动作和劳动场面给渲染了出来，而且把那歌唱者情感流动的节律、把劳动女性欢悦自得的心情给传达了出来。

还不止此，此诗每章的复叠，其表达的意思又并非在同一个平面上的简单重复。由于上述的重复形式所造成的“同”，使得我们格外要注意其中之“异”，那就是每章中唯一在更换变化的动词。这种意义上的逐层递进，从表层看，描写出劳动成果由少到多的过程；从深层体味，则把劳动女性在劳动中获得的欢快心情表现得越来越强烈。《毛诗序》说：“情发于声，声成文谓之音。”此诗重复中有错综，单纯中见变化，这是旋律表现与语言表现的巧妙结合，矢口成韵，纯出天籁，这才是古代民歌的典型音调。

这首诗的妙处主要不是靠语言解读分析出来的，而是靠反复诵读吟哦体味出来的。清人方玉润谈他读《芣苢》的感受说：“读者试平心静气，涵咏其诗，恍听田家妇女，三三五五，于平原旷野、风和日丽中，群歌互答，余音袅袅，若远若近，忽断忽续，不知其情之何以移而神之何以旷。”（《诗经原始》）显然，这是凭借着声音旋律对人的感官的作用，转化而成为具体可感的视觉和听觉形象。故我可以断言，在民歌中，诗歌的节奏，是情感的节奏、心理的节奏，其实就是生命的节奏。这是一种形式之美，但其中所蕴蓄着的，不就是一种内在的生命力量么！

(3) 唐诗的诗体与节奏

拿山水田园诗派与边塞诗派相比：王维、孟浩然山水田园诗派追求冲淡隽永的情韵，多用五言体，钱锺书先生形容中国诗：“情感有节制，说话不唠叨，嗓门儿不提得那么高，力气不使得那么狠，颜色不着得那么浓。”（《七缀集·中国诗与中国画》）表现出宁静状态的心境，显示优美的特色，我看主要是指这一派诗歌。高适、岑参边塞诗派诗风雄健奔放，多用七言歌行体，气势纵横激荡，句式长短灵活，节奏顿挫多变。七言歌行的韵法，最常见的是四句一韵，节奏相对和缓，如高适《燕歌行》；如果两句一韵（如岑参《白雪歌送武判官归京》)，节奏就显得急促些；也有句句协韵，一韵到底，中间不转韵的，节奏就更为急促。《走马川行奉送封大夫出师西征》，则是三句一转韵：

君不见，走马川，
雪海边，
平沙莽莽黄入天。

轮台九月风夜吼，
一川碎石大如斗，
随风满地石乱走。

匈奴草黄马正肥，
金山西见烟尘飞，
汉家大将西出师。

将军金甲夜不脱，
半夜军行戈相拨，
风头如刀面如割。

马毛带雪汗气蒸，
五花连钱旋作冰，
幕中草檄砚水凝。

虏骑闻之应胆慑，
料知短兵不敢接，

车师西门伫献捷。

如仔细辨析这首诗的用韵，会发现它十分有规律：第一、三、五节“川”“边”“天”，“肥”“飞”“师”，“蒸”“冰”“凝”押的是平声韵，第二、四、六节“吼”“斗”“走”（上声），“脱”“拨”“割”（入声），“慑”“接”“捷”（入声）押的是仄声韵，平声韵与仄声韵交错互用，恐怕不会出之偶然。这样一种交替的安排，节奏时而急促，时而舒缓，造成诵读时轴轳交往、抗坠疾徐的美听效果，与诗人心理的变化、情感的起伏相适应，总体上显示壮美的特色。如以李白、杜甫两人在诗体选择方面的情况做比较，那么李白变化莫测的情感常常让他选择自由奔放的古风，其节奏常如风雨骤来，势不可遏；杜甫则多采用律切精严的格律诗体，以适应其沉郁刻至之意绪。这点我们将在下面“李杜诗风比较”中再做申述。

(4) 宋词的形式美感与情感表现

下面，我们拟进而以较之诗歌在节奏、韵律、句式方面更加复杂的词体为例，来具体讨论其形式要素与作家情感表现之关系。

对宋词而言，作为抒情诗体的一种新创体式，词体的音乐抒情性更为突出，更为精致，故词的创作被称为“倚声填词”。词的形式格律比诗歌更复杂，当然节奏和韵律也有更多的曲折变化。这主要体现在“句度长短之数，声韵平上之差”（唐·元稹《乐府古题序》）。不要说小令和长调的结构、慢曲子和急曲子的音调，有较大的区别，就是一般地看词的字声、押韵和句式，都与情感表达有密切的关系。词人在创作的时候首先要择调选韵，就是从音律的情感表现出发的。

先从词体字声的平仄运用看与情感表现的关系。

汉字的声律美，首先体现为字分平、仄，仄声又分上、去、入，合起来称为四声。刘勰所说的“凡声有飞、沉，……沉则响发而断，飞则声扬不还，并辘轳交往，逆鳞相比”（《文心雕龙·声律》），就指出汉字的声调分飞扬和沉抑两类，飞即平声，沉即仄声。若一句都用仄声，便抑而不扬，断而不续；一句都用平声，便扬而不抑，声音缺少回环。两者必须交替使用，平仄相间，就达到矛盾统一的和谐境地。他又说：“异音相从谓之和，同声相应谓之韵。”“异音相从”揭示了诗词中的字声平仄交替的基本规律，“同声相应”则是我们通常所说的押韵。这样合起来，就是元稹所谓“声韵平上之差”，诗词的文字就具备了声律之美。那么，这种汉字四声的协调变化，在词体中与作者的情感表现有怎样的关联呢？

我们可以看到，平仄字声的或刚或柔，与作品表达的情感之间有着直接的关系，一般来说，平声字偏柔，仄声字偏刚，平声音调和缓，仄声音调拗怒；而若再细分，仄声中的去声激越，上声则比较衰飒。清代词学家万树对仄声中的上声与去声的区别说得更具体：“上声舒徐和软，其腔低；去声激厉劲远，其腔高；相配用之，方能抑扬有致。大抵两上两去，在所当避。”（《词律·发凡》）于是，在词调押韵上，凡押平声韵的，作品的情调一般就偏向于柔和。如柳永《望海潮》：

东南形胜，三吴都会，钱塘自古繁华。
烟柳画桥，风帘翠幕，参差十万人家。
云树绕堤沙。
怒涛卷霜雪，天堑无涯。
市列珠玑，户盈罗绮，竞豪奢。

重湖叠巘清嘉。

有三秋桂子，十里荷花。

羌管弄晴，菱歌泛夜，嬉嬉钓叟莲娃。

千骑拥高牙。

乘醉听箫鼓，吟赏烟霞。

异日图将好景，归去凤池夸。

《望海潮》词调押平声韵，上片五个平声韵，下片六个平声韵，情感就显得和谐、雍容，与描写美丽的西湖景物和为太守调任歌功颂德的主旨相合。除两个独句用平声字外，其他落脚字皆是平仄声交叉，构成整体的和谐音节，正适宜表现富丽繁华景象和雍容逸豫的情态。

同样是押平声韵，苏轼名作《水调歌头》中秋词又略有变化。这个词调本来是上下片各押四个平声韵，音调和缓；但值得注意的是，苏轼在遵守这个基本声律规定的同时，却在上片和下片两个六言句夹押仄声韵，“我欲乘风归去，又恐琼楼玉宇”的“去”和“宇”，“人有悲欢离合，月有阴晴圆缺”的“合”和“缺”，都入韵，人家不这样押，他偏偏这样押，这说明了什么呢？因为作者的情调总体上是乐观向上，以与兄弟相互安慰、勉励为主，然而内心又有些矛盾苦闷要面对，有些牢骚不平要排遣，积极的入世思想与渴望解脱的出世思想相互纠结，于是在平声韵中夹押仄声韵，使得整首词的情感增加了点起伏和波澜。

在押仄声韵的词调中，由于仄声分出上、去、入，声情的变化就更加复杂，不可同日而语，试为说明之。若是押去声韵，由于去声比较劲厉，故宜于抒写英雄志士郁勃悲壮的怀抱，如辛弃疾《水龙吟》（楚天千里清秋）每句多用去声字结，写郁勃豪放之情。押入声韵的词调，因为入声短促，没有含蓄的余地，所以宜于表达激越峭拔的思想感情。如《念奴娇》和《满江红》两个词调，英雄豪杰多用来抒发豪壮情怀，铜琶铁板，高亢入云。苏、辛一派名作甚多，苏轼《念奴娇·赤壁怀古》、岳飞《满江红》更是脍炙人口，押的就是入声韵。

除押韵外，还要注意词调一些关键之处字声的运用，古人所谓声情"吃紧"之处，尤其是去声字，尤需留意。万树云："名词转折跌荡处，多用去声，何也？三声之中，上、入二者可以作平，去则独异。""当用去者，非去则激不起。"（《词律·发凡》）吴梅云："其领头处，无一不用去声者，无他，以发调故也。"（《词学通论》）在长调中，领字常常是词意关键转折之所在，以柳永《八声甘州》为例，其中"对""渐""望""叹""误"等均用去声字。姜夔《扬州慢》其押韵后的转折之处，都用去声字，如"过春风十里"句的"过"，"自胡马窥江去后"句的"自"，"渐黄昏"句的"渐"，"纵豆蔻词工"句的"纵"，"念桥边红药"句的"念"，无不如是。

但还需指出，同一个词调，其声情往往仍有区别，未可一概而论，这牵涉到其他韵律因素的参与。如押韵字所属的韵部，就是十分重要的因素。明·王骥德《曲律·杂论》说："东钟之洪，江阳、皆来、萧豪之响，歌戈、家麻之和，韵之最美听者。寒山、桓欢、先天之雅，庚青之清，尤侯之幽次之。齐微之弱，鱼模之混，真文之缓，车遮之用，杂入声又次之。支思之萎而不振，读之令人不爽。"一般来说，东钟韵洪亮，宜表达激昂奋厉的感情；庚青韵清劲，宜表达愤慨感伤的感情；鱼模韵含混不清，宜表达抑塞不平的感情；支思韵萎靡不振，宜表达哀怨宛转的感情。

再从韵位的疏密变化看与情感表现的关系。

韵位是音乐运动过程中停顿的地方。声音节奏的纵横张弛、抑扬缓急，依靠押韵起调和统一作用。押韵的韵位是疏还是密，也与表达的情感起伏变化、轻重缓急有关。大抵隔句押韵，韵位排得均匀的，它所表达的情感都比较舒缓，宜于雍容愉悦场面的描写；句句押韵或不断转韵的，它所表达的情感比较急促，宜于紧张迫切场面的描写。

如韵位均匀，隔句押韵，易于表达舒缓的情感，如苏轼《临江仙》（夜饮东坡醒复醉）押韵较均匀，基本是隔句押韵，情感就属平和舒缓的一类：

夜饮东坡醒复醉，归来仿佛三更。
家童鼻息已雷鸣。
敲门都不应，倚杖听江声。

长恨此身非我有，何时忘却营营？
夜阑风静縠纹平。
小舟从此逝，江海寄余生。

范仲淹《渔家傲》句句押韵，还不断转韵，就表达了急促的情感：

塞下秋来风景异，
衡阳雁去无留意。
四面边声连角起。
千嶂里，
长烟落日孤城闭。

浊酒一杯家万里，
燕然未勒归无计。
羌管悠悠霜满地。
人不寐，

将军白发征夫泪。

还有，句式的奇偶也是词调的重要形式因素，与情感表现之间有着密切的关系。

关于句式，唐代元稹有所谓“句度长短之数”的说法，指出了歌词配合燕乐曲调的旋律而产生的现象，故词体也称为长短句。句式有奇有偶，所谓偶，既指二四六八之类句式，也指整齐的对偶句式的运用。假若一个词调所用的句子偶句多于奇句，如上述柳永《望海潮》，多四字、六字句，而且像“烟柳画桥，风帘翠幕”“市列珠玑，户盈罗绮”“三秋桂子，十里荷花”“羌管弄晴，菱歌泛夜”，都是工整的对偶句，就适宜表达雍容宽绰、舒徐平缓的情感。反之，奇句多于偶句，其情感表现就十分曲折跌宕，或凄壮萧飒，如贺铸《六州歌头》：

少年侠气，交结五都雄。
肝胆洞，
毛发耸。
立谈中，
死生同，
一诺千金重。
推翘勇，
矜豪纵，
轻盖拥，
联飞鞚，
斗城东。
轰饮酒垆，春色浮寒瓮，
吸海垂虹。

闲呼鹰嗾犬，白羽摘雕弓，
狡穴俄空，乐匆匆。

似黄粱梦，
辞丹凤，
明月共，
漾孤篷。
官冗从，
怀倥偬，
落尘笼，
簿书丛。
鹖弁如云众，
供粗用，
忽奇功。
笳鼓动，
渔阳弄，
思悲翁。
不请长缨，系取天骄种，
剑吼西风。
恨登山临水，手寄七弦桐，
目送归鸿。

宋人程大昌《演繁露》云："《六州歌头》，本鼓吹曲也。近世好事者倚其声为吊古词，……音调悲壮，又以古兴亡事实之。闻其歌，使人慷慨，良不与艳词同科，诚可喜也。"贺铸之作，除了音调上平仄韵不断互换，显得急管繁弦外，还因为句短韵密，大量运用三言句和五言句，因而情感表现抑塞磊落。

关于词中的奇句，从声情的角度看，具有异于诗歌句式的特殊美感，还来自于几个特别的句式。一是折腰句的运用。常见的七言奇句，在诗句多为四、三式，但在词中却出现了三、四式，如“杨柳岸、晓风残月”（柳永《雨霖铃》），“尽西风、季鹰归未”（辛弃疾《水龙吟》）。延伸的则有八言的三、五句式，九言的三、六句式，十言的三、七句式。这大概与歌唱中的停顿有明显关系，在慢词中运用最多，具有特殊的顿挫韵味。二是“短柱”的运用，即二字独立押韵，如柳永《木兰花慢》中的“倾城”“盈盈”“欢情”，使全词柔婉和谐。三是一字逗的运用，即所谓领字，使句子的音韵显得跌宕。

可见，宋词的音律与情感的关系是十分密切的，值得我们在解读宋词作品的时候，关注每一个词调的节奏和韵律，从形式要素入手去探寻作品的情感和意蕴。

文学探究篇

一、屈原《离骚》的神性和人性

1. 楚辞的楚文化特征

楚辞以地域命名，这与其他诗歌体式不同。宋人黄伯思在《翼骚序》中说："盖屈宋诸骚，皆书楚语，作楚声，记楚地，名楚物，故可谓之楚辞。若些、只、羌、谇、蹇、纷、侘傺者皆楚语也。悲壮顿挫或韵或否者楚声也。沅湘江澧、修门夏首者楚地也。兰茝荃药蕙若蘋芷蘅者楚物也。"(《宋文鉴》卷九十三）这段话很好地概括了楚辞具有荆楚文化的鲜明特征，区域性的南国文化的语言、宗教、音乐、物产、风俗、地貌都对楚辞文化特征的形成起了一定作用。这突出表现在两个方面：

（1）强烈的神巫色彩

膜拜神灵的原始思维在古代的南方尤为盛行。在中原文化范围的北方，经济发展较南方为早，西周初人文理性精神已经萌发，而在南方，直至战国时代，原始思维的古老心理和风俗习惯仍得到较多保留，流行着浓厚的巫风。加上荆楚地区自然条件、地理环境与中原地区的显著差异，如王夫之《楚辞通释·序例》所说："楚，泽国也。其南沅湘之交，抑山国也。叠波旷宇，以荡遥情，而迫之以崟嵚戍削之幽。……江山光怪之气，莫能掩抑。"光怪陆离的自然环境，更是培植神巫之风的温床。浓厚的神巫色彩，养成荆楚百姓的特殊意识：人与神可以相通，其媒介是巫（女性）、觋（男性），通神需采取祭祀方式，通神以后可以改变人的现实生活。《汉书·地理志》说楚地之俗是

"信巫鬼，重淫祀"，王逸《九歌章句序》也说："昔楚国南郢之邑，沅湘之间，其俗信鬼而好祀，其祀必作歌乐鼓舞，以乐诸神。"楚地巫风盛行确与楚辞作品的内容和形式特征有直接的关系。

（2）浓郁的浪漫精神

与理性、崇实、笃厚的中原文化特质相比，荆楚文化更富有浪漫精神。人类的浪漫精神本孕育于古老的神话之中，上古荆楚神话是一个相对独立的神话体系，其影响积淀于后世，致使楚文化多虚幻神秘的气息，具热烈奔放的激情。近代学者刘师培《南北文学不同论》概括说："大抵北方之地，土厚水深，民生其间，多尚实际；南方之地，水势浩洋，多尚虚无。……民尚虚无，故所作之文，或为言志抒情之体。"由于缺少"礼"的制约，恰有助于想象力的丰富和活跃，有利于艺术的孕育和发展。鲁迅《汉文学史纲要》谓《楚辞》"较之《诗》，则其言甚长，其思甚幻，其文甚丽，其旨甚明，凭心而言，不遵矩度"（第四篇《屈原及宋玉》），说的正是楚辞浪漫精神的一些表现。

从考古发现看，楚人的居处、饮食、歌舞、游戏等方面（楚辞作品《招魂》就有关于这些方面的描写），均得到了实物印证。在发掘出的楚地文物中，可以看到它们具有共同的美学特征，即富于动态美，喜欢变形、夸张，因讲究装饰性而显得富丽繁缛。有意味的是，这些文物的特征均与楚辞的美学风格在总体上相一致。将两者联系起来考察，我们可以说楚辞作品具有的浪漫主义特征或神性特征具有物质和文化的根源。丹麦文艺理论家勃兰兑斯在《法国的浪漫派》（李宗杰译，人民文学出版社）一书中概括了浪漫主义的一般特征："一种混合着诗人心灵里变化多端的想象的轻快、洒脱、飘逸的幻想，在同一部作品中将近处和远方、今天和远古、真实存在和虚无缥缈结合在一起，合并了神和人、民间传说和深刻寓言，把它们塑造成一个伟大的象征的整体。”这一概括也基本适合我国古代的楚辞作品。

因此，我们解读屈原的楚辞体作品，如围绕着神性和人性的问题来思考，可以更为集中地把握它的美学特征，也更能得其诗心。

2.《九歌》《九章》的神性与人性

(1)《九歌》的神性特征

如对楚辞作品做总体考察，不妨先简单地说一说屈原的《九歌》和《九章》。《九歌》共11支乐曲，合成一套完整的乐章。前十支祭十种神灵，神灵分为三类：天神类（东皇太一、云中君、大司命、少司命、东君），地祇类（湘君、湘夫人、河伯、山鬼），人鬼类（国殇）。末支乐曲《礼魂》是送神曲，为前十支乐曲演奏时所通用。（此据王夫之《楚辞通释》的研究成果）《九歌》以男女巫互相唱和为表演形式（男为觋，女为巫）。东君（男）与云中君（女），大司命（男）与少司命（女），湘君（男）与湘夫人（女），河伯（男）与山鬼（女），两两配对，进行表演。清·陈本礼《屈辞精义》说：“《九歌》之乐，有男巫歌者，有女巫歌者，有巫、觋并舞而歌者，有一巫倡而众巫和者。”说的就是具体的表演情况。《九歌》的内容主要是人神相通，男女相爱，这实际上反映了原始生活中宗教与性爱密不可分的文化形态。所以从形式到内容，《九歌》都充满着神性特征。

(2)《九章》的人性特征

《九章》采用的虽也是楚辞体，但与《九歌》的情况有很大的不同。《九章》的名称，朱熹《楚辞集注》认为是“后人所辑，得其九章”，则屈原时本无此名，乃后人所加，这个人可能是最早编集楚辞作品的汉代学者刘向。《九章》中的九篇诗歌，其内容几乎均与屈原的身世有关，按朱熹的说法是“屈原既放，思君念国，随事感触，辄形于声”，按现代学者马茂元的说法是屈原“片段的生活记录和心情反映”（《楚辞选》），如《惜诵》是追叙往事、表明心迹，《涉江》写渡江远行时的心情，《哀郢》表达告别郢都的哀伤，《怀沙》写怀念长沙，表明自杀的决心，诗人又以《惜往日》总结一生，用《橘颂》象征品性。这些篇章都可与《离骚》的内容相互参看、印证。但与《离骚》和《九歌》相比，《九章》的特征在于少幻想色彩而多注重现实，故在神性与人性两者之中，更偏于人性的表现。

3.《离骚》：神性其表，人性其里

既然大体说来，《九歌》偏于神性，《九章》偏于人性，那么《离骚》正介于两者之间，我们可以把它思想和艺术之总特征概括为“神性其表，人性其里”。关于这一点，我们将从以下一些方面来理解。

（1）从《离骚》的名称初说其性质

先从《离骚》的篇名说起。其篇名含义，众说纷纭。司马迁是最早的一位解释者：“离骚者，犹离忧也。”班固《离骚赞序》又对此具体解释说：“离，犹遭也；骚，忧也。明己遭忧作辞也。”（“离忧”一词出于《九歌·山鬼》的末句：“思公子兮徒离忧。”《文选·五臣注》：“离，罹也。”）另一种解释是王逸《楚辞章句·离骚经序》：“离，别也；骚，愁也。言己放逐离别，中心愁思。”（此又从扬雄来，扬雄曾仿屈原《九章》作《畔牢愁》，古人注：“畔，离也。”）除这两种代表性的说法之外，今人游国恩还提出一种新说：“《大招》有云：‘伏戏《驾辩》，楚《劳商》只。’王逸注：《驾辩》《劳商》，皆曲名也。……按‘劳商’与‘离骚’本双声字，古音宵、歌、阳、幽并以旁纽通转，疑‘劳商’即‘离骚’之转音，一事而异名者耳。盖楚辞篇名，多以古乐歌为之，如《九歌》《九辩》之类。则‘离骚’或亦

楚人固有乐曲。”（《离骚纂义》）马茂元先生则兼顾几说，认为“离骚”有双重含义：从音乐方面说是楚国乐曲名称；从内容方面说是忧愁幽思，即发愤抒情之意。

值得注意的是，钱锺书先生又在他的巨著《管锥编》中提出别解，将《离骚》名称的含义问题直接指向作品体现的诗心，对我们甚有启发。他说：

> 盖“离”者，分阔之谓，欲摆脱忧愁而遁避之，与“愁”告“别”，非因“别”生“愁”。犹《心经》言“远离颠倒梦想”；或道士言太上老君高居“离恨天”，在“三十三天之上”（《西游记》第五回），乃谓至清极乐，远“离”尘世一切愁“恨”。……忧思难解而以为迁地可逃者，世人心理之大顺，亦词章抒情之常事，而屈子此作，其巍然首出者也。逃避苦闷，而浪迹远逝，乃西方浪漫诗歌中一大题材。（第二册）

从这样的理解出发，钱先生认为“离骚”二字实含有两层意思：一是“骚”（忧愁）而欲“离”（告别）；一是“骚”而欲“离”不能，弃置而复依恋，无可忍而又不忍，欲去还留，难留而亦不易去。所以全诗“宁流浪而犹流连，其唯以死亡为逃亡乎！故‘从彭咸之所居’为归宿焉”。

（2）从《离骚》的分段看其抒情结构

那么，“钱说”是否能成立呢？我以为思考这个问题，得从《离骚》的结构入手，而分析《离骚》的结构，又得从恰当的分段入手。《离骚》分段是古代作品中分歧最大的问题之一，楚辞专家姜亮夫先生在《楚辞今绎讲录》（北京出版社）中做过统计，从古到今的分法有95家之多。在今人中，马茂元先生分为八段，似太琐细，不便从大处把握作品；游国恩先生分为两段，谓以“岂余心之可惩”为界，前段回溯往事，后段探索未来，干脆是干脆了，但难以见出其复杂的抒情轨迹。也有人说《离骚》结构本就颠倒反复，可能是因为流传年久发生错简之故。其实，关于《离骚》文字的颠倒反复，古人早有所注意，司马迁《屈原列传》说：“其存君兴国，而欲反复之，一篇之中，三致志焉。”明代黄文焕《楚辞听直》说：“《楚辞》之难读在复。……其运法之谨严，用意之奇变，乃专在复中。”顾炎武《日知录·文辞欺人》把文字的反复与屈原的心态联系起来：“汨罗之忠臣，言之重，词之复，心烦意乱而其词不能以次（次序）者，真也。”指出颠倒反复正表明了诗人心迹之“真”。这些理解都比较贴近作品的抒情结构，所以我们特意拈出。

清人王邦采《离骚汇订》主张把《离骚》分成三段，他说：

> 文势至此（“岂余心之可惩”）为第一大段结束，而全文已包举。后两大段虽另辟神境，实即第一段之意而反复申言之，所谓言之不足，又嗟叹之也。

这种分段的意见，与上述诸家所思较为接近。我以为分为三段较能反映《离骚》的抒情结构，也合于屈原的心理活动轨迹。第一段从开头到“岂余心之可惩”，写现实境界；第二段从“女媭之婵媛兮”到“余焉能忍而与此终古”，写上下求索，对理想的追求；第三段从“索藑茅以筳篿兮”到“蜷局顾而不行”，写追求不得又回到现实，决心以身殉国。这样三个部分，大致是循着现实—理想—现实的过程展开，反映了屈原内心的矛盾斗争。抓住这一线索，上面古人所说的重复问题就容易理解了，那是复杂的心理活动的真实表现。在抒情作品中，应该是诗人的心理动力决定诗歌的内在结构。当屈原为了不致被外部世界的压力所挫败，他就会在幻想世界中获得情感满足和心理平衡，用以节制自己在现实处境中产生的内心痛苦。但艺术的幻想终究不能解脱诗人的痛苦，于是他们最终从缤纷的神话世界跌落到残酷的现实中来。

（3）《离骚》的自我人格展现

《离骚》究竟是一首什么性质的诗？有人说是政治诗，你看其中不是写了楚国国内的政治斗争，如怀王昏庸、小人当道、忠臣遭诬吗？有人说是自叙传性质的诗，你看其中不是写了屈原的身世、品德、志向、理想吗？然而，这些说法都只是取其一端，未得本原。把屈原仅仅当成一个政治人物，把屈原的最终自沉仅仅看成是一场政治悲剧，把《离骚》仅仅看成是一首政治诗，这样的理解太狭隘了。我认为这是一首带有一定自叙传色彩的政治抒情诗，诗中对楚国政治现实的展示，与对诗人自己身世遭遇、精神品格、心路历程的展现是互为表里的，而诗的核心，是屈原人格的展现。上面我对《离骚》的命名、分段、抒情结构的分析，都将归结到对屈原人格的理解上来。屈原的人格，具有崇高性和悲剧性的特点。

屈原崇高的、悲剧性的人格，其构成因素当然是多方面的，如实施美政、振兴楚国的政治理想和爱国热情，疾恶如仇的斗争精神，出淤泥而不染的品行节操。过去我们读《离骚》，比较注意屈原修身养性、发扬“内美”的一面，我们不知不觉地把屈原看成是一个完美的贤人。其实不然，作为一个现实的人，他也有心情复杂的时候，也有彷徨犹疑的时候，也有荏弱的一面。故我认为，屈原最为可贵的精神品质，在于他的人格是在现实的严酷考验中，不断战胜了自己思想深处脆弱的一面，才得以完成的，这才是其崇高性和悲剧性之所在。

于是，我们应该特别重视诗中“上下求索”的部分，那就是诗人与女媭、灵氛、巫咸的对话，因为这部分较为集中地展现了屈原复杂曲折的心理活动过程。如赞同清代王邦采的三段分法，那么与女媭的对话，在第二段的开头，女媭责骂他："汝何博謇（直言）而好修兮，纷独有此姱（美好）节?""世并举而好朋兮，夫何茕独而不予听?"这是规劝屈原不可与世俗对立，以免刚直危身。他没有接受劝告，继续上下求索，向天上的重华（舜）陈词，并三次求女，但都遭到失败。于是又与灵氛对话，这在第三段的开头，灵氛劝说他："思九州之博大兮，岂惟是其有女?""何所独无芳草兮，尔何怀乎故宇?"意思是去则必有遇合，留则难以见容，你完全可以朝秦暮楚，大可不必从一而终，用今天的话说，何必在一棵树上吊死？战国时期，苏秦、张仪之徒为谋取功名富贵，其政治活动的范围并不限于本国，朝秦暮楚是完全正常的现象。但屈原"欲从灵氛之吉占兮，心犹豫而狐疑"，于是再去请教巫咸。巫咸对他说："勉升降以上下兮，求榘矱之所同。"意思要他在政治上求同存异，迁就现实。

其实，女媭、灵氛、巫咸，是三个虚构出来的人物，身份应是巫师一类，其职能是可以通神（关于女媭，明代的周拱辰《离骚拾细》、清代的林昌彝《砚精绪录》都认为是女巫，与灵氛是一类人）。"通神"是一种艺术构思，是心理演进的外在框架，诗中假托与三个人物的对话，是一种别有深意的安排，那就是用以展现自己内心深处现实与理想、去还是留的矛盾，反映心灵深层的激烈冲突，从而写出屈原自己是如何一步步战胜自我的。屈原正是在坚强意志的自制下，否定了人在艰难时刻很容易产生的逃避本能，使自我的人格力量得到升华和净化，发出夺目的光辉，这就是司马迁在《屈原列传》中深情赞叹的"虽与日月争光可也"的屈原精神。清代学者刘熙载说：

赋家主意定则群意生。试观屈子辞中，忌己者如党人，悯己者如女媭、灵氛、巫咸，以及渔父别有崇尚，詹尹不置是非，皆由屈子先有主意，是以相形相对者，皆若沓然偕来，拱向注射之耳。(《艺概·赋概》)

这三段对话，用的便是刘熙载所归纳的“相形相对”、假托成文的手法。所以，回到钱锺书先生解释《离骚》命名之意在于“逃避苦闷，浪迹远逝”的观点，我认为这绝对不是消极的理解，不是贬低屈原。老子就曾说过：“知人者智，自知者明。胜人者有力，自胜者强。”“自胜者强”，屈原正是在战胜自我的过程中显示其人格力量的坚强的。

《离骚》最后的“乱”说：“已矣哉！国无人莫我知兮，又何怀乎故都？既莫足与为美政兮，吾将从彭咸之所居。”如何看待屈原的以身殉国呢？我以为，屈原人格的崇高，不仅表现为道德之善，而且表现为悲剧之美。什么是悲剧性？鲁迅说：“悲剧将人生有价值的东西毁灭给人看。”(《再论雷峰塔的倒掉》) 尼采论悲剧的崇高美：“英雄亦即意志的最高表现被消灭了，而意志的永恒生命却仍然没有受到影响。悲剧大声疾呼着：‘我们相信生命是永恒的！’”(《悲剧的诞生》) 我们不妨引用梁启超对屈原悲剧意义的一段精彩论述：

彼之自杀实其个性最猛烈最纯洁之全部表现；非有此奇特之个性不能产此文学，亦惟以最后一死能使其人格与文学永不死也。(《要籍解题及其读法》)

“永不死”，就是尼采“永恒的生命”之谓，屈原作为个体生命虽然毁灭了，但他的人格却完善了，永恒的生命实现了。王国维也说过类似的话：“三代以下之诗人，无过于屈子、渊明、子美、子瞻者，此四子者，苟无文学之天才，其人格亦自足千古。故无高尚伟大之人格，

而有高尚伟大之文学者，殆未之有也。”（《文学小言》）

现在，我们可以归结到人性和神性的问题上来。李泽厚《美的历程》中谈到《离骚》的一段话，最得我心：

在充满了神话想象的自然环境里，主人翁却是这样一位执着、顽强、忧伤、怨艾、愤世嫉俗、不容于世的真理的追求者。《离骚》把最为生动鲜艳、只有在原始神话中才能出现的那种无羁而多义的浪漫想象，与最为炽热深沉、只有在理性觉醒时刻才能有的个体人格和情操，最完美地溶化成了有机整体。

他所说的“只有在原始神话中才能出现的那种无羁而多义的浪漫想象”，即神性的表现；“只有在理性觉醒时刻才能有的个体人格和情操”，即人性的表现，在《离骚》中实现了两者的统一，我引申之为“神性其表，人性其里”。《离骚》的神性因素，指诗中所用的神话传说和巫教神祇的种种属性，如诗人出身神人、生于大吉之辰（寅年寅月寅日）、能驱策神灵、上天入地等等；其人性因素，主要指屈原执着现实，关注人生，除了他的美政理想的现实社会内容外，特别是他的抗争精神和人格情操，就是我在前面所详细阐发的那些意思。如果说，《离骚》的神性因素具有象征意义的表层性质，人性因素则是体现其思想内涵的深层特征。

二、《庄子》散文的诗性精神

1. 庄子的诗人气质

在先秦诸子散文中，同样是说理性散文，《庄子》大不同于其他诸子散文。《论语》平实质朴，《孟子》气势充沛，《荀子》行文宏肆，《韩非子》峻削警刻，《墨子》意显语质，虽说风格各异，但其共同特点是态度冷静，逻辑严密，多为“庄语”。即使有生动的寓言和精彩的比喻穿插其间，但也是作为与明确的论点相对应的论证材料和一种说理技巧而出现，其逻辑思维的轨迹仍然十分清晰。至于《庄子》散文，司马迁说是“皆空语无事实，……其言洸洋自恣以适己”，庄子后学说是“以谬悠之说，荒唐之言，无端崖之辞，时恣肆而不傥”（《天下》），鲁迅先生则以“汪洋辟阖，仪态万方”来概括《庄子》散文的精神风貌。的确，《庄子》散文是逻辑思维和形象思维的交互使用，是哲理和诗情的奇妙化合。

闻一多先生称庄子为“最真实的诗人”，说：

> 连他的哲学都不像寻常那一种矜严的，峻刻的，料峭的一味皱眉头、绞脑子的东西，他的思想的本身便是一首绝妙的诗。（《古典新义·庄子》）

王国维也说：“故庄、列书中之某部分，即谓之散文诗无不可也。”（《屈子文学之精神》）

我们不妨先领略一下《庄子》中的有趣故事：

一个是“庄周梦蝶”。《庄子·齐物论》：“昔者庄周梦为胡蝶，栩栩然胡蝶也，自喻适其志与，不知周也。俄而觉，则蘧蘧然周也。不知周之梦为胡蝶与，胡蝶梦为周与？周与胡蝶，则必有兮矣。此之谓物化。”——这是主张消解物我界限，万物融化为一。

还有一个是“混沌凿窍”。《庄子·应帝王》：“南海之帝为倏，北海之帝为忽，中央之帝为混沌。倏与忽时相遇于混沌之地，混沌待之甚善。倏与忽谋报混沌之德，曰：‘人皆有七窍，以视听食息，此独无有，尝试凿之。’日凿一窍，七日而混沌死。”——这是提倡自然浑朴，无为而治。

最有意思的是髑髅对话。《庄子·至乐》记载：“庄子之楚，见空髑髅，髐然有形，撽以马捶，因而问之，曰：‘夫子贪生失理，而为此乎？将子有亡国之事，斧钺之诛，而为此乎？将子有不善之行，愧遗父母妻子之丑，而为此乎？将子有冻馁之患，而为此乎？将子之春秋故及此乎？’”同篇：“列子行食于道从，见百岁髑髅，攓蓬而指之曰：‘唯予与汝知而（汝）未尝死，未尝生也。若果养（忧）乎？予果欢乎？’”——这个寓言告诉我们人生忧患多，死生不当为忧患所执。

无独有偶，我发现在西方文学经典中居然也有与庄子寓言类似的情节。莎士比亚名著《哈姆雷特》第五幕第一景，有一段墓园中王子与髑髅的对话：“这也许是个政客的脑瓜，如今给这蠢驴欺侮了；他当年也许将上帝也要捉弄一番呢，可不会吗？或许是个大臣的脑袋，他能说‘早安，贵大人！您好吗，贵大人？’那个为什么不会是个讼师的髑髅呢？他说话机灵诡怪，笔里藏刀，他的案件，他的租地法，他的机谋策略，如今都到了哪里去？这家伙也许是个收罗田产的大老板……”你看，与庄子一样，英国王子哈姆雷特考虑的，也是一个如何对待生死的问题。看来这是人类的共性。

从上面列举的几个寓言我们可以看到，庄子在现实人生中发现并提出的一系列问题，往往是在想象和幻想的世界中加以论证和解答，可谓“假作真时真作假”。这既是“思”，也是“诗”，如果借用德国哲学家海德格尔引诗人荷尔多林的诗句“人诗意地居住在大地上”，一切冥想的思都是诗，一切创作的诗都是思，诗的创作和思想一样，以同一方式面对着同一问题，思想的诗人和诗意的思想者之间没有了界限。德国人是吸纳了东方文化传统，尤其是庄子哲学后形成这样的观点的。钱锺书先生认为，东方文化传统只有“心肠或情感之辩证法”，就对世界的认识方式而言，在东方文化传统中诗歌与哲学恰恰在本质上走到了一条路线，即以直觉审美方式领悟世界。

2.《庄子》的想象世界

庄子是楚人，楚地南方文化的滋养，也使《庄子》散文染上了特异色彩。王国维说：

然南方文学中，又非无诗歌的原质也。南人想象力之伟大丰富，胜于北人远甚。彼等巧于比类，而善于滑稽（指寓言），……此南方文学中之诗歌的特质之优于北方文学者也。（《屈子文学之精神》）

诗歌的特质首先是想象。故后人“庄骚”并称，不为无因。庄子散文文学性的鲜明特征，是想象的或雄奇，或深邃。其想象力如向宏观方面开展，前人称为“眼大如许”；若向微观方面深入，前人称为“心细如许”。“眼大”与“心细”，是庄子想象的两种表现。

（1）“眼大如许”

王国维说：“故言大则有若北溟之鱼，语小则有若蜗角之国，语久则大椿冥灵，语短则蟪蛄朝菌。”就包含着这层意思。你看，《逍遥游》中描写鲲鹏的形象是：

北冥有鱼，其名为鲲。鲲之大，不知其几千里也。化而为鸟，其名为鹏。鹏之大，不知其几千里也，怒而飞，其翼若垂天之云。

又描写鲲鹏高飞时的情景是：

鹏之徙于南冥也，水击三千里，抟扶摇而上者九万里，去以六月息者也。野马也，尘埃也，生物之以息相吹也。天之苍苍，其正色邪？其远而无所至极邪？其视下也，亦若是则已矣。

这里展现了天空苍茫无垠、万物生生变化的真实图景，它与雄奇无比的想象相结合，表现了庄子那吞吐大荒的博大胸襟。在《庄子》书中，说年寿，则谓“八千岁为春，八千岁为秋”（《逍遥游》）；说水流，则谓“泾流之大，两涘渚崖之间，不辨牛马”（《秋水》）；说垂钓，则谓“任公子为大钩巨缁，五十犗以为饵，蹲乎会稽，投竿东海”（《外物》）。《庄子》散文的磅礴气势和深邃意境，固然是出于文学上的想象和夸张，但其实质却仍应归于庄子的诗人气质。这是“眼大如许”的宏观想象。

（2）“心细如许”

另一方面，庄子又“心细如许”，体物至微，长于微观的描绘。且看他在《齐物论》中写风的一段：“夫大块噫气，其名为风。是唯无作，作则万窍怒呺，而独不闻之翏翏乎？山陵之畏隹，大木百围之窍穴，似鼻，似口，似耳，似枅，似圈，似臼，似洼者，似污者；激者、謞者、叱者、吸者、叫者、譹者、宎者、咬者。前者唱于，而随者唱喁。泠风则小和，飘风则大和，厉风济则众窍为虚。而独不见之调调、之刁刁乎？”在他的笔下，风这个自然现象能够呈现出如此丰富的形态。其他如《养生主》中写“庖丁解牛”时批却导窾、游刃有余的情形，《徐无鬼》中写“郢人斫鼻”时垩若蝇翼、运斤成风的情形，《达生》中写“佝偻承蜩”时处身若橛株枸、执臂若槁木之枝的情形，还有《则阳》中对“蜗角”之上触氏、蛮氏“相与争地而战，伏尸数万，逐北旬有五日而后返”的描绘，无不精妙入神，令人叹为观止。值得注意的是，这些似乎十分逼真的描绘，对微观意境的渲染，也都出之于作者在悉心观察生活现象基础上的大胆想象和推测。这在其他诸子散文中是很少见的。

3. 寓真于诞，寓实于玄

在表现手法方面，清人刘熙载概括得好：

庄子寓真于诞，寓实于玄，于此见寓言之妙。

庄子看似胡说乱说，骨子里却尽有分数。（《艺概・文概》）

用今天的话语来表达，庄子是用一种超现实的十分随意的方式，来阐发他对人生的真切感受，和对宇宙之理的严肃思考。作为说理的形象化手段，是书中含有大量的寓言、重言和卮言。庄子及其弟子自述：“寓言十九，重言十七，卮言日出。”（《寓言》）“以卮言为曼衍，以重言为真，以寓言为广。”（《天下》）这三“言”，正是庄子散文采用的主要表现手法。

（1）寓言

根据明人陆西星的解释：“寓言者，意在于此，寄言于彼也。”（《南华经副墨》）寓言，除了通常所理解的借事寓意的生活小故事外，应该还包括神话幻想故事在内。运用寓言的目的是在故事光怪陆离的不断转换之中推广道理，庄子的哲学思想和政治观点也得到逐步推进，透彻表达。比如在《逍遥游》中，庄子连用了“鲲鹏变化”“蜩鸠嘲笑”“朝菌蟪蛄”“冥灵大椿”等寓言，说明万物皆有所待；后半篇又以“姑射神人”“大瓠大树”等故事表明了“无所待”和“无用即大用”的思想。在《大宗师》里，连用了“南伯子葵”“子祀子舆”“子桑户”“孟孙才”“意而子”“颜回”“子舆与子桑友”等七个寓言故事，一个接着一个，显得“出没奇幻”（胡文英《庄子独见》）、“若隐若显”（刘凤苞《南华雪心编》），生动描绘了对生的无系和对死的无惧，阐明了超脱生死之限，宗大道为师的主旨。有人说：诸子散文也多有寓言，为何要单独拈出庄子寓言？如两相比较，庄子寓言似有以下特点：

第一，他书多出于历史传说和民间故事，庄子则多为虚构独创。就人而言，有神仙（姑射山神人、河伯、海若），有平民（石匠、庖丁、轮扁、承蜩者），有残疾人（驼背者、长肿瘤者），还有被漫画化的古人（孔子）。就物而言，大至鲲鹏，小至学鸠、蜩、朝菌、蟪蛄，总之，神与人、鸟与兽、有生与无生，均可作为寓言材料，就其广泛性和多样性而言，诸子中的寓言无与伦比。

第二，他书多为短小故事，作为局部论证材料穿插于整体论证框架之中；庄子则将寓言扩展成篇，使之成为总体构思的框架。故他书寓言多从作者口中说出，庄子议论多出于寓言人物口中。关于这一特点，刘向《别录》说：“作人姓名，使相与语，是寄辞于其人。”这里的“人”就指虚构的寓言人物，“寄辞于其人”就是借寓言人物来发议论。

第三，他书寓言限于简略叙述，庄子不少文段有人物，有情节，有动作，有描写，有对话，很像后世的短篇小说。如《养生主》写庖丁解牛的动作节奏，富有舞蹈之美，“提刀而立，为之四顾，为之踌躇满志，善刀而藏之”云云，还写出了人物洋洋自得的神情。

总之，《庄子》寓言“胡说乱说”，是“谬悠之说，荒唐之言，无端崖之辞”（《天下》），即具有强烈的超现实性、荒诞性。

(2) 重言

古人解释“重言”时，“重”字有两读：如读 zhòng，是“借重”义，晋代郭象注：“世之所重，则十言而七见信。”陆西星：“重言者，假借古人，以自重其言也。”就属于这种理解。如果这样解释，重言就是假托古人之言和历史故事，使人觉得真实可信。另读 chóng，是“重复”义，唐代陆德明《经典释文》引《广韵》：“重，复也。”意思是重复之言，就像今人说的，谎言重复一千遍便成了真理，也可通。如《逍遥游》鲲鹏故事中，掺杂于其间的“齐谐之言”和“汤之问棘”两段文字：

《齐谐》者，志怪者也。《谐》之言曰：“鹏之徙于南冥也，水击三千里，抟扶摇而上者九万里，去以六月息者也。”

汤之问棘也是已。穷发之北，有冥海者，天池也。有鱼焉，其广数千里，未有知其修者，其名为鲲。有鸟焉，其名为鹏，背若太山，翼若垂天之云，抟扶摇羊角而上者九万里，绝云气，负青天，然后图南，且适南冥也。斥鴳笑之曰：“彼且奚适也？我腾跃而上，不过数仞而下，翱翔蓬蒿之间，此亦飞之至也。而彼且奚适也？”

就是属于为证明鲲鹏故事之可信而设的重言。

(3) 卮言

“卮言”有两解。一为唐代成玄英的解释，是“无心之言”，就像酒器中的酒，满了就自然向外流溢。一为明代陆西星所说，是“有味之言”，可以供人饮用，是卮酒间曼衍之说。其实“卮言”就是信口而说的无心之言，它往往有推衍发挥之功。《逍遥游》最后一段：“何不树之于无何有之乡，广莫之野，彷徨乎无为其侧，逍遥乎寝卧其下。

不夭斤斧，物无害者，无所可用，安所困苦哉!”就是为推衍“逍遥游”主旨而设的卮言。

“三言”的交互使用，使《庄子》散文显得荒诞无稽，漫无边际，这是它大不同于其他诸子散文之处。“以天下为沉浊，不可与庄语”(《天下》)，因而《庄子》的说理很少义正词严，而是时而诙谐，时而戏谑，时而嘲弄，真是嬉笑怒骂，皆成文章，牛鬼蛇神，俱蕴至理。这就是刘熙载所说的“寓真于诞，寓实于玄”。

4．思绪跳荡，行文断续

先秦诸子散文都以说理的雄辩和论证的严密取胜，故逻辑思维的轨迹明显，文章的脉络比较清晰。《庄子》则不然，在推理论证中，夹寓言、夹比喻、夹描写，层出不穷，令人目不暇接；文章前后又若不相蒙，过渡、转折往往不做交代，也很少有表示上下文呼应、连缀的语句，似乎无端而来、无端而去，文章脉络犹如穿行出没于层峦叠嶂之间的羊肠小道，又如在云中忽隐忽现、见首不见尾的神龙，难以寻绎。《庄子》散文的这种行文变化跌宕之奇，刘熙载概括为一个“飞”字：

文之神妙，莫过于能飞。庄子之言鹏曰“怒而飞”，今观其文，无端而来，无端而去，殆得“飞”之机者。

表现在行文章法上，采用的是刘熙载所谓的“断续”之法，或曰“跳过法”。刘熙载说：“庄子文法断续之妙，如《逍遥游》忽说鹏，忽说蜩与学鸠、斥鴳，是为断；下乃接之曰‘此小大之辨也’，则上文之断处皆续矣，而下文宋荣子、许由、接舆、惠子诸断处，亦无不续矣。”清人林云铭《庄子因》评《逍遥游》：“篇中忽而叙事，忽而引证，忽而譬喻，忽而议论。以为断而非断，以为续而非续，以为复而非复。只见云气空蒙，往返纸上，顷刻之间，顿成异观。”在此篇中，“小大之辨”一句是全文脉络关键，文章循此而展开了小与大的序列，有时明说，如“小知不及大知”“小年不及大年”，有时暗含，如“小德不及大德”，从而逐步推向“超越”的主旨。《逍遥游》下半篇的三段对话，其实也贯串了“小大之辨”，如不龟手之药、大樗无用等故事，就是小用与大用之辨，只是人们读来不觉罢了。其他如《齐物论》《秋水》《骈拇》《大宗师》等，都具有文思跳荡、行文断续的特点，前人有精当的评论。林云铭评《齐物论》：“文之意中出意，言外立言，层层相生，段段回顾，倏而羊肠鸟道，倏而叠嶂重峦。”（《庄子因》）刘凤苞评《骈拇》：“至其行文节节相生，层层变换，如万顷怒涛，忽起忽落，极汪洋恣肆之奇。”（《南华雪心编》）宣颖评《大宗师》：“细按此篇文法，首段已尽其妙。以下逐层逐段，分应上文，神龙嘘气成云，伸缩变化，全在首尾，若隐若显，令人不可捉摸。”宣颖评《秋水》：“假河伯、海若问答，一层进似一层，如剥蕉心，不尽不止。……其寓意俱在隐跃之间，是最活泼文字。”（《南华经解》）庄文汪洋辟阖、仪态万方的风格，在一定程度上也取决于其行文的变化跌宕之奇。

5. 喻后出喻，喻中设喻

比喻是构成作品文学形象性的一个重要因素，在先秦诸子散文中并不鲜见。但《庄子》散文运用比喻，不仅丰富奇妙，而且有自己的特点，如清人宣颖所说：

> 庄子之文，长于譬喻。其玄映空明，解脱变化，有水月镜花之妙。且喻后出喻，喻中设喻，不啻峡云层起，海市幻生，从来无人及得。（《南华经解》）

正是喻后出喻、喻中设喻的运用，使《庄子》散文变化多端，生动活泼。

(1) 喻后出喻

喻后出喻即连珠式比喻。有时是几个比喻的并列排比使用，如《马蹄》开篇，连用伯乐“善治马”、陶者“善治埴”、匠人“善治木”三个比喻，然后引出“此亦治天下者之过也”的结论。有时逐个递进，把道理引向深入，如《天运》中“孔子西游于卫”一段，先用“夫水行莫如用舟，而陆行莫如用车”两个比喻说明“应物而不穷”的道理，再用桔槔（一种汲水工具）“引之则俯，舍之则仰”和柤梨橘柚“其味相反而皆可于口”两个比喻，进一步具体说明三皇五帝的礼义法度“不矜于同而矜于治”的道理；最后又用“猿狙而衣周公之服”和“西施病心而矉”两个比喻，进而说明礼义法度还要“应时而变”的道理。六用比喻，层层转换，使道理越转越深。

但需指出的是，喻后出喻与一般所说的博喻并不相同。钱锺书先生《宋诗选注》评苏轼《百步洪》诗：“一连串把五花八门的形象来表达一件事物的一个方面和一种状态，这种描写和衬托的方法仿佛是采用了旧小说里讲的‘车轮战法’，连一接二的搞得那件事物应接不暇，本相毕现，降伏在诗人的笔下。”他指的是诗中“有如兔走鹰隼落，骏马下注千丈坡。断弦离柱箭脱手，飞电过隙珠翻荷”等句，并说《庄子·天运》连用“刍狗已陈”“舟行陆”“车行水”“猿狙衣周公之服”“丑人学西施捧心而颦”五个比喻来说明不合时宜，又说《诗经·柏舟》连用镜、石、席三个形象来跟心情参照，也属此法。其实钱先生说的是博喻，苏诗博喻和庄子的“喻后出喻”不同之处有二：苏轼是用多种事物来形容某一事物（“水流”）的形态，庄子是用五事说明一个抽象的道理（不合时宜）；苏轼是多种事物在一个意义层面上的并列，庄子的比喻在意思上则是逐个递进，从不合时宜—应随时应变—不能固守死的礼法—古今时势变异—单纯复古必不合时宜，把道理层层引向深入。

（2）喻中设喻

在大比喻中套小比喻，又是庄子所用比喻的一法。寓言其实也是比喻。如《逍遥游》开头写鲲鹏变化的故事，本身就是一个比喻，而为说明鲲鹏高飞时“风之积也不厚，则其负大翼也无力”，则先用“水之积也不厚，则其负大舟也无力”作比；为说明水积不厚的道理，再用“覆杯水于坳堂之上，则芥为之舟，置杯焉则胶，水浅而舟大也”作比。这便可称为“喻后出喻”。蜩与学鸠的寓言故事，也是一个比喻，为说明其嘲笑鲲鹏是“小知不及大知”，庄子又用了“适莽苍者，三餐而反”的比喻。其他如后半篇惠子与庄子对话一段，惠子说庄子学说大而无用，犹如大瓠；庄子则用“宋人有善为不龟手之药”的比喻，说明“所用之异”，都属喻中之喻。

大概而言，其他诸子重求实精神，庄子重浪漫精神；其他诸子重理性，庄子重感性；其他诸子重客观，庄子重主观。这些特征，不仅表现在思想观念方面，也表现在艺术精神和手法方面。这是庄子散文诗性精神之所由来。

三、《史记》：史家之绝唱，无韵之《离骚》

对于司马迁的《史记》，历代赞语颇多，讲得最概括精当的是鲁迅先生，有“史家之绝唱，无韵之《离骚》”的确评。我理解这句话的意思，《史记》是文学形态的历史，是以历史为内容的文学，是文学性与历史性的高度统一。这里，我们不从史学的角度谈《史记》，若是专论《史记》作为传记文学的成就，大体可从以下四个方面来展开。

1. 情理相制的思想倾向

“情”，指作者的感情倾向，这往往是传记作品的文学性表现；“理”，指作者的理性的态度，这应该是对传记作品的史家立场的要求。作为史书，《史记》继承并发扬了《春秋》等先秦史书的实录精神；作为文学作品，它还呈现出鲜明的感情倾向和强烈的抒情色彩。在这两者之间，《史记》取得了某种平衡。

（1）不与圣人同是非

《史记》继承了《春秋》“寓褒贬于叙事之中”的传统，但又有所发展。《春秋》是以文字暗示来表示作者的态度，所谓“一字之中寓褒贬”，后人称之为“春秋笔法”；《史记》是以对历史人物的具体描写来显示褒贬。这种不同，还只是从形式方面看。从内容方面看，《春秋》的褒贬依据的是统治阶级的纲常伦理观念，《史记》则具有“不与圣人同是非”的批判精神。《春秋》经孔子删削，贯串了虚美、隐恶、为尊者讳、为贤者讳的原则。而《史记》则贯彻了可贵的实录精神，即班固总结的：“其文直，其事核，不虚美，不隐恶，故谓之实录。”（《汉书·司马迁传赞》）“其事核”，是说《史记》所录皆出于考信，以先秦古籍、汉廷档案、民间传说为基础，并亲自采访和实地考察，仔细鉴别抉择史料；“不虚美，不隐恶”，是指司马迁对历史人物事迹的表现和评价，敢于突破传统伦理道德规范的某些教条，坚持自己的独立评判，所以正统史学家班固又批评司马迁“背《春秋》之义”，“是非颇谬于圣人”。而在我们看来，《史记》的可贵之处正在于此，它的实录精神与感情倾向是互相统一的。

《史记》的实录精神，首先表现在“放言无惮，为前人所不敢言”（鲁迅语）。司马迁对本朝帝王，就敢于抱批判的态度，用讽刺的笔调加以描写，一反“为尊者讳”的封建写史准则。汉高祖的流氓本相，汉文帝的阴忍，汉景帝的刻薄寡恩，“今上”汉武帝“内多欲而外施仁义”的两面派作风，都被他用声东击西、详彼略此的“互见法”暴露了出来。举一个例子，在《项羽本纪》中，写到项羽要烹杀刘邦父亲，刘邦竟无耻地说：“吾与项羽俱北面受命怀王，曰‘约为兄弟’，吾翁即若翁。必欲烹而翁，幸分我一杯羹。”这对刘邦真是入木三分的刻画和无情的鞭挞。又如汉武帝是个极专制的暴君，司马迁难以做正面揭露，便在《酷吏列传》中，借抨击张汤、杜周之流“好杀伐行威不爱人”，把矛头直指汉武帝，“上以（张汤、杜周）为能”，“天子以为尽力无私”，指出汉武帝是酷吏杀伐行威的靠山，并揭露他们正是用讨好主子的不正当手段才取得信任：“上所欲挤者，因而陷之；上所欲释者，久系时间。”作者所恶仍在最高统治者。对于历史上有贡献的人物，哪怕是被封建统治阶级诬为“盗贼”的农民起义领袖，司马迁都加以热情歌颂。他把陈胜事迹列入“世家”中，并突出他在亡秦兴汉这一历史进程中的伟大功绩，颇具史家卓识。没有秉笔直书的实录精神，这些都是难以想象的。

(2) 身世之感入笔端

我们说《史记》的实录精神和作者的感情倾向相统一，不仅是指司马迁对历史人物所持有的正确立场和感情态度，而且更主要的是指他在客观叙述历史的基础上，总是糅合进个人对于历史事件和人物的感受，他是以情写史，笔端常带情韵。他不光用分明的是非教育读者，还以强烈的爱憎感染读者，抒情色彩洋溢于字里行间。明代茅坤说："读《游侠传》即欲轻生，读《屈原贾谊传》即欲流涕，读《庄周》《鲁仲连传》即欲遗世，读《李广传》即欲立斗，读《石建传》即欲俯躬，读《信陵》《平原君传》即欲养士。"(《史记钞》)这正揭示了《史记》事中有情、以情感人的特点。

《史记》的抒情色彩，以身世之感最为突出。鲁迅说司马迁写此书是"感身世之戮辱，传畸人于千秋"，不是没有道理的。司马迁个人的悲天悯人之怀，牢骚抑扬之气，一旦融进了记事写人之中，就使其传记作品带上了浓厚的抒情性。这里，我们可以着重谈一下《屈原贾生列传》中的屈原部分。屈原是司马迁最为景慕的人物之一，他那"信而见疑，忠而被谤"，最终放逐自沉的遭遇，使作者激情难遏，情不自禁地在记叙中插入了一段议论：

屈原疾王听之不聪也，谗陷之蔽明也，邪曲之害公也，方正之不容也，故忧愁幽思而作《离骚》。——离骚者，犹离忧也。夫天者，人之始也；父母者，人之本也。人穷则反本，故劳苦倦极，未尝不呼天也；疾痛惨怛，未尝不呼父母也。屈平正道直行，竭忠尽智以事其君，谗人间之，可谓穷矣！信而见疑，忠而被谤，能无怨乎？屈平之作《离骚》，盖自怨生也。

这段话集中申说了一个"怨"字。司马迁推人而及己，想到自己

“绝宾客之知，忘家室之业，日夜思竭其不肖之才力，务一心营职，以求亲媚于主上”，却因李陵案而遭宫刑，其怨则何以堪？如拿《报任安书》与《屈原贾生列传》对勘参阅，显然，作者是把自己的切肤刻骨之痛，幽怨激愤之情，一概寓之于屈原其人其事之中了。

作者的微情妙旨，还时时见于文字之外，需要我们去细细揣摩玩味方能理解。《游侠列传》和《货殖列传》两篇，曾遭到正统史家班固的讥评，以为“序《游侠》则退处士而进奸雄，述《货殖》则崇势利而羞贱贫，此其所以敝也”。实际上班固未细察司马迁的用心。《游侠列传》反映了司马迁对游侠这一特殊社会阶层的地位和作用的认识，《货殖列传》则表明了作者重视民生经济的观点，这里且姑置勿论；其实这两文的立意，也是与司马迁的身世遭遇相关的。元代盛如梓就看出了其中题窍所在，于是针对班固的观点反驳说：

武帝用法深刻，臣下当诛，得以货（金钱）免；迁遭李陵之祸，家贫无财自赎，交游莫救，卒陷腐刑。其“进奸雄”者，叹无朱家（《游侠列传》中所记高祖刘邦时鲁地大侠）之伦，不能脱己之祸；其“羞贫贱”者，自伤以贫不能免刑，故曰“千金之子，不死于市”。（班）固不察其心而骤讥之，过矣！（《庶斋老学丛谈》卷一）

我们若仔细玩味作者在两文中的直接议论：“‘天下熙熙，皆为利来；天下攘攘，皆为利往。’夫千乘之王，万家之侯，百室之君，尚犹患贫，而况匹夫编户之民乎？”“‘窃钩之诛，窃国者侯。侯之门，仁义存’，非虚言也。”不是分明可以听出司马迁的弦外之音吗！

(3) 多重性格的组合

那么，司马迁出于其分明的是非爱憎，是否对肯定者一味颂扬褒许，对否定者一味讽刺鞭责呢？决非如此。司马迁并不把历史人物简单化，也不放纵文笔，以自己的感情色彩去随意涂抹史实，改变历史人物的本来面目。他从历史人物的实际出发，褒其所当褒，贬其所当贬，写出了历史人物的复杂性，写出了黑格尔所说的“这一个”，在人物描写上取得了卓越的成就。刘邦是作者的讽刺对象，但是，司马迁还是充分表现了他作为开国帝王的聪明才干，比如用人有方、善于机变等。项羽是作者基本肯定的历史人物，在他身上倾注了极大的同情。但作者笔下的项羽，其最吸引人之处，还是在性格的多面性，那种复杂的统一。

在《项羽本纪》中，项羽是以叱咤风云的盖世英雄面貌出现在读者面前的。但作者并不让感情溢出于史实之外，他按照事物发展的自身逻辑，写出了项羽最终归于灭亡的悲剧命运。对于项羽迷信武力，奋其一己之私智，竟然至死不悟，司马迁严加鞭挞，并指出这是其“兴之暴”“亡之速”的主要原因。他又通过其他人物传记，来表现项羽性格的多面性。如在《淮阴侯列传》中，借韩信之口说：“项王喑噁叱咤，千人皆废；然不能任属贤将，此特匹夫之勇耳。项王见人恭敬慈爱，言语呕呕，人有疾病，涕泣分食饮；至使人有功，当封爵者，印玩敝，忍不能予。此所谓妇人之仁也。”在《高祖本纪》《陈相国世家》等篇中，亦借他人之口反映了项羽“妒贤疾能，有功者害之，贤者疑之”，“项羽为人僄悍滑贼，诸所过无不残灭”等性格侧面。他在鸿门宴上沽名钓誉，不忍杀死一个刘邦；而疑秦军降卒不服，可以一夜之间坑杀二十余万人。“喑噁叱咤”与“匹夫之勇”，“恭敬慈爱”与“妇人之仁”，正是一个本质的两种表现；“言语呕呕”的谦恭与“千人皆废”的勇武，“涕泣分食饮”的仁爱与“玩印不予”的吝啬，似乎扞格不合，却那么和谐地集于项羽一身。

总之，司马迁的人物传记，忠于史实，“善善恶恶，贤贤贱不肖”

(《太史公自序》)，“发于情，肆于心而为文”（鲁迅《汉文学史纲要》)，使实录精神与自己的感情倾向很好地统一了起来。因此，《史记》才能既被我们视为良史，又成为一部具有很高审美价值的文学巨著。

2. 宏微相济的人物描写

司马迁的艺术才华，主要表现在人物描写上。他采取的描写方法，是一方面倾其全力描写大场面，是为宏观描写；另一方面又以精细的笔触，在叙述中穿插小故事，是为微观描写。宏观与微观相互为用，这样既能从大处着眼，展示人物的生平全貌，又能从小处见微知著，突出人物性格的特有光彩。

(1) 大场面描写：以《项羽本纪》为例

项羽是秦末楚汉相争中的主要历史人物。从秦亡到汉兴，是各种政治、军事力量相互斗争最为激烈的时期，项羽处身于这一历史时期，他所经历的斗争和事变也是极其复杂的。然而司马迁却能从头绪纷繁的历史事件和人物活动中，精选了三件大事进行重点描写，显示出描写大场面的非凡功力。这三件大事，正好处于项羽一生的三个关键时刻。

第一个大场面是巨鹿之战，这是项羽真正崛起、奠定霸业的关键一战，也是他一生中最能显示其军事胆略和勇武性格的精彩华章。第二个大场面是鸿门之宴，这是项羽由盛而衰的转折点。如果说，战场上的项羽真所谓叱咤风云、英才盖世，展现了一个英雄豪杰令人崇敬的性格光彩；那么在同样生死攸关的政治较量中，他却显得如此软弱无能，优柔寡断。作者在事件展开的过程中，有意将刘邦与项羽的性格进行对比，项羽的豪爽粗疏与刘邦的谦恭隐忍，项羽的优柔寡断与刘邦的处事果决，通过两人性格的巨大反差，深刻地揭示了刘胜项败的必然性。第三个大场面是垓下之围，写项羽的“英雄末路”，终归失败。东城决战，是项羽一生中最后一次重要战斗。作者突出一个“快”字，以浓墨重彩之笔，最后一次展露了一代枭雄驰骋疆场、所向无敌的雄姿。然而，项羽的最后逞能，不过是困兽犹斗，尽管他在那里顾盼自雄，却不能挽狂澜于既倒。正是因为有这三个大场面的描写，方才奠定了项羽性格的基本色调。

（2）小故事穿插的多种作用

作者在组织宏大的场面描写的同时，又注意穿插进一些能生动传神地表现人物个性特征和精神气质的小故事。这些小故事的作用，打个比方，犹如晋代画家顾恺之为裴楷画像，颊上添三毫，居然让人物形象神采飞扬。如《李斯列传》，写李斯之发迹，在于“从荀卿学帝王之术”，那么他的内在动机如何呢？作者在开头安排了一个日常生活中的小故事：

年少时，为郡小吏，见吏舍厕中鼠食不洁（指粪便），近人犬，数惊恐之。斯入仓，观仓中鼠，食积粟，居大庑之下，不见人犬之忧。于是李斯乃叹曰：“人之贤不肖譬如鼠矣，在所自处耳！”

通过这个故事，刻画出了一个极端自私卑鄙的人物形象。李斯一生行事，以及他最终被腰斩于市的可悲下场，都可从小时的表现找到答案，这就是我们常说的“性格即命运”。与此相同的，尚有“陈平分肉”“韩信钻胯”等故事。我们试想，如无这种小穿插，光着眼于重大事件的表现，怎么可能把人物的精神气质表现得如此入木三分？

又如在《项羽本纪》中，在“垓下之围”最紧急的关头，作者穿插了一段“霸王别姬”的情节：

项王军壁垓下，兵少食尽，汉军及诸侯兵围之数重。夜闻汉军四面皆楚歌，项王乃大惊曰："汉皆已得楚乎？是何楚人之多也？"项王则夜起，饮帐中。有美人名虞，常幸从；骏马名骓，常骑之。于是项王乃悲歌慷慨，自为诗曰："力拔山兮气盖世，时不利兮骓不逝。骓不逝兮可奈何，虞兮虞兮奈若何！"歌数阕，美人和之。项王泣数行下，左右皆泣，莫能仰视。

在四面楚歌的包围中，项羽成了惊弓之鸟，霸王别姬这段戏剧性的情节，采用即小见大的手法，极为生动地刻画了项羽的内心活动，进一步丰富了人物性格。然而也有人对此提出过疑问："余独谓垓下是何等时，虞姬死而子弟散，匹马逃亡，身迷大泽，亦何暇更作歌诗！即有作，亦谁闻之而谁见之欤？"（周亮工《尺牍新钞》三集卷二释道盛《与某》）其实，这是在基本保持历史真实的前提下作者艺术想象力的发挥，是李贺所说的"笔补造化天无功"（《高轩过》），是作者代人物传神之笔。

这种小故事穿插，有时还有更大的作用，它可以通过叙事和议论的结合，引出作者的重要论断，用来取代司马迁的论赞"太史公曰"。如《陈涉世家》在记载了陈胜的一生行事后，最后异峰突起，穿插了一段"故人晤见"的故事。那些故人出入放肆，言陈王故情，陈王斩之，"故人皆自引去"。讳言贫贱，滥杀亲故，造成众叛亲离，从这里引出了对陈胜失败原因的总结："诸将以其故不亲附，此其所以败也。"显然，这种小故事的穿插，比单纯的抽象说理要有说服力得多。

3. 一多相兼的结构艺术

《史记》有十二本纪，三十世家，七十列传，那么多人物传记集中在一起，如何安排结构？这是对作家艺术才华的重大考验。司马迁的设计，总起来说是“一”与“多”相兼，即类型化和多样化相结合。

（1）类型化的结构设计

司马迁先设计了总体结构框架，将各篇传记纳入几种基本结构类型之中。其整体结构设计，可大致分为分传、合传、寄传、杂传四类。所谓分传，是人各一篇，编次、时间、本末都十分清楚，如《项羽本纪》《陈涉世家》《淮阴侯列传》。合传则以生平事迹类似的传主合编成一篇，如《老子韩非列传》记老子、庄子、申不害、韩非四人事迹，《管晏列传》记管仲、晏婴，《孙子吴起列传》记孙武、吴起等。寄传是以一人行迹为主，兼及他人行事，如《廉颇蔺相如列传》主要记蔺相如、《鲁仲连邹阳列传》主要记鲁仲连。但寄传与合传有时也难严格区分，如《屈原贾生列传》就可以两属。杂传是在篇名中不举固定人物名称，将行事相类、社会属性相同的人物事迹编在一起，如《刺客列传》《游侠列传》《滑稽列传》等。这种组织结构的类型化，造成《史记》结构在总体上具有相对的统一性，我简称之为“一”。

（2）多样的结构变化

在多样化方面，更可见司马迁卓越的艺术才能。细说起来，《史记》中人物传记的构思真是多彩多姿。

最基本的结构，可称为“单线式”。如《项羽本纪》以项羽这个人物为中心，以当时楚军军事上的进退路线为线索，以几个重大战役和政治事件为描写重点（如起兵会稽、渡江而西、杀宋义、战巨鹿、鸿门宴、垓下之围、东城决战、乌江自刎），因而形成了单线发展和峰峦迭起的结构特色。楚军的军事进退路线，以建都彭城为界，在前半篇是自东向西，步步紧逼，在后半篇是自西向东，步步退缩，展现了项羽英雄壮烈的一生，一个前盛后衰的悲剧历史人物的形象。

另一种是“散点式”结构，如《李将军列传》。李广与项羽都是军事家，但他们两人的身份不同，所以写李广时，作者不是通过一个人写一个时代，而只需就人物事迹和性格的某些特点加以集中描写。李广是汉代名将，其身世遭遇和性格的特点，一是军事上英勇善战，二是政治上受到压抑。不必对历史事件的原委本末作做细交代，这样，在材料的取舍上，作者从李广一生大小七十余战中精选四次战役，这些战役在历史上都不太重要，但或属遭遇战，或是李广失利的战役。上郡之战与匈奴射雕手的交锋，“而广身自射彼三人者，杀其二人，生得一人”，以及“吾去大军数十里，今如此以百骑走，匈奴追杀我立尽。今我留，匈奴必以我为大军诱之，必不敢击我”，“皆下马解鞍”的判断和决策，展示了李广既勇且智的基本性格。雁门之战，写李广因众寡悬殊而被俘，“胡骑得广，广时伤病，置广两马间，络而盛卧广。行十余里，广佯死，睨其旁有一胡儿骑善马，广暂腾而上胡儿马，因推堕儿，取其弓，鞭马南驰数十里，复得其余军，因引而入塞”，集中写其机智一面，以及“为虏所生得，当斩，赎为庶人”的政治遭遇。右北平之战，又一次处于以寡敌众的形势下，李广军四千骑，被匈奴左贤王四万骑围困，“广军士皆恐，广乃使其子敢往驰之。敢独与数十骑驰，直贯胡骑，出其左右而还，告广曰：‘胡骑易与耳。’军士乃安”，从而安定军心。再写李广采取正确阵势，“广为圜阵外向，胡急击之，矢下如雨。汉兵死者过半，汉矢且尽。广乃令士持满毋发，而广身自以大黄射其裨将，杀数人，胡虏益解”，继写“会日暮，吏士皆无人色，而广意气自如，益治军。军中自是服其勇也”，表现其镇定神勇的一面。最后一战是从卫青、霍去病出击匈奴，由于卫青的有意刁难和错误决策，使李广迷失道路，战役失利，卫青又推诿责任，李广受审，不堪羞辱而“引刀自颈”，写出朝廷的刻薄寡恩，李广的不幸命运。因作者的目的是写人而非写史，故此传专选择一些偶然事件以见出李广性格命运之必然，犹如中国画中的散点透视。

还有一种结构方式，可以称为“网络式”。如《魏其武安侯列传》中，写魏其侯窦婴与武安侯田蚡两个外戚之间的争斗，前者是窦太后侄子、汉景帝表兄弟，后者是汉景帝妻舅、汉武帝舅父，先后为景帝时丞相，后来在两人之间又插进了灌夫，田蚡欲害死窦婴、灌夫，自己命也不长，三人终于同归于尽。三个人的行事相互纠结、缠绕在一起，形同一张网络。

同样是两人合传，合的方法又各有不同。《管晏列传》采取的结构方式，明清评点家称为“搭天桥”，姑称之为“天桥式”。文章前半写管仲事迹，后半写晏婴事迹，两人的共同点是先后为春秋时齐国贤相，中间用一过渡句勾连：“管仲卒，后百余年而有晏子焉。”这一方式为司马迁所习用，如《屈原贾生列传》：“自屈原沉汨罗后百有余年，汉有贾生。”《孙子吴起列传》的前半部分写两个孙子，中间就说：“孙武死后百余年有孙膑。”此外，还有一种情况，虽合写两人，但以一个人物的事迹为主，另一个为次，这种安排可以叫作“宾主式”，如《廉颇蔺相如列传》不是两人并列处理，而是采用以蔺相如为主、廉颇为宾的写法。写蔺相如，用“完璧归赵”“渑池之会”两件大事，至于“负荆请罪”，是明写廉颇，暗写蔺相如。

最有意味的是一种“映带式”结构，也就是在写此人此事的时候，忽然映带而连及他人他事。如《春申君列传》：“尽灭春申君之家；而李园女弟初幸春申君，有身而入之王，所生子者，遂立为楚幽王。是岁也，秦始皇立九年矣，嫪毐亦为乱于秦，觉，夷其三族，而吕不韦废。”记楚事而忽及秦事，其事同时而其地相距千百里，似乎是节外生枝。其实，嬴政的父亲子楚，在赵国做人质时，因商人吕不韦的上下活动，得以返秦，立为太子，吕并将已怀孕的身边赵国歌舞姬送给子楚做妻子。子楚即位后称秦庄襄王，吕不韦任丞相。赵姬所生子即秦始皇，始皇登位后，其母称华阳太后。吕不韦与之恢复了两性关系，怕始皇发觉，又将以放荡著称的嫪毐介绍给太后。丑闻败露后，嫪毐被处死，吕也被革职，最后服毒自尽。始以偷梁换柱、终而身败名裂，是吕不韦与春申君之行事相同处，两事不谋而合，所以映带而及，表现了作者非凡的史识。

4. 雅俗相融的语言特色

古代的规范语言，一般都有雅化的倾向，而民间语言多带有通俗化特征。《史记》语言在规范语言的底子上，兼采民间语言的种种因素，这一特色，我称之为雅俗相融。

（1）雄深雅健的规范语言

《史记》所采用的，是汉代通用的规范化书面语言，这种语言的风格，唐代的古文家韩愈称为“雄深雅健”。《新唐书·柳宗元传》说：“韩愈评其文曰：‘雄深雅健，似司马子长。’”宋代大词人辛弃疾在《沁园春》词中即用来指《史记》的语言风格：“我觉其间，雄深雅健，如对文章太史公。”这种规范语言，具有雄浑而深沉、典雅而有力的风格，具有高度的艺术概括性和生动的形象性。但司马迁的语言又是随其事、其人、其文而变化的，运用个性化的口语，运用方言俗谚语，对表现人物的性格起了很大的作用，正统的封建士大夫攻击《史记》的语言“杂以俚语，不可为训”（明·郑瑗），其实雅与俗的结合，正是《史记》语言的鲜明特色。

（2）不避重复的语言艺术

在《史记》的语言特色方面，钱锺书先生有独到的发现，他指出司马迁喜欢反复使用相同的词语来加强语气，增加语言的艺术表现力，深得累叠之妙，这点过去常为研究者所忽视。如《陈涉世家》写陈胜戍渔阳，屯大泽乡，遇大雨，失期，依法当斩，陈胜、吴广乃谋曰：

今亡亦死，举大计亦死，等死（同样是死），死国可乎！

这几句写出人物死中求活的峻急语气，重复用“死”字的表达效果十分强烈。但据我看来，这并非司马迁的发明，因为追溯源头，我在《左传·哀公六年》中找到相似的写法：

秋七月，楚子（昭王）在城父（地名），将救陈。卜战，不吉；卜退，不吉。王曰：“然则死也！（此年吴伐陈，楚先君与陈有盟，救之，战败）再败楚师，不如死。弃盟逃雠，亦不如死。死，一也，其死雠乎！”

请看，《陈涉世家》的写法不明明是从《左传》学来的吗！《项羽本纪》中亦有这样的写法：

诸将皆作壁上观，楚战士无不一以当十，楚兵呼声动天，诸侯军无不人人惴恐。於是已破秦军。项羽召见诸侯将，入辕门，无不膝行而前，莫敢仰视。

叠用三个“无不”，极有精神，写出了巨鹿之战如火如荼的紧张气氛。班固《汉书》以为重复而去其二（作“诸侯军人人惴恐”，“膝行而前”），显然就缺少气势了。金代文论家王若虚批评司马迁这样写是“字语冗复”，也是没有悟到其中重复的妙处。又篇末写项羽自度不能脱身，一则曰：“此天之亡我，非战之罪也”，再则曰：“令诸军知天亡我，非战之罪也”，三则曰：“天之亡我，我何渡为！”这是作者有意不避重复，以加强语气，写出项羽心已死而意犹未平，认输而不服气，所以言之不足，再三言之。《袁盎晁错列传》中还叠用虚字，晁错父曰："刘氏安矣！晁氏危矣！吾去公归矣！"断为三句，中间不用衔接的连词，显得顿挫而错落，纸上如闻叹惜之声。《汉书》改为"刘氏安矣而晁氏危，吾去公归矣！"就索然而无情味了。

四、建安风骨与三曹诗歌

在文学史上，东汉建安时期，是作家具备作为个人身份的主体自觉意识，作家群体的出现，以及在统一的时代风格（共性）下作家个人创作风格（艺术个性）逐步形成的重要时期。从建安诗歌到魏晋诗歌再到南朝诗歌，呈现出较为分明的作家文学形成的轨迹。因此，分析建安诗歌的逐渐走向个性化的发展趋势，比较曹氏父子、兄弟不同个性在诗歌创作中的表现，是一个饶有趣味的问题。

1. 建安诗歌的个性化趋势

（1）建安风骨与“慷慨任气”

“建安”在历史上，是东汉献帝刘协的年号，指公元196—220年，共25年。但文学史上的“建安文学”，则是指汉末魏初的文学，上限为黄巾起义（军阀割据，社会动乱）的184年，下限为曹植去世的232年，时间跨度有40多年。与之相接的是正始文学。

建安文学的发展可分为三个时期：第一期，建安文学早期，以建安十五年（210年）为界，以曹操为代表，时代动乱是这一时期的基本特征。曹操从政治需要考虑（而非文学原因）把文人学士逐渐吸收到自己周围，形成文人群体，而吴、蜀两方几乎没有产生作家。第二期，邺下时期，从建安十六年（211年）到建安二十二年（217年），以曹丕为中心，以公宴赠答的优游生活为特征。211年曹丕封为五官中郎将、副丞相，217年曹丕立为魏太子，王粲最后一个归附曹操。第三期，建安文学后期，从建安二十三年（218年）到魏明帝曹叡太和六年（232 年）曹植去世，以曹植为代表，以兄弟争斗为特征。

分析建安文学产生的渊源，从外部来说，首先是社会处于动乱之世。《文心雕龙·时序》云："观其时文，雅好慷慨，良由世积乱离，风衰俗怨，并志深而笔长，故梗概而多气也。"说的就是建安文学产生的时代原因。其次，从思想原因看，东汉经学（宗教神学）衰落，意识形态发生转变，思想学术开始走向多元化。如《宋书·臧焘传论》所说："自魏氏应命，主爱雕虫，家弃章句，人重异术。"意识形态的相对松动为文学松了绑。从文学自身分析原因，文学开始独立，创作领域从赋家群体性的"润色鸿业"转向抒写作家个人心志，体现出"文的自觉"，视文学为"经国之大业，不朽之盛事"（曹丕《典论·论文》）。统治者大力提倡文学，曹氏一门既是政治核心，又是文学领袖，正如《文心雕龙·时序》所说："魏武以相王之尊，雅爱诗章；文帝以副君之重，妙善辞赋；陈思以公子之豪，下笔琳琅"，这才造成"并体貌英逸，故俊才云蒸"的文坛盛况。而且在文人群体中建立了平等相待、共同探讨的格局和氛围："昔日游处，行则连舆，止则接席，何尝须臾相失。每至觞酌流行，丝竹并奏，酒酣耳热，仰而赋诗。"（曹丕《与吴质书》）就建安诗歌的创作渊源而言，来自于两个近源，一是汉乐府民歌，二是《古诗十九首》。建安文学早期主要接受乐府民歌的影响，后两个阶段更多受《古诗十九首》影响。

正是在这样的背景下，产生了统一的时代风格——建安风骨。《文心雕龙·风骨》提出了文学上的"风骨"概念：

是以怊怅述情，必始乎风；沉吟铺辞，莫先于骨。故辞之待骨，如体之树骸；情之含风，犹形之包气。结言端直，则文骨成焉；意气骏爽，则文风清焉。……故练于骨者，析辞必精；深乎风者，述情必显；捶字坚而难移，结响凝而不滞，此风骨之力也。

“风骨”在当时是一个文艺流行语。南朝·齐谢赫《古画品录》云：“观其风骨，名岂虚哉！”又说：“气韵，生动是也。骨法，用笔是也。”台湾学者徐复观先生解释这两句时，认为“气”大致与“骨”相当，“韵”大致与“风”相当；“风骨”是六朝人的审美理想，是从人伦鉴识（品格风度）进入论书画的，而且主要用来品评人物画。“气”“骨”是形容人的一种清刚而有力感的形相之美，“韵”“风”是形容人的情调个性上的清远、通达、放旷，是一种精神之美。他进而说：“骨法用笔的‘骨法’，当然也有气的作用。但它们与我们前面所说的‘气骨’之气，一方面有密切的关系；同时又属于不同的层次。”他将“骨”分为“技巧性的骨、局部性的骨”和“精神性的骨、全体性的骨”，“所以《风骨篇》中所说的骨，实含有两个层次”。其实“韵”有时也可解释为“气”。（《中国艺术精神》）钱锺书先生《管锥编》提出新论，认为谢赫六法应做如此标点：“气韵，生动是也；骨法，用笔是也……”前者指艺术的内在精神，后者指艺术的外在形式。延伸到文学批评，“风骨”是一种文学审美理想，或曰时代风格，“建安风骨”的内涵，即刘勰说的“慷慨任气”。刘勰的表述是：

暨建安之初，五言腾踊。……慷慨以任气，磊落以使才；造怀指事，不求纤密之巧；驱辞逐貌，唯取昭晰之能。（《明诗》）

浑而言之，这种时代的共同风格，包括思想感情鲜明爽朗、艺术表现刚健有力两个方面，总体是一种阳刚之美（但也不完全排斥阴柔的成分，如曹丕的部分诗歌）。如果析而言之，就是鲁迅在《魏晋风度及文章与药及酒之关系》一文中所云，是清峻，通脱，华丽，壮大。其实，鲁迅说的这四点，乃是从刘师培《中国中古文学史·论汉魏之际文学变迁》而来：

建安文学，革易前型，迁蜕之由，可得而说：两汉之世，户习七经，虽及子家，必缘经术。魏武治国，颇杂刑名，文体因之，渐趋清峻。一也。建武以还，士民秉礼。迨及建安，渐尚通脱，脱则侈陈哀乐，通则渐藻玄思。二也。献帝之初，诸方棋峙，乘时之士，颇慕纵横，骋词之风，肇端于此。三也。又汉之灵帝，颇好俳词，下习其风，益尚华靡，虽迄魏初，其风未革。四也。

他列出的四点是：清峻，通脱，骋词，华靡。骋词即壮大，华靡即华丽。这四点，既有"风"的因素，又有"骨"的因素。作为"慷慨任气"的时代风格的代表作家，就是曹氏父子。我们认为，他们的作品既具有时代的"风骨"，即共同风格，又展现出个人创作风貌，体现了真正的作家文学形成进程中，诗歌正在逐步向文人化、个性化甚至心灵化发展。这是我们把握建安文学，尤其是三曹诗歌成就的一个关键。

2. 曹操、曹丕诗歌的个性化

在建安文学之前，汉乐府民歌不是文人诗，《古诗十九首》虽然是文人诗，总体上表现出文人的个体自觉意识，却为无名氏所作，还缺乏明显的艺术个性。体现诗歌创作个性化趋势的是三曹的作品。

(1)"古直悲凉"的曹操诗

曹操现存诗不到 20 首，全是乐府诗。统观其作品，值得注意的是：

第一，诗如其人，初步表现出作家个性。曹操用汉乐府旧题写时事的诗篇，开始脱离乐府民歌的影响，向文人抒情述怀过渡，读来尤觉真气勃发，有慷慨情怀。钟嵘《诗品》云："曹公古直，颇有悲凉之意。”南宋敖陶孙《诗评》云：“魏武帝如幽燕老将，气韵沉雄。”说明其诗展现了一代雄豪的精神世界。如《蒿里行》“关东有义士，兴兵讨群凶。初期会孟津，乃心在咸阳”数句，写得气势不凡，钟惺《古诗归》评曰：“声响中亦有热肠。”又诗中“铠甲生虮虱，万姓以死亡。白骨露于野，千里无鸡鸣”数句，方东树《昭昧詹言》评曰：“极写乱伤之惨，而诗则真朴雄阔远大。”其《短歌行》：“山不厌高，水不厌深。周公吐哺，天下归心。”《观沧海》：“日月之行，若出其中，星汉灿烂，若出其里。”沈德潜评曰：“有吞吐宇宙气象。”《龟虽寿》“老骥伏枥，志在千里，烈士暮年，壮心不已”数句，陈祚明《采菽堂古诗选》评曰：“名言激昂，千秋使人慷慨。”这些论者都从诗中看到了曹操的壮阔博大的胸襟、积极用世的精神面貌。

第二，由情及意，已经显示出作家身份。意，即在诗中有立意的意识，是有意而为诗，也就是作家的自觉创作意识。这是三曹诗与乐府民歌、《古诗十九首》的明显区别。元代许学夷《诗源辨体》卷四论汉魏诗歌源流云：“汉、魏同者，情兴所至，以情为诗，故于古为近。魏人异者，情兴未至，以意为诗，故于古为远。同者乃风人之遗响，异者为唐古之先驱。陈绎曾云：‘东都以上主情，建安以下主意。’此前人未尝道破。”卷三又云：“汉、魏同者，情兴所至，以不意得之，故其体皆委婉，而语皆悠圆，有天成之妙。魏人异者，情兴未至，始着意为之，故其体多敷叙，而语多构结，渐见作用之迹。”“作用之迹”，即自觉的创作意识。曹操的诗歌在“有意为诗”方面，已初露端倪。

第三，从叙事走向抒情，开创抒情文学新传统。同样是反映社会现实，曹操诗与汉乐府民歌有何不同？尽管钟惺《古诗归》认为曹操诗是“汉末实录，真诗史也”，注意《蒿里行》《苦寒行》《薤露行》

这些代表作的写实成分，但同样不能忽视的是，诗中作者感慨已多，如“生民百遗一，念之断人肠”，“瞻彼洛城郭，微子为哀伤”，“延颈长叹息，远行多所怀。我心何怫郁，思欲一东归。……悲彼《东山》诗，悠悠使我哀”；而《短歌行》《龟虽寿》《观沧海》等篇，则将动乱的时事退为背景，而将作者的情怀推上前台，由汉乐府的第三人称转向第一人称，更多表现作者个人的真切感受。如《短歌行》从“人生几何”到“天下归心”，将建功立业看成个人人生价值的实现。这是真正的抒情诗，钟惺称为“真心真话”（《古诗归》），陈祚明称为“写已怀”，“根在性情”（《采菽堂古诗选》）。这说明，曹操诗虽然全是乐府体，但吸取了《古诗十九首》的抒情性质，在创作个性化方面进了一步。

但曹操诗仍带有汉乐府诗的明显痕迹，陈祚明所谓“孟德所传诸篇，虽并属拟古”，沈德潜所谓“孟德诗犹是汉音，子桓以下，纯乎魏响”，即指出了这一点。作为一代雄主的精神气质虽有所展露，所谓“幽燕老将”、“沉雄俊爽，时露霸气”（沈德潜），但曹操还不是典型意义上的文人，他的诗歌创作在文人化方面仍不彻底。

（2）“便娟婉约”的曹丕诗

曹丕诗今存40余首，其中近一半是乐府诗。曹丕已理性地认识到作家个性气质对作品风格的决定作用，他说：

> 文以气为主，气之清浊有体，不可力强而致。……至于引气不齐，巧拙有素，虽在父兄，不能以移子弟。（《典论·论文》）

关于“气”的解释有各种各样，我认为这里应是指作家的个性气质，而不是才气，更不是指文中之气。“建安七子”的名目，是曹丕第一个提出的，文气说是他观察七子个性与其诗文关系的基础，也成了后来钟嵘《诗品》、刘勰《文心雕龙》论述作家创作个性的主要视角。至于曹丕诗歌的风格特征，我们可以概括为由直寻而蕴藉，由悲壮而婉约。钟惺说："文帝诗便婉娈细秀，有公子气，有文士气，不及老瞒远矣。然其风雅蕴藉，又非六朝人主所及。"（《古诗归》）沈德潜《古诗源》也说："子桓诗有文士气，一变乃父悲壮之习矣。要其便娟婉约，能移人情。"这种父子之间的差异，一方面是由于生活环境所致，曹丕虽生乎乱，长乎军，但一生四十年的大部分时间，是在三国鼎立局面形成后相对安定舒适的环境中，少诵诗书，任五官中郎将时仅25岁，与邺下文人"怜风月，狎池苑，述恩荣，叙酣宴"，个人气质偏于阴柔，在政治上"矫情自饰"，工于心计，日常生活中多愁善感，故刘勰称"子桓虑详而力缓，故不竞于先鸣"（《文心雕龙·才略》）。所以在诗歌创作渊源上，陈祚明指出"其源出于《十九首》，淡逸处弥佳，乐府雄壮之调，非其本长"（《采菽堂古诗选》）。如果说曹操诗偏于言志，主要表现与时代风会相关的历史使命感、政治抱负；而曹丕亦有此类诗作，如《至广陵于马上作诗》《孟津诗》等，但更善于言情，注重发掘人性因素、普通人的情感，所谓"能移人情"，特别注重个人情怀的抒发。其诗题材多歌咏春花秋月，男女情爱，悲欢离合，离愁别恨，甚至代女子、代寡妇言情，显得缠绵悱恻，如《代刘勋妻王氏杂诗》（翩翩床前帐）、《寡妇诗》（霜露纷兮交下）、《燕歌行》等。艺术表现上则与纤细宛转的情思相配合，渐趋于工丽。钟嵘《诗品》评论："唯'西北有浮云'十余首，殊美赡可玩，始见其工矣。"就是指《杂诗》二首等字句清丽，音韵和谐。

3. 曹植诗歌更趋心灵化

曹植有诗80多首，一半为乐府诗，而且多是自拟新题。钟嵘论曹植诗："骨气奇高，词采华茂，情兼雅怨，体被文质。"其高处，就在于诗中"骨气"与"词采"，"雅"与"怨"，"文"与"质"，几个方面得到了较为完美的统一。

（1）"骨气奇高"——诗歌的心灵化

在我看来，所谓"骨气奇高"，就是指诗人的抒情（诗歌的内充因素）更趋心灵化。作为建安时期的代表人物，三曹均关注现实，追求事功。但曹操是风云际会的雄豪之主，曹丕是安享尊荣的守成之君，而曹植前期"任性而行，不自雕励，饮酒不节"，后期备受迫害，充满"忧生之嗟"（谢灵运《拟邺中集序》："公子不及世事，但美遨游，然颇有忧生之嗟。"），所以其内心世界之丰富，情感之深永，感觉之纤敏，比他的父兄更其突出，更具文人的个性气质。故同样是慷慨任气，曹操偏于悲壮沉雄，曹丕是慷慨中见宛转，曹植的慷慨，在前期近于曹操、曹丕，如《送应氏》"中野何萧条，千里无人烟"，《白马篇》"捐躯赴国难，视死忽如归"；在后期更多的是一种内心愤激磊落不平之情，呈现向内转的心灵化倾向，如《吁嗟篇》"吁嗟此转蓬，居世何独然!"写忧生之嗟，《野田黄雀行》"不见篱间雀，见鹞自投罗?"写望援于人，《赠白马王彪》写内心怨愤忧伤，《远游篇》"昆仑本吾宅，中州非我家"写幻想远走高飞。钟惺云："子建柔情丽质，不减文帝，而肝肠气骨，时有块磊处，似为过之。"是很准确的概括。将三曹诗做一总体比较，可见其文人化程度的加强，清代成书倬云《多岁堂古诗存》云："武帝雄才而失之粗，子桓雅秀而伤于弱，风雅当家，诗人本色，断推此君。"吴淇《六朝选诗定论》云："然其浑雄苍老，有时或不及乃父；清莹悲凉，有时或不及乃兄。然不能不推子建为极者，盖有得于诗家之正派的宗也。"所谓"风雅当家，诗人本色"，所谓"诗家正派"，是就其个性气质上认定了曹植诗歌作为作家文学、文人诗的实质。

(2)“词采华茂”——诗歌的精美化

那么，“词采华茂”可以理解为艺术表现（诗歌的外现因素）更趋精美化。陈祚明说：“子建既擅凌厉之才，兼饶藻组之学，故风雅独绝。”胡应麟《诗薮》说：“子建《名都》《白马》《美女》诸篇，辞极赡丽，然句颇尚工，语多致饰。视东西京乐府天然古质，殊自不同。”都指出了曹植诗歌精美化的一面。这表现在：第一，工于起调和结句，起多为景语，摄住人心，镇住全篇（如“惊风飘白日，忽然归西山”“明月照高楼，流光正徘徊”“高台多悲风，朝日照北林”）；结多为情语，直接倾诉，展示自我抒情形象（如“念我平常居，气结不能言”“泛泊徒嗷嗷，谁知壮士忧”“盛年处房室，中夜起长叹”“弦急悲风发，聆我慷慨言”“形影忽不见，翩翩伤我心”），这一特点，恐怕是从《古诗十九首》来。第二，精于遣词和造句，讲究句法、字法、排偶，而且已有协调平仄的句子。第三，注意语言的装饰性、色彩感，黄侃称“文采缤纷，而不离闾巷歌谣之质”（《诗品义疏》），且有诗歌赋化（铺陈）的倾向，如《美女篇》从汉乐府《陌上桑》脱胎而来，但语言铺排更为精美。

总之，在由汉到魏晋的转变中，建安文学是一个关键，显示出：从乐府诗转变为文人诗，从叙事转变为抒情，从向外转变为向内；而曹操、曹丕是这一转变的过渡，曹植是这一转变的集中体现，故钟嵘称曹植“陈思为建安之杰”。

五、《古诗十九首》的感伤情绪及其评价

1. 评价《古诗十九首》的两个前提

《古诗十九首》是文学史上一个很有争议的专题。关于《古诗十九首》思想内容的评价，涉及写作年代的确定。关于其艺术成就的评价，涉及五言诗体起源及发展的问题。

(1)《古诗十九首》的写作年代

通行的观点，认为《古诗十九首》产生于东汉末年、汉献帝建安以前。提出此说的代表人物是梁启超。他在《中国之美文及其历史》中自述采用“考证”和“直觉”的方法得出结论，其理由是：

①经过考证，这十九首诗不是枚乘所作，也不是苏武、李陵所作，而五言诗初起于东汉中叶，《古诗十九首》不会早于这一时期。

②这十九首诗虽非一人所作，却是一个时代所作（先后不会超过数十年)，“因为这十几首诗体格韵味都大略相同，确是一时代诗风之表现”。

③汉代避讳极严，而东汉对西汉诸帝并不避讳。汉惠帝讳刘盈，《古诗十九首》中“盈盈楼上女”“馨香盈怀袖”等句，均有“盈”字，则非西汉作品甚明。

④诗中涉及的具体地点主要是洛阳，共写到三处，写的是洛阳的繁盛：“洛中何郁郁，冠带自相索。长衢罗夹巷，王侯多第宅。两宫遥相望，双阙百余尺。”（《青青陵上柏》）“东城高且长，逶迤自相属。”（《东城高且长》）“驱车上东门，遥望郭北墓。”（《驱车上东门》）这

景象西汉决无，应是东汉时期。

⑤就作品内容看，厌世思想浓厚，盖出于将乱未乱之时。梁启超说："社会更有将乱未乱之一境，表面上歌舞欢娱，骨子里已祸机四伏，全社会人汲汲顾影，莫或为百年之计，而但思偷一日之安。在这种时代背景之下，厌世的哲学、文学便会应运而生。依前文所推论，《十九首》为东汉安、顺、桓、灵间作品，若所测不谬，那么，正是将乱未乱、极沉闷极不安的时代了。"

朱自清先生《古诗歌笺释三种》承梁氏之说，提出："据近人的考证，《十九首》大概作于东汉末年，是建安诗的前驱。李善就说过，诗里的地名像宛、洛、上东门，都可以见出有一部分是东汉人作的；但他还相信其中有西汉诗。"（只有一个证据：《明月皎夜光》中"玉衡指孟冬"，用的是西汉历法。俞平伯有文章反驳，指出这里用的仍是夏历。）

今人马茂元先生的《古诗十九首初探》是新中国成立后的权威著作。基本根据梁、朱的意见，再进一步从东汉末年的时代特征上加以坐实。这用的是社会历史研究方法，是 20 世纪 50 年代的产物，但在思想内容的理解上有突破，当时被批为"人性论"。他的观点是："东汉末年，是统治阶级内部矛盾表现得最尖锐的时期，同时也是政治上最混乱、最黑暗的时期。"具体理由是：

①外戚、宦官、官僚互相倾轧，知识分子靠征辟而进身，一般士人政治上没有出路，加上两次党锢之祸，所以产生失意沉沦之感。

②黄巾大起义即将爆发，都市情况混乱的另一面，是农村的凋残破落，农民暴动，造成大量人民流亡，而诗歌中的游子就是流浪者的一部分。

③只有处于乱离的时代，才会产生人生无常的心理。

但是，近年来也产生与以上意见相左的观点，认为《古诗十九首》中最早的作品可能产生于西汉中期，多数作品可能作于东汉前期或中期，只有少数作品作于东汉后期。也就是说，大部分诗篇不会产生在东汉末年。其理由是：

①诗中直接写到社会动乱内容的很少，写到洛阳是一派繁华景象，更多的是表现人们的享乐生活，这不像东汉末年衰乱的社会状况。

②文人士子羁旅愁怀、怀才不遇情绪并不是东汉末年才有，而是汉代社会大多数文人士子的普遍情绪，如西汉初贾谊有《吊屈原赋》，司马迁有《感士不遇赋》。

③东汉桓帝时诗人秦嘉在洛阳做官，与其妻徐淑之间有相互赠答的诗歌六首，对《古诗十九首》多有借鉴。则《古诗十九首》时代应在汉桓帝（即东汉中期）以前，而非东汉末年。

关于《古诗十九首》产生的时代，我想补充三点个人的意见：

第一，近年有美国华裔学者黄仁宇提出“大历史”的观点，将秦汉两朝连在一起，看成是我国历史上的“第一帝国”（隋、唐、宋是“第二帝国”，明、清是“第三帝国”），那么西汉和东汉也应该打通（连亘400余年，中间经过新莽中断15年），视为一个整体，如都是刘姓当政的朝代（东汉光武帝是汉高祖刘邦九世孙，西汉元帝属于他的父亲辈），人口均在5000万到6000万，疆域及军力变动不大，有很多共同点。其中，西汉和东汉文人的生存环境大致相似，更是有力的证据。黄仁宇据史料统计，西汉与东汉之交，政府对社会的管制力量下降，造成民间士族大姓的兴起。政府官僚机构膨胀，中央、地方官吏超过13万人。另一方面，东汉提倡学术很有成效，洛阳太学规模很大，桓帝时太学生称有3万人；而私学聚集门徒动辄数百或逾千。其出路就是当官，但职位有限，于是不少人只能踯躅于仕途之外。（见

《赫德逊河畔谈中国历史》）因此，我认为大批失意文人的产生是两汉的共同现象，《古诗十九首》的作者未必一定是生活在东汉末年。

第二，将汉代视为中国文学史上文人创作真正形成的时代，那么汉代的代表性文体大赋与汉代形成的五言古诗正好有一种自然的分工。在汉大赋中表现出，文人积极参与现实，对帝国进行歌颂，所谓“润色鸿业”，并讽喻时政，所谓“劝百讽一”，反映的是他们的社会理想。我们不妨看看汉人对赋体的认识。《西京杂记》引司马相如《答盛览问作赋》：“合纂组以成文，列锦绣而为质。一经一纬，一宫一商，此作赋之迹也。赋家之心，苞括宇宙，总览人物，斯乃得之于内，不可得其传也。”其产生的哲学背景，是由“登高能赋，可以为大夫”（《毛诗序》）、“君子登高必赋”（《韩诗外传》）的传统而来，说明到汉人自觉的空间观念已经形成。请看汉人如何表述他们的空间观念：

凡人所以生者，衣与食也。今囚之冥室之中，虽养之以刍豢，衣之以绮绣，不能乐也，以目之无见，耳之无闻。穿隙穴，见雨零，则快然而叹之，况开户发牖，从冥冥见昭昭乎？从冥冥见昭昭，犹尚肆然而喜，又况出室坐堂，见日月光乎？见日月光旷然而乐，又况登太山履石封以望八荒，视天都若盖，江河若带，又况万物在其间者乎？其为乐岂不大哉！（刘安《淮南子·泰族训》）

汉代文人空间观念的自觉和扩张有它的现实基础和历史内容，那就是天下一统使文人的遐想有了广大的思维空间，王朝给知识阶层提供了发扬蹈厉、积极进取的机会。李泽厚《美的历程》说：“尽管呆板堆砌，它在描述领域、范围、对象的广度上，却确乎为后代文艺再未达到。它表明中华民族进入文明社会后，对世界的直接征服和胜利，这种胜利使文学和艺术也不断要求全面地肯定、歌颂和玩味自己存在的自然环境、山岳江川、宫殿房屋、百土百物以至各种动物对象。……汉赋也应从这个角度去理解，才能正确估计它作为一代文学主宗的意义和价值所在。”非常有意思的是，与汉赋着重表现文人的社会群体意识不同，在古诗中，文人士子着重表现纯属个人的生活经历和思想感受，尤其是表现个性意识的觉醒和官僚政治对个人前途的压抑。纵情享乐与人生短促，是汉人思想情调的两个方面。而这一切，均与汉人自觉的时间意识（四季更替，节序如流，时不我待）相关。从这一点说，《古诗十九首》中人生无常、追求享乐的思想正是汉赋主题的合理延伸和补充。

第三，社会动乱与消极感伤情绪不存在必然的对应关系。动乱之世的文学作品，未必都表现感伤情绪；太平之世的文学作品，也未必都积极进取。梁启超说：“大抵太平之世，诗思安和，丧乱之余，诗思惨厉。”这种说法并不能成立，更不能视为规律。譬如三国时期是动乱之世，但三曹七子的作品却风骨遒上，慷慨任气，一点也不感伤低迷。

鉴于以上理由，说《古诗十九首》一定产生于东汉末年，尚不足以成为定论。

（2）关于五言古诗的起源和发展

这个问题也与《古诗十九首》产生的时间以及对其思想内容的评价有关。

通常的观点以游国恩《中国文学史》教材为代表：文人五言诗至东汉才有，相传为西汉枚乘、李陵、苏武等所作的五言诗均不可信，班婕妤《怨歌行》、卓文君《白头吟》皆不可靠。现存最早的文人五言诗是班固的《咏史》，被钟嵘《诗品》评为“质木无文”。东汉中后期，才陆续出现张衡、秦嘉、蔡邕、赵壹、辛延年、宋子侯等人写的五言诗。《古诗十九首》则是东汉末年进入文人五言诗成熟期的产物。

首先是感性的存在。于是大大张扬生命意识，感受到个体与群体、环境与自我之间的冲突。这些诗歌大致写三类内容：

①写相思与离别的。如："行行重行行，与君生别离。相去万余里，各在天一涯。道路阻且长，会面安可知？"（《行行重行行》）"还顾望旧乡，长路漫浩浩。同心而离居，忧伤以终老。"（《涉江采芙蓉》）"馨香盈怀袖，路远莫致之。此物何足贵，但感别经时。"（《庭中有奇树》）"河汉清且浅，相去复几许？盈盈一水间，脉脉不得语。"（《迢迢牵牛星》）"菟丝生有时，夫妇会有宜。千里远结婚，悠悠隔山陂。思君令人老，轩车来何迟！"（《冉冉孤生竹》）"荡子行不归，空床难独守。"（《青青河畔草》）"客从远方来，遗我一书札。上言长相思，下言久离别。"（《孟冬寒气至》）"以胶投漆中，谁能别离此？"（《客从远方来》）"客行虽云乐，不如早旋归。出户独彷徨，愁思当告谁？引领还入房，泪下沾裳衣。"（《明月何皎皎》）

②写人生短促与及时行乐的。如："人生天地间，忽如远行客。斗酒相娱乐，聊厚不为薄。驱车策驽马，游戏宛与洛。……极宴娱心意，戚戚何所迫？"（《青青陵上柏》）"人生寄一世，奄忽若飙尘。何不策高足，先据要路津。无为守贫贱，轗轲长苦辛。"（《今日良宴会》）"盛衰各有时，立身苦不早。人生非金石，岂能长寿考？奄忽随物化，荣名以为宝。"（《回车驾言迈》）"四时更变化，岁暮一何速！"（《东城高且长》）"浩浩阴阳移，年命如朝露。人生忽如寄，寿无金石固。万岁更相送，贤圣莫能度。服食求神仙，多为药所误。不如饮美酒，被服纨与素。"（《驱车上东门》）"生年不满百，常怀千岁忧。昼短苦夜长，何不秉烛游！为乐当及时，何能待来兹。愚者爱惜费，但为后世嗤。仙人王子乔，难可与等期。"（《生年不满百》）

③写世态炎凉与怀才不遇的。如："上有弦歌声，音响一何

悲！……一弹再三叹，慷慨有余哀。不惜歌者苦，但伤知音稀。”（《西北有高楼》）“昔我同门友，高举振六翮。不念携手好，弃我如遗迹。”（《明月皎夜光》）“亮无晨风翼，焉能凌风飞？眄睐以适意，引领遥相睎。徙倚怀感伤，垂涕沾双扉。”（《凛凛岁云暮》）

其中，《迢迢牵牛星》一诗最为重要，我认为是《古诗十九首》的总纲。虽然它不像其他诗篇那样写实，但诗中因男女一水间隔而引起的“泣涕零如雨”“脉脉不得语”的感伤，具有总体象征意义，集中表现了人世间甚或人生普遍存在的理想与现实的矛盾。从“文学是人学”的命题来看，将《古诗十九首》放在中国诗歌表现的文人心灵史的长河中，其表现的个体自觉生命意识是有重要意义的。这种复杂的情感，既有直面人生的一面，又有终极关怀的一面。没有《古诗十九首》，可能就没有三曹七子和魏晋文人的诗歌。

3.《古诗十九首》的自然和谐美

东汉文人思想行为偏离正统，在注重外在事功的同时，热衷于体验和表现个人的现实生活和情感，促进了抒情文学在《诗经》《楚辞》之后的复苏。抒情诗的崛起正好与汉代的赋体转向抒情小赋同步，而与民间乐府诗重叙事的倾向分道扬镳。东汉抒情小赋，是赋家诗人化、赋体诗艺化的结果。《古诗十九首》的抒情艺术表现在其整体的自然和谐，具有“清水出芙蓉，天然去雕饰”的美感。这可以从三个层次去看。

（1）抒情与写景之间的和谐

“真”字是《古诗十九首》诗美之根本。元代陈绎曾《诗谱》评为“情真，景真，事真，意真。澄至清，发至情”，王国维《人间词话》云：

“何不策高足，先据要路津？无为守贫贱，轗轲长苦辛。”可谓淫鄙之尤。然无视为淫词鄙词者，以其真也。

具体地说，诗中有“景”与“事”，是外在景物事件，有“情”与“意”，是内心情思意绪。《古诗十九首》以抒情为主，以写景为辅，感情真诚，情怀坦率，有一种出于人的本性的感发力。这缘于它没有“以礼节情”的克制，大力张扬生命意识，人与自然环境之间有一种十分本然的呼应、沟通与交流。但在诗中怎样表现情感，又涉及主体与客体关系的处理。只强调真，主体感情过于强烈，景物仅仅成为感情的依附物，难以被视为独立的审视对象；而假如对景物做过分精细的刻画，又会冲淡主观感情。《古诗十九首》有不少对自然景物和抒情主人公身处的外部环境的描写，但只是摄取其神韵加以表现，如：“孟冬寒气至，北风何惨栗。愁多知夜长，仰观众星列。”（《孟冬寒气至》）“明月皎夜光，促织鸣东壁。玉衡指孟冬，众星何历历。”（《明月皎夜光》）《迢迢牵牛星》中“河汉清且浅，相去复几许？盈盈一水间，脉脉不得语”数句，对河水状态的描写与织女情感的流露之间，已达到水乳交融、浑然一体的地步。《回车驾言迈》：“回车驾言迈，悠悠涉长道。四顾何茫茫，东风摇百草。所遇无故物，焉得不速老？盛衰各有时，立身苦不早。人生非金石，岂能长寿考？”其中对春天野外景物变化的描写，有渲染环境氛围的作用，同时又与人的心情相互映衬，即把人生体验投射到自然物象上去，赋予景物以生命的意义，这样更加突出了主人公空虚而无着落的莫名惆怅和悲哀，创造出动人的审美境界。从这些例子，可看出抒情与写景的和谐程度。诗人没有有意识地追求抒情的章法，如后世诗人那样，其抒情写景的随机性很强，但符合诗人彼时彼地的情感逻辑。这就是天籁，自然天成，无缝天衣，篇不可句摘，句不可字求。“真”即追求真实之美，对这点还应放在特定历史环境下认识其价值：汉代宗教神学即谶纬之学，推崇一种“虚妄之美”的审美观，“润色鸿业”的事功心态又淹没了文人的创作个性。《古诗十九首》冲破了这一些，其“真”的特色就更显得可贵。

（2）委婉含蓄与沉着痛快之间的和谐

梁启超论中国抒情诗艺术，有所谓“委婉的表情法”和“奔迸的表情法”之说（《中国韵文里头表现的情感》）。前者指抒情的委婉含蓄，也就是明代陆时雍《古诗镜》评价《古诗十九首》所说的，“深衷浅貌，短语长情”。《古诗十九首》很少铺叙，而是尽力捕捉从人生经验中反复酝酿出来的情感，外在形象十分单纯清新，情感的内涵却十分复杂丰富。这与运用比兴手法也有一定关系，如刘勰《文心雕龙·明诗》所说，是“宛转附物，怊怅切情”，也就是触物而起情，情与物相感发。比兴之物成为诗歌中不可分割的场景，具有一定写实性。《迢迢牵牛星》《庭中有奇树》是通篇比兴，其他如“胡马依北风，越鸟巢南枝”“青青陵上柏，磊磊涧中石”“愿为双鸿鹄，奋翅起高飞”“秋蝉鸣树间，玄鸟逝安适”“与君为新婚，兔丝附女萝。兔丝生有时，夫妇会有宜”“伤彼蕙兰花，含英扬光辉。过时而不采，将随秋草萎”“晨风怀苦心，蟋蟀伤局促”“思为双飞燕，衔泥巢君屋”“与胶投漆中，谁能别离此”等，都是局部比兴手法的运用。钟嵘在总结五言诗时，认为“五言居文辞之要，是众作之有滋味者也”，首先就是从主体抒情的需要出发立论：“感荡心灵，非陈诗何以展其义？非长歌何以骋其情？”在“吟咏情性”前提下追求“滋味”，就特别讲到赋比兴如何运用的问题：“若专用比兴，患在意深，意深则词踬；若但用赋体，患在意浮，意浮则文散”，因此需“宏斯三义，酌而用之，干之以风力，润之以丹采，使味之者无极，闻之者动心，是诗之至也”。古诗十九首就做到了这一点。

但这个时期的文人不是一味地婉曲和含蓄，去有意地追求所谓“言外之意”，当情至愤处、情至哀处、人性的诉求难以掩抑之时，便会不期然而然地有慷慨直陈、淋漓挥洒的句子突然爆出，这种抒情手法，就是梁启超所说的“奔迸的表情法”。两种抒情手法的结合，形成了马茂元先生所说的“在变化里取得统一，在参差里取得和谐”。一般这类诗句都是感叹句，如：“良无盘石固，虚名复何益！”（《明月皎夜光》）“人生非金石，岂能长寿考！奄忽随物化，荣名以为宝。”（《回车驾言迈》）“何不策高足，先据要路津。无为守贫贱，轗轲长苦辛！”（《今日良宴会》）“极宴娱心意，戚戚何所迫！”（《青青陵上柏》）可以看出，这类诗句几乎都在全篇着力点醒题旨的地方。晋代陆机曾拟古诗十四首，他对此深有体会。其《文赋》云：“立片言而居要，乃一篇之警策。”据钱锺书先生解释：“即全文之纲领眼目，‘片言居要’，乃‘众词’所‘待而效绩者’。”（《管锥编》）也就是要概括出一些重要的语句，置于紧要之处，作为全诗的纲领眼目，从而使全诗的其他语句因它而发挥出最大功能。这可以帮助我们理解《古诗十九首》艺术表现上的特色。

（3）自然质朴与精练工切之间的和谐

由于《古诗十九首》多是触物兴感，对景伤怀，因情为文，故在语言方面不会刻意求工求深，出语必平淡自然，如明代谢榛所说，“《古诗十九首》，平平道出，且无用工字面，若秀才对朋友说家常话”（《四溟诗话》），追求一种整体的浑成和谐之美，造语显得自然质朴。但作为文人创作，诗中又处处体现出作者很高的文化和艺术修养，如化用前代典籍（《诗经》《楚辞》为多）中的成语典故，如盐着水，不露痕迹；喜用叠字和对偶等。

在魏晋时期,《古诗十九首》属于新体,在当时会引起人们的新奇感。所以当钟嵘评陆机拟作时,就说:

文温以丽,意悲而远,惊心动魄,可谓几乎一字千金。

我觉得,这里所说的“意悲而远”,即其中充满着感伤情绪;而所谓“文温以丽”,则是指诗歌具有含蓄清丽之美。继《诗经》《楚辞》之后出现的《古诗十九首》,具有这样一种自然和谐之美,标志着中国文人抒情诗艺术范型的正式确立。

六、陶渊明诗歌的“自然”

东晋永嘉时期，玄学兴盛，向秀、郭象提出了“独化”的玄学理论，解决了正始以来名教与自然之争，追求人与自然和谐统一的关系，具体表现为把能否领略山水之美看成衡量士大夫的风度境界的重要标准。这催化了人与自然之间建立起审美的关系，人开始将自然界的山水景物视为审美的对象。

陶渊明（365—427 年）生活的时代略早于山水诗人谢灵运（385—433 年）。如果说，谢灵运是在自然界的山水中找到了玄理，那么陶渊明是在身边的普通事物中，在农耕生活和田园乡村景象中发现了玄的真谛。

1. 任真率性：性情的自然

（1）玄学的背景

在人与自然和谐的背景下，魏晋风度完成了，陶渊明可以说是魏晋风度的最高代表。陈寅恪先生有一篇论文《陶渊明之思想与清谈之关系》，其中说：“渊明之思想为承袭魏晋清谈演变之结果及依据其家世信仰道教之自然说而创改之新自然说。惟其为主自然说者，故非名教说，并以自然与名教不相同。但其非名教之意仅限於不与当时政治势力合作，而不似阮籍、刘伶辈之佯狂任诞。盖主新自然说者不须如主旧自然说之积极抵触名教也。又新自然说不似旧自然说之养此有形之生命，或别学神仙，惟求融合精神於运化之中，即与大自然为一体。因其如此，既无旧自然说形骸物质之滞累，自不致与周孔入世之名教说有所触碍。故渊明之为人实外儒而内道，捨释迦而宗天师者也。推其造诣所极，殆与千年后之道教采取禅宗学说以改进其教义者，颇有近似之处。然则就其旧义革新，‘孤明先发’而论，实为吾国中古时代之大思想家，岂仅文学品节居古今第一流，为世所共知者而已哉!”

他认为陶渊明不仅是大诗人，而且是大思想家，其思想是“外儒而内道”，是主张精神与自然融为一体的“新自然”说的代表。

那么，什么是自然？自然首先是道家的一个哲学理念。道家主张顺应自然，在他们那里，自然又与“真”同义。《老子》云：“天法道，道法自然。”《庄子·渔父》云：“真者，所以受于天也，自然不可易也。故圣人法天贵真，不拘于俗。”在陶渊明的生活和创作中我们看到，他追求的是人与山水的和谐，人与田园的和谐，人与劳动的和谐，人与人的和谐。其《归去来兮辞·序》说到自己的禀性是“质性自然，非矫厉所得”，《归园田居》诗表明自己的生活态度是“久在樊笼里，复得返自然”，在《形影神·序》中说写作这诗的意图是“故极陈形影之苦，言神辨自然以释之”，在诗中又说：“纵浪大化中，不喜亦不惧。应尽便须尽，无复独多虑。”也是崇尚自然的意思。自然，是陶渊明生活、思想和创作的核心理念。

这理念的形成，也与陶渊明的家庭教养有关。陶的外祖父孟嘉，是一位有高旷人格的东晋名士，史载：“行不苟合，言无夸矜，未尝有喜愠之容。好酣饮，逾多不乱。至于任怀得意，融然远寄，傍若无人。”并留下了著名的“孟嘉落帽”故事（九月九日与桓温游龙山，风吹帽落，不喜不惧）。孟嘉死时，陶已三十多岁，专门写了一篇《孟府君传》，记载了有关孟嘉的种种事迹，例如其中有一个孟嘉谈音乐的遗事：“又问听妓，丝不如竹，竹不如肉，答曰：‘渐近自然。’”这表现了孟嘉崇尚自然的本色审美观。萧统《陶渊明传》载，“渊明不解音律，而蓄无弦琴一张，每酒适，辄抚弄以寄其意”。他追求的是琴中趣，这正像后来唐代的张志和志不在鱼，求钓中趣，宋代的苏东坡杯中无酒，求酒中趣一样，均以近自然为本。

(2) 真率的性情

因崇尚自然，故陶渊明性情真率旷达，其行事及作文，一如天真的孩童。在《饮酒》(二十) 中，他向往上古真淳的民风：“羲农去我久，举世少复真。汲汲鲁中叟（孔子），弥缝使其淳。”所谓“真”“淳”，即反对当时社会对人的异化，能做到不屈己，不媚俗，不为物所役，具有一种人格挺立之美。萧统最早概括出了陶渊明这一性情特征，说他是“论怀抱则旷而且真”（《陶渊明集序》）。宋人重新发现了陶渊明的价值，对他的为人评价极高，如苏轼在《书李简夫诗集后》中说：

陶渊明欲仕则仕，不以求之为嫌；欲隐则隐，不以去之为高；饥则扣门而乞食，饱则鸡黍以延客。古今贤者，贵其真也。

理学家朱熹也赞扬他的人品：

晋宋人物，虽曰尚清高，然个个要官职。这边一面清谈，那边一面招权纳货。陶渊明真个能不要，所以高于晋宋人物。(《朱子语录》)

清代学者沈德潜《说诗晬语》评陶渊明：“不可及处，在真在厚。”性情、人格，决定了其诗文的风格。元好问《论诗绝句》说：“一语天然万古新，豪华落尽见真淳。”王若虚《滹南诗话》也说：“《归去来辞》本自一篇自然真率文字。”陈绎曾更认为陶渊明作品是“情真景真，事真意真”（《诗谱》），对其创作风格做出了最简约，也是最明确的概括。

(3) 忧乐相交的生活感受

陶渊明今存诗120多首，其中最引人注目的是农耕题材的作品。在中国诗歌史上，除《诗经》中的《豳风·七月》《大雅·甫田》《周颂·良耜》等少数篇章歌咏农事外，此后农耕题材几乎是空白。在魏晋时代，陶渊明不倡玄言，不尚游仙，不纵情山水，独能歌咏农事，在文人中绝无仅有。农耕生活使他亲尝劳作的快乐和艰辛，如《癸卯岁始春怀古田舍二首》之二：“秉耒欢时务，解颜劝农人。平畴交远风，良苗亦怀新。”这是写农耕之乐。如《庚戌岁九月中于西田获早稻》：“晨出肆微勤，日入负耒还。山中饶霜露，风气亦先寒。田家岂不苦？弗获辞此难。”《怨诗楚调示庞主簿邓治中》：“炎火屡焚如，螟蜮恣中田。风雨纵横至，收敛不盈廛。夏日长抱饥，寒夜无被眠。造夕思鸡鸣，及晨愿乌迁。”这是写农耕之忧。农耕生活也使他在农村的人事来往充满了真挚的感情，与农民有淳朴的感情交流，如《归园田居》其二：“时复墟曲中，披草共来往，相见无杂言，但道桑麻长。”总之，农耕生活大大丰富了诗人的人生感受，这种感受，我们可概括为忧乐相交。

什么是陶渊明的忧乐相交？宋代《蔡宽夫诗话》云：

当忧则忧，遇喜则喜，忽然忧乐两忘，则随所遇而皆适。

清代乔亿《剑溪说诗》云：

读陶诗当察其乐中有忧，忧中有乐。

我认为，忧乐相交，表现的是一种“执着”与“超脱”，既相矛盾又相统一的人生态度。注意，这里说的“乐”，既不是观赏自然山水的乐趣，也不只是参加劳动生活的乐趣。有人说陶诗如画，有人说陶诗表现了劳动的快乐，反映了劳动人民的感情，这都属浅层次的理解。

忧乐相交是一种生命体验，对陶渊明来说，简直就是一种生命存在的方式。所以说，陶渊明性情的“真”，并不是单纯，也不是“浑身静穆”，其中包含着矛盾和痛苦，唯其如此，才更显得可贵。陶渊明的人品和作品的价值就在于此。

2. 物我交融：意境的自然

除农耕题材外，陶渊明诗多是写田园风光的作品，着力表现田园生活的平静和乐趣。陶渊明是把田园生活与现实的肮脏黑暗相对照，作为自己安顿生命、寄托精神的心灵家园。故他的田园诗的意境有一个共同特点，是表现静美的物境与超然物外的心境两者和谐一致。假如综观从建安到正始，我国的诗歌呈现出由外转内、由偏于客观再现转向偏于主观表现的趋势；那么至西晋三张、二陆，又有向外转的趋向。而陶渊明诗可称内外合一，其意境的特点，是真正做到了物我交融，这是陶诗“自然”的又一层含义。

（1）重意趣

物我交融，首先表现在写景重在写景物之意趣。陶诗是以写意为主，可谓以意写境。如名篇《归园田居》（其一）：

少无适俗韵，性本爱丘山。误落尘网中，一去三十年。
羁鸟恋旧林，池鱼思故渊。开荒南野际，守拙归园田。
方宅十余亩，草屋八九间。榆柳荫后檐，桃李罗堂前。
暧暧远人村，依依墟里烟。狗吠深巷中，鸡鸣桑树颠。
户庭无尘杂，虚室有余闲。久在樊笼里，复得返自然。

诗中，景物描写是主体部分，从“方宅十余亩”到“虚室有余闲”，整整八句。此诗是陶渊明辞去彭泽令的次年所作，写的都是平常景物，但充满了新鲜之感。诗人是在身边的普通事物中发现了美，发现了生活的真谛。这就表现人与自然之间一种和谐的关系。或者说，诗人不是为了客观地再现景物自身的美而写诗，而是为了表现自我的闲适意趣，景物只是诗人的恬然心境在自然界中最合适的印证。农村田园风光、家居生活环境，与诗人此时此地的心境（摆脱官场樊笼、返回自然），正是在安定静谧的氛围情调这一点上统一起来了。这就形成了诗歌的意趣。苏轼评这首诗说：“观陶彭泽诗，初若散缓不收，反复不已，乃识其奇趣。”（惠洪《冷斋夜话》引）他注意的是诗中表现的“奇趣”。张戒《岁寒堂诗话》说：“渊明‘狗吠深巷中，鸡鸣桑树颠’，本以言郊居闲适之趣，非以咏园田。而后人田园之句，虽极其工巧，终莫能及。”他认为诗中的意趣，就是“闲适之趣”。对他们的意见，我们还可以做一个补充，那就是这种意趣，还集中体现在诗中所用的“虚室”这个词语的含义中。在我看来，“虚室”，这是个意义双关的词语。从字面看，是说居室空间，但这只是物理空间的意思。就深层含义说，此词出于《庄子·人间世》中的“虚室生白”一语，司马彪释为“室比喻心，心能空虚，则纯白独生也”（陆德明《经典释文》引），意谓空明的心境能生出光明。也就是说，“虚室”还可以理解为指人的心理空间。这样理解，这首诗就带有耐人寻味的玄学意味了，我们可以从诗人对周围景物和环境的描写中，领悟到“自然”的真谛。

（2）重暗示

其次，物我交融还表现在诗人注重艺术形象的暗示性与启发性，追求所谓“言外之意”。这里重点可以著名的《饮酒》（其五）为例：

结庐在人境，而无车马喧。问君何能尔？心远地自偏。

采菊东篱下，悠然见南山。山气日夕佳，飞鸟相与还。

此中有真意，欲辨已忘言。

人们都说这首诗颇有理趣之美。前四句中，中心句是“心远地自偏”，这就是一个属于魏晋玄学范畴的命题。魏晋隐逸之风很盛，玄学改变了隐居必须逃于江海之上以避世的旧观念，指导人们不必执着于外在的形迹，可以追求心境的超然。倘内心超脱，则隐于市朝与隐于山林并无差别，于是有大隐、小隐、身隐、心隐、“小隐隐陵薮，大隐隐朝市”之说，所谓“情致两忘者，市朝亦岩穴耳”。这可以帮助我们理解“心远地自偏”的含义。清代学者王士祯《古学千金谱》评这首诗：“通章意在‘心远’二字，真意在此，忘言亦在此。从古高人只是心无凝滞，空洞无涯，故所见高远，非一切名象之可障隔，又岂俗物之可妄干。有时而当静境，静也，即动境亦静。境有异而心无异者，远故也。心不滞物，在人境不虞其寂，逢车马不觉其喧。”温汝能《陶诗汇评》评云：“渊明诗类多高旷，此首尤为兴会独绝，境在寰中，神游象外，远矣。得力在起四句，奇绝妙绝，以下便可一直写去，有神无迹，都与此处领取，俗人反先赏其采菊数语，何也？至结二句则愈真愈远，语有尽而意无穷，所以为佳。”他们两位，可说对前四句所包蕴的理趣的内涵发挥得淋漓尽致。

但诗中最美妙的句子还是中间四句：“采菊东篱下，悠然见南山。山气日夕佳，飞鸟相与还。”对此，古人早有“见”与“望”哪个字为好的辩论，较一致的意见是“见”比“望”好。苏轼《东坡题跋》首倡此见：“因采菊而见山，境与意会，此句最有妙处。近岁俗本皆作‘望南山’，则此一篇神气都索然矣。”东坡所说的“境与意会”，我认为就是物我交融的意思，也就是生命之理与自然之理之间达到了一种相互契合的境界。晁补之是东坡的门生，他沿袭师说发挥道：“东坡云陶渊明意不在诗，诗以寄其意耳。‘采菊东篱下，悠然望南山’，则既采菊又望山，意尽于此，无余蕴矣，非渊明意也。‘采菊东篱下，悠然见南山’，则本自采菊，无意望山，适举首而见之，故悠然忘情，趣闲而景远，此未可于文字精粗间求之。”（《鸡肋集·题陶渊明诗后》）他认为用“望”字，则“意尽于此，无余蕴矣”，也就是少了言外之意；如用“见”字，则“趣闲而景远”，就是意在言外，诗的意境就更具启发性和暗示性。王士祯进而从理趣的角度对此做了解读：“篱有菊则采之，采过则已，吾心无菊。忽悠然而见南山，日夕而见山气之佳，以悦鸟性，与之往还，山、花、人、鸟，偶然相对，一片化机，天真自具，既无名象，不落言诠，其谁辨之?”（《古学千金谱》）从中我们可以体会到自然意境构成的奥秘。其实，除了“见”字，这里还须注意“悠然”二字，此为全诗之眼。它贯串四句，写出了诗人在观照外物时的心境。所以后两句，可理解为诗人悠然所见之实景，此乃审美静观之所得。但也可理解为其中具有象征意蕴，也就是以山气之佳、飞鸟之还，象征诗人对自然境界的向往，即王士祯所谓“以悦鸟性，与之往还，山花人鸟，偶然相对，一片化机，天真自具”，人与自然高度和谐，物我交融，浑然一体。物，是自然界自在自为的存在物境，我，具有超然物外的旷达心境，在“见”的一刹那间，主观的心境与客观的物境两相契合，达到统一。

末两句说：“此中有真意，欲辨已忘言。”既然真谛含于景物之中，又有何辨说的必要呢？“真意”，即“理”“道”，指委运自然的意趣。“欲辨”，出《庄子·齐物论》：“夫大道不称，大辨不言。”《庄子·外物》也说：“言者所以在意，得意而忘言。”晋代王弼《老子》注：“得意在忘象，得象在忘言。”与王弼同为魏晋人的陶渊明，显然深明玄学此道，所以在诗歌创作上，尽力利用语言意象的暗示性与启发性，让读者领悟到字句之外隽永深长的意趣。

3. 平淡朴茂：语言的自然

关于陶诗的语言风格，古今皆有共识，朱熹归纳为“渊明诗平淡，出于自然”（《朱子语类》）。“自然”作为语言层面的含义，可以理解为平淡、朴茂，不用奇特的意象、夸张的手法、华丽的辞藻，但具有“质而实绮，癯而实腴”（苏轼《与苏辙书》）的艺术张力。李公焕《笺注陶渊明集》引宋代曾纮之语云：“余尝评陶公诗造语平淡而寓意深远，外若枯槁，中实敷腴，真诗人之冠冕也。”也与此意相同，可以视为对苏评的注解，也可用来解释“平淡朴茂”四字。但对于这种语言风格是如何形成的，过去却有不同的理解。

（1）本于性情和本于才气

一种观点认为，陶诗语言的自然是本之于性情，是不求工而自工。如宋代叶梦得说：“诗本触物寓兴，吟咏情性，但能输写胸中所欲言，无有不佳。而世多役于组织雕镂，故语言虽工，而淡然无味，与人意了不相关。……直是倾倒所有，借书于手，初不自知为语言文字也，此其所以不可及。”（《玉涧杂书》）金代元好问《论诗绝句》也说：“此翁岂作诗？直写胸中天。”另一种观点认为，陶诗的自然是本之于才气，是极炼而似不炼。苏轼论诗文力主平淡，云：“大凡为文当使气象峥嵘，五色绚烂，渐老渐熟，归于平淡。”（周紫芝《竹坡诗话》引）葛立方《韵语阳秋》认为，平淡自组丽来：“陶潜、谢朓诗皆平淡有思致，非后来诗人怵心刿目雕琢者所为也。……大抵欲造平淡，当自组丽中来，落其华芬，然后可造平淡之境。”明代王世贞也说：“渊明托旨冲淡，其造语有极工者，乃大入思来，琢之使无痕迹耳。”（《艺苑卮言》）其实我看两说都有一定道理。陶诗质朴中见华美，平淡中寓丰满，既有性情方面的因素，也借助于陶渊明的才气，所以谁都可以在一定程度上读懂它，但任谁又不能全部把握它。这才是陶诗令人百读不厌的魅力所在。

(2) 形成的原因

陶诗平淡朴茂的语言风格的形成，有两个具体的原因：一是魏晋时代的语言在总体上崇尚“简妙”，当时人追求通俗易懂、接近口语的语言，如魏晋笔记小说《世说新语》中所载，皆当时士大夫口语，南朝梁文论家刘勰总结说：“自晋来用字，率从简易，时并习易，人谁取难?”（《文心雕龙·练字》）同时代的颜之推《颜氏家训》提出衡量语言艺术的三标准：“文章当从三易：易见事，一也；易识字，二也；易读诵，三也。”这些都告诉我们魏晋人语言崇尚平淡的取向。二是陶渊明受到了当时玄言诗的影响。陶诗是在“理过其辞，淡乎寡味”的玄言诗流行的文学环境中产生的，朱自清先生认为陶诗接受了玄言诗的影响，所以“用比较接近说话的语言”（《日常生活的诗》）。

但总的来说，陶诗还是十分注意语言的锤炼加工的，只是泯除了加工的痕迹而已。这表现在：第一，陶诗描写事物形态，注意摄取其神而不重其形，故能气韵生动，表达出传神的效果。如“悠然见南山”的“见”，“中夏贮清荫”的“贮”，“平畴交远风”的“交”，都具有一字传神的效果。第二，陶诗用典能不露痕迹。据有人统计，陶诗中用《庄子》语49次，用《列子》语21次，用《论语》语37次。用典不可谓不多，然往往如水中着盐，融化不涩。第三，诗中多用对偶句式，但意思流走，故读来不觉。仅上面所举的名篇《归园田居》（其一），其中“羁鸟恋旧林，池鱼思故渊”“方宅十余亩，草屋八九间”“榆柳荫后檐，桃李罗堂前”“暧暧远人村，依依墟里烟”“狗吠深巷中，鸡鸣桑树颠”全是两两对偶，具有整炼之美，但用的是“意对”，故读来不觉得是对偶，是自然中见工致，而非刻意求工。

总之，陶渊明的“自然”，是一种本于道家的审美理想，它涵盖了性情、意境、语言三个层面，为中国古代文学确立了占据主流的美学类型。

七、李杜诗风比较：豪放飘逸与沉郁顿挫

学习李杜诗，重要的是把握两个大诗人的创作个性，用比较是个好办法。我们这里所谈的，有意剔除其共同之处，而将两人诗风最大的差异凸显出来、集中起来，故不是对李杜诗的全面论述，这是首先需要说明的。

王安石第一个对李白的诗歌风格做出概括："白之歌诗，豪放飘逸，人固莫及，然其格至于此而已，不知变也。"（胡仔《苕溪渔隐丛话》引《遁斋闲笔》）清人赵翼《瓯北诗话》也说："飘然而来，忽然而去，不屑屑于雕章琢句，亦不劳之于镂心刻骨，自有天马行空、不可羁勒之势。"严羽《沧浪诗话》则将李杜两人的诗风进行比较：

子美不能为太白之飘逸，太白不能为子美之沉郁。

洪亮吉《北江诗话》进而云：

李青莲之诗，佳处在不着纸。杜浣花之诗，佳处在力透字背。

大致而言，李白的豪放飘逸，指一种才情超逸，无拘无束，无迹可求，舒卷自如的风格特征；杜甫的沉郁顿挫，指一种博大雄深，含蓄蕴藉，一波三折，合于法度的风格特征。下面从若干方面具体比较。

1．"外放"与"内敛"

李白具有开朗豪迈的个性、热烈奔放的气质。个性属开放型，气质属外倾型。他的出身、生平行事，使他突破封建礼教和等级观念的束缚，大胆追求个人的自由解放，形成了自我中心意识和个体价值观

念，他的感情常常是直抒胸臆，倾泻而出。加上他深受道家和游侠思想的影响，神仙家讲出世，游侠讲侠义，道家的飘逸与任侠的豪迈，使他或超凡脱俗，或慷慨激昂。如其饮酒诗多偏于豪，诗中颇多酒的意象和剑的意象。《忆旧游寄谯郡元参军》："忆昔洛阳董糟丘，为余天津桥南造酒楼。黄金白璧买歌笑，一醉累月轻王侯。……紫阳之真人，邀我吹玉笙。餐霞楼上动仙乐，嘈然宛似鸾凤鸣。"《醉后赠从甥高镇》："马上相逢揖马鞭，客中相见客中怜。欲邀击筑悲歌饮，正值倾家无酒钱。……匣中盘剑装鳍鱼，闲在腰间未用渠。且将换酒与君醉，醉归托宿吴专诸（春秋勇士）。"《侠客行》："十步杀一人，千里不留行。事了拂衣去，深藏身与名。闲过信陵饮，脱剑膝前横。……三杯吐然诺，五岳倒为轻。眼花耳热后，意气素霓生。救赵挥金槌，邯郸先震惊。千秋二壮士，烜赫大梁城。纵死侠骨香，不惭世上英。"而其咏月诗多偏于逸。刘熙载《艺概》说："太白早好纵横，晚学黄老，故诗意每托之以自娱。"李白是一个站在盛唐时代顶点的诗人。

再看杜甫其人。早年的杜甫生当唐朝鼎盛时期，也是一个自负、自信、乐观、开朗的士子。长安十年，杜甫才由希望的峰巅跌落到失望的深渊。但他的"愚拙"始终不变，与李白三年长安生活相比，他的痛苦要深刻得多。加上安史之乱血与火的洗礼，与民族和人民共苦难、同呼吸，他的忧国忧民思想发展到顶峰，不在其位，仍谋其政，时代造就了这样一个历史上少有的伟大诗人。杜甫有"奉儒守官"的家族传统，"一生只在儒家界内"（刘熙载），坚持忠君、仁民、爱物的道德观念，他的忠君，总与关怀军国大事相联系，不纯是封建社会一般的君臣感情，在特定历史条件下，起了进步作用。与李白相比，杜甫是一个站在唐朝由盛而衰的转折点上的诗人。

杜甫怀有宏大的政治抱负，但他的理想与衰乱的社会现实发生尖锐矛盾，强烈的情感受到理性的抑制，在长期的乱离颠沛中形成了内在深沉的个性，如他自己说的，是“穷年忧黎元，叹息肠内热”。叶燮《原诗》给予他高度评价：

千古诗人推杜甫。其诗随所遇之人、之境、之事、之物，无处不发，其思君王、忧祸乱、悲时日、念友朋、吊古人、怀远道，凡欢愉、幽愁、离合、今昔之感，一一触类而起，因遇得题，因题达情，因情敷句，皆因甫有胸襟以为基。

如果说，李白的性情是外放的，杜甫的性情就是内敛的。李白的豪放，犹如火山口随时喷发的熊熊烈焰；杜甫的沉郁，则仿佛是在地下运行奔突的岩浆。杜甫不愿放开感情的闸门，让它汹涌奔泻，而宁可让感情在心中盘旋回流，故李白诗给人的感受是一种令人震撼的爆发力量，杜甫诗则具有持久沉至的渗透力量。

2.“万景皆虚”与“万景皆实”

清代乾隆时期著名学者王琦在给李白集作注时，说过李白诗“万景皆虚”的话，仿此，我们也可以说杜甫诗“万景皆实”。“万景皆虚”与“万景皆实”，可以说是李、杜诗歌艺术个性的显著差异。这种差异，可从以下一些方面来认识。

（1）抒情主体：自我与大我

如前所述，李白具有自我中心意识和个体价值观念，故其诗中作为抒情主体的自我形象十分突出。这一自我形象，有时表现为对功业的热烈追求和对理想的无比乐观，以至到天真烂漫的程度。如《将进酒》：“人生得意须尽欢，莫使金樽空对月。天生我材必有用，千金散尽还复来。”即使在失意时，对未来仍充满希望，如《行路难》其一：“欲渡黄河冰塞川，将登太行雪满山。闲来垂钓碧溪上，忽复乘舟梦日边。……长风破浪会有时，直挂云帆济沧海！”胸中怀有忧愁，但更有一种急欲冲破忧愁的愿望，如《宣州谢朓楼饯别校书叔云》：“长风万里送秋雁，对此可以酣高楼。……俱怀逸兴壮思飞，欲上青天揽明月。”李白的自我形象，有时又表现为追求个性解放的叛逆性格，以及对功名富贵的大胆否定，以“我本楚狂人”自居。如《江上吟》：“屈平辞赋悬日月，楚王台榭空山丘。兴酣落笔摇五岳，诗成啸傲凌沧洲。功名富贵若长在，汉水亦应西北流。”名篇《梦游天姥吟留别》更显示了蔑视权贵、平交王侯的气概：“安能摧眉折腰事权贵，使我不得开心颜！”

为突出自我，李白诗的抒情具有高度主观性的特点，纯乎自我表现，以感情逻辑取代生活逻辑。刘熙载所谓：“若升天乘云，无所不之，然自不离本位。”此“本位”即指自我，读李白诗，似乎天地之间唯有其一人卓然独立，如《将进酒》；又常驱使古人为我所用，古人即我，以历史人物塑造自我形象，如《答王十二寒夜独酌有怀》：“与君论心握君手，荣辱于余亦何有？孔圣犹闻伤凤麟（孔子以凤鸟不至而慨叹，为麒麟被人所获而悲哀），董龙更是何鸡狗（十六国时，前秦奸臣董龙官右仆射，宰相王堕上朝不与言，曰“董龙是何鸡狗，而令国士与之言乎？”）？一生傲岸苦不谐，恩疏媒劳志多乖。严陵高揖汉天子，何必长剑拄颐事玉阶。达亦不足贵，穷亦不足悲。韩信羞将绛（绛侯周勃）灌（颍阴侯灌夫）比（韩信不上朝，羞与二人并列），祢衡耻逐屠沽儿（祢衡来许都，有人劝他与当时名士陈群、司马朗交往，他回答“吾焉能从屠沽儿耶！”屠沽儿，宰猪卖酒的人）。君不见李北海，英风豪气今何在（李邕玄宗时为北海太守，后被李林甫所害）？君不见裴尚书，土坟三尺蒿棘居（裴敦复，任刑部尚书，也为李林甫所害）。”他写景，又常把客观景物主观化，甚至人格化，如李白笔下的月亮，《月下独酌》：“花间一壶酒，独酌无相亲。举杯邀明月，对影成三人。月既不解饮，影徒随我身。暂伴月将影，行乐须及春。我歌月徘徊，我舞影零乱。醒时同交欢，醉后各分散。永结无情游，相期邈云汉。”《把酒问月》：“青天有月来几时？我今停杯一问之。人攀明月不可得，月行却与人相随。……今人不见古时月，今月曾经照古人。古人今人若流水，共看明月皆如此。唯愿当歌对酒时，月光常照金樽里。”《闻王昌龄左迁龙标遥有此寄》：“杨花落尽子规啼，闻道龙标过五溪。我寄愁心与明月，随风直到夜郎西。”月亮成了诗人的友朋、伴侣、知音，刘熙载称之为“友月交风”。

与李白诗歌这种偏于“虚”的高度主观性不同，杜甫的诗偏于“实”，达到了生活真实与艺术真实的高度统一，故号称“诗史”。五代孟棨《本事诗》云：“杜逢禄山之难，流离陇蜀，毕陈于诗，推见至隐，殆无遗事，故当时号为‘诗史’。”《新唐书·杜甫传》云：“善陈时事，律切精深，至千言不少衰，世号‘诗史’。”故其诗中抒情主体，往往与民族、国家、人民融为一体，可称为“大我”。即以其安史之乱前后的诗而言，可说在极大的深度和广度上反映了唐王朝由盛而衰的过程。《同诸公登慈恩寺塔》，据闻一多考证，作于天宝十一载（752年）秋，当时杜甫与高适、岑参、储光羲、薛据同登大雁塔，其他同游者不过吟唱塔之高、望之远而已，唯有杜甫，写出了大难即将临头的朦胧预感：“高标跨苍穹，烈风无时休。自非旷士怀，登兹翻百忧。……秦山忽破碎，泾渭不可求。俯视但一气，焉能辨皇州（以河山破碎、模糊，象征时局危殆昏暗）？回首叫虞舜，苍梧云正愁。惜哉瑶池饮，日晏昆仑丘。黄鹄去不息（喻君子），哀鸣何所投？君看随阳雁，各有稻粱谋（喻小人）。”清代杨伦《杜诗镜铨》评曰：“视同时诸作，自足压倒群贤，雄视今古。”这样一首普通的登临应景之作，却表现了诗人的高度政治敏感。《兵车行》也作于其时，诗歌集中抨击了唐玄宗的开边政策："边庭流血成海水，武皇开边意未已。"一写战争对农村生产力的巨大破坏："君不闻汉家山东二百州，千村万落生荆杞。纵有健妇把锄犁，禾生陇亩无东西。"再写战争使官府逼租，百姓如雪上加霜："县官急索租，租税从何出？"更写战争造成社会心理的畸形变化："信知生男恶，反是生女好。生女犹得嫁比邻，生男埋没随百草！"层层开掘，主题越见深刻。在安史之乱爆发后，杜甫写了"三吏""三别"，中国古代诗歌从来没有像这样深入地走向生活、走向人民。与李白的突出自我相比，杜甫诗歌给我们展现的是"大我"的形象。

（2）形象塑造和题材选择：崇高与悲壮

"万景皆虚"与"万景皆实"的差异，尤其表现在诗歌的形象塑造和题材选择上。

概而言之，李白诗歌的艺术形象具有超现实性，这即是所谓"万景皆虚"。诗人往往用超现实的形象来表达现实情感，有时将非现实的形象与现实的思想感情相结合，有时将现实的世界诗化为幻想的境界。

这首先表现在，李白喜写梦境。梦的境界就是一种耽于幻想的境界，超现实的境界。李白写梦境最为精彩的是《梦游天姥吟留别》。此诗一题《别东鲁诸公》，表达的是现实中与友人告别的感情，却用幻想的梦境来表现。"我欲因之梦吴越，一夜飞度镜湖月"，上句说空间的超越，下句说时间的超越，然后转到极力描绘仙境的美好。《唐诗品汇》引范德机云："'梦吴越'以下，梦之源也；次诸节，梦之波澜也。其间显而晦，晦而显，至'失向来之烟霞'极而与人接矣。"沈德潜《唐诗别裁集》云："'飞度镜湖月'以下，皆言梦中所历。一路离奇灭没，恍恍惚惚，是梦境，是仙境。""托言梦游，穷形极相，以极'洞天'之奇幻。"末了是因梦生意，写回到现实后的无奈和抗争："世间行乐皆如此，古来万事东流水。别君去兮何时还？且放白鹿青崖间，须行即骑访名山。安能摧眉折腰事权贵，使我不得开心颜！”

其次，李白喜写仙界。如《古风》第十九，本写安史之乱中人民的苦难，诗人自己的现实感受，却采用了游仙诗的形式：“西上莲花山，迢迢见明星。素手把芙蓉，虚步蹑太清。霓裳曳广带，飘拂升天行。邀我登云台，高揖卫叔卿。恍恍与之去，驾鸿凌紫冥。俯视洛阳川，茫茫走胡兵。流血涂野草，豺狼尽冠缨。”王琦注：“此诗大抵是洛阳破没之后所作。”全诗虚实相生，真幻结合，前人以为是“想落天外”。

再次，李白喜写醉乡。他的许多诗作于醉后。如《忆旧游寄谯郡元参军》：“忆昔洛阳董糟丘，为余天津楼桥南造酒楼。黄金白璧买歌笑，一醉累月轻王侯。”就是一首典型的酒诗。又如《陪侍郎叔游洞庭醉后三首》：

刬却君山好，平铺湘水流。
巴陵无限酒，醉杀洞庭秋。

诗人醉后作诗，把洞庭湖写得醉气冲天，真是异想天开。他要扫除一切障碍，要改造自然，为我所用，表现了强烈的个性解放精神。

因超现实的倾向，李白诗具有崇高之美，借用康德的说法，是力的崇高，数的崇高。李白喜欢选取壮伟的题材入诗，笔下多是有气势的、富有生命力的自然景物，如《蜀道难》写蜀道之奇险，《将进酒》开头写“黄河之水天上来”，《西岳云台歌送丹丘子》写华山和黄河的壮观景象：“西岳峥嵘何壮哉！黄河如丝天际来。黄河万里触山动，盘涡毂转秦地雷。……巨灵咆哮擘两山，洪波喷箭射东海。三峰却立如欲摧，翠崖丹谷高掌开。”还有《上李邕》中描写：“大鹏一日同风起，扶摇直上九万里。假令风歇时下来，犹能簸却沧溟水。”用《庄子·逍遥游》中的大鹏自比。他还好用巨大数字，“白发三千丈”

“天台一万八千丈”“广张三千六百钧”“尔来四万八千岁”“百年三万六千日，一日须饮三百杯”等等。这不仅是我们常说的运用了夸张的修辞手法，而且是展现了崇高之美。

杜甫诗歌，则善于刻画眼前真实具体的事物，间接表现内心感情的细微波澜，具有高度的写实性，所以说“万景皆实”。写实逼真，并不等于就事论事，而是尺幅千里，小中见大。从小处、实处落笔，逐渐推广到有关国家人民命运的全局性问题。如《又呈吴郎》：

堂前扑枣任西邻，无食无儿一妇人。
不为困穷宁有此？只缘恐惧转须亲。
即防远客虽多事，便插疏篱却甚真。
已诉征求贫到骨，正思戎马泪盈巾！

浦起龙《读杜心解》评此诗：

公向居此堂，熟知邻妇之苦，听其窃枣以活。吴郎新到，不知其由，将插篱护圃，公于东屯闻之，喫紧以止之，非既插而责之也。……著“恐惧”字，体贴深至，盖窃食者，其情必恧（惭愧）而怯也。……末又借邻妇平日之诉，发为远慨，盖民贫由于“征求”，“征求”由于“戎马”，推究病根，直欲为有民社者告焉，而恤邻之义，自悠然言外。

从一个普通老妇窃食枣子的小事，写出民不聊生的社会状况，再进而“推究病根”，引出对重大社会问题的感慨，表现了诗人十分可贵的民胞物与思想。

重写实者必注意细节的真实，最引人注目的是《北征》中关于儿女情态和衣着的描写：

平生所娇儿，颜色白胜雪。见耶背面啼，垢腻脚不袜。床前两小女，补绽才过膝。海图坼波涛，旧绣移曲折。天吴及紫凤，颠倒在裋褐。

“海图坼波涛，旧绣移曲折。天吴及紫凤，颠倒在裋褐”四句，描写了孩子身上补丁的图案形状，可谓细入毫芒，《唐宋诗醇》引李因笃云：“四句写尽大家乱后，仓卒无衣之苦。”杜甫毕竟是名臣之后、朝廷命官，他过去官服上的海图波涛、天吴紫凤等美丽的刺绣图案，在动乱之世、生活困窘之际，竟然成了孩子破衣上的补丁！当他看到这种境况，其内心的痛苦和辛酸，已尽在不言中了，又复何言哉！这时，细节描写给人们造成的情感冲击，是非常巨大的。从一个补丁，可以看到其全家的遭遇，甚至民生的艰难、国家的动荡，这种小中见大的写法，具有无可替代的艺术表现力。

写生活的本来面目，表现生活的固有逻辑，就多间接抒情，诗人感情常常不显露。“三吏三别”最为典型，浦起龙所谓“《三吏》夹带问答叙事，《三别》纯托送者行者之词”（《读杜心解》）。如《石壕吏》，只有“吏呼一何怒，妇啼一何苦”两句稍稍流露感情色彩，让事件和人物自己说话，表现了诗人的倾向性。《新安吏》中也纯是冷静的叙述：“客行新安道，喧呼闻点兵。借问新安吏，县小更无丁。府帖昨夜下，次选中男行。中男绝短小，何以守王城？肥男有母送，瘦男独伶俜。”只有最后两句笔势一转：“白水暮东流，青山犹哭声。”借景抒情，写山哭而不写人哭，渲染送行悲泣之情。

在题材选择方面，杜甫与李白不同，他喜欢将悲剧性题材采撷入诗，歌咏被损害、被摧残的事物，从而形成悲壮的意境。入川后写的咏物诗，如《病柏》：“岂知千年根，中路颜色坏。出非不得地，蟠踞亦高大。岁寒忽无凭，日夜柯叶改。丹凤领九雏，哀鸣翔其外。鸱鸮志意满，养子穿穴内。”浦起龙认为是写“志士失路，用以自况焉”。《病橘》：“萧萧半死叶，未忍别故枝。玄冬霜雪积，况乃回风吹。”《枯棕》：“蜀门多棕榈，高者十八九。其皮割剥甚，虽众亦易朽。徒布如云叶，青黄岁寒后。交横集斧斤，凋丧先蒲柳。”均比喻受到统治者压榨的普通百姓。《病马》：“尘中老尽力，岁晚病伤心。毛骨岂殊众？驯良犹至今。物微意不浅，感动一沉吟。”写自己劳苦困顿而不改贞操。《瘦马行》：“东郊瘦马使我伤，骨骼硉兀如堵墙。……皮干剥落杂泥滓，毛暗萧条连雪霜。”这是自伤贬官华州而作。所咏的这些事物，早已没有早期咏物诗中“何当击凡鸟，毛血洒平芜”（《画鹰》）、“所向无空阔，真堪托死生”（《房兵曹胡马》）的非凡气概了，而是显得沉郁悲壮。诗歌意境的悲壮，可以《登高》为例：

风急天高猿啸哀，渚清沙白鸟飞回。
无边落木萧萧下，不尽长江滚滚来。
万里悲秋常作客，百年多病独登台。
艰难苦恨繁霜鬓，潦倒新停浊酒杯。

其中“万里悲秋”二句，十四字中有多层可悲的含义：他乡作客，一可悲；经常作客，二可悲；万里作客，三可悲；正当萧瑟的秋天，四可悲；重九佳节，无赏心乐事，唯有登高，五可悲；亲朋不在，独自登台，六可悲；抱病登台，七可悲；病又非一种，多病缠身，八可悲；人生不过百年，年过半百而一事无成，九可悲。层层皴染，重重叠加，把无限酸辛压缩在一联之中。“悲秋”二字，绾合上下，是一篇中的诗眼，同时也奠定了全篇“沉郁悲壮”的基调。

（3）意象组合：疏宕与密致

诗歌语言是意象语言，诗人的不同风格也会反映在意象组合的特征和方式上。李白喜欢把表面看来没有逻辑联系的诗歌意象组合在一起，显得不粘不滞，忽古忽今，忽虚忽实，忽人忽我，构成疏宕的意境，故显得“虚”，如《将进酒》《行路难》《宣州谢朓楼饯别校书叔云》等。杜甫喜欢把多个意象压缩在一个句子中，常用意象并置、意象叠加的方式，切断语链，不用虚字，加强物象的视觉效果，显得密致，刘熙载认为“然天下之至密，莫少陵若也”，这在他的七律中最明显，如《秋兴》八首中，“香稻逐余鹦鹉粒，碧梧栖老凤凰枝”无一个虚字，意象重叠，铺排精丽；又如《登高》，首联“风急天高猿啸哀，渚清沙白鸟飞回”，每句中有三个意象。故杜甫律诗显得质实凝重，不像李白那样空灵圆转。

3.“以气骋词”与“苦吟成诗”

王琦还说过：“夫二公之诗，一以天分胜，一以学力胜，同时角立，雄视于文场笔海之中，名相齐，才亦相埒，无少逊也。”（《李太白全集跋》）李白才情豪纵超迈，写诗是以气骋词，信马由缰；杜甫写诗是反复沉吟，苦心经营，规行距步，苦吟成诗。这种差别，表现在诗歌的结构、诗体、语言等各个方面。

（1）结构：跳跃自由与缜密回环

李白诗在结构上多不以组织严密见长，章法疏宕，似离似合，显得跳跃自由。根据自己感情的激荡来结构作品，生活现象皆为我所用，加以错综组合，表面是不相连贯，感情却是一气贯注，运转自如。用古人的说法，这种特色叫作“意接辞不接”。方东树《昭昧詹言》云：

大约太白诗与庄子文同妙：意接辞不接，发想无端，如天上白云，卷舒现灭，无有定形。

即是此意。这种结构特色，与其诗抒情的跳跃有关。黑格尔说过：

但是也有一种抒情的跳跃，从一个观念不经过中介就跳到相隔很远的另一个观念上去。这时诗人就像一个断了线的风筝，违反清醒的按部就班的知解力（逻辑思维），趁着沉醉状态的灵感（创作冲动）在高空飞转，仿佛被一种力量控制住，不由自主地被它的一股热风卷着走。这种热情的动荡和搏斗是某些抒情诗种的一种特色。(《美学》)

前人评李白诗所谓“天马行空”，所谓“佳处在不着纸”，均由诗人灵感的飞扬、抒情的跳跃而来。如《江上吟》：

木兰之枻沙棠舟，玉箫金管坐两头。
美酒樽中置千斛，载妓随波任去留。
仙人有待乘黄鹤，海客无心随白鸥。
屈平词赋悬日月，楚王台榭空山丘。
兴酣落笔摇五岳，诗成笑傲凌沧洲。
功名富贵若长在，汉水亦应西北流。

这真是一首“兴酣落笔”之作，明代朱楝评曰：“此诗文不接续，意无照应，故为豪放，而无次序，似白而实非也。”（高棅《唐诗品汇》引）又如《远别离》：

远别离，古有皇英之二女，
乃在洞庭之南，潇湘之浦。
海水直下万里深，谁人不言此离苦？
日惨惨兮云冥冥，猩猩啼烟兮鬼啸雨。
我纵言之将何补？
皇穹窃恐不照余之忠诚，雷凭凭兮欲吼怒。
尧舜当之亦禅禹。
君失臣兮龙为鱼，权归臣兮鼠变虎。

或云尧幽囚，舜野死，

九疑联绵皆相似，重瞳孤坟竟何是？

帝子泣兮绿云间，随风波兮去无还。

恸哭兮远望，见苍梧之深山。

苍梧山崩湘水绝，竹上之泪乃可灭。

范椁评曰："断如复断，乱如复乱，而辞意实复屈折行乎其间者，实未尝断而乱也，使人一唱三叹，而有遗音。"（《唐诗品汇》引）

杜甫诗歌则往往章法缜密，脉络分明，努力追求诗篇结构的匀称均衡，完美统一。他是个苦吟诗人，用他自己的话来形容，力求做到"毫发无遗憾""波澜独老成"。刘熙载说："杜陵五七古叙事，节次波澜，离合断续，从《史记》得来。"如《北征》一篇，是五古长篇，规模宏大，更须经营布置。古人称《北征》为"有韵古文"。这种"有韵古文"的结构，明代李东阳说："长篇中须有节奏，有操有纵，有正有变，若平铺稳布，虽多无益。唐诗类有委曲可喜之处，唯杜子美顿挫起伏，变化不测，可骇可愕，盖其音响与格律正相称。"（《怀麓堂诗话》）清代沈德潜说："五言长篇，固须节次分明，一气连属。然有意本连属而转似不相连属者，叙事未了，忽然顿断，插入旁议，忽然联续，转接无象，莫测端倪，此运《左》、《史》法于韵语中，不以常格拘也。千古以来，且让少陵独步。"（《说诗晬语》卷上）我们可以把两人的评论，看成对《北征》结构艺术的总结。

全诗分五大段：①归省家人，回念国事，思家、恋主，是全诗纲领。②详叙归途景物，写一路伤残满目，归到安史之乱。③备述到家景况，末尾由家搭到国事。④由考虑家计而顾念国忧，希望肃宗收复失地。⑤预卜新主中兴，国家重新统一，为通篇大归宿。

(2) 诗体：乐府歌行与近体律绝

在诗体选择上，李白多作形式自由、束缚较少的乐府体和歌行体，正如赵翼《瓯北诗话》所说："青莲集中古诗多，律诗少。盖才气豪迈，全以神运，自不屑束缚于格律对偶，与雕绘者争长。"他那些豪放不羁、自由挥洒的名作，如《将进酒》《梁甫吟》《蜀道难》《行路难》《梦游天姥吟留别》等，几乎都是乐府、歌行，感情大起大落，直线升降，造成跳跃起伏、自然奔放的气势和韵律。王世贞《艺苑卮言》评李白七言歌行的特点："杳冥惝恍，纵横变幻，极才人之致。"

杜甫喜作格律谨严的律诗，对仗工整，字斟句酌，讲究形式规范。像《登高》这首七律，全诗通体对仗这在唐诗中绝无仅有；杜甫还写了不少长篇排律。（这部分参见前面"节奏与情感"）

(3) 语言：飞动有力与沉着凝练

与诗体的自由相适应，李白诗歌语言也有意打破匀称，飞动有力，显得气势磅礴，力量充沛。句子长短参差，音节迅速变换，多用虚词，故富有爆发力、动荡美。如《蜀道难》："噫吁嚱，危乎高哉！蜀道之难，难于上青天！""上有六龙回日之高标，下有冲波逆折之回川。""其险也如此，嗟尔远道之人胡为乎来哉！"《将进酒》："君不见黄河之水天上来，奔流到海不复回。"《宣州谢朓楼饯别校书叔云》："弃我去者，昨日之日不可留；乱我心者，今日之日多烦忧。"散文化的句式颇多。

杜甫在语言上"语不惊人死不休"，李白说他"苦吟不怕因诗瘦"，他炼字、炼句，以炼意为前提，能以少量的字句，概括巨大的感情容量。欧阳修《六一诗话》载："陈公时偶得杜集旧本，文多脱误，至《送蔡（希鲁）都尉》诗云：'身轻一鸟'，其下脱一字。陈公因与数客各用一字补之。或云'疾'，或云'落'，或云'起'，或云

‘下’，莫能定。其后得一善本，乃是‘身轻一鸟过’。陈公叹服，以为虽一字，诸君亦不能到也。”原诗是：

蔡子勇成癖，弯弓西射胡。
健儿宁斗死，壮士耻为儒。
官是先锋得，材缘挑战须。
身轻一鸟过，枪急万人呼。

“过”字的好处，就在于写出了在战场上往来驰骋如入无人之境的矫捷。杜诗的字斟句酌，特别表现在律诗的写作。如《蜀相》：

丞相祠堂何处寻？锦官城外柏森森。
映阶碧草自春色，隔叶黄鹂空好音。
三顾频烦天下计，两朝开济老臣心。
出师未捷身先死，长使英雄泪满襟。

前四句写武侯祠春天景物，把春景写得如此美好，却用“空”“自”二字一笔抹倒，以突出游人稀少、无人瞻仰的空虚之情，也表现了对诸葛亮的怀念之情。五、六两句从大处着眼，高度概括了诸葛亮的一生。上句言其才，下句言其德；上句写前半生，下句写后半生。有人说前句抵得一篇《隆中对》，后句抵得一篇《出师表》，就是指其高度的艺术概括力。

总而言之，李白的豪放飘逸与杜甫的沉郁顿挫，是盛唐时期两种不同的美。按李泽厚的说法，李白诗的美，是对旧的艺术规范的冲决和突破，是无可仿效的天才抒发，其特征是内容溢出形式；杜甫诗的美，是新的艺术规范的确定和建立，其特征是要求内容与形式的严格统一。这就像是张旭的草书与颜真卿的楷书，又像李广用兵如神，孙武讲究兵法。有人欲在李、杜之间强分优劣，实不可取。

八、白居易与新乐府运动再认识

1. 关于新乐府运动

（1）政治改革背景

唐代安史之乱以后，随着李白、杜甫等诗坛巨星的相继陨落，诗歌创作进入了一个短暂的低潮时期。这一时期有所谓“大历十才子”，追求丽词远韵，诗风浮薄，缺乏深厚的生活底蕴。诗人们多徘徊于个人狭隘的感情圈子之内，很少从广阔的现实社会生活中发掘题材，直到唐德宗贞元末至唐宪宗元和初，有一二十年时间，诗坛才接连涌现了张籍、王建、李绅、元稹、白居易等现实主义诗人。这些诗人共同的创作倾向，是重视诗歌的社会性、写实性、通俗性，并以乐府诗体为主要形式，这就是文学史上著名的新乐府运动。

新乐府运动发生于贞元末、元和初，绝非偶然。白居易在《与元九书》中谈到这一时期的政治形势：“是时皇帝初即位，宰相有正人。屡降玺书，访人急病。仆当此日，擢在翰林，身是谏官。”皇帝指唐宪宗李纯，他即位后，有整顿朝纲，使王朝再度“中兴”的愿望，这是统治者的政治“自救”。他重用力主改革朝廷弊政的裴垍，以“齐整法度，考课吏理”（《旧唐书·裴垍传》）。裴垍则识拔了一批年轻才俊，形成了一个以庶族文人为骨干的政治革新集团，元稹、白居易是其中的重要成员。元、白因裴垍的赏识，同登拔萃科，俱授秘书省校书郎，踏上了仕途；元和元年（806 年），又在裴垍指点下同应“才识兼茂、明于体用”科，元稹拜右拾遗，白居易授周至县尉。裴垍元和三年

(808年) 为相，白居易任左拾遗，这就是他所说的“擢在翰林，身是谏官”。元稹自称“谏死是男儿”。元和六年裴垍去世，白居易转向消极，元稹很快投靠了政敌严绶、崔潭峻。元稹有《感梦》诗自述元、白与裴垍的密切关系：“唯我与白生，感遇同所以。……拔我尘土中，使我名字美。……自从裴公无，吾道甘已矣。”看来，新乐府运动发生在贞元末、元和初，与裴垍集团的政治革新活动，有着蒂萼相生的依存关系。

元和三年至五年，元、白的政治改革立场最坚定，政治态度最积极，讽喻诗也写得最多。白居易自述：

身是谏官，手请谏纸，启奏之外，有可以救济人病，裨补时阙，而难于指言者，辄咏歌之，欲稍稍递进闻于上。(《与元九书》)

若仔细解读，这里有几层意思：其一，白氏认为他的启奏，和他的讽喻诗，具有同样的政治性功用，即“救济人病，裨补时阙”；其二，白氏说他写启奏和讽喻诗，目的都是为了让皇帝了解下情——“欲稍稍递进闻于上”；其三，他认为启奏与讽喻诗的不同，仅仅在于诗歌可以用来反映那些“难于指言”、不便据直相告的内容。由此可见，白居易的启奏和他的讽喻诗，无论是在内容的精神实质方面还是在写作目的方面都是完全一致的，甚至可以说，讽喻诗只是一种变相的启奏。我们可以断言，新乐府运动的实质，是元和初政治革新活动的一个组成部分，或者说是政治革新活动的一个重要侧翼。据有人统计，这一时期乐府诗中新题与古题的比例，张籍约二比一，王建是六比一，元稹是二比一，白居易则是五比一，可见诗坛创作趋向之转变。

(2) 思想理论指导

新乐府运动作为一次自觉的文学运动，有着明确的理论指导。“文章合为时而著，歌诗合为事而作”，是白居易提出的创作纲领。“为时”“为事”的含义，就是“救济人病，裨补时阙”。这样，他的诗论就具有了现实主义的鲜明特点，而与“嘲风雪、弄花草”，逃避现实的形式主义诗风划清了界限。从这一基本立场出发，白居易首先要求诗歌反映的内容必须和人民疾苦紧紧相连，“惟歌生民病”“但伤民病痛”。其次则要求诗歌在处理内容与形式的关系上，更重视内容对形式的决定作用，这观点体现在他“根情，苗言，华声，实义”和“非求宫律高，不务文字奇”的论述之中。在艺术表现手法上，他赞赏平实、通俗，所谓“其辞质而径”“其言直而切”“其事核而实”“其体顺而肆”。关于白居易诗论的进步意义，过去谈论得很多，在把文学史简化为现实主义与反现实主义斗争史的年代，似乎溢美过甚。我们认为对白居易诗论应做两面观，下面结合他的讽喻诗，提出几点进行探讨。

2. 关于白居易讽喻诗

（1）“为君”与“为民”一体

白居易将“为君”与“为民”看成一回事，这反映了他的封建政治意识。其实这二者是无法统一的，因此当他反映民生疾苦时，矛头向上，只指向“奸臣”“长吏”，而避免刺痛最高统治者，有时甚至美化皇帝。《牡丹芳》中一再赞美“吾君忧稼穑”“元和天子忧农桑”，就是明证。《杜陵叟》中诗人借主人公之口痛骂“虐人害物即豺狼，何必钩爪锯牙食人肉”的对象，是“长吏”；“不知何人奏皇帝，帝心恻隐知人弊。白麻纸上书德音，京畿尽放今年税。……十家租税九家毕，虚受吾君蠲免恩”数句，有人认为是讽刺皇帝假仁假义，我看根据不足，其实白居易诗中凡牵扯到皇帝的，如《黑潭龙》等，多规劝之心，而少讽刺之意。此外，如《卖炭翁》是现实性很强的一首诗，固然深刻地表现了宫市给农民造成的深重苦难；但是卖炭翁这一形象却未免显得可怜软弱。《昌黎先生集·顺宗实录》载：

尝有农夫以驴负柴至城卖，遇宦者称“宫市”取之，才与绢数尺。又就索门户，仍邀以驴送之内。农夫涕泣，以所得绢付之，不肯受，曰：“须汝驴送柴至内。”农夫曰：“我有父母妻子，待此然后食。今以柴与汝，不取直（值）而归，汝尚不肯，我有死而已！”遂殴宦者。

陈寅恪先生以为这条材料可作《卖炭翁》一诗注脚，但现实生活中农夫忍无可忍、愤怒反抗的性格，在白诗中却未得到表现。这也可证白居易的“为民”，是服从于“为君”的。

（2）诗歌与政治合一

白居易关于诗歌功能的认识，导源于儒家重视文学政治教化作用的诗政合一理论。这种认识有其历史进步性，但从根本上说是从统治阶级的功利观点出发的，其目的是为了巩固封建统治。代表儒家文学观的《毛诗序》认为：“校正得失，动天地，感鬼神，莫近于诗。先王以是经夫妇，成孝敬，厚人伦，美教化，移风俗。”并强调诗歌有“上以风化下，下以风刺上”的“主文谲谏”功能。白居易承其端绪，提出诗歌“上可裨教化，舒之济万民，下可理情性，卷之善一身”（《读张籍古乐府》），“故国风之盛衰，由斯而见也；王政之得失，由斯而闻也；人情之哀乐，由斯而知也”（《策林》第六十九）。同时，由于他将文学仅仅看作达到政治、社会、道德教育目的的手段，对诗歌功能的理解比较狭隘，相对忽视了诗歌的审美功能；把诗歌反映现实的方法仅限于“美刺比兴”也有其片面性。他说：“为诗意如何？六义相铺陈，风雅比兴外，未尝著空文。”（《读张籍古乐府》）他以“六义”作为评判诗歌优劣的重要标准，所以认为大诗人李白“索其风雅比兴，十无一焉”，只肯定杜甫直接反映现实生活和政治事件的诗章，如《三吏》《塞芦子》《留花门》等篇和“朱门酒肉臭，路有冻死骨”之句，其实，杜甫的《三吏》《三别》固是现实主义名篇，他的《登高》《登岳阳楼》之类即景生情之作，在反映现实的深刻性上何尝稍逊？看来白居易在诗歌反映现实的手段和审美趣味等问题上，认识不免过于偏激。

白居易作为新乐府运动的领袖，其作品最有社会价值的当然是讽喻诗，其中又以《秦中吟》十首和《新乐府》五十首最为杰出。但在白居易现存的两千多首诗中，讽喻诗170余首，只占十分之一，其他多是描写歌舞酒宴、赏花作乐、充满闲适情调的作品。在政治开放时期，满腔热情，写讽喻诗；晚年宦达，自我保护，写闲适诗，前者志在兼济，后者行在独善，表现了士大夫文人的双重人格。所以清人叶燮说：“其中颓唐俚俗十居六七，若去其六七而有二三，皆卓然名作也。”（《原诗》）宋人嘲笑白居易“忆妓诗多于忆民诗”，佟法海《吊琵琶亭》诗说：“司马青衫何必湿，留将泪眼哭苍生！”（袁枚《随园诗话》引）这些批评意见都不为无故。

（3）讽喻诗的艺术缺陷

讽喻诗作为白居易功利主义文学思想的主要实践形态，在艺术上具有政治理念化和表达程式化的倾向，故主题明确，题材集中，语言通俗，音律谐婉。首先是根据明旨畅义的实用性写作意图，他采用“首章标其目，卒章显其志”的写法，即以诗篇首句为题，在题下注明美刺的目的，诗的结尾再表明写作意图，开门见山，画龙点睛，诗意了然。其次选材集中而典型，决不枝蔓芜杂，即他自己所谓“一吟悲一事”。语言方面以“老妪能解”自律，多用三言、七言句相互间杂，长短参差，由于叠字的运用和转韵的圆滑，又便于诵读，朗朗上口。

白诗艺术上的长处是和短处同时存在的。主题明确，然而显得狭隘，题材集中，然而不免简单，所以白诗常常缺乏丰富的内涵和含蓄的意境。宋代张戒《岁寒堂诗话》云：“情意失于太详，景物失于太露，遂成浅近，略无余蕴，此其所短也。”对此短处，其实白居易本人也有所认识，他在写给元稹的《和答诗十首序》中就表示过：“共患其意太切而理太周。故理太周而则辞繁，意太切则言激。然与足下为文，所长在于此，所病亦在于此。”我们大可不必以其所长而一味褒之，以其所短而轻易贬之。全面地看，白居易作为新乐府运动的领袖，在理论上和创作实践上尽管有其局限和不足，但毕竟瑕不掩瑜，其功绩是不可磨灭的。

九、苏轼散文：文理自然，姿态横生

作为“唐宋八大家”和“三苏”之一而誉传众口的苏轼，也是以杰出散文家的身份被载入文学史册的。继韩愈、柳宗元和欧阳修之后，苏轼把中国古代散文提高到了一个新的水平。就苏轼散文独到的思想内容和卓越的艺术成就而言，称其文为宋代散文的翘楚，是当之无愧的。

散文是我国传统意义上的正统文体，历代知识分子往往以极其严肃的创作态度从事散文的写作，因而散文写作一般与他的政治生涯联系最为紧密。苏轼一生，历尽了宦海风波，人生体验丰富而深刻，故其散文创作的历程，也大致与他的经历同步。概而言之，以元丰二年（1079 年）因“乌台诗案”被贬黄州为界，苏轼的散文创作可以分成前后两个时期，前后期散文在题材、文体和风格等方面的取向，有相当明显的差异。

1．苏轼前期散文

（1）政论与史论

苏轼前期所写的散文，与他政治上积极进取的态度息息相关。苏轼英年得志，步入仕途。和一般知识分子一样，有行道济世的抱负，以济苍生、救社稷自任。“有笔头千字，胸中万卷；致君尧舜，此事何难！”（《沁园春·赴密州早行马上寄子由》）这是他早年精神面貌的真实写照。其后签判凤翔，还朝任职，又自请外放，虽小有挫折，但他“奋厉有当世志”的初衷并未稍改，作为统治集团的新进一员，总是充满朝气和锐气。他锋芒毕露地上书皇帝，议论朝政，对一系列重大政治社会问题直陈己见，并提出了具体的改革措施。所以，与苏轼的政治活动相适应，这一时期他的散文创作成果，主要是踔厉风发的政论和史论。

这方面最有代表性的作品是《进策》和《进论》。这是嘉祐六年（1061 年）苏轼经欧阳修荐举，参加秘阁“直言极谏”科考试之前进献的文章，二十五篇。二十五篇《进策》属于政论一类，分为三个部分：《策略》五篇、《策别》十七篇、《策断》三篇。这类文章，可以说篇篇都是直言当世、言必尽规的干时之文。在这组文章中，他对当时形势，提出了“天下有治平之名而无治平之实”这样惊世骇俗的大胆论断，以此为前提，他又提出改变因循守旧风气的要求，并分述了课百官、安万民、厚货财、训军旅等一系列具体改革措施。《策别》中的《教战守策》，在“海内狃于晏安，耻于言兵”的政治气氛之下，提出了安不忘危的警世主张。苏轼从分析当时民风士气着手，痛陈官民“知安而不知危，能逸而不能劳”的弊病，然后远征近譬，陈说利害，得出唯有积极备战，“教民战守”，方能“安万民”的主旨。这篇文章表明，苏轼对北宋朝廷政治、外交政策的致命伤有着透彻的了解，对其政治前途有着清醒的预计。这是一篇初步显示苏轼政治识见的切实时论，而并非书生虚文。所以有人正确地指出：“坡翁此策，说破宋室膏肓之病，其后靖康之祸，发逆睹其事者，信乎有用之言也。”（《三苏文范》引唐文献语）

二十五篇《进论》属于史论，借古人古事间接表明自己的见解识度。其中《留侯论》《晁错论》等，于人人熟知的普通史料中发掘新意，立论超卓，辩才纵横。除上述《策论》和《进论》外，苏轼前期重要的政治性论文尚有《刑赏忠厚之至论》《思治论》和《上神宗皇帝书》等篇。

（2）亭台楼阁记

如果说苏轼的政论、史论主要表现了他的政治识见，那么他前期所写的亭台楼阁记，则侧重表现了他的社会、人生意识。自担任地方官后，他与现实社会更为贴近，与百姓有更多接触，政治上积极进取的精神转化成了对国计民生的进一步关切和思考。这在他写于凤翔的《喜雨亭记》中得到较为集中的反映。苏轼到凤翔上任后，目睹当地久旱不雨，百姓受灾，农业生产遭到损失，深以为忧，故因雨而喜，遂以“喜雨”名亭。这篇文章的字里行间，洋溢着与百姓忧乐与共的思想感情。《凌虚台记》作于同时，苏轼由台的废兴存毁，联想到人事得失，劝诫凤翔太守不要依恃高官显位：“夫台犹不足恃以长久，而况于人事之得丧，忽往而忽来者欤？而或者欲以夸世而自足，则过矣！”这种旷观达识，反映了苏轼对人事世态有着较深一层的思考和理解。

由于“跟看世事力难任，贪恋君恩退未能”的进退两难处境，苏轼在密州任上写了《超然台记》一文，把他面对矛盾而想追求安遇顺性、超然物外的矛盾心态表露无遗。作为一个地方官，苏轼有勤政爱民的一面，他组织救灾抗洪，颇多治绩；但另一方面，他作为一个在朝廷政争中的失意者，又陶醉于“无所往而不乐”的超然境界：“雨雪之朝，风月之夕，余未尝不在，客未尝不从。撷园蔬，取池鱼，酿秫酒，瀹脱粟而食之，曰：乐哉游乎！”我们从中已可发现后来那个超旷洒脱的东坡居士的影子。可以这样认为：当苏轼积极参加政治活动、锐意革新的时候，一种勇往入世的进取精神鼓舞着他参与朝政，发表政见；当他在接触社会、面临种种困难的时候，另外一种顺心适性的思想也能占据某种重要地位，有时甚至会成为东坡思想的主导倾向，大约正是有见于此，故姜宝评《超然台记》云：“此记有即其所居之

位、乐其日用之常、脱出尘寰之外之意，故名之曰超然。此东坡之所以为东坡也。”（杨慎《三苏文范》引）

“乌台诗案”发生后，苏轼幸免一死，政治信念一时几乎完全崩溃，人生信念也有些动摇，陷入了精神危机。然而，正是政治上的失败，却导致了苏轼人生意识的逐渐成熟，变得旷达而坚强。在谪居黄州的四年中，他承受着心灵的孤独和人格的屈辱，在深沉的思考中找到了一条比较超脱的道路，成为一个独具个性的作家。比如怎样看待人生的价值，怎样衡量世事的是非，人与人之间的交往应以什么为准则，遇到挫折应该怎样自处，凡此种种，苏轼都曾不断探究寻找适当解答。正像黑格尔说的：“环境的互相冲突愈众多，愈艰巨，矛盾的破坏力愈大而心灵仍能坚持自己的性格，也就愈显示主体性格的深厚和坚强。”确实，对人情美的无限怀恋，对人格力量的热情赞颂，对人生意义的反复探究，尤其是那种超越现实而仍执着人生的生活态度，使苏轼的后期散文焕发出了特异的光彩。

2. 苏轼后期散文

（1）小品文

苏轼后期散文众体兼备，且都有戛戛独造的成就，但最引人注目的，是杂记、题跋、书信一类小品。明代散文家袁宏道极为推崇苏轼的小品文，他说：“坡公之可爱者，多其小文、小说（指笔记文，如《东坡志林》）。使尽去之，而独存高文大册，岂复有坡公哉？”（《苏长公合作》引）这些话有偏执之处，但这类文字苏轼写来的确特别自然洒脱，其中有个活脱脱的坡公在。作者的鲜明个性在这类文字中得到了最真切、生动的呈示。

《记承天寺夜游》属于杂记，全文短短八十五字，却展现了一个超凡轶尘、空明无滓的艺术境界。那皎然明月，在作者笔下岂止是观赏的对象，它简直已化为东坡的知己好友，与那一位闲云孤鹤般的张怀民一起，抚慰着东坡的心灵创伤，帮助他在痛苦中恢复了心绪的宁静，步入忘怀世事的自由境地。“何夜无月？何处无竹柏？但少闲人如吾两人者耳!”我们在这里看到的，“良夜何其”竟是专为“闲人”而设，由于作者情绪的外射，月夜竹柏的物境已经变成了作者人格的象征。同类的文章有《记游松风亭》，言简而意深，颇似禅宗的偈语。全文如下：

余尝寓居惠州嘉祐寺，纵步松风亭下。足力疲乏，思欲就亭止息。望亭宇，尚在木末，意谓是如何得到？良久，忽曰：“此间有甚么歇不得处?”由是如挂钩之鱼，忽得解脱。若人悟此，虽兵阵相接，鼓声如雷霆，进则死敌，退则死法，当恁么时也不妨熟歇。

作者游松风亭时，忽有所悟，那种身处逆境而心中泰然的人生态度随机触发，得到圆通的表达。这篇名为“记”，实是一篇“论”，是苏轼晚年参透荣辱生死得失进退而进入自由境界的人生告白。

《文与可画筼筜谷偃竹记》本是一篇论画的题记，其中关于“胸有成竹”“心手相应”的论述，涉及了艺术创作的心理规律，向来为论者所重；而苏轼对于自己和文与可之间“亲厚无间”的友情的记叙，又特别感人肺腑。文中写到两人诗画往还，逗趣失笑，那种开朗而幽默的个性表现，使读者如闻其声，如见其人。尤为动人的是“予在湖州，曝书画，见此竹，废卷而哭失声”一节，前后相映，睹物思人，流露了深沉的伤悼亡友的情怀。一篇普通的论画题记，到苏轼手中变成了一支人情美的赞歌。至于他的书信，更是“信笔抒意”，或叙私谊，或谈读书，或论作文，均娓娓道来，不仅使我们因之得以窥见东坡那丰富的情感世界，而且颇受到理性的启迪。如《又答王庠书》介绍了苏轼一生受用不尽的“八面受敌”读书法，《答谢民师书》论述作文贵自然，贵达意，也是夫子自道，是作者散文创作的自我总结。《唐宋八大家文读本》评曰：“前半‘行云流水’数言，即东坡自道其行文之妙。”吴德旋《初月楼古文绪论》说：“苏长公晚年之作，有随笔写出，不待安排，而自然超妙者。”正确指出了其小品文自然而富于情韵的特色。

（2）山水游记

苏轼的山水游记散文，能超越一时一地的游踪记述和情感抒发，把一般的游览内容上升为理性的思考，因而极有理趣。关于这一点，我们不能不提那两篇脍炙人口的《赤壁赋》。这乃是作者被贬黄州后，坎坷的经历、艰难的处境、复发的心态诸种因素经过一段时间的酝酿方积淀而成的，它集中提出了“人生有何意义”这样一个哲理命题，反映了作者在政治上遭受重大打击后，在现实处境中那种心灵的抗争和挣扎。《后赤壁赋》则借江上之孤鹤、梦中之道士，表达了作者旷达的情怀和对人生的彻悟。金圣叹《天下才子必读书》评此二赋：“前赋是特地发明胸前一段真实了悟，后赋是承上文从现身现境一一指示此一段真实了悟，便是真实受用也。”便指出了苏轼游记文富于哲理性的特点。《石钟山记》也有别于通常的游记散文，作者以一个“疑”字为贯串全文的线索，写成了一篇翻案文字。不但文中景物足供赏览，且能使人领悟读书观理之法，所以被称为记中“绝调”。

（3）碑传文

苏轼自称“平生不为行状碑传”，但偶有所作，则风神独具。最见光彩的是为好友陈季常传神写照的《方山子传》。此文没有对传主事迹做渲染夸饰的记叙，也不做廉价的吹捧颂扬，通篇以一个“隐”字为骨，以一个“侠”字衬副，通过方山子先侠后隐的传奇式经历，写活了他视富贵如浮云和摆脱宦海、自甘寂寞的精神面貌。这篇传记的意义，在于作者借此折射出自己对人生的价值取向。《潮州韩文公庙碑》则历叙韩愈一生的道德文章功业，颇多溢美之词，如“匹夫而为百世师，一言而为天下法”“文起八代之衰，道济天下之溺，忠犯人主之怒，而勇夺三军之帅，此岂非参天地、关盛衰，浩然而独存者乎”云云。问题并不在于韩愈是否足当这样的赞语，而在于苏轼是把理想化的政治、文化人格寄托在韩愈身上，这篇文章实际上是对理想化的人格表示了由衷的赞美。前人说此篇“苏长公生平气格独存”（茅坤《宋大家苏文忠公文钞》），正是看到了作者的用心所在。

3. 苏轼散文的艺术

苏轼散文的思想内容，深深打上了他的人生经历和随之渐趋成熟的人生意识的烙印，略如上述；下面，我们再来介绍一下苏轼散文的风格特征和艺术成就。

苏轼继承了前代散文家韩愈、柳宗元、欧阳修等人的艺术成就，但又努力加以发展和创新，如集五彩色丝，成一家机轴。韩文的气势、柳文的意境、欧文的平易，都被他吸纳而融为一体，从而形成自己独特的散文风格特征。对这种特征，他自己做了很精确的概括：

吾文如万斛泉源，不择地而出，在平地滔滔汩汩，虽一日千里无难。及其与山石曲折，随物赋形而不可知也。所可知者，常行于所当行，常止于不可不止，如是而已矣。(《文说》)

这段话与《答谢民师书》中所云“大略如行云流水，初无定质，但常行于所当行，常止于所不可不止，文理自然，姿态横生”是一个意思，可以互相发明。苏轼的自我概括，表示了两个含义：一是文理自然，“常行于所当行，常止于所不可不止”；二是姿态横生，“随物赋形而不可知”，“如行云流水，初无定质”。把两方面综合起来，就是既有“工”的一面，表现变化出奇；又有“易”的一面，归到平易自然。刘熙载说“东坡之文工而易”（《艺概·文概》），就指出了苏文富有变化而又归于自然的风格特征。

从根本上来说，苏轼散文的自然，得之于作者性情的自然真率，以及他在创作中追求个性的真实表现。不管是记山水游踪，还是叙朋友情谊，抑或是题画论文、音问相通，处处映现出作者超脱尘俗、光风霁月般的人格力量。一篇《前赤壁赋》，为何千载而下仍能打动人心？首先是由于作者毫不掩饰地向读者披露了贬官黄州以后的心路历程，剖示了自己由泛游大江之乐，转到顾念人生之悲，再复归于精神解脱之愉悦的心理变化。一篇《文与可画筼筜谷偃竹记》，写来似乎散漫旁涉，但也因其与文与可的深厚情谊洋溢于字里行间，把真歌哭发为文字而撼人心魄。在《记承天寺夜游》《后赤壁赋》《方山子传》等篇中都可看到作者豁落尘襟的人格显现。这才使他的散文达到了他自己所称的“非能为之工，乃不能不为之为工也”（《江行唱和集序》）这样一种极度自然的境界。从另一方面来说，作者善于为思想感情的自由表达寻找最合适的外在形式。他主张“辞达”（这里的“辞”不仅指文字，而是泛指表达方式），主张“随物赋形”，反对作文“程式文字，千人一律”（《答王庠书》），有什么固定的框架和格套，因此他的散文确实具有行云流水般的变化之美。苏轼散文在艺术上的成就概而言之有这样几个方面：

（1）立意高远，构思多变

苏轼的议论文，从来不就事论事、四平八稳，而是翻空出奇，以高人一头的新颖题旨使人警醒。《留侯论》《晁错论》等史论，所采撷的是人们熟知的史料，但作者却能“读书得间”，从平常史料中发现问题，发掘出令人耳目一新的含义。过去人们往往把张良受书于圯上老人一事加以传奇化，苏轼却认为圯上老人是“秦世隐君子”，从此事引出张良能“忍”，联系刘邦、项羽胜败之由，说明了“忍小忿而就大谋”的必要性。晁错是西汉著名政治家，“晁错之死，人多叹息，然未有说出被杀之由者”（《古文观止》评语）。苏轼则从历史记载中发现了晁错面对吴楚七国叛乱只考虑“自全之计”而不主动讨伐七国诸侯的破绽，从而得出仁人君子豪杰之士应“出身为天下犯大难，以求成大功”的结论，实发前人之所未发。

苏轼为提高文章的命意，常采用因小见大的构思。所谓因小见大，即写作时不拟定具体的题目，而能透过一层、深入一境，从寻常人事中揭示出具有本质性意义的大道理。《喜雨亭记》，就是一篇“题小而语大”（杨慎《三苏文范》引虞集语）的亭台楼阁记。本来，久旱逢雨，乃寻常之事；因雨而喜，亦寻常之情。苏轼此文，却从天无雨的自然现象，生发出“无麦无禾，岁且荐饥，狱讼繁兴，而盗贼滋炽”的社会性命题，从而给“吾与二三子得相与优游而乐于亭”的喜雨之情，注进了深刻的思想内涵。《凌虚台记》是应凤翔太守陈公弼之请而作的，本可以应景敷衍，颂扬一番陈的政绩当属题中应有之义，但苏轼却一反故常，从台的废兴存毁起端，联系古今人事得丧，发了一通高官显位并不足恃的感慨，所论甚大。有人认作一篇讥讽太守的文字，实在是低看了作者的胸襟和作品的寓意，恐非探本之论。

无中生有、虚处用力的构思特点，最能体现苏轼散文善于变化的一面。刘熙载论苏文，说“东坡之文长于生”，“东坡最善于没要紧底题说没要紧底话”，就指出了这一特点。且看他的赤壁二赋。二赋所游之地相同，写作时间相近，但前赋写实景实情，后赋作幻境幻想，一实一虚，表现了同样的人生主题。后赋末段写鹤化道士，先描绘了逼真的场景："时夜将半，四顾寂寥。适有孤鹤，横江东来，翅如车轮，玄裳缟衣，戛然长鸣，掠予舟而西也。"下面由实景生出幻境："须臾客去，予亦就睡。梦一道士，羽衣蹁仙，过临皋之下。"作者借鹤与道士寄写旷达胸次，故《苏长公合作》引李九我云："末设梦与道士数句，尤见无中生有。"这样的结尾，文情缥缈，令人生悠然不尽之思。苏轼在记叙文中用此法，如李涂《文章精义》评《凌虚台记》结句："'太空冥冥，不可得而名，吾以名吾亭'，是化无为有。"在议论文中亦用此法，如《留侯论》一文："论子房生平以能忍为高，却从老人授书、桥下取履一节说人，乃是无中生有之法。"（张伯行《唐宋八大家文钞》）所以，概括来说，运用无中生有方法乃是对实境、实证、实理的突破和超越，可以大大深化文章的主题，使之具有更普遍的意义。

苏轼为文，喜用比喻，有时甚而以喻代论，使抽象的道理化为生动的形象。这在议论文中最为突出。如《教战守策》中最为精彩的一段论证，就是用比喻构成的："天下之势，譬如一身。王公贵人所以养其身者，岂不至哉？而其平居常苦于多疾。至于农夫小民，终岁勤苦而未尝告病。此其故何也？夫风雨霜露寒暑之变，此疾之所由生也。"用养身道理来比譬治国方术，则结论是如此浅显而明白："今者治平之日久，天下之人骄惰脆弱，如妇人孺子，不出于闺门。论战斗之事，则缩颈而股栗；闻盗贼之名，则掩耳而不愿听。"对此，《唐宋八家文读本》评曰："只是安不忘危意，一用引喻，便觉切理厌（餍）情。"正确道出了以喻代论的艺术效果。有时，苏轼还用比喻来作为文章的整体性艺术构思，譬如《日喻》。说是整体性构思，因为比喻手法在文中不再是局部的论证，不再是逻辑说理的辅助性手段，它取正面说理而代之，成为支撑全文逻辑结构的骨架和血肉，可以说无此比喻也就不成其文。苏轼在文章前段用眇者问日为喻，写得周详具体，然后才引出“道可致而不可求”这简单明确的结论；后用北人学没（潜水）为喻，也是写得层层展开，务求透彻充分；然后以“故凡不学而务求道，皆北方之学没者也”一语点破。这样构思所产生的效果是显而易见的：“前后两意，俱用设喻成文，妙悟全得《庄子》。愈浅近言道愈明”（《唐宋八家文读本》），“而譬喻入妙，如白香山诗，能令老妪都解”（《评校音注古文辞类纂》）。

（2）景、情、理相辅相生

读苏轼散文，尤其是记叙性散文，我们常会有这样的感受：外在形象单纯而简洁，内在意蕴丰富而和谐。这种审美效应的产生，很大程度上是由于他善于将描写、抒情、议论等表现手段交互并用，使景、情、理诸种艺术要素相辅相生，从而使作品构成了一个生命体。

景物描写是苏轼散文中精彩动人的部分。苏轼工于体物，对自然景物的观察极为细致；他又善于“随物赋形”，把自然景物的特征艺术地再现出来。《记承天寺夜游》描写月夜：“庭下如积水空明，水中藻、荇交横，盖竹柏影也。”用“积水空明”比喻月光的清澈，用“藻、荇交横”形容竹柏倒影的参差朦胧，通过艺术的错觉写出了景物的质感和动态之美，隐喻贴切，点染得当，塑造出了一个充满诗意的境界。《石钟山记》写黑夜景物：“大石侧立千尺，如猛兽奇鬼，森然欲搏人；而山上栖鹘，闻人声亦惊起，磔磔云霄间；又有老人咳且笑于山谷中者，或曰：此鹳鹤也。”其中的奇石、栖鹘、鹳鹤，经过作者艺术想象力的“放大”，用拟人手法摹形绘声，不仅形象生动，而且渲染了一种恐怖的气氛，使人顿生亲临其境的感受。又如《后赤壁赋》中写冬天景色，仅“江流有声，断岸千尺，山高月小，水落石出”十六字，就精练概括地表现出冬天空廓寂寥的季节特征，所以元代虞集赞曰：“陆

士衡云：‘赋体物而浏亮。’坡公《前赤壁赋》已曲尽其妙，《后赋》尤精于体物。”（《三苏文范》引）

体物极工，柳宗元的游记散文也有此特点；但柳文意与境相凑泊的痕迹较为显露，太拘于一时一地的感受，而难以触发读者更深广的思考。苏轼游记散文则更致力于心与物、意与境、主体与客体间的融合，使自然山水不仅显示出客观的美质，而且成为人生的映照、哲理的象征，其审美价值就更高。在他的笔下，自然意象往往兼有写实性和象征性双重品格，达到了物我同一的艺术高境。《记承天寺夜游》中那种澄澈透明的意境展示，与胸无点尘的“闲人”之间实存在着一种对应关系，它既是一种物境，更是一种心境——是“闲人”的胸襟和人品的象征。《前赤壁赋》一文，景、情、理三者的结合达到了浑然无间的程度。苏轼用因景生情、借景喻理的高明手法，使文章的形象性、情感性和哲理性极为和谐地统一为一个艺术整体。江水、清风、明月这三个自然意象，尽管有其自身的观赏价值，但其美学意义不再仅是人的活动背景或映衬，它们处处与作者的心态相吻合，与人的感情需要相呼应，成为作者内心活动的触发物，意象的内涵也越来越丰富。前人说“风月二字是一篇张本”（《苏长公合作》引邵宝语），值得仔细咀嚼这话的含义。

（3）文体及语言方面的创新

中国古代散文的文体形式极为多样，经过历代作家的不断实践，至唐代已形成了较为稳定的模式。后之作者，因袭多，创新少。苏轼散文则不然，他主张“辞达”，一切服从于内容表达的需要，因此敢于突破甚至改造各种文体模式，加以融汇变通，在文体运用方面有较大的自由度，所以我们在读苏轼散文时，常常会难以一下子确定一篇文章究属何种文体。

例如在记叙散文中，苏轼喜欢纵横议论，表现出主“理”的特色。他写的亭台楼阁记和山水游记，议论成分很多，如《超然台记》之先议后叙，《凌虚台记》之先叙后议，《石钟山记》之中间记叙、首尾议论，《放鹤亭记》之中间议论、两头记叙，无不以记叙与议论的错综并用为特色。这实际上是对记叙散文的一种改造。明代文体学家徐师曾因注意文体之区别而不知其尚有相通、变异的一面，在谈到杂记文时说：“其文以叙事为主，后人不知其体，顾以议论杂之。故陈师道云：‘韩退之作记，记其事耳，今之记乃论耳。’”（《文体明辨》）其实苏轼弟子陈师道的话，恰恰道出了宋代杂记文的记、论结合的特点。

《文与可画筼筜谷偃竹记》一文，也兼有题画记和悼念文的双重特点。作为题画记，苏轼着重阐发了“胸有成竹”和“心手相应”的艺术思想，但对于文与可这幅竹画本身及来历等却均未做具体交代。作为悼念文，他记载了与亡友文与可交往中的几件逸事，凸显出文与可豁达超逸的个性，文末寄托了睹物思人的伤悼情怀，但是对文与可其人的身世事迹却又略而不叙。不过，文章的前后两半仍是相互依存、紧密结合的，前半篇介绍文与可的创作经验，处处渗透了作者对文与可的敬佩之情；后半篇追忆两人平素交往，记载了互赠诗画和关于“万尺竹”的友好争论，又可看作是前半篇所论创作思想的展开和发挥。全文以画竹始，以画竹结，一脉贯串，浑然一体。

《方山子传》是为朋友陈季常生前作传，关于此篇的文体特点，《唐宋八家文读本》有一段话说得十分精当：“生前作传，故别于寻常传体。通篇只叙其游侠隐沦，而不及世系与生平行事，此传中变调也。”苏轼记陈季常，只选择他游侠和隐沦中的日常生活二三事，人物事迹如游龙在云，乍现乍隐，不露全身，人物的精神风貌却被表现得须眉欲动，豪逸之气逼人。此传由于不固守史传文的模式而有所创新，反而成为一篇文学性极强的人物传记。

苏轼在散文语言方面的创新努力也是卓有成就的。在苏轼之前的古代散文家，已经在这方面做出很大努力，譬如韩愈在创作中，自觉地调配散文句式的长短和声调的平仄变化，造成一种有助于加强文章气势的、富于错综抗坠之美的语言，欧阳修善于“在虚字上斡旋”，来增强散文的情感表现功能。苏轼接辕继轨，从写作文学散文的更为自觉的创作意识出发，在句式、音调、节奏等方面有意变化、谐调，造成一种更有弹性的文学语言，在思想感情的表达上几乎达到了驱遣自如、无施不宜的境地。苏轼的散文语言最为显著的特征，是骈散兼用，凝重与流美结合。清代学者包世臣说：“凝重多出于偶，流美多出于奇。体虽骈必有奇以振其气，势虽散必有偶以植其骨。”（《艺舟双楫·文谱》）统观苏轼散文中的语言，有的偏于流美，如：“既已化为禾黍荆棘丘墟陇亩矣，而况于此台欤？夫台犹不足恃以长久，而况于人事之得丧，忽往而忽来者欤？而或者欲以夸世而自足，则过矣！盖世有足恃者，而不在乎台之存亡也！”（《凌虚台记》）这一节文字，通过句式长短的变化、连词与语气词的搭配，使文情荡逸，一唱三叹，曲折如意。有的则偏于凝重，如：“江流有声，断岸千尺，山高月小，水落石出。”“履巉岩，披蒙茸，踞虎豹，登虬龙，攀栖鹘之危巢，俯冯夷之幽宫。”（《后赤壁赋》）字烹句炼，读之朗朗有金石声。苏轼尤擅以单行之气运排偶之词，整饬凝练的偶句，一旦寓于有破竹之势的散文长句式之中，更有山呼海立、磅礴澎湃的力量，如《潮州韩文公庙碑》中的一节：“文起八代之衰，道济天下之溺，忠犯人主之怒，而勇夺三军之帅，此岂非参天地、关盛衰，浩然而独存者乎！”仔细涵咏，确能感受到“苏文如潮”的特点。

从骈散兼用的角度看，最典型的莫过于《前赤壁赋》了。这篇优美的文赋，其清逸的韵致、跌宕的文势的形成，很大程度上得力于语言的时骈时散、错落有致。全文用韵，正如张伯行所说：“以文为赋，藏叶韵于不觉，此坡公工笔也。”（《唐宋八大家文钞》）譬如这样两节：“西望夏口，东望武昌，山川相缪，郁乎苍苍，此非曹孟德之困于周郎者乎?”“方其破荆州，下江陵，顺流而东也，舳舻千里，旌旗蔽空，酾酒临江，横槊赋诗，固一世之雄也，而今安在哉?”其中明显的散句都用虚字（“乎”“也”）煞尾，而句末虚字前一字却叶韵（“郎”“东”“雄”），用韵而仍不失散文摇曳舒缓之妙，大大增强了文章表情达意的功能。

以上所述不过荦荦大端，很难说已概括了苏轼散文的所有思想艺术成就。读苏轼的散文，我们总的印象是，辞章功夫对他来说似乎不那么重要，我们在作品中深切感受到的，是作者的性情、胸襟和人品。但这绝不是说他缺乏辞章功夫，恰恰相反，正如苏轼自己所说：“大凡为文当使气象峥嵘，五色绚烂，渐老渐熟，乃造平淡。”苏轼的散文创作历程，大致即是绚烂之极归于平淡，这句话正恰当地概括了苏轼散文达到的艺术境界。

十、新天下人耳目的东坡词

在中国文化史上，宋代的苏轼是以文艺全才的面目出现在人们面前的，而东坡词的问世，则昭示着宋词创作进入了最为辉煌的时期。今天我们能读到的东坡词共300余首，其中不少作品传诵众口，但对于东坡词的总体认识，却又是见仁见智，歧见迭出。这本是十分正常的文学现象。令人遗憾的是，这种种歧见，常常反映出人们陷于“非此即彼”的二元对立思维方式，在认识上不免有些绝对，至今还易在对东坡词的评价上产生混乱。本文拟从一些聚讼纷纭的问题切入，来谈谈应该怎样正确解读东坡词。

1.“别调”还是“本色”

第一个颇为缠夹的问题，是对东坡“以诗为词”的辩论：东坡词是否合于词文学创作的规范，是本色，还是别调？其实质涉及对词之体制的根本认识，这也是词史上一个重大的观念之争。有意思的是，最早在这方面指摘东坡的，竟是他的门生陈师道：

退之以文为诗，子瞻以诗为词，如教坊雷大使之舞，虽极天下之工，要非本色。(《后山诗话》)

后人沿此论定，并引申说：东坡词“丽而壮”，是“词之变体”(明·王世贞《艺苑卮言》)，“正调至秦少游、李易安为极至”，“变调至东坡为极至”（清·王士禛《分甘余话》)。于是视秦（观)、柳（永）词为“本色”，东坡词为“别调”“变体”，几成定谳。而判别“本色”与“别调”的界限，则是陈师道首次拈出的“以诗为词”。

征诸文献，东坡确有不少言论，鼓吹词的诗化，也常常用评诗的标准评词。在对词体的认识上，苏轼认为词的本质是诗性。也就是说，词与诗是具有共性的，它们都是抒情文体，不仅诗、词同源，所谓“微词宛转，盖诗之裔”（《祭张子野文》）；而且诗、词同体，其《与蔡景繁》云：“颁示新词，此古人长短句诗也，得之惊喜。”因此，词的功能在于其文学抒情性，即依靠语言文字的表现力来抒情，《答陈季常》中说：“又惠新词，句句警拔，诗人之雄，非小词也。”所谓“诗人之雄”，根据我的解读，是指张扬作家的主体精神，表现自我的人格力量和人生体验，在词的创作中实现“缘情”和“言志”的结合。元好问说“自东坡一出，情性之外，不知有文字”（《新轩乐府引》），王国维认为东坡“人格自足千古”，“能感自己之感，言自己之言”（《文学小言》），还有人称苏轼是“主观派诗人”，都是这个意思，就是苏轼善于通过诗词创作表现自己的个体情性。

苏轼又有意将诗的作法技巧融通运用于词的创作。其具体表现，比如喜欢在词前作小序，叙说创作背景或点明作品题旨；又如苏轼喜欢将前人的诗赋文章改写为词，这就是所谓“隐括”体。这种在诗、文、词诸体之间互相转换的创作实验，也可看成是“以诗为词”的一种努力。此外，在词中用诗语，用诗歌的表现手法等，所谓“其后元祐诸公，嬉弄乐府，寓以诗人句法，无一毫浮靡之气，实自东坡发也”（汤衡《张紫微雅词序》），都可以看成是“以诗为词”的表现形态。

但是，我们不得不辨明的是，作家自觉的理论观念，未必与他的实际创作完全一致。倡导诗化观念是一回事，然而创作未必全部跟着观念走，尤其在当时人们意识中普遍目为“小歌词”，其应时、应地、应事、应情之所作，带有很重的社交应酬性质，岂能脱离具体的写作要求和情境，一一作为其诗化观念的自觉印证？比如，早年任徐州知州时作的《浣溪沙·徐门石潭谢雨道上作五首》，因其农村生活题材，写得如风俗画般的自然清丽；在密州时悼念亡妻王弗的《江城子·乙卯正月二十日记梦》，出于夫妻情笃而写得缠绵悱恻。又如为酬唱的需要，他次韵章质夫《杨花词》而作的《水龙吟》（似花还似非花），后人评为“幽怨缠绵”（清·沈谦《填词杂说》），其婉约情致胜过柳永。

所以说，东坡的某些作品确实沟通了诗体与词体，在词史上具有突破传统、创新试验的意义，但大部分词作借鉴诗体而未离词体，是沟通而非泯除诗、词界限，坚守了词之本位，充分调动了小歌词“委曲以为体”、长于抒发内心细腻的个人化情感的体制特点，东坡词创作既与花间词、柳永词有着明显的承续关系，也未完全背离当时词坛的创作风尚，借用现今的说法，总体上还是在传统词的“体制内”而非“体制外”。笼统说东坡词全是“以诗为词”的别调、变体，似乎与词坛风尚逆向而行，是以偏概全的极端看法。

2.“豪放”还是“婉约”

与“以诗为词”之评估相关的，是关于东坡词的主导风格之争。宋代文人在艺术风格方面相互争胜，造成了多种风格兼容并蓄的局面，在同一个作家的作品中也存在多种风格并存的情形。问题在于，东坡词的风格基调是什么？有人说他是豪放词的代表，如一种流传颇广的说法，“学士词须关西大汉执铁板，唱‘大江东去’”（俞文豹《吹剑续录》）；有人却说东坡词的主导风格仍属婉约，争议至今未息。

在词史上最早对宋词进行“豪放”“婉约”两分的是明代张綖：“词体大略有二：一婉约，一豪放。盖词情蕴藉、气象恢弘之谓耳。然亦存乎其人，如少游多婉约，东坡多豪放，东坡称少游为今之词手，大抵以婉约为正也。”（《增正诗余图谱·凡例》）他判定“东坡多豪放”，视之为豪放词的代表。确实，苏轼到了密州任职以后，开始追求词的独立风格，这种颇有自我色彩的风格特征便是壮美。他那首《沁园春·赴密州早行马上寄子由》（孤馆灯青），咏唱“有笔头千字，胸中万卷，致君尧舜，此事何难!”已经是直抒胸臆，慷慨发露，绝对不是婉约可以牢笼的了。其《与鲜于子骏书》讲到创作近况，颇为自得：“近颇作小词，虽无柳七郎风味，当自是一家。呵呵！数日前，猎于郊外，所获颇多，作得一阕，令东州壮士抵掌顿足而歌之，吹笛击鼓以为节，颇壮观也。”这首词就是《江城子·密州出猎》（老夫聊发少年狂），一般视为东坡的豪放词典型。苏轼所概括的一个“壮”字，道出了作品外显的阳刚之气、力度之美，宋人称为有“气格”，与词的女性化美感倾向恰恰背道而行。

到南宋绍兴年间，人们评东坡词的核心观点，是“格高”，这意味着东坡倡导的词风已被广为接受，新的歌词美学标准已经确立。如王灼说“高处出神入天”“指出向上一路”（《碧鸡漫志》），胡寅说“登高望远，举首高歌”“逸怀浩气”（《酒边词序》），这些显然是对东坡词“格高”的美学特征的感性描述。

这样一种令人耳目一新的词格，或者说最能体现东坡词的思想和艺术的创新特征，成为东坡词的风格基调，用什么词概括较为适切呢？“婉约”当然只概括了东坡对传统词风承继的一面，“豪放”，如理解为主体内在勃发的自由创造精神，即慷慨任气，直抒胸臆，豪无挂碍，自有其合理性一面，又不免失之粗犷（东坡《答陈季常》中也说“但豪放太过，恐造物者不容人如此快活”）。笔者认为，东坡词的风格基调，还是用“清旷”形容更准确一些。王国维《人间词话》论苏、辛之异云：“东坡之词旷，稼轩之词豪。”用“旷”与“豪”分论苏、辛词风，最为得之。当代台湾学者郑骞先生阐释静安之论说：“旷者，能摆脱之谓；豪者，能担当之谓。能摆脱故能潇洒，能担当故能豪迈。”（《漫谈苏辛异同》）通俗地说，“豪”是拿得起（能担当），“旷”的意思略与“豪放”一词中之“放”相近，是放得下（能摆脱）。苏词中偶亦有雄豪之作以表露用世之志，但“豪”中仍透出“旷”来，所以王国维以“旷”概括苏词。

联系东坡的具体词作观之，“清旷”含义至少有三：其一，“能摆脱”，放得下，其中隐含着作者所达到的人格境界。清旷词风，必由人格决定，以高尚的人格追求和精神境界为底蕴，词人的人格节操表现为不随俗俯仰，能自我挺立。笔者以为，最具“清旷”风神之作，应该是《水调歌头》（明月几时有）这类作品，以“豪放词”评此词，其实差之毫厘，失之千里。综观自宋至清学者对此词的评论，多以“清空中有意趣”（张炎《词源下》）、“格高千古，不能以常调论也”（王国维《人间词话》）评之，且常与谪仙太白并提，他们不都是发现了词中展现的东坡个体人格挺立之美吗？“设非胸襟高旷，焉能有此吐属？”（蔡嵩云《柯亭词论》）其二，“清旷”之能摆脱、放得下，也可理解为一种超逸的艺术境界，这种境界的产生，源于作者自由洒脱、从心所欲、超乎法度之外的艺术创造精神。东坡词的艺术创造超出常规，越过前人，不斤斤于笔墨之胜。“自由是以规律性的认识为基础，在艺术规律的容许之下，创造力有充分的自由活动。”（《宋诗选注》）钱锺书先生论宋诗的这段话，可以移来论东坡词。其三，“清旷”也可指一种清新灵动的语言境界。东坡一些词的意境偏于空灵、清虚，即张炎所谓“清空中有意趣”“清丽舒徐，出人意表”（张炎《词源下》），相应地在语言方面便以自在清新为特色。王灼称苏词“平处尚临镜笑春，不顾侪辈”（《碧鸡漫志》），都包含着语言新奇的意思。

除确定东坡词的风格基调外，我们还须考虑其风格形成和变化的多种因素。质言之，作品的风格首先与选择的题材有关，如东坡的农村词清新（如徐州作《浣溪沙》五首），悼亡词缠绵（如《江城子·乙卯正月二十日记梦》），言志词豪迈（如《江城子·密州出猎》），述怀词超旷（如《定风波》“莫听穿林打叶声”），赠妓词谐谑，各极其胜，各擅其美。其次，风格与创作的不同发展阶段有关，东坡早期在杭州作词多取法柳永，不乏狎昵温柔之作；密州时期自觉追求“别是一家”，黄州时期以后词风转折更为明显，入而能出，真正自成一家。风格还与不同时期的心境有关，试比较黄州以前与以后的词作，前期胸怀报国壮志，以为辅佐君王者舍我其谁，故有《沁园春》（孤馆灯青）、《江城子·密州出猎》等作自肺腑吐出；后期以戴罪之身僻居一隅，自然会有“长恨此身非我有，何时忘却营营。夜阑风静縠纹平。小舟从此逝，江海寄余生”（《临江仙·夜归临皋》）的缥缈出尘之思。

还是近代词曲大家吴梅先生之论比较公允：“余谓公词豪放、缜密，两擅其长。世人第就豪放处论，遂有铁板铜琶之诮，不知公婉约处何让温、韦？……要之，公天性豁达，襟抱开朗，虽境遇迍邅，而处之坦然，即去国离乡，初无羁客迁人之感，惟胸怀坦荡，词亦超凡入圣。”（《词学通论》）

3. “消极”还是“积极”

流行的对东坡词思想立意的评价，多以“消极”还是“积极”作为标准，其背后是对东坡人生态度是“入世”还是“出世”的考量。如早期词《江城子·密州出猎》被评为积极向上之作，因为其中表达了“持节云中，何日遣冯唐？会挽雕弓如满月，西北望，射天狼”的豪壮之志；而《念奴娇·赤壁怀古》是东坡乐府中成就最高的代表作之一，但对词作的主旨就有分歧，有人说“人生如梦”两句充溢了消极思想，有人则说苏轼“一时多少豪杰”“樯橹灰飞烟灭”云云表达了一腔报国疆场的热忱，主旨是积极进取的。

其实，东坡词的思想倾向是复杂的，常常交叉杂糅。很难截然区分哪一首词表现的是“入世”思想，哪一首表现的是“出世”思想。早年《沁园春·赴密州早行马上寄子由》一边说“有笔头千字，胸中万卷，致君尧舜，此事何难”，一边却又说“用舍由时，行藏在我，袖手何妨闲处看”；名作《水调歌头·丙辰中秋》更展示了他“入世”与“出世”的内心矛盾，既有“我欲乘风归去”的“出世”之想，但基本态度却是“起舞弄清影，何似在人间”这所表达的对人生的眷恋。

这里我们重点说说对《念奴娇·赤壁怀古》中“人生如梦”两句的理解。古代文人常在诗文中喟叹人生短暂，我们不能据此而简单断定这属于消极的人生观。曹操当年感叹“对酒当歌，人生几何？譬如朝露，去日苦多”，但不妨碍他抒发“周公吐哺，天下归心”的建功立业理想，盖正因人生苦短，故不能蹉跎岁月，有志者才要时不我待、乘时而起。《念奴娇·赤壁怀古》，是东坡身处人生转折关头，进行严肃人生反思的标志性作品。元丰二年（1079 年）“乌台诗案”后，苏轼贬官黄州，死里逃生，不免对人生有透过一层的更深沉的思索。这样的人生感受，凝结为“人生如梦，一尊还酹江月”两句，这是苏轼反思人生的哲理化结论。这个古人借酒祭江的习惯性动作，在特定的情境和心境中，被赋予了“与旧我告别”的象征意义，不妨理解为既是祭江，更是作者自祭！这意味着苏轼重新思考和选择今后的人生道路，难道我们可以用“积极”和“消极”的两分法来简单对待吗？

笔者以为，与其用“入世”还是“出世”来衡定东坡词立意的积极和消极，不如将东坡思想的追求定为“超世”，在更高的层次上观照东坡词。东坡试图超越现实苦闷的心理趋向，其实在前述《水调歌头》

中秋词中已见端倪；到黄州时期，他更是沿着“三教合一”的路向，儒释道并修。人说道家消极，然而在东坡处于最艰难境地时，恰恰是庄禅思想起到了平衡心理、调整心境、引导他不拘于名利，从当下遭遇中超脱出来的积极作用。我们看东坡在黄州以后的所作所为及其所表现的“穷达如一”“乐天知命”的人生态度，很难说是比前期更趋消极了。东坡其时所作，常常展现了“超世”而又不“遗世”“弃世”的一面。请看他的《定风波》（莫听穿林打叶声），借一次雨中之行，认定自己在人生道路上“徐行”而可以一“任平生”，见“风雨”而声言“谁怕”，“也无风雨也无晴”，心胸是何等坦荡！又如《浣溪沙》（山下兰芽短浸溪）宣称：“谁道人生无再少？门前流水尚能西，休将白发唱黄鸡。”对未来人生多么自信！这正是东坡在遭遇困顿以后选择的另一种活法，也是东坡之为东坡的个人魅力所在。

4.“乖律”还是“知音”

在关于东坡词是否本色的争论中，还包含着对东坡词是否合于音律的认识差异。认为东坡词豪放非本色者，判定其不守规矩，所以“乖律”，具代表性的是李清照“句读不葺之诗”之评；连欲为其豪放辩护者也不得不承认：“东坡词，人谓多不谐音律，然居士词横放杰出，自是曲中缚不住者。”（胡仔《苕溪渔隐丛话·后集》引《复斋漫录》）

词是音乐文学，所以它的抒情功能本就有两重性：一方面来自文字，即文学抒情性；一方面来自音律，即音乐抒情性。如前所述，东坡既然重视词体的诗性特征，必然在创作中特别关注文学抒情性一面，立足于塑造形象、构结意境，精心锤炼，追求文学语言的表现意义。词应该重音乐，还是重文学呢？对词体的本质和功能的新认识，必然带来对音律问题的新态度。东坡对音律与文学的关系，态度比较融通，在声情与文情两者之间斟酌取舍，力图取得某种平衡。人们多围绕着苏轼词是否可歌，以及苏轼是否懂得音律（知音）进行争论，其实并未抓住问题的要害。

先要辨明的是，据不少材料看，苏轼懂音律，并且能歌唱。苏轼自谓曾歌《阳关曲》，有记载表明东坡晚年在海南，“常负大瓢行歌田间，所歌皆《哨遍》也”（《坡仙集外纪》，引自《御选历代诗馀》）。苏轼琴曲《瑶池燕》题跋、隐括韩愈《听颖师弹琴》的《水调歌头》小序等都能证明苏轼知音能歌。陆游还为苏轼辩解说：“世言东坡不能歌，故所作乐府多不协。晁以道云：绍圣初，与东坡别于汴上，东坡酒酣，自歌《古阳关》。则公非不能歌，但豪放，不喜剪裁以就声律耳。”（《老学庵笔记》）

但历史上也有记载，说“子瞻尝自言平生有三不如人，谓著棋、吃酒、唱曲也”，视知音为东坡的“软档”。那么上面所说的情况应该如何解释呢？我认为“唱曲不如人”与“能歌”两种说法并不矛盾。这里讲的“唱曲”是指配乐演唱的专业水平，而并非是不能歌，更不能说东坡不能知音解律。可以这样认为，苏轼“以诗为词”，是不愿牺牲歌词的文学表现，去迁就歌词的音乐性，就是陆游所说的“不喜剪裁以就声律”，这与他对词体的性质、功能等认识显然是密切相关的。

清初邹祗谟就指出：“有二句合作一句，一句分作二句者，字数不差，妙在歌者上下纵横是协。此自确论，但子瞻填长调多用此法，他人即不尔。”（《远志斋词衷》）确实如此，东坡的长调在调配音律与文字句逗停顿之间的关系方面十分灵活，最能说明问题的是名作《念奴娇·赤壁怀古》。此调若按诸词律，“‘故垒西边，人道是三国周郎赤壁’，论调则当于‘是’字读断，论意则当于‘边’字读断。‘小乔初嫁了雄姿英发'，论调则'了'字当属下句，论意则'了'字当属上句。'多情应笑我早生华发'，'我'字亦然。"（王又华《古今词论》引毛稚黄言）又如《水龙吟·次韵章质夫杨花词》，结拍"细看来不是杨花点点是离人泪"，作为和词，论调当按章质夫"望章台路杳，金鞍游荡，有盈盈泪"原词，在"点"字上断句，读作"细看来不是，杨花点点，是离人泪"，东坡共有《水龙吟》词五首，其他四首皆可如此断句；但如从文意考虑，此词却应是"花"字上断句，读作"细看来不是杨花，点点是离人泪"。因为东坡"文自为文，歌自为歌，然歌不碍文，文不碍歌，是坡公雄才自放处"（同上）。当宋词的演唱失传、唯留词调声律之后，应如张炎所说，"音律所当参究，辞章先宜精思"（张炎《词源》下），在读词时更不能胶柱鼓瑟，死按词调而割裂文意。

以上笔者围绕对东坡词的体性、风格、立意、音律等方面的争议，做了一番梳理和辨析，提出个人的粗浅看法，希望能克服二元对立这种简单化的解读思路。必须申明，本文所说的"怎样读"，不是要"嚼饭哺人"，更不是"以筌为鱼"，其意在引导读者自己去读东坡词，通过一篇篇具体作品，领略东坡词的无限风情。

十一、宋代咏物词的审美层次

唐五代至宋初并无严格意义的咏物词。北宋中期以后，前有欧阳修、苏轼，后有周邦彦、李清照，佳作渐多。南宋文人结社联吟，同题分咏，咏物词蔚成大国，词家如白石、梅溪、梦窗、玉田、碧山，无不染指，极一时之胜。

在咏物词的创作上，体现了宋人的美学追求。宋以后历代词论家对咏物词审美价值的高低，多有论说。最早为张炎，在所著《词源》中专列“咏物”一节，提出了“所咏瞭然在目，且不滞于物”的创作规范；清初邹祗谟、贺裳等推崇“形神俱似”“以神韵胜”，与张炎一脉相承。常州词派出，标榜比兴寄托，以“意内言外”、关乎《风》《雅》为尚，于是有“咏物即以咏怀”之说。晚清陈廷焯则不但强调比兴，且认为运用比兴寄托还有“不得谓之比”“精于比义”和“兴”这样三个不同的审美层次。前人这些直观感悟式的描述，对我们颇有启示，但他们没有、也不可能从词人创作心理的视角做出较系统、深入的分析。

作为本质上是表现了人对物的审美关系的咏物词，其创作过程的关键在于主客关系的处理，也即是以“物”为本位，还是以“我”为本位？诗境与禅境相通，佛家观照自然山水，有未悟、悟入和悟出三种不同的境界。如《五灯会元》载宋释惟信之言：

老僧三十年前未参禅时，见山是山，见水是水。

及至后来，亲见知识，有个入处，见山不是山，见水不是水。

而今得个休歇处，依前见山只是山，见水只是水。

严羽《沧浪诗话》也说："大抵禅道唯在妙悟，诗道亦在妙悟。然悟有浅深，有分限，有透彻之悟，有但得一知半解之悟。"从咏物词创作的审美观照而言，物我之间也有与禅悟相仿的三种关系，三个层次。

黑格尔在谈到抒情诗的审美观照时说过："诗却只是使人体会到事物内心的观照和观感，尽管它对实在的外表形状也须加以艺术处理。从诗创作这种一般方式来看，在诗中起主导作用的是这种精神活动的主体性，即使在进行生动鲜明的描绘中也是如此。"（《美学》第三卷）黑氏所谓"精神活动的主体性"，指主体（"我"）的情感、理智、想象、感知等审美心理要素，所谓"实在的外表形状"则指客体（"物"）。作为抒情诗的咏物词，其主体性在审美观照中参与和体现的程度是不同的，于是物我关系的处理也有着不同的方式。

1．以物观物，境余于意

咏物词中的基本类型，以"美好事物的感性形状"（立普斯《论移情作用》，转引自《西方美学家论美和美感》）为观照的本位。词人面对大千世界，"仰观宇宙之大，俯察品类之盛"，就其身之所容、目之所接而言，引起其审美注意的当然首先是自然物的直观形相。

北宋初期词人所作，多停留在以物观物——以物为观照本位的层次上。（按：我是在以物为观照本位这个特定意义上使用"以物观物"这个提法的，与王国维《人间词话》说明"无我之境"时提出的以物观物不同。）林逋《霜天晓角》咏梅："冰清霜洁，昨夜梅花发。甚处玉龙三弄？声摇动，枝头月。"梅尧臣《苏幕遮》咏草："露堤平，烟墅杳，乱碧萋萋，雨后江天晓。独有庾郎年最少，窣地春袍，嫩色宜相照。"俱以形容外物为主，虽略用情意，但无深厚意蕴，主体性主要还是体现为一种爱物之心。李清照是北宋词人中咏物较多的一位，《漱玉集》中此类作品约占四分之一，如咏双银杏（《瑞鹧鸪》“风韵雍容未甚都”）、咏白菊（《多丽》“小楼寒”）、咏红梅（《玉楼春》“红酥肯放琼苞碎”）、咏桂花（《鹧鸪天》“暗淡轻黄体性柔”），诸词工丽有余而情韵不足，与她的言情之作相比，恐未臻上乘。在北宋，真正称得上形神兼备的咏物词，是苏轼和周邦彦的此类作品。尤其是苏轼的《水龙吟》咏杨花，刘熙载《艺概》谓：“起句云：‘似花还似非花’，此句可作全词评语，盖不离不即也。”用状物拟人手法，既曲尽物态，亦言情真挚，是形神兼备之作。“北宋主乐章，故情景但取当前，无穷高极深之趣。”（周济《介存斋论词杂著》）词人摹物之态，传物之神，见山只是山，见水只是水，观照以外物为出发点和归宿。

南宋咏物词更极其变，姜夔有赋茉莉、牡丹、红梅、芍药诸词，张炎有咏芍药、荷花、荷叶、兰、绣球诸词，吴文英的《宴清都·连理海棠》《花犯·郭希道送水仙索赋》，因文而生情，巧为点染、映带，精细地、多侧面地描绘了海棠和水仙的形象意态。史达祖的《双双燕》，更被誉为化工之作：

过春社了，度帘幕中间，去年尘冷。差池欲住，试入旧巢相并。还相雕梁藻井，又软语商量不定。飘然快拂花梢，翠尾分开红影。芳径，芹泥雨润。爱贴地争飞，竞夸轻俊。红楼归晚，看足柳昏花暝。应自栖香正稳，便忘了天涯芳信。愁损翠黛双蛾，日日画阑独凭。

黄昇说此词“形容尽矣”，王士禛称它“咏物至此，人巧极天工生矣”，都道出了这样的事实：词人对外物做审美观照，凝注于知觉对象的感性形状以及内在的生命活动，在以感觉和知觉的“手掌”反复抚摸外物的基础上，通过想象和联想传其丰神，将自然物的审美姿质呈现于读者面前。词中，“过春社了”点出燕子活动的节候背景，“爱贴地争飞，竞夸轻俊”状其生活习性，“差池欲住，试入旧巢相并”“飘然快拂花梢，翠尾分开红影”，分写燕子住时与飞时之外观形相。张炎称“全章精粹，所咏瞭然在目”，即指出了此词偏于对外物客观性特征再现的一面。

但张炎又说此词“且不留滞于物”。以物观物的咏物词，不能停留在单纯对外物的描摹，必有主体性的作用参与，也就是词作要有内在的生气灌注其中。自然物作为审美客体，它本身所充满的情绪内容，会在主体那里激起相应的情感体验。也即由物激起某种联想，词人便会将自己的认识、品性、趣味、感情等融入对自然物的描摹中，这就是词的抒情性之所在。以史达祖《双双燕》为例，词中以人拟燕，写其择居徘徊之状（“还相雕梁藻井，又软语商量不定”），定巢乐居之情（“红楼归晚，看足柳昏花暝”），都在对外物的描摹中融入了词人对人生意趣的体验。咏物又要不留滞于物，在艺术技巧上，往往用宕出远神之法，即张炎所谓“要须收纵联密，用事合题，一段意思，全在结句，斯为绝妙”（《词源》）。周济所谓“凡词后段须拓开说去”（《介存斋论词杂著》），况周颐所谓既要写“题中之精蕴”，又要有“题外之远致”（《蕙风词话》）。《双双燕》后结，运用对比联想，宕开一笔，由燕子双宿推及玉人之愁：“愁损翠黛双蛾，日日画阑独凭”，将物性与人情相映衬，即用此法。有时又用因文生情之笔，如沈义父所说：“作词与作诗不同，纵是花卉之类，亦须略用情意，或要入闺房之意。”（《乐府指迷》）吴文英《花犯·郭希道送水仙索赋》首三句“小娉婷，清铅素靥，蜂黄暗偷晕，翠翘欹鬓”，分写水仙花瓣、花蕊、花叶之后，即由“昨夜冷中庭”的凄苦环境，设想出“睡浓更苦凄风紧，惊回心未稳”的神态，由“湘娥化作此幽芳”的高贵身份，设想出“古岸云沙遗恨”的心情。此神态，此心情，似是写人，实是赋物，物仍是观照的本位。不过是著些艳语，把物写得更为生动传神而已。

然而这种或宕出远神、或因文生情所表现的情理因素（即黑格尔说的“主体性”），毕竟是附丽于客体之上的外加成分，它未能成为客体自身的内在意蕴，与“自己（主体）就在对象（客体）里面”（立普斯《论移情作用》，转引自《西方美学家论美和美感》）这样一种审美境界相去尚远。

以物观物的观照方式，其审美心理偏于对外物的直觉把握和感知，故词中审美意象具有写实性、如画性，一般多视觉意象。即使有心理意象出现，那也是由视觉意象引发、服务于视觉意象的，以求得对个别事物的准确再现。张炎所谓“所咏瞭然在目”，正是指出了这类词的意象的视觉特征。因为其意象创造的目的在于再现个别的、具体的事物，故触发联想的指归仍回到物本身，意象的功能是单一的，由此构成的词的意境也缺乏丰富的、多方面的隐喻和暗示，用王国维的说法是“境余于意”。谢章铤批评史达祖《双双燕》一词“纵工摹绘，已落言诠”（《赌棋山庄词话》），盖因词中对春燕做了多角度的铺叙描绘，对外物写得越清晰、逼真，使读者难以摆脱具体的时间和空间的拘限，故由此诱发读者广泛联想的可能性就越小。“见山是山，见水是水”，即此之谓。

2. 以我观物，意余于境

咏物词至南宋，始有了有意为寄托的一派。清蒋敦复云：“词原于诗，即小小咏物，亦贵得风人比兴之旨。唐、五代、北宋人词不甚咏物，南渡诸公有之，皆有寄托。白石、石湖咏梅，暗指南北议和事，及碧山、草窗、玉潜、仁近诸遗民，《乐府补题》中，龙涎香、白莲、

莼、蟹、蝉诸咏，皆寓其家国无穷之感，非区区赋物而已。”（《芬陀利室词话》）

这类词人，皆有轻视外物之意，故能以奴仆命风月。轻视外物者，以我观物之谓。以奴仆命风月者，“我”是观照的本位，风月为我所用，客体只是主体的奴仆。这正与佛家参禅时那种“见山不是山，见水不是水”的境界相仿佛。

《乐府补题》作者中，王沂孙最具代表性。“碧山餍心切理，言近指远。”（周济《介存斋论词杂著》）词人观照外物的出发点，是“心”“理”，即某个确定的意念（政治主题，或心灵状态）。张炎《琐窗寒》词谓王沂孙之作“都是凄凉意”，张惠言《词选》云“碧山咏物诸篇，并有君国之忧”。词人致力于从确定的意念出发，到自然中去寻求表现此意念的客观对应物。既然词人是以意念的活动，而不是以自然景物本身的存在为依归，因而以我观物的咏物词，展示的多是一个个心理空间，精神活动的主体性表现得特别明显。且看《乐府补题》中的《齐天乐》咏蝉一词：

一襟余恨宫魂断，年年翠阴庭树。乍咽凉柯，还移暗叶，重把离愁深诉。西窗过雨，怪瑶佩流空，玉筝调柱。镜暗妆残，为谁娇鬓尚如许？　　铜仙铅泪似洗，叹移盘去远，难贮零露。病翼惊秋，枯形阅世，消得斜阳几度？余音更苦，甚独抱清商，顿成凄楚。谩想薰风，柳丝千万缕。

词中所写，虽有种种自然景象，但展示的并非真实的现实环境。据周密《癸辛杂识》载，元僧杨琏真伽发宋陵后，一村翁于孟后陵得一髻，发长六尺余，其色绀碧。此即《齐天乐》一词所咏本事。故此词上阕首句点清“宫魂”二字，下面写蝉的形象，即处处与宫中女子身份关合。词中所用关于蝉的典故，皆有其人事方面的内涵。“一襟余恨宫魂断”，指南朝齐后饮恨而死，魂化为蝉；“为谁娇鬓尚如许”，指魏文帝宫人莫琼树制蝉鬓，“缥缈如蝉”；“铜仙铅泪……难贮零露”，又从蝉吸风饮露生发联想，以魏明帝迁金铜仙人表国祚危亡之意。这些都不离所咏本题，而相互之间又有着因果联系。显然，词人笔下的蝉，只是表现亡国之恨的一个客观对应物，“一套事物，一种情况，一串事件，都是表现特定情绪的公式”（艾略特《哈姆雷特及其问题》），用庞德的话来说，就是所谓“情绪方程式”。这也就是王沂孙词在审美观照中以意念为出发点，采取了与直接表现对象不同的暗示的、象征的方法，从而将艺术形象指向某种特定政治事件（元僧发陵）和心灵状态（亡国之恨）的特征。这种特征，颇类似于西方重主观表现的象征主义诗歌。“在象征主义艺术中，有具体的东西不过是用来表现与原初思想奥秘联系的感觉表象。”（莫雷阿斯《象征主义宣言》，转引自赵毅衡《远游的诗神》）其实何止王沂孙，南宋词人如白石、草窗、玉田等，其多数咏物之作都重视主观意念的外射，以及意念与客观事物的对应。如白石《疏影》咏梅、《齐天乐》咏蟋蟀，都非“就景叙情”，而是“即事叙景”（周济《介存斋论词杂著》），刻意搜罗并运化种种关于梅花和蟋蟀的故实，构筑出具有特定寓意的心理空间，来暗示某种主观意念。

客体成了主体的载体，成了体现主观意念的材料，因而作品意象有较大程度的变形和失真。词中往往多用典，典故其实就是与生活实体有较远距离的、表现一定意念的隐喻性或符号性意象。即使用的是自然意象，由于以我观物的缘故，在主观意念的作用下也会变形，改变了它们的寻常状态。仍以王沂孙《齐天乐》为例，写蝉声是“重把离愁深诉”，“余音更苦，甚独抱清商，顿成凄楚”，一片变徵之音；写蝉形是“病翼惊秋，枯形阅世，消得斜阳几度”，更是痛哭流涕，大声疾呼，这些意象，决非蝉的客观特征的再现，而染上了浓厚的主观情感色彩，实际非物感于心的视觉意象，而是心物同构的心理意象。

至于词中意象的组合，由于依据的是词人的心理现实，往往打破客观现实的时序和空间，意象与意象之间呈现跳跃性。当它们集合成一个意象群时，使意象之间发生联系的，是理性的线索，正是这种“理路”，使一个个不相关的意象围绕着一个定向，显示了从特定事物到特定意念的因果联系。当然，这种意象的集合也有有机性的要求，有机性越强，作品就越成功。周济说：“南宋则下不犯北宋拙率之病，高不到北宋浑涵之诣”，就从总体上指出了南宋词（尤其是专寄托的咏物词）的意象集合往往缺乏“浑涵”这样一种有机性联系。

相比之下，王沂孙词“思、笔双绝”“心细笔灵”，即艺术构思和技巧运用十分高明，“咏物最争托意隶事处，以意贯串，浑化无痕，碧山胜场也”（周济《介存斋论词杂著》）。用来贯串词作的“意”，正是上述的理性线索，碧山的佳作，如《齐天乐·蝉》《眉妩·新月》等，其意象的集合能做到“浑化无痕”，表现了较强的有机整体性。

但“以意贯串”的意象组织，其有机性毕竟非即目入咏、对景构结的神来兴到之作可比，终觉筋脉显露，甚至“圭角分明”，理性的逻辑安排太过明显。于是就产生了“细节的不顺从”（爱尔兰诗人叶芝语）的疵病。如王沂孙《眉妩·新月》的上阕，从正面著题：“渐新痕悬柳，淡彩穿花，依约破初暝。便有团圆意，深深拜，相逢谁在香径？画眉未稳，料素娥犹带离恨。最堪爱、一曲银钩小，宝奁挂秋冷。”写新月气象，加上环境氛围的渲染、陪衬，尚能自具意境。但过变却陡然接上“千古盈亏休问，叹慢磨玉斧，难补金镜”，就将重整金瓯的恢复之志显露无遗，与上阕意境难以浑融一气，功利的动机压倒了美感的导引。陈廷焯评此词“千古句忽将上半阕意一笔撇去，有龙跳虎卧之奇”（《白雨斋词话》），实是妄赞。下阕说“太液池”“故山”“云外山河”，又说“犹在”“重赋”“还老”，皆明显暗示了今昔盛衰的寄托之意，思致显然，而少余味。周济称碧山词“反复读之，有水清无鱼之恨”，殆指此类。

当情理、意念溢出于形象、意境之外时，便呈现出意余于境的特点。词人甚至会不顾“诗质”的纯净，出来陈述和说教，以引起读者那种心理学所谓的“有意注意”。以张炎《解连环》咏孤雁为例，其意不在写雁，而在写雁之“孤”。词人有一“孤”字横亘胸中，故先以空阔之境来衬其“孤”，继以雁足传书故事来传其“孤”，再由雁之“孤”转入人之“孤”，末又以双燕来反结其“孤”。刻画不可谓不精警，文思不可谓不缜密，但终觉意显迹露，沉厚不足。其中“写不成书，只寄得相思一点”，人极称之，其实与全篇意境不谐，未免流于纤巧，难怪主张浑厚的谭献评其“若槜李之有指痕”。

南宋咏物词有意为寄托，一般都寄寓了词人对时代、人生、政治的明晰的认识和感受，意义有明确的界定，是义有强附、喻可专指，即具有特定的指向性。但“义可相附，义即不深；喻可专指，喻即不广”（谭献《复堂词话》），对词不能作“仁者见仁，智者见智”的多义理解，不能引起读者多方面、多层次的审美感受。

3. 物我同一，意境两浑

“见山是山，见水是水”，是凝注于外物。“见山不是山，见水不是水”，是拘系于内心。就观照山水说，既入乎其内，又出乎其外，于是产生惟信大师所谓“依前见山只是山，见水只是水”的禅悟境界；而在咏物词创作的美学追求中，审美主体与自然客体完全认同合一，达到“身与物化”、物我同一的境地，才是咏物词之最上乘。

这样的现象是发人深思的：同一首词，主寄托者认为语语皆寄托，反对寄托者认为毫无寓意。在宋代词人中，苏轼的咏物词最易引起这种理解上的分歧。如《卜算子·黄州定惠院寓居作》：

缺月挂疏桐，漏断人初静。谁见幽人独往来，缥缈孤鸿影。　惊起却回头，有恨无人省。拣尽寒枝不肯栖，寂寞沙洲冷。

此词或谓是东坡为惠州女子温超超作（《历代诗余》引《古今词话》），或谓“其托意盖自有在，读者不能解”（吴曾《能改斋漫录》），鲖阳居士则以为与刺卫庄公“使贤者退而穷处”的《诗经·卫风·考槃》相似，于是乎字笺句解（《类编草堂诗余》引《复雅歌词》）。王国维则力排众议，以为此词与温庭筠《菩萨蛮》（指“小山重叠金明灭”等）、欧阳修《蝶恋花》（指“庭院深深深几许”一首）一样，“皆兴到之作，有何命意?”（《人间词话》）苏轼另有一首《贺新郎》（乳燕飞华屋），其立意也自南宋便有争议。

其实，在北宋词中，同为浑涵含蓄，同为就景叙情、一时兴到之作，却有貌同而心异的情形，正像禅家在大彻大悟之后“见山只是山，见水只是水”，实迥别于未参禅时的“见山是山，见水是水”一般。因为主体在对象中发现了自我，与对象密不可分了，进入了物我相忘之境地，物即是我，我即是物，物我可以自由换位。“难道群山、波浪和天空不是我和我的灵魂的一部分，就像我是它们的一部分一样?”（叔本华《意志和表象的世界》引拜伦语）

从上面所引苏轼《卜算子》来看，词人重视外物（雁）的客观性特征，即按照其即目所见的外物自身的生命活动方式加以描绘。“缺月挂疏桐，漏断人初静”——大自然以它自己的原性存在着。“缥缈孤鸿影”——月下孤鸿以它自己的方式活动着。这是主体排除了功利观念后对外物静观默察的审美态度。这种观照外物的客观性，是实现物我同一、主客契合的前提。黑格尔说：“艺术的特征就在于把客观存在（事物）所显现的作为真实的东西来了解和表现，这就是说，就事物对于符合本身和符合自在自为的内容所现出的适合性来了解和表现。”（《美学》第一卷）虚怀然后物归，心无然后入神。论者称东坡词“冲口而出”（《词林纪事》引楼敬思语）、“天趣独到”、“自在”（周济《介存斋论词杂著》），正是指出了他的词作重视审美直觉，即保持自然表象固有的具体生动性的特点。那么在观照中主体如何起作用呢？“外界的人和事与自我的不断认同……这就是诗人所敏锐感受到的最准确的主观性。”（赵毅衡《远游的诗神》引威特·宾纳语）这里，主观性不是对客体的随意摆布，而是精神上的认同合一。用我国词论家的话来说：“以性灵语咏物，以沉著之笔达出，斯为无上上乘。”（况周颐《蕙风词话》）《卜算子》词作于苏轼贬谪黄州时期，特殊的遭遇形成了一种创作主体“心理定势”，它作为审美创造的动力源潜伏着，一旦受到外界事物的感发，就会对客体有一种特别的亲切感，仿佛似曾相识，把它作为自我的影子。心灵的体验与事物的神髓相契合，相印证，主体与客体在艺术想象中相互对象化，于是发生了心物同构感应的现象：“独往来”的“幽人”，与“缥缈”的“孤鸿”，在精神上竟完全相通了，我们可以说是幽人物化为孤鸿，也可以说是孤鸿人格化为幽人。以下数句：“惊起却回头，有恨无人省。拣尽寒枝不肯栖，寂寞沙洲冷。”既是咏物，也是咏怀；既是寄托的有意安排，也是性灵的自然流露。黄苏评此词：“此东坡自写在黄州之寂寞耳……语语双关，格奇而语隽，斯为超诣神品。”（《蓼园词选》）苏轼那种超脱世俗的生活态度，寂寞孤独的精神状态，就通过一个客观现实场景得到了圆通无碍的表现。

词人的心灵与对象世界相默契，情与物凑泊以合，其关键在于对创作心理契机——黑格尔称之为“中途点”——的把握。“在这个点上纯然外在的因素与纯然内在的因素能互相调和。”（黑格尔《美学》第一卷）此种情况下，倾全力刻画外物固然不行，思致密赡、以意贯串也无法达到此境界。这是一刹那间的物我感应、心手互合；虽出之必然，实得于偶然。苏轼月夜偶出，徘徊院中，遽见孤鸿，于是随机触发，见诸吟咏。这是直观基础上的妙悟，“应目”时获得的“会心”。

这类作品，不可多得，北宋词人中，贺铸的《芳心苦》尚能做到心与物共、意与境浑：

杨柳回塘，鸳鸯别浦，绿萍涨断莲舟路。断无蜂蝶慕幽香，红衣脱尽芳心苦。　返照迎潮，行云带雨，依依似与骚人语：当年不肯嫁春风，无端却被秋风误！

全篇以荷花比人，语语双关，继承了《风》《骚》比兴的优秀传统，自写进退出处之节，居然不露痕迹，含蓄隽永。南宋则有陆游的《卜算子》咏梅差近之，皆合于况周颐所谓“身世之感，通于性灵；即性灵，即寄托，非二物相比附也”（《蕙风词话》）的美学要求。

如果说，苏轼的《卜算子》咏雁、贺铸的《芳心苦》咏荷、陆游的《卜算子》咏梅这类咏物小令，着重通过客观物境呈示审美主体心理人格特征，因而是以客寓主的静态结构的话；那么，周邦彦的《六丑·蔷薇谢后作》、《花犯》（粉墙低）等慢词就注重于审美主体心灵流程的展开，是一种主客双向对流的动态结构。且看《六丑·蔷薇谢后作》：

正单衣试酒，怅客里、光阴虚掷。愿春暂留，春归如过翼，一去无迹。为问家何在？夜来风雨，葬楚宫倾国。 钗钿堕处遗香泽，乱点桃蹊，轻翻柳陌。多情为谁追惜？但蜂媒蝶使，时叩窗隔。 东园岑寂，渐蒙笼暗碧，静绕珍丛底，成叹息。长条故惹行客，似牵衣待话，别情无极。残英小、强簪巾帻，终不似、一朵钗头颤袅，向人欹侧。漂流处、莫趁潮汐，恐断红、尚有相思字，何由见得。

此词的特点，是咏物而由人与花的关系着笔，词中出现了抒情主人公的自我形象，他活动在一个真实的环境之中。人有羁旅之愁："怅客里、光阴虚掷。"花有伤春之怨："钗钿堕处遗香泽，乱点桃蹊，轻翻柳陌"，这样就有了人与花同命运、相怜惜的情感基础，故下阕进入花、人合写："长条故惹行客，似牵衣待话，别情无极。"周济评此词"不说人惜花，却说花恋人"（《宋四家词选》），黄苏也说"是花、是已，比兴无端，指与物化"（《蓼园词选》），可谓搔着痒处。其实他们都是看到了词人与物双向对流，因而物理环境与心理环境相统一、物对主体情感的感兴与主体情感的外射共时并发的特点。这也属于物我同一的观照方式。像这种主体沉浸于自身的心态之中，以其全部情绪去"拥抱"外物，情与景融不可分的咏物词，在南宋，有姜夔的《暗香》。此词以昔日梅盛人乐与今时梅落人苦对比来写，唐圭璋说"章法自清真《六丑》来"（《唐宋词简释》），其实何止章法，它们本出自于相同的审美观照方式。正像克罗齐所指出的："他碰上了他所寻求的表现品，水到渠成，霎时间他享受到审美的快感或美的东西所产生的快感。"（《美学原理》）这便是此类咏物词的审美心理基础。

在此基础上产生的审美意象，明显地具有两重性。它既有写实性品格，又有象征性品格，是具象性与符号性的统一，再现与表现的统一。这种审美意象，"它作为诗的符号不仅被使用，而且被玩赏，它不仅具有使用上的价值，而且有内在的审美价值”（韦勒克、沃伦《文学理论》引韦尔赖特《诗的语义学》）。

在上举的几首词中，我们可以发现：“惊起却回头”“有恨无人省”，就其用拟人手法描写孤鸿说，十分传神，它们是一种描述，一种再现；就作者的情感外射说，又十分含蓄，它们是一种隐喻，一种表现。至于“寂寞沙洲冷”这一意象，显然也具有既是自然环境描写、又传达出主体在特定处境下的心理感受这样的两重性。贺铸词中“红衣脱尽”的意象和陆游词中“零落成泥”的意象，可以说都是在“似”与“不似”之间，是事物本身又超越此事物的双重性质意象。明确宣布反对那种“使用固定意义的，有意加上意义的”象征主义的西方意象派大诗人庞德说：“我认为最适当最完善的象征是自然事物，要是一个人使用象征，他必须用得不让其象征功能强加于人；使那些不懂得这个象征的人，例如把一只鹰就看成一只鹰的人来说，不至于看不懂诗段的意思和诗意。”（赵毅衡《远游的诗神》引）就是在强调自然意象的写实性和自身审美价值的前提下来谈象征运用的。这样的审美意象，与王沂孙等人词中把意象作为理性载体、作为主观意念直接借代物来对待，确有着高下之别。又如，在周邦彦的《六丑・蔷薇谢后作》中，展示了客观生活场景，描述景色和场面的意象都是真实的，以自然的序列来加以安排，这里没有细节的不顺从，没有主观意念对意象的强制性调和。全词弥漫着由春意阑珊的景物传达出来的萧索气氛，这种气氛正与抒情主人公落魄异乡的怅惘情绪相一致，读起来与“以意贯串”、铺排典实的《乐府补题》诸词不同，令人有一种身临其境的审美感受（西人所谓的“临即感”），使你在对作品反复涵咏的过程中，受到此情此景的直接感发，被词中表现出来的情感逻辑（联系意象的内在血脉）所俘虏。这就是“不涉理路，不落言诠”的意与境两融的“浑化”境界。

周济称这类浑化之作为“珠圆玉润，四照玲珑”，读之可以“仁者见仁，知者见知”（《介存斋论词杂著》），实际上是指出了由审美意象的有机整体性而造成的词作的多义性。这种多义性，陈廷焯称之为“兴”，他说：“所谓兴者，意在笔先，神余言外，极虚极活，极沉极郁，若远若近，可喻不可喻，反复缠绵，都归忠厚。”（《白雨斋词话》）“忠厚”云云固是说教，但这段被人视为“玄虚”之谈的描述，其实颇见精义。“极虚极活”者，指审美意象含义的不确定性，“若远若近”者，指审美意象含义的多层次性，“可喻不可喻”者，是指审美意象的多元指向性。陈廷焯认为苏轼《卜算子》咏雁就合此高境。

《卜算子》咏雁，确是一首具有多义性的好词，有百读不厌的魅力。我们凭借审美直觉，从词的外在形象来欣赏，月夜孤鸿，缥缈飞影，本就有着宛然动人的审美价值，那清空虚灵的意境，高妙超脱，“似非吃烟火食人语”（黄庭坚《山谷题跋》）。从性灵流露的角度看，它又表现了苏轼在黄州时的寂寞心态，故黄蓼园认为是“自写在黄州之寂寞耳”。从“幽人独往来”和“惊起却回头，有恨无人省”的意象叠加，似乎又暗示出作者面对朝廷的重压时那种无声的抗争，实际上反映了一种政治态度。孤鸿“拣尽寒枝不肯栖”，则很容易使我们联想到作者的狷介品格，若引而申之，进一步做审美透视，那么这一意象仿佛还有其中国知识分子固有的民族文化心理的渊源。陈鹄《耆旧续闻》说：“‘拣尽寒技不肯栖’，取兴鸟择木之意。”按《易·渐》：“初六鸿渐于干……六四于木”，所以古人以鸿渐喻仕进。常言道：“良禽择木而栖，贤臣择主而仕。”我们说此词还潜藏着这样一种深层意义，恐怕不会是痴人说梦吧。谭献认为“此亦鄙人所谓作者未必然，读者何必不然”（《复堂词话》），对于欣赏者来说，我们应该承认作品美感的丰富性及其诱发联想的作用，因为“艺术家的全体技巧就是创造出引起读者审美再创造的刺激”（克罗齐《美学原理》)。求诸两宋，这类上乘之作并不多见，但它们无疑是达到了咏物词的最高境界，是最有审美价值的。

如果我们推而论之，岂仅咏物词，正如宗白华先生在《美学散步》中所指出的，一切艺术意境都有“从直观感相的模写，活跃生命的传达，到最高灵境的启示”这样三个层次，三种境界。如此而言，则本文对宋人咏物词三个审美层次的抉示和描述，其意义或许就不仅限于咏物词本身了。

参考文献

［1］中华人民共和国教育部. 义务教育语文课程标准［M］. 北京：北京师范大学出版社，2012.

［2］中华人民共和国教育部. 普通高中语文课程标准（实验）［M］. 北京：人民教育出版社，2003.

［3］钟启泉，崔允漷，张华. 为了中华民族的复兴　为了每位学生的发展：《基础教育课程改革纲要（试行）》解读［M］. 上海：华东师范大学出版社，2001.

［4］叶圣陶. 叶圣陶语文教育论集［M］. 北京：教育科学出版社，1980.

［5］张志公. 张志公文集［M］. 广州：广东教育出版社，1991.

［6］钟启泉. 现代课程论［M］. 上海：上海教育出版社，1989.

［7］石中英. 知识转型与教育改革［M］. 北京：教育科学出版社，2001.

［8］柳士镇，洪宗礼. 中外母语课程标准译编［M］. 南京：江苏教育出版社，2000.

［9］洪宗礼，柳士镇，倪文锦. 母语教材研究（7）［M］. 南京：江苏教育出版社，2007.

［10］范印哲. 教材设计导论［M］. 北京：高等教育出版社，2003.

［11］沈红. 语文课程与教学研究［M］. 沈阳：辽宁大学出版社，2009.

［12］多尔．后现代课程观［M］．王红宇，译．北京：教育科学出版社，2000．

［13］温特贝尔特大学认知与技术小组．美国课程与教学案例透视［M］．王文静，乔连全，译．上海：华东师范大学出版社，2002．

［14］伯姆，尼科．论对话［M］．王松涛，译．北京：教育科学出版社，2004．

［15］刘勰．文心雕龙注释［M］．周振甫，注．北京：人民文学出版社，1981．

［16］刘熙载．艺概［M］．上海：上海古籍出版社，1978．

［17］吴梅．词学通论［M］．上海：华东师范大学出版社，1996．

［18］鲁迅．鲁迅全集［M］．北京：人民文学出版社，1995．

［19］朱自清．朱自清古典文学论文集［M］．上海：上海古籍出版社，2009．

［20］朱光潜．谈美·谈文学［M］．北京：人民文学出版社，1988．

［21］宗白华．美学散步［M］．上海：上海人民出版社，2017．

［22］钱锺书．管锥编［M］．北京：中华书局，1979．

［23］王元化．清园文存［M］．南昌：江西教育出版社，2001．

［24］王元化．清园论学集［M］．上海：上海古籍出版社，1994．

［25］李泽厚．美的历程［M］．北京：文物出版社，1981．

［26］何文焕．历代诗话［M］．北京：中华书局，1981．

［27］唐圭璋．词话丛编［M］．北京：中华书局，1986．

［28］黑格尔．美学［M］．朱光潜，译．北京：商务印书馆，1979．

［29］艾克曼．歌德谈话录［M］．朱光潜，译．北京：人民文学

出版社，1982.

［30］洪堡特. 语言与人类精神［M］. 钱敏汝，译. 北京：北京师范大学出版社，1997.

［31］洪堡特. 论人类语言结构的差异及其对人类精神发展的影响［M］. 姚小平，译. 北京：商务印书馆，1997.

［32］英加登. 对文学的艺术作品的认识［M］. 陈燕谷，晓未，译. 北京：中国文联出版公司，1988.

［33］荣格. 心理学与文学［M］. 冯川，苏克，译. 北京：生活·读书·新知三联书店，1987.

［34］韦勒克，沃伦. 文学理论［M］. 刘象愚，刑培明，陈圣生，李哲明，译. 北京：生活·读书·新知三联书店，1984.

［35］朱熹. 诗集传［M］. 上海：上海古籍出版社，1980.

［36］郭庆藩. 庄子集释［M］. 北京：中华书局，1961.

［37］马茂元. 楚辞选［M］. 北京：人民文学出版社，1980.

［38］司马迁. 史记［M］. 赵生群，修订. 北京：中华书局，2013.

［39］马茂元. 古诗十九首初探［M］. 西安：陕西人民出版社，1981.

［40］余冠英. 三曹诗选［M］. 北京：人民文学出版社，1979.

［41］陶潜. 陶渊明集校笺［M］. 上海：上海古籍出版社，1996.

［42］李白. 李太白全集［M］. 北京：中华书局，1977.

［43］浦起龙. 读杜心解［M］. 北京：中华书局，1978.

［44］白居易. 白居易集［M］. 北京：中华书局，1979.

［45］苏轼. 苏轼选集［M］. 上海：上海古籍出版社，1984.

后　记

本书是拙著《语文教育与文学素养》的修订本。原书 2005 年由广东教育出版社出版，至今已有十二个年头。这本书是新世纪语文课程改革的产物，问世以来，在语文教师课标培训和业务研修中起到了一些作用，受到广大一线语文教师的欢迎。这次修订，主要增加了关于新课标教材的一些论述，本人对语文核心素养的基本看法；对“文学探究篇”的专题设置做了调整，删去了“名作解读篇”；此外，对全书的文字也做了一些修改。广东高等教育出版社黄红丽副总编自始至终关心本书的修订和出版，对她付出的辛勤劳动，在此表示衷心的感谢。期望本书能得到广大语文界同行的关注，不吝批评指正。

方智范

丁酉早春于华东师大三村桂韵书屋